THE FOOTPRINTS OF THE MUSES

THE HISTORY OF WESTERN CULTURE

缪斯女神的足印

欧美文化史纲

高福进 著

上海交通大学出版社

内容提要

本书主要介绍了欧美各地区文明发展的历程，评价和比较了中西文明、民族文化在各个时期的不同表现。主要内容包括：希伯来-犹太文明、希腊文明，罗马文化、欧洲中世纪文化以及近代西方文化。

本书可作为大专院校文科基础教材、各专业选修教材以及大众读物。

图书在版编目(CIP)数据

缪斯女神的足印：欧美文化史纲/高福进著. —上海：上海交通大学出版社，2008(2014 重印)

ISBN978-7-313-05265-0

Ⅰ. 缪…　Ⅱ. 高…　Ⅲ. ①文化史—欧洲—高等学校—教材②文化史—美洲—高等学校—教材　Ⅳ. K500.3　K700.3

中国版本图书馆 CIP 数据核字(2008)第 094067 号

缪斯女神的足印

欧美文化史纲

高福进　著

上海交通大学出版社出版发行

(上海市番禺路 951 号　邮政编码 200030)

电话：64071208　出版人：韩建民

上海交大印务有限公司 印刷　全国新华书店经销

开本：787mm×960mm 1/16　印张：16.75　插页：4　字数：317 千字

2009 年 1 月第 1 版　2014 年 8 月第 3 次印刷

印数：5 081～6 110

ISBN978-7-313-05265-0/K·053　定价：29.00 元

波提切利的《维纳斯的诞生》（藏于佛罗伦萨乌菲齐美术馆）

作为意大利佛罗伦萨画派代表人物的经典之作，画中左边的西风之神、花神科洛瑞斯飞翔在空中并且吹动气流，把贝壳承载的维纳斯推送到塞浦路斯的海边；空中飘洒着藏有金蕊的玫瑰花，据说它们在维纳斯诞生时洒落人间；右边的时序女神身着盛装，准备将华丽锦衣披在维纳斯身上。女神的衣服上绣有佛罗伦萨地区春天盛开的红色或白色的雏菊、黄色的报春花以及蓝色的矢车菊，寓意女神的诞生。

鲁本斯的《银河的起源》（藏于马德里普拉多博物馆）

作品源自希腊神话。主神宙斯将他与人间女子所生的孩子接到天上，令女仆将婴儿送给天后赫拉，以便孩子吸食其乳汁，使婴儿将来得到永生。据说赫拉按捺不住喷射的乳汁，造就了天界的银河，西方关于银河的典故源于此神话，英语中银河即被称为"Milky Way"。

柯雷乔的《达那厄》（藏于罗马博尔盖塞美术馆）

意大利前巴罗克绘画艺术代表人物柯雷乔的这幅作品取材于希腊神话：美女达那厄被父王囚禁在与世隔绝的塔内，宙斯路过此地，为其美貌所惊羡，化作黄金雨潜入室内与达那厄幽会。作者持续着文艺复兴人文主义艺术传统，塑造了妙龄少女的纯情和贞洁躯体，歌颂了人性和人爱之美：爱神厄洛斯（丘比特）帮着达那厄掀起被单仰首期盼，等待天上落下的黄金碎片，后者则隐含幸福向往，等待与情人相会。

作品以柏拉图所建的雅典学园为题，且以“七艺”即语法、修辞、逻辑、数学、几何、音乐、天文为基础，以彰显人类对智慧和真理的追求。全画以纵深展开的高大建筑拱门为背景，大厅内汇集着不同时代、地域、学派的学者，两侧壁龛里分别供立雅典娜和阿波罗雕像。台阶上层一排人物之中心是柏拉图和亚里士多德，他们似乎边争论边向观众走来：后者伸出右手、手掌向下表明：现实世界才是他的研究课题；而柏拉图右手手指向上，表示一切皆源于神灵启示。两个对立手势表达其原则分歧。右上露出半个脑袋的青年，就是画家本人——把自己画进历史题材内是当时常见的方式。此外，柏拉图的头像以达·芬奇的头像为范本，可见拉斐尔对其崇敬之情。画面其他主要人物皆为古希腊文化名人。作品以透视法增强了画面的空间深远感，地面图案、拱顶几何装饰结构都精确到可以用数学来计算。

拉斐尔的《雅典学园》（又名《哲学》，梵蒂冈塞纳图拉大厅）

拉斐尔的《西斯廷圣母》（藏于德累斯顿国家美术博物馆）

拉斐尔原名拉法埃洛·圣乔奥，Raphael（Raffaele）意为"施治愈之术的光辉使者"，Rapha即希伯来文的治愈者、医师等，为第二天的支配天使，伊甸园生命之树的守护者，经常站在神御座前的七名天使之一，《旧约》记载与雅各角力、解除亚伯拉罕老年行割礼之痛的天使亦相传是拉斐尔。他同时疗治人的身体和信仰。画面表现圣母抱着圣子耶稣自云端降下，左边是身穿锦袍的教皇西斯克特，他做出欢迎的姿态；右边稍作跪状的年轻女子乃圣母的信徒渥娃拉，她虔心垂目，侧脸低头，微露羞怯，表达着崇敬和恭顺。中心的圣母体态丰满优美，表情端庄安详、秀丽文静，趴在下方的两个小天使睁大眼睛仰望圣母降临，稚气跃然画上。作品体现了拉斐尔独特的画风和人文主义思想：优雅、秀美，将神人化，圣母即现实生活中的普通母亲形象。

丢勒的《亚当与夏娃》（藏于马德里普拉多博物馆）

作者以油彩将亚当与夏娃两幅男女裸体像分别画在两块竖板面上，人物形象顶天立地：亚当神色恍惚、木然，半张着嘴，头发散乱，左手略为紧张地捏着被摘下的带枝叶的苹果；夏娃则自然而亮丽，她正在行走，整个身体的扭动洋溢着青春美感，她左手去摘被禁的善恶果，右手扶树枝，吊着的那块标签是丢勒的签名。夏娃的脸部呈现出微笑，反衬出亚当的内心惶惑。虽说夏娃和亚当已经“从中世纪的神坛走到了人间”，不过作品对于“性与肉体美体现了不偏不倚的中性立场”，符合当时处于宗教改革时期德国文化的特点：两人阴部均为树叶遮蔽，反映了德国的文艺复兴晚于南欧，人们对性爱问题较为严肃。

作为法国最大、欧洲最著名的大教堂之一，该教堂位于法国北部亚眠市，完成于1288年，是典型的哥特式建筑，其宏伟外观及瑰丽的雕刻群令游客叹为观止。

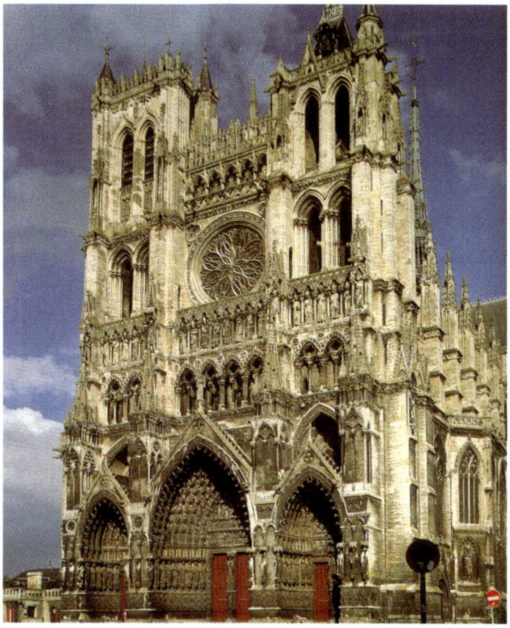

亚眠大教堂

达利的《内战的预感》（藏于费城艺术博物馆）

作为西方超现实主义绘画的代表作，西班牙天才画家的这幅作品以写实同时也以抽象的手法表现人的潜意识。呈现在观众面前的是荒诞、奇特、抽象的场景，画中人体被拆散、撕碎后重新组合，形似人体内脏的物体堆满地面——具有强烈的视觉效果。作品寓意着西班牙内战的预兆，它实际上在对战争进行无声的控诉。

马奈的《吹笛少年》（藏于巴黎奥塞博物馆）

“马奈”出自拉丁文题铭Manet etmanebit，意为"他活着并将活下去"。作为奠基人，马奈首先将具有印象主义画派典型特征的光、色彩引入到人物画。作品描绘了近卫军乐队里的少年吹笛手，它曾在1866年被巴黎官方沙龙展的评委会拒绝参展，就像马奈的其他作品备受批评一样。画中主题只是人物、服装及短笛主题，作品完全被置于冷光线之中（从投到地上的短影得以证实）。作家左拉曾经赞叹它“不可能用比他更简单的手段获得比这更强烈的效果”。另外此画受到日本浮世绘的影响。

前　　言

文明以降，文化生长得以加速。

自数百万年前人类开始统治地球以来，最初的文化就逐步诞生，其外在的表现形式首先是初步的工具——简单而粗陋的石器，在随后的岁月里又变为了木器、骨器、蚌器、陶器，到了金属器皿特别是青铜和铁发明之后，人类就迈入了文明史的门槛。而属于意识形态的文化内容，或者说是精神文化内容，则是在人类创造了石器之类的物质文化以后过了相当长的一段时期才逐渐形成的。

1. 文化：广义、狭义之概念及其理解

文化属于地球上的人类，没有人类就没有文化。人类诞生，文化也应运而生。文化是人类社会特有的现象。

人类的文化大约产生于数百万年之前。人类社会开始的那一天，人类的文化史也就起步了。

文化的概念五花八门，古今中外都有论述，我们在此主要从广义和狭义两个角度去理解。广义的文化包括所有的内容，涵盖物质文化和精神文化。狭义的文化可以理解为精神文化，主要是指文学艺术。

广义的文化有一个完整的概念，那就是：文化是人类经过劳动（包括智力和体力劳动）创造的社会成果。这里主要有两点需要强调：一是文化的创造者必须是人，地球上的人；二是劳动，人类必须经过劳动才能创造出成果，否则无所事事，在智力和体力上“无动于衷”，是不可能创造出文化成果的。一块天然的、极具艺术欣赏价值的大理石并不具备文化的意蕴，但是，一块看似粗陋却是经过人类打磨的石器（如数百万年前的旧石器），就进入了“文化”的范畴。

这里我们需提及爱德华·泰勒以及克鲁伯和克拉克洪对于文化的解释与总结。英国文化人类学家爱德华·泰勒在其《原始文化》中对于文化概念的解释几乎为各类相关的著述所引用。他认为，文化是包括人类知识、信仰、道德、法律、艺术、风俗习惯以及人们所获得的各种能力、习性在内的一种复合整体。20 世纪 50 年代美国人类学家克鲁伯和克拉克洪在其合著的《文化，关于概念和定义的检讨》中，总结统计了 1871～1951 年的 80 年间关于“文化”的定义，竟达 164 种之多。到了

21世纪初的今日，国内外各学科的专家学者对于文化的解释数不胜数。其他如摩尔根、斯宾格勒、汤因比、列维-施特劳斯、怀特、马林诺夫斯基、卡西尔、博厄斯、奥格本，我国梁启超、梁漱溟和蔡元培及苏联的学者，都对这一概念作过不同的解释。一些对于文化概念诠释的文论、辞典及著述不断涌现，而对于这一概念的重新评价及诠释，则从未间断过。

当今我们常常谈及的"文化"一词，是19世纪末由日文转译而来的，关于文化的概念，20世纪以来特别是20世纪80年代以后，我国的文史哲研究者同样提出过不少观点，并且结合我国古代文献对于"文"与"化"的诠释重新赋予这一概念新的内容①。"文化"一词，古代与当今有着很大的不同，中文中的"文化"最迟在西汉已经出现，《易·贲卦》的《彖辞》已把"文"与"化"联系起来："文明以止，人文也……观乎人文，以化成天下。"这里的"人文"，实际上就是使人的思想和行为合乎文明规范；而这里文化主要是"以文教化"之意，亦即按照人文自身的规律教化天下，使人们追求真、善、美的文明程度不断提高。

本书提出"文化年轮"这一概念，强调文化的积累像树木的生长一样，都有或密或疏的年轮。文化史中的主线是一些主要文明国家、民族文明的演化和发展。但是作者并不是英雄创造历史观点的持有者，亦非贫苦百姓创造历史观点论者，更绝非所谓优越种族创造历史观点的持有者。

2. 文明：三大要素及次要因素

人类的文明史要远远滞后于文化史。如果说人类的文化史起步于数百万年前，那么，人类文明史大约形成于数千年之前。

何以言之？因为判断文明形成，特别是一个特定的地区和一个民族文明形成的标准也是确定的。

通常认为，一个地区或民族文明的形成主要有三个因素：第一，定居的农业文明的出现；第二，文字的使用；第三，城邦或最初的国家的建立。

次要因素有很多，其中包括：手工业技术的进步，畜牧业的出现和发展，商业交换的发展，原始社会科技的不断进步，等等。

关于文化与文明的区别，首先从某种角度上讲，文明等同于文化，它是指"人类在社会历史发展过程中所创造的物质财富和精神财富的总和"②。其次，文化的概念具有弹性，而文明的概念则不具备这种弹性；从纯粹的概念解释而言，文明一般

---

① 参见冯天瑜等人的《中华文化史》，上海人民出版社，1999年版，导篇2～41页；庄锡昌的《世界文化史通论》，浙江人民出版社，1996年版，"导言"第26页；陈佛松的《世界文化史》，华中理工大学出版社，1992年版，"导言"第1～2页；以及其他各种著述。

② 中国社会科学院语言研究所编：《现代汉语词典》，商务印书馆1996年版，第1204页。

仅包含两层主要意思：一是从人类文明发展史角度上说的，文明的意义类似于上述几大要素的总结；另一层意义则是指以前具有西方现代色彩的风俗习惯及事物。再次，一般而言，文明具有延续性，处于运动状态，而文化在整体上说则处于相对静止状态。此外，从逻辑范畴上看，由于广义上的文化是人类创造的一切社会成果的总和，若从文明的另一层意思（与文化相兼容的意义）上讲，文明只是文化的一个部分，亦即文明包容于文化之内。

按照上述解释，可以这样认为，人类的历史始于人类的出现；人类的文明史，按照我们对于"文明"及文化的诠释，至今大约有6000年或更长的时间。四大文明古国埃及、巴比伦、印度、中国甚至加上希腊（加上希腊我们可以称之为五大文明古国）的文明史应该有5000年甚至更加漫长的时间。

3. 欧美文化的源流

那么欧美文明，或是西方文明或文化又是一种什么情形呢？首先来确定一下"西方"的概念。这里的"西方"有着广义和狭义之分。从文明史发展历程而言，广义上的西方不仅包括古代整个欧洲，还包括整个西亚、北非等地；狭义上的西方指的是欧美等发达国家，在古代主要包括西欧国家，20世纪以后则要包括美国和日本，当然我们在这里没有述及日本的情况。

依据前面关于文明与文化概念的论述，纵观世界文明发展史，西方文明在不同的历史阶段有着鲜明的时代性。就其文明史发展的具体阶段来看，不同历史阶段的文化又有着鲜明的特征：中古时代以前的西方文化主要是古典文化，亦即古希腊罗马文化，千余年的中世纪则是基督教文化，之后又是西方腾飞时期的近代、现代文化。就民族和地区而言，西方文化这一"名曲"最早是希腊人高唱主旋律，之后是整个欧洲的宗教大合唱，再以后则是西欧诸民族的主旋律，它由巴尔干地区扩展到地中海之后，又因宗教因素扩张到全欧洲，最后再集中到西欧部分地区。此外，从文化传播及交流角度而言，西方文化最早的源头自然是古希腊文化，它逐渐发展以至于繁荣。当然，古希腊文化同样也受到埃及和西亚文化的影响，然后又从希腊影响、传播到地中海沿岸，进而再影响到西亚及北非各地——亦即曾经影响希腊的一些地区，这主要是亚历山大大帝扩张领土的结果。因此自那时起，古代西方世界的文化交流或传播已经开始：希腊文化已经逐渐影响到古代意义上的西方尤其是地中海广大地区①，而罗马帝国更是把这种文化的影响波及更远的地区；到了中古时代，西方基督教世界是一个封闭的世界，它除了在宗教方面向外界施加强大的影响

① 当然，希腊文化的影响远远不止于包括地中海地区的西方世界，它的影响甚至越过了西亚、中亚，远达南亚次大陆。亚历山大远征到印度，虽然未曾征服印度，但是他撤兵后遗留下的希腊王国使得健陀罗艺术不仅影响了印度，后来这种艺术还远传至我们中国。

之外，在文化尤其是科学方面几乎是默默无闻的。然而，进入宗教改革、商业革命、新航路开辟以后的近代，西方文化开始了猛烈的爆发。

本书将对西方文化最基本的东西亦即它的起源部分、基础性的内容加以较为详尽的阐述；在中世纪部分，我们对一些历史背景和事件进行了一定的展开，主要是因为有些读者不一定熟悉这段历史，而要了解该时代的文化与思想，必须稍微熟悉一下该历史时期的基本背景。由于人们一般都比较熟悉文艺复兴尤其是其文化内容，所以在书中只进行重点式的论述，并有意识地对传统的写法加以一定程度的革新，特别是在具体内容方面。

本书论述内容涉及西方诸多民族，因此某些内容不可能全面展开，拙著仅仅是对欧美文化粗略的、走马观花式的涉猎，其中之不足和谬误尚请诸位前辈学人与读者诸君斧正。

目　　录

第一章 欧美文化溯源之一：

希伯来-犹太文明

犹太人，确切地讲他们代表了整个希伯来民族，他们出现在历史舞台的时间很早，据记载大约是 5 000 年前，他们国家的历史也不短，有超过 3000 年的历史（图 1-1）。但作为独立国家的历史，却只有区区 300 来年的时间。其余漫长的两三千年间，犹太人遭受的都是受屈辱的被征服的磨难，甚至是整个民族屡屡被驱赶、囚禁、残杀的灾难。

美国著名作家马克・吐温写道："犹太人的数目还不到人类总数的 1%，本来应该像灿烂银河中的一个小星团那样不起眼，但是他们却经常成为人们的话题，受

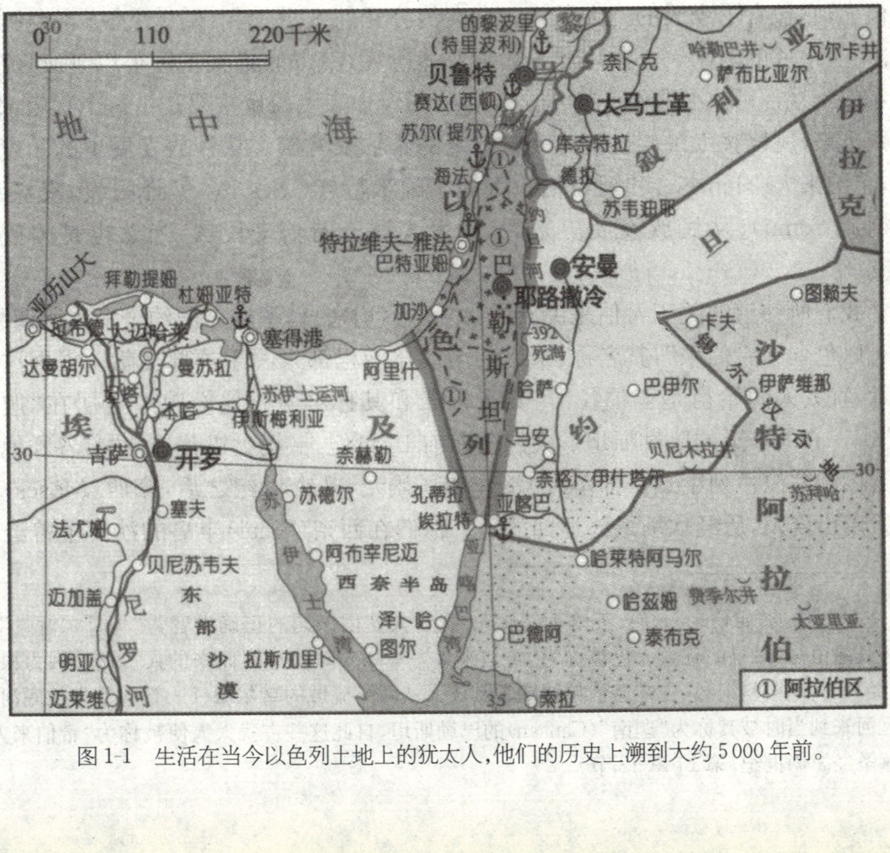

图 1-1　生活在当今以色列土地上的犹太人，他们的历史上溯到大约 5 000 年前。

到人们的关注。"多少年来,犹太人在诸多领域取得了骄人的成就,其成功的秘密何在? 简言即是:强烈的危机感是其民族前进的动力。如果回顾一下他们民族的演化历程及其宗教及文化的影响,也许更能够理解其成功的秘诀。

第一节 迁徙与被迫迁徙的文明:犹太民族演化史

"犹太"名字之响亮,可谓如雷贯耳。犹太人作为一个经历无数坎坷磨难的民族,在从近代到当今200多年的时间里,创造了杰出的人类文化成就。如今犹太民族在全球虽然只有不到两千万人,但是其影响却是巨大的。

一、希伯来·以色列·犹太

"希伯来语,以色列国,犹太民族",这是通常的说法,或言:今天,以色列国的民族语言是希伯来语,这个国家的主要民族是犹太民族。

1. 希伯来·希伯来民族·希伯来语

"希伯来"(Hebrew)[①]是古代希伯来诸部落的总称,所谓希伯来民族是一个大的概念,它包含了今天的犹太民族。自大约公元前8世纪起,随着"北方以色列十部落"所组成的国家——撒玛利王国被亚述所灭,南方的犹太王国得以延续,完整的希伯来众部落主要只剩下犹太一支,从此,希伯来民族也主要是由这个犹太部落维系下来,所以犹太民族也就代表着古老的希伯来民族。从种族发展史的角度上看,希伯来人(Hebrew)和阿拉伯人都属于闪米特族(Semite,又译闪族,或塞族、塞姆族Semu);从民族发展史来看,犹太人属于希伯来民族,当然也是闪族的分支。

我们所知道的关于希伯来民族的诸多内容均来自《圣经·旧约全书》,所谓"犹太·以色列·希伯来",其名称、来历甚至演化历程都来源于这部文献。根据这部文献,犹太人的始祖是亚伯拉罕、其子以撒和其孙雅各。他们曾经定居在"迦南地"——亦即今天的巴勒斯坦。大约公元前16世纪,一场大饥荒迫使"雅各和他的儿子们"即"以色列十二个部落"的祖先移居埃及,几个世纪之后,摩西(Moses)率众人走出埃及,历经坎坷最终返回故土。他们在西奈(Sinai)半岛的沙漠里曾经流

---

① 汉语的"希伯来",译自英语Hebrew。犹太人使用该词的正确发音为"Ivri"("渡过"之意),其缘由是:最早的犹太人也被称为"希伯来人"——亦即"渡过河而来的人",这是因为根据《圣经》和其他史料记载,先知亚伯拉罕率领其族人从两河流域的乌尔城(Ur)渡过幼发拉底河和约旦河来到当时被其称为"迦南"(Canaan)的巴勒斯坦,自此这些古犹太人便被称为"希伯来人"(见《圣经·创世纪》第14章13节)。

浪 40 年，在那里接受包括十诫在内的摩西律法，建立犹太教的雏形，逐步形成一个相对统一的民族。

希伯来语曾是古代犹太人的语言，《圣经·旧约全书》就是用古希伯来语写成的。希伯来语(I'vrit)属于亚非语系闪米特语族(或属闪-含语系闪语族)，为犹太教的宗教语言。过去的 2 000 多年，它主要用于《圣经》及其相关宗教场合。20 世纪以来，"希伯来语"作为口语在犹太民族中重新复活，渐渐取代阿拉伯语、犹太西班牙语和意第绪语(或称为"依地语"，犹太人使用的国际交流语)。以色列建国后将"希伯来语"定为官方语言之一，用希伯来字母书写，另一种官方语言是阿拉伯语，当然，英语在以色列是通用的。

一般而言，"希伯来人"主要是用来称呼从亚伯拉罕到摩西时期(大约从公元前 2000 年到公元前 1250 年间的 700 多年)的古犹太人。希伯来人为逃避那场大饥荒而南迁埃及，后又在其领袖摩西的带领下离开埃及回到迦南。这是犹太史上的重大事件。此后，"希伯来人"一词就很少出现在《圣经》之中，取而代之的则是"以色列人"。

2. 以色列·以色列国

"以色列"(Israel)，在希伯来语中意为"神的勇士"。

实际上以色列最初并不是一个地名，更不是一个国家的名字，而是一个部落的名字。根据《旧约全书》，它的名字最初是亚伯拉罕之孙雅各的另外一个名字，后来演化为一个部落——雅各部落或以色列部落之名。可查最早的记载出现在大约公元前 13 世纪晚期。在过去 3000 年的历史中，犹太人视"以色列"之地(亦即巴勒斯坦)为自己的民族和精神生活的核心，称之为"圣地"或"应许之地"。

此外，"以色列"在犹太教中具有特殊寓意，包括圣殿遗迹和相关的宗教礼仪，都是现代犹太教传统的重要基础。1948 年，犹太人复国，所立国名即为以色列。

今天的以色列国(The State of Israel)为犹太人所建。犹太人为了复国付出了沉重的代价，他们为之奋斗了数个世纪，至今仍然为了其生存和发展而进行着不懈的努力。但是值得注意的是，犹太人所立的国名不用"希伯来"，也不用"犹太"，而是采用"以色列"，这显然具有特殊的意义，而不仅仅是纪念他们的另外一个先知雅各。

综上，可以肯定地说，犹太人属于古老的希伯来部落中的一支。

3. 犹太人·犹太民族

"犹太"，希伯来语作"Yehudi"或"Yehudhi"。根据《圣经·旧约全书》，犹太部落也是以色列人 12 支派之一，原指犹太支派，或称犹太王国(与希伯来王国分裂后与北方以色列十部落组成的撒玛利王国对应)的人民。以当今状况来看，犹太人主要分布在美国、以色列、俄罗斯以及欧洲和其他地区。以色列国家的犹太人以希伯来语为国语，属闪-含语系闪语族；而美国的犹太人通用英语，不少人懂希伯来语或依地语；其余使用所在地语言。

以今日来看，所有的犹太人本来都统称希伯来人，或者说犹太民族属于希伯来民族，所以也可以称为希伯来人、以色列人，他们属欧罗巴人种地中海类型 。自希伯来诸部落出埃及后复占巴勒斯坦起至“巴比伦囚徒”事件[①]为止，犹太人也称以色列人。罗马帝国后他们历经近 2 000 年的流亡生活，只有原属犹太王国的人仍然保持其民族特征。从犹太教这一宗教视角来界定的话，多数教派承认，只有由犹太妇女所生者才可称为犹太人，而改革派则认为，双亲中有一人是犹太人者即为犹太人。

犹太人在经历近2000年的大流散后，如今遍及世界各地。到 19 世纪末，他们到底还是不是一个民族，甚至在学术界仍存在分歧。不过到了今天，犹太民族还是被视为一个完整的民族。19 世纪以前，流散于世界各地的犹太人，由于彼此隔绝，在社会文化、宗教礼仪和生活习俗上产生一定的差别，形成了三大支系：阿什肯纳兹人 、赛法丁人和东方人 。当然，历史上也有部分犹太人皈依了基督教。

自罗马时代至今，犹太人在世界各地颠沛流离，经过不可避免的与当地人通婚以及在其生活所在地长期生存，他们的肤色变得多种多样，其中不少人成为所谓的“白种犹太人”、“黄种犹太人”、“黑种犹太人”，还有南亚地区（主要集中在印度）和拉丁美洲的“亚肤色犹太人”。

二、创建犹太教

希伯来人在颠沛流离期间，创建了西方世界最早的古代宗教，它对于后世地中海区域文化和社会生活的影响尤为深远。

根据《圣经》前五卷的记述，犹太教在大约 3000 多年前产生于西奈半岛，它的创立者是摩西。从大约公元前 13 世纪初前后摩西发布十诫亦即犹太教萌芽开始，到 9 世纪左右犹太教正式诞生，犹太教就成为人类历史上最早且最具系统神学理论的唯一神宗教。

希伯来人所发展起来的犹太教可上溯至摩西十诫以及对耶和华的崇拜，其系统发展与完善的历程几乎没有哪个民族可与之比拟。虽然原始自然神信仰与万物

---

① 又称“俘囚事件”、“巴比伦之囚（囚徒）”事件等，其经过如下：公元前 722 年，以色列王国（撒玛利王国）被亚述所灭，当地居民被掠往亚述，在长期共同生活中被同化。公元前 586 年，新巴比伦国王尼布甲尼撒二世攻占耶路撒冷，犹太王国被新巴比伦所灭，圣殿遭毁，犹太王被挖眼，并被系上锁链，举族解送巴比伦，在此生活达半个世纪，这就是著名“巴比伦之囚”。约在公元前 539 年，波斯攻占巴比伦，释放犹太囚徒，当时约 5 万犹太人重返巴勒斯坦的耶路撒冷。

有灵观念贯穿于《旧约全书》之中，但从这些观念上升至高深的超越人世的抽象观念和伦理思想包括耶和华这一抽象神的认识，始终贯穿于其民族迁徙、发展的历程中。早在公元前12～9世纪，希伯来民族开始有了整个民族单一神的信仰。犹太人创立了雅赫维神，即以后在基督教徒中所流行的“耶和华”。雅赫维从希伯来部落的雨神和战神发展成为本部落的保护神，到公元前8世纪已成为所谓宇宙中唯一主宰，犹太教便由多神教向一神教体系转化，这也反映了其丧失独立后转向统一的渴求。

图1-2　摩西手拿刻有十诫的石板从山上下来，向众人宣布那十条戒律（*The Ten Command-ments*）。

犹太教的各种教义都是在摩西十诫的基础上演化而来的，它集中体现了犹太民族“因为不屈服于奴役，所以选择了流浪”的信念和特有的生活方式，摩西带领他的族人在西奈山下祈祷，请求耶和华为他的族人指一条道路。于是，一只看不见的手——上帝之手在西奈山的峭壁上刻出了那十条戒律（图1-2）。《圣经·旧约全书》中摩西十诫如下：

第一条：我是耶和华——你的上帝，曾将你从埃及地为奴之家领出来，除了我之外，你不可有别的神。

第二条：不可为自己雕刻偶像，也不可做什么形象仿佛上天、下地，和地底下、水中的百物。不可跪拜那些像，也不可事奉它，因为我耶和华——你的上帝是忌邪的上帝。恨我的，我必追讨他的罪，自父及子，直到三四代；爱我、守我戒命的，我必向他们发慈爱，直到千代。

第三条：不可妄称耶和华——你上帝的名；因为妄称耶和华名的，耶和华必不以他为无罪。

第四条：当纪念安息日，守为圣日。六日要劳碌做你的工，但第七日是向耶和华——你上帝当守的安息日。这一日你和你的儿女、仆婢、牲畜，并你城里寄居的客旅，无论何工都不可做；因为六日之内，耶和华造天、地、海，和其中的万物，第七日便安息，所以耶和华赐福与安息日，定为圣日。

第五条：当孝敬父母，使你的日子在耶和华——你上帝所赐你的土地上得

图 1-3　七支烛台是在耶路撒冷圣殿山犹太第一圣殿中供奉的三种特别圣物之一。圣经中有多处七支蜡台的记述。从罗马时代的犹太教第二圣殿时期以来，即成为犹太人的象征。1948 年以色列建国的时候，将七支烛台定为以色列国的国徽。它曾经作为战利品出现在罗马人的凯旋仪式之中，犹太囚徒肩负七支烛台示众的场景以石刻的形式铭刻在罗马的一座凯旋门上——这一场景也成为犹太人所铭记的悲惨历史场景之一。

以长久。

第六条：不可杀人。

第七条：不可奸淫。

第八条：不可偷盗。

第九条：不可做假见证陷害人。

第十条：不可贪恋人的房屋；也不可贪恋人的妻子、仆婢、牛驴，并他一切所有的。

《摩西十诫》被称为人类历史上第二部成文法律，体现了平等的“人神契约”精神：谁要是毁约，谁就会受到上帝的惩罚；人民也有“神不佑我，我即弃之”的权利。除十诫外，犹太教律法还有种种戒规，从社会伦理到饮食起居，涉及犹太人的全部生活。譬如，凡母亲为犹太人，其子女即为犹太人；男孩出生后第八天，一律要受割礼，作为与上帝立约的标志；教徒死后，尸体以水洗净，白布包裹入葬。

古代犹太教以七连烛台为唯一标志（图 1-3），中世纪后期改用大卫之盾（六角星），沿用至今。犹太教有三部典籍：第一部是《圣经·旧约》（又称《塔纳赫》），所有犹太人都要绝对忠诚地信奉它。它的前五卷书称为《妥拉》（又称《律法书》、《摩西五经》），是其中最重要的著作。第二部是《塔木德》，它对《妥拉》及犹太教经文中的“613 条戒律”进行了详尽解释。第三部是《米德拉什》。

三、从流散到复国（公元前 722 年～公元 1948 年）

犹太人从被征服、流散到最终复国，历经 2 500 余年。就连犹太人自己也这么认为，“犹太民族作为一个集体幸存下来，本身就是一个罕见的历史事件”①。

1. “肥沃新月”里的迦南地

底格里斯河和幼发拉底河的中下游地区被称为“两河流域”，这一称谓源于希

① （以色列）阿巴·埃班：《现代以色列——人类精神的一次伟大求索》（1995 年的演讲），载于徐新、宋立宏编译的《犹太人告白世界》，中央编译出版社，2006 年版，第 70 页。

腊语“河间地区”，它的南部称为“下美索不达米亚”，两河流域的平原从西北伸向东南，形似新月，被誉为“肥沃新月”（Fertile Crescent）。古时这一地区农业发达，依灌溉之便利，河渠纵横，土地肥沃。古老的希伯来人所称的“迦南地”就隶属于“肥沃新月”地带。

《圣经》所记载的迦南地就是今日中东的巴勒斯坦，这块地上少内河，地下无矿藏，一半国土是荒漠、贫瘠无比的地方，是犹太人的上帝耶和华赐予的“流着奶与蜜的土地”，为了争夺、保护他们的这块弹丸之地，他们先后与腓力斯丁人浴血奋战，并建立了自己的国家，开创了希伯来文明史。他们也被所谓残暴的亚述人、迦勒底人以及波斯人征服、拆散、囚禁、迁回，之后又遭罗马人屠杀、强行放逐，犹太人的流散史开始了。

犹太人称巴勒斯坦为“迦南”，包括约旦河西岸和加沙地带两部分。在古代历史上，犹太人和阿拉伯人都在此居住过。3000 年前希伯来人在这里建立了王国。再过千年，罗马人征服该地，多次征服犹太王国并最终将大部分幸存者赶出巴勒斯坦。公元 7 世纪，阿拉伯人战胜拜占庭帝国，接管巴勒斯坦。16 世纪起巴勒斯坦成为奥斯曼帝国的一部分。第一次世界大战后沦为英国的委任统治地，阿拉伯人成为该地区的主要居民。英国占领巴勒斯坦后，将其分为两部分：约旦河以东称外约旦，即现今的约旦哈希姆王国；约旦河以西称巴勒斯坦（即现在所称的巴勒斯坦），包括现今的以色列、加沙和约旦河西岸。以上两大部分是广义上的巴勒斯坦。

2. 被征服的 2000 余年

公元前 1012 年，大卫统一以色列和犹太两王国，定都耶路撒冷，国势强盛，在其子所罗门时更盛，建成了耶路撒冷第一圣殿。所罗门死后，国家南北分裂，以色列十部落定都撒马利亚，所以该国也被称为撒玛利王国，而以两个犹太部落为主的南方仍然以耶路撒冷为都，被称为犹太王国。这种分裂局面持续了 200 余年。

公元前 722 年，以色列王国为亚述帝国所征服，王国居民被散布到亚述帝国各地，实际上亦逐渐被同化，他们被称为撒马利亚人的十部落，称“失踪的以色列十部落”。与此同时，犹太王国通过向亚述交纳大量赎金得以存在，成为幸存的希伯来人的国家，他们不断施以各种手段，先后利用亚述与埃及、新巴比伦王国同埃及的矛盾在夹缝中求得自保，但最终于公元前 598 年和公元前 586 年两次被尼布甲尼撒二世攻下首都，最后一次造成了“巴比伦之囚”，犹太王国不复存在。虽然历经长期磨难，犹太人又建起了耶路撒冷神庙，但到了公元前 538 至前 332 年的 200 多年中，它成了波斯人的属国。

犹太人之后的岁月仍然是被来自欧亚各地的蛮族所征服的历史。公元前 4 世

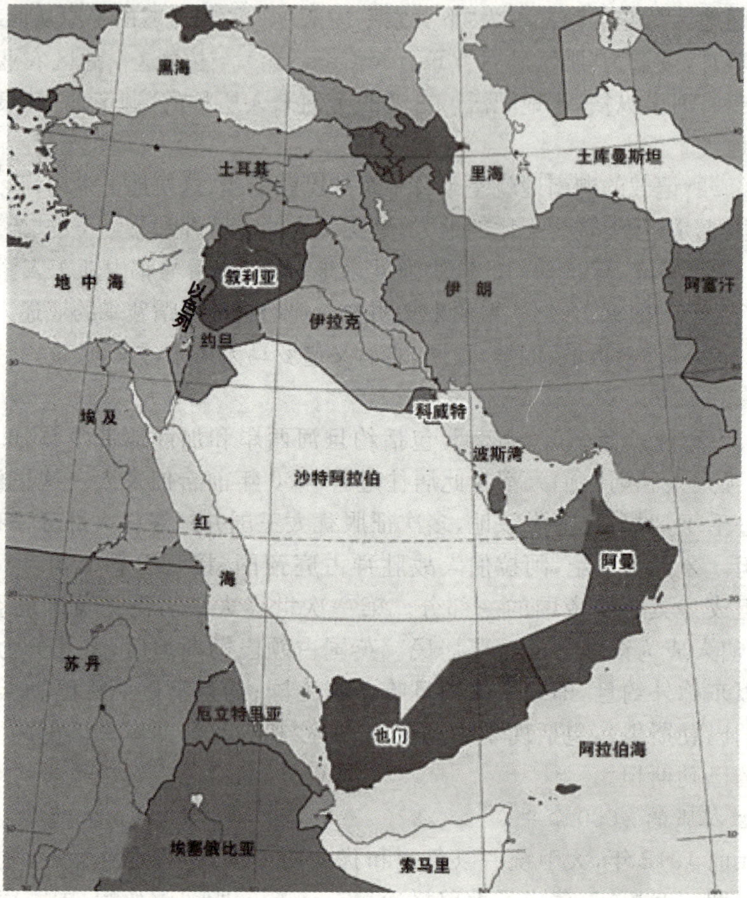

图 1-4　中东地图：从地图可以看出，位于地中海岸边的以色列只是茫茫阿拉伯世界的一沓弹丸之地。

纪，巴勒斯坦被纳入亚历山大帝国版图，数年后亚历山大大帝死亡，其三部将之一的托勒密将军建立托勒密王国间断性地统治了这块地区之后，犹太人最终长期受罗马人的统辖。从公元 7 世纪始，犹太人经历了阿拉伯人、欧洲人、蒙古人、突厥人等的先后统治；最终奥斯曼土耳其人长久地统治了这块地区。近代巴勒斯坦又被西方殖民强国特别是英国所控制。主要的统治者是阿拉伯人(613～1091)、塞尔柱土耳其人(1091～1099)、十字军(1099～1291)、马木鲁克人(1291～1516)、奥斯曼土耳其人(1516～1917)和英国人(1918～1948)，其中征服者所建不同风格的王宫殿宇是其统治这片土地的历史见证(图 1-4)。

3. 复国历程

18 世纪，欧洲犹太人受欧洲革命的影响，开始争取犹太民族解放，为立国做准备。19世纪,奥地利记者赫茨尔较为完整地提出了犹太复国主义思想,世界各地陆续建立起犹太复国主义组织,犹太人开始大量移居巴勒斯坦,犹太人"永恒的客民身份"①即将得到改变。"犹太复国主义者始终认为,同化是它的主要敌人",他们坚信,"犹太民族有共同的历史和未来"②。1948年5月14日,根据1947年联合国大会通过的关于巴勒斯坦分治的第181号决议,犹太复国主义领导人本·古里安在特拉维夫宣读《独立宣言》,以色列国正式宣告成立(图1-5)。阿拉伯国家反对和拒绝该决议,于是在以色列建国的次日即5月15日向以色列宣战,结果战败,以占领了上述决议规定的阿拉伯国家的大部分土地;另外,约旦占领了约旦河西岸4800平方公里土地;加沙地带的258平方公里则为埃及占领。1967年6月5日,第三次中东战争爆发,以色列在这次战争中占领了约旦河西岸和加沙地带,即整个巴勒斯坦。巴勒斯坦人被迫流落到周围阿拉伯国家和世界各地,沦为难民。1988年11月15日在阿尔及尔举行的巴勒斯坦全国委员会第19次特别会议通过《独立宣言》,宣布接受联合国第181号决议,建立以耶路撒冷为首都的巴勒斯坦国。1994年5月,根据巴以达成的协议,巴在加沙、杰里科实行有限自治。1995年以来,根据巴以签署的各项协议,巴自治区逐渐扩大,目前巴勒斯坦控制着包括加沙和约旦河西岸的约2500平方公里的土地。

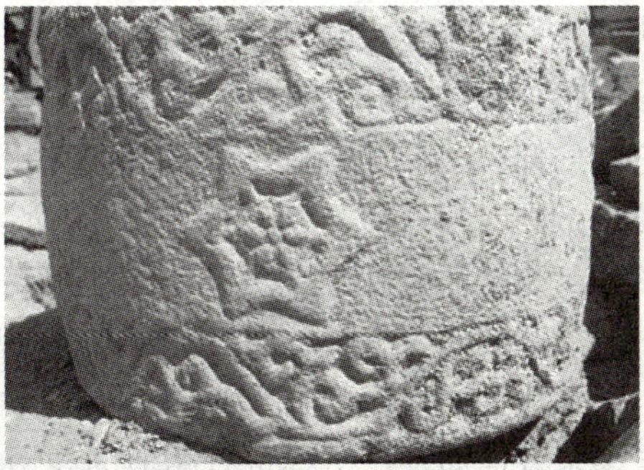

图1-5 以色列国旗上的大卫之星:左图是以色列的国旗,右图是发现于我国泉州的古犹太教抱鼓石。在我国泉州南门城德济门考古挖掘的一枚抱鼓石中间有"六角星"图案浮雕。"六角星"在犹太教中被称为"大卫之星",是为了纪念创立犹太国的大卫王的纪念星,直到现在仍被作为以色列国家的国旗图标。

① 徐新:《反犹主义解析》,上海三联书店1996年版,第52页。

② (英)沃尔特·拉克:《犹太复国主义史》,徐方、阎瑞松译,"生活·读书·新知"三联书店上海分店,1992年版,第721、718页。

第二节　西方文化源流之一：犹太教

可以这样说，作为一个单一民族性的宗教，犹太教对于世界的影响是最大的。它不仅对基督教世界产生了直接的影响，也同样对广义上的西方世界(包含中东和北非甚至整个中亚、西亚)产生了持久的影响。所谓坎坷和苦难造就了犹太教，而这一宗教注定会具有深远影响。

一、宗教之根基

作为人类宗教文化史长河里一朵极为璀璨的奇葩，犹太教是西方世界最具系统神学理论的唯一神教。仍然流传于当今犹太人中间的这一宗教，它不仅曾经(至今也许仍然)是团结和凝聚犹太民族的精神力量，而且对于基督教的诞生具有决定性的意义。

1. 凝聚之力

犹太教在公元前 11 世纪夺回巴勒斯坦的征服战争中发挥了巨大作用，以后它又在南方犹太王国中成为精神支柱。伴随着犹太国被迦勒底人征服及“巴比伦囚徒”事件，犹太教一度出现了危机，波斯帝国征服新巴比伦王国，释放了犹太囚徒，犹太人得以重建家园，犹太教重新得到发展。不过罗马人几乎彻底摧毁了犹太人这一精神支柱：他们通过三次犹太战争，遣散了犹太人，使之流离失所，犹太教也像它的信仰者一样，散落各地。中世纪的欧洲对犹太教自然是歧视、压制、镇压，在阿拉伯帝国时期，犹太教亦遭受同样的命运。直到近代以后它才伴随着犹太人命运的逐步改善而得到改善。

与此同时，当时可能是影响颇广的悲观主义情结和宿命论的思想也导致了救世主弥赛亚①的产生，即希望救世主能降临人间。虽然其他上古民族如埃及人的早期宗教信仰发展历程也有相似的经历，但是伴随着其内部分化与混乱以及后来民族的被征服，其宗教信仰的统一性完全丧失，只有零星痕迹散于民间。有组织、有纪律、有仪式甚至有教义的上层控制者们(祭司集团)除分裂外，则主要为外族的武力所屈服，这样，原有的本民族信仰逐渐丧失，代之以后世新的信仰。而犹太教除了本民族的顽强团结精神外，这宗教本身成为其信念和精神支柱，它团结了整个

---

① 西文 Messiah 源于希伯来文 mahsiah 的音译。原意为“受膏者”，即古犹太人封王祭司时，在受封者头上敷膏油的仪式，故君王有“受膏者”之称。后犹太王国危亡时流行起上帝将重新派遣一位“受膏者”来复兴国家的说法，弥赛亚成了犹太人想象中的“复国救生”的专称。基督教产生后亦借用之，说耶稣是弥赛亚，是“救世主”，于是弥赛亚或默西亚就转义成了救世主。

民族使之生存发展下去,这样不仅犹太人本身能存在下去,更主要的是,其宗教作为一种永恒的凝聚之力,顽强地发展和持续着(图 1-6)。因此,犹太教终于成为现代意义上的正式信仰。

图 1-6　在耶路撒冷“哭墙”前进行祈祷的犹太教徒:公元前 1 世纪犹太国王赫罗德建犹太神殿,后罗马人将耶路撒冷夷为平地,幸存下来唯有这段残壁——哭墙。如今它却成为犹太信徒们沉思默祷的圣地。

犹太民族历经千年磨难,却始终没有垮掉,这与他们民族的凝聚力是分不开的。外患压不垮一个民族,反而能使一个民族团结,内乱却会使一个民族走上衰亡的道路。当我们联系希腊抗击波斯入侵、罗马民族消失以及我们自己民族的兴衰之时,就更能理解这一点了。

2. 西方世界宗教发展的基础

希伯来人的宗教即犹太教对于基督教和伊斯兰教的影响是最直接的。它对基督教的发展产生了强烈的影响,《圣经》是犹太教的经典,同样也是基督教的圣书;耶路撒冷是犹太教的圣城,后来也成了基督教和伊斯兰教的圣地。这一连接犹太民族精神的纽带并成为其民族精神支柱的本民族宗教何以会有如此重大的影响呢?

首先,我们认为,犹太教在所有后世正式而系统的宗教信仰中是最早的,也是最完备的宗教之一。它比东方的琐罗亚斯德教、佛教、耆那教、道教都要早得多,它比古埃及人的太阳崇拜及其他古老民族近似于原始信仰的宗教要发达完善得多。与后一类信仰相比，犹太教具备了完善的组织和仪式，文字固定下来的教义和戒律、严格而有序的纪律等系统特征。它是现代意义上的宗教，是真正的文明宗教，是正式的古代宗教，而另一类信仰可归于原始信仰，它时间上虽在上古时代或古代，实际上是原始自然神信仰的延续。

其次，众所周知，犹太教直接导致了基督教的诞生，没有犹太教谈何基督教？两教只有一个上帝——耶和华，但是那是犹太人创立的唯一的上帝。犹太人基督耶稣创立了基督教，虽然连他自己都否认基督教是犹太教的分支，是后者派生出来的，但是对于一个具有基本西方文化知识的人而言，基督教及其文化的源头就是希伯来人创立的犹太教。

再次，从学术研究的角度而言，基督教对于伊斯兰教的诞生产生了巨大的影响，后者也是唯一神、反对偶像崇拜的古代宗教，它们都隶属于“西方宗教”，其特征与我们经常所总结的“东方宗教”有着本质的诸多差异①。如果从一种古代宗教——亦即一种正式的宗教信仰而非原始宗教的影响力来进行比较的话，我们认为犹太教对于我们这个星球上人类文明的影响是最大的。基督教在近代影响了世界，伊斯兰教也曾经搅动了大半个世界，但是这一切都是因为有了犹太教这一基础，才造就了以后的以宗教为基础、为精神、为灵魂的主要地区文明，包括基督教世界和伊斯兰教世界，而它们在古代、中世纪、近代甚至当代的影响力仍然是关键性的。

当然，尽管犹太教对于后世影响巨大，犹太教的教义却具有局限性和狭隘性。犹太教教义在不同历史时期有不同的解释，总结一下主要有：坚信唯一神耶和华，除了这位上帝，再没有别的神灵；犹太人是上帝的选民；上帝赐予他们流着奶与蜜的土地——巴勒斯坦；在全世界传播犹太教是犹太教徒的使命。不过就最后一点而言，犹太人始终无法完成那一使命，尽管这一宗教也始终、也“绝没有放弃要成为世界宗教的主张”②。

3. *颠覆西方世界“善恶观”的重大发现*

在宗教史特别是基督教会历史上，犹大背叛耶稣的事件似乎已成定论，但是这

---

① 我在授课及多处文论中提及这两大宗教体系特征之差异，其中包括：唯一神信仰与多神或一神为主多神为次的差异，偶像崇拜与反对偶像崇拜的不同，打着宗教旗帜进行军事征服的攻击性特征与远离政治的避世或非暴力不合作的处世原则之差别，等等。东方宗教体系包括：婆罗门教（包括后来的印度教）、佛教、耆那教、道教甚至所谓的儒教。

② （德）利奥·拜克著：《犹太教的本质》，傅永军、于健译，山东大学出版社，2002年版，第66页。

一事件最终竟然得到平反。这一事件充分体现了基督教世界特别是其宗教文化是如何与犹太教息息相关、密不可分的，我们所感受到的是，一提及西方世界的宗教文化因素，追根溯源，必然追踪到犹太人的宗教。

在欧美世界，20 世纪最重要的考古发现，就是发现了关于犹大的手稿，从而为犹大平反（图 1-7）。3000 年的疑案终于在这个世纪交汇之际得以水落石出，这一被众人忽略的事实必须在此特别加以强调。

图 1-7 《最后的晚餐》：犹大被平反是 20 世纪世界历史上最重大的发现之一，这一发现将彻底改变西方世界千百年来根深蒂固的对于历史及宗教人物的印象和评价，也许它的影响还不止于此。

2006 年 4 月，美国国家地理学会华盛顿总部将一份遗失近 1700 年的《犹大福音》手稿公布于世。根据研究结果，犹大其实是按照耶稣本人旨意而出卖耶稣的，说明犹大事实上是耶稣最喜欢、最信赖的门徒。该福音书在经过了放射性碳定年、墨水分析、多光谱照影术、内文比对、古字比对等五种方法鉴定后，被认为货真价实。

研究者认为，两千年来犹大——作为“背叛”、“谎言”的代名词，将会被彻底颠覆。这一令众多西方人难以接受的事实，将会改变他们对于历史、对于某些人物的看法，某些价值观念同样需要清理和再认识（图 1-8）。

图 1-8 被发现的古经副本中，耶稣授意犹大卖主，以换取"复活"神话，达到加快传播基督教的最终目的，它从此也决定了世界文明史的发展轨迹。这一千古疑案直至 2000 年后方才告破。

二、文化之源头

在 19 世纪中叶之前的漫长历史时期，由于几乎所有人都信仰神灵，至少信仰他们本民族的神灵或宗教[①]，因此，与各民族信仰息息相关的文化因素也必然地与其所信奉的宗教有着直接的联系。就西方世界而言，犹太教对于西方世界的宗教有着巨大的影响，西方文化诸多因素也与犹太教密切相连。欧美文化的一个重要源头[②]，就是犹太教本身。

何以言之？第一，正如我们在其他地方（希腊部分开头）所言，欧美文化或者西方文化只是一个笼统、总体、宏观的名称，它并不代表当今一些主要的、具体的国家如美国、英国、法国、德国、加拿大、澳大利亚等某单一国家的文化，这些国家都有自己独立的民族文化的积累，然而，一旦涉及到宏观意义上的西方文化或欧美文化，追其宗溯其源，那就肯定要追溯到数千年之前的希腊和希伯来。试想，上述单一国家的民族文化，至多不过千余年前有限的文化（英法德），有的只

① 直至 19 世纪中叶，欧洲有两大主要思潮占据主流：一是欧洲中心论，二是基督教神学。甚至到了 20 世纪上半叶，不仅法国、德国、英国等老牌西欧强国，就连美国这样的新兴西方强国，其国民的传统价值观仍然摆脱不了上述思潮的影响。

② 另外一大源头，即希腊文化，我们后面第二章有述。

有两三百年而已(美澳)！第二，具体而言，所谓欧美文化源于犹太教，其表现如何呢？这方面必须从横向内容来具体说明。首先，犹太教的宗教影响前已有述。其次，它对于文学艺术的影响则是丰富多彩的，西方自中世纪历经近代到现代，文艺创作的题材和灵感之源泉，犹太教之《圣经》占据显赫位置。文艺复兴时期众多的创作如“艺术三杰”达·芬奇、拉斐尔和米开朗基罗的绘画和雕塑经典作品大多反映这类题材，这一题材给了这些艺术家源源不断的灵感。近代文艺家们的杰出作品也无不如此，俄罗斯大文豪托尔斯泰的小说也时常引用《圣经·旧约全书》之言，给后世带来震撼和哲理般的启示。在音乐以及其他文化领域，犹太教及《圣经》何尝不是重复着其无穷的影响！再次，在史学、哲学等传统基础学科以及其他各类新兴学科中，无数学者们的研究，一旦对于诸多议题加以考证、引证、印证，往往会追溯至《圣经》，特别是《旧约全书》。另外，犹太教作为西方首创的单一神教之精神内核——对于耶和华虔诚的崇敬(由古代的盲目崇拜到今日仅仅具有象征意义的尊敬)、对于耶稣基督的敬仰(自古至今)——在欧美文化之精神延续方面以及对欧美世界大多数人而言，从未间断过。几乎所有到过西方各国的学者，都会对西方人对某种信仰或其精神之源的虔诚和庄重留有深刻印象。

总之，犹太教之于欧美文化这种持久、无形的影响，犹如空气般的文化之于人类。文化对于我们人类的影响，就像空气一样，有时候我们似乎感受不到其存在，但它其实充斥在我们周围。犹太教对于西方文化的影响也是如此，许多人似乎很难感受到其巨大的作用，然而，这种作用和影响是无形而有力、丰富而长远的。

希伯来文化包括1947年阿拉伯人意外发现的所谓“死海古卷”中所包含的一切内容。1947年，在死海西岸基巴昆兰，一位阿拉伯牧童寻找一只丢失的羊时，发现了一个从未看到过的山洞，他扔进去一块石头，听到一阵奇怪而可怕的声音，吓得他扭头就跑。后来他带来一位朋友，发现山洞里藏有大约50个圆筒形的泥罐，罐子里塞满了一卷卷的皮革写本，后证明这是公元前130年至公元67年的禁欲主义组织艾塞尼派所抄写的《圣经》经文，这也是世界文献资料史上最为特殊而重大的发现之一。

“死海古卷”的发现具有划时代的意义，它对旧约全书和新约全书的研究都具有重要意义，“对犹太教宗教经典的考证研究也具有极其重要的学术价值”[①]，而里面最重要的文献是希伯来文《圣经》抄本(即《旧约圣经》)，除《以斯帖记》外，《旧约圣经》中的每一部分都能在“死海古卷”中找到。

---

① 潘光、陈超南、余建华：《犹太文明》，中国社会科学出版社，1999年版，第43页。

三、欧美文化大厦的基石——不朽的《圣经》

自古至今，在世界范围内，谈及影响、价值、传承，没有一本书像《圣经》那样重要，它从来就是常销书甚至是畅销书，如今已经有了超过千种不同语言的译本。《圣经》的影响深入到包括宗教、历史、语言、法律、文学、艺术、音乐、建筑、道德等各个领域。"圣经"成为一种代名词，即使在汉语中也是如此，西方生活的众多日常用语特别是成语都来自于《圣经》。《圣经》是西方文化宝库里璀璨的宝石，是西方世界最重要、最有影响力的巨著。

犹太人在幼儿时，他们的母亲就会翻开《圣经》，在上面滴上蜂蜜，然后让自己的孩子去吻《圣经》上的蜂蜜——从小就让孩子意识到书本是"甜"的，认识到《圣经》的崇高。

1. 不朽的《圣经》

犹太教总共有三部经典，《圣经》当然是最为重要的文献。

当今，遍及世界许多地区的十字架、犹太教堂如摩西会堂、西方世界宾馆房间里摆放的《圣经》等有形的犹太教文化见证足以唤起东方人士对犹太教影响的联想，然而更大更深刻的影响却是那些无形的文化要素：唯一神信仰——开创及其后续持久的、内在的意义；世界观、价值观——关于世界的起源、人类和时空的观念，关于善恶的意识，关于忏悔，关于犹大个人的印记及其善恶转换等等；来自于《圣经·旧约全书》里西方人名姓（西方世界自古至今所起的名字如亚伯拉罕、雅各、摩西、大卫、约翰等等，无不来自犹太教的经典）；来自《圣经》里的故事、人物——对于西方文学、美术、音乐界的巨大影响……所有这些无形的犹太教文化元素深深嵌入西方文化这堵厚厚的大墙里面。更无须说美国及其他西方世界的首脑举行就职宣誓或其他仪式期间都要手拿《圣经》或庄严地触摸它，耶稣基督的信仰者们或受其影响的所有人在胸前划"十字"，这一切无不体现了犹太教无形而深远的影响力。

从《摩西十诫》发布开始到犹太教正式确立，最终集中凝结出的这部奇异的《圣经》不仅体现了犹太民族不屈不挠、自强不息的精神，同时其所包含的独特的文化内容对于西方世界所有领域都产生了广泛而深远的影响。直至今天，这种影响仍然随处可见，依然深入人心。它们不仅成了西方世界的文化遗产，也是全人类文化宝库的精华。

2. 内容之一：文学成就突出

希伯来人的文学成就比之古代东方所有其他民族的文学都毫不逊色，并且更显得杰出而有特色。仅仅藉其《圣经》，就足以令世界上所有的学者对希伯来文学敬佩三分了，自中世纪以来一直到现当代的西方文学艺术大师和科学家们，无不熟知《圣经》的内容。不过，希伯来人的文学作品不仅存在于《旧约全书》里，而且也包括其他所谓的“伪经”。公元前10世纪末以色列希伯来人的创作尤其是书面文学作品，是按照迦南语的发音用腓尼基字母写成的。希伯来文献还包括神话、礼拜仪式、世俗歌曲、历史、法律、寓言箴言、先知语录等等，以上这些都不同程度地反映了以色列的文学成就。《旧约全书》前五卷即“摩西五经”中的一些神话源于苏美尔。在乌加里特文书中发现的公元前14世纪的腓尼基文学作品证明，《圣经·旧约全书》中的《诗篇》和《箴言》卷颇具迦南人赞美诗的风格，有些箴言几乎一字不漏地取自埃及的《阿门内莫普的教诲》①，估计是腓尼基人把这些埃及箴言传给以色列人的。希伯来文学有的反映了部分的历史场景，有的是优美的爱情诗，著名的《雅歌》或叫《所罗门的歌》其主题可能来自于迦南人的影响，这首赞美生殖女神舒拉米热恋情人的春之歌极富激情与美感：

我是沙仑的玫瑰花，是谷中的百合。
我的佳偶在女子中，好像百合在棘中。
……
我的良人白又红，无人可企及。
他的头像至纯的金子，他的头发浓密累垂，黑如乌鸦。
他的眼睛恰似泉溪旁以奶洗净的鸽子的眼睛。
他的两腮如香花畦，亦如香草台。
他的嘴唇像百合花，且滴下没药汁。
……
女王啊，你的脚在鞋中多么美妙！
你的大腿圆润，好似美玉，乃巧匠的手做成。

《旧约全书》中的《诗篇》共有150篇，里面充满了希伯来人爱家、爱国家、爱自己民族和宗教的情怀，除了抒发爱情的《雅歌》和被誉为“智慧文学”的《箴言》外，一共有5章的《耶利米哀歌》更是充满了愁、悲、苦的凄惨诗篇：据说先知耶利米目睹希伯来人子散妻离、国破家亡（耶路撒冷遭到毁灭）的惨状，写下了这一著名而奇特民族的千古绝唱：

我眼中流泪，以致失明，
我的心肠扰乱，肝胆涂地。

① 阿门内莫普(Amenemope)是埃及人，此书成书于新王国后期。

吃奶的孩子的舌头，因干渴贴住上膛，
孩子求饼，无人擘给他们。
……
我们的产业，归于外邦人，
我们的房屋，归于外邦人，
我们成了无父的孤儿，
我们的母亲，成了寡妇。

总之，以色列古代文学成就包含了许多内容，在所有这些内容之中，《圣经》是集大成者，其中《旧约》中的《约伯记》被认为是文学成就最高的。

3. 内容之二：史学价值

实际上，《圣经·旧约》的绝大部分内容是在自摩西创教以来，断断续续千余年，历经许多希伯来僧侣及其他文人学士编撰积累而成的，它基本上用古希伯来文写成，记载、复现了早期希伯来众部落包括犹太人生活和信仰的面貌，因此其史料价值应该是第一位的。至今为止，我们所看到的犹太教、犹太人的历史，甚至其他相关民族和地区的历史面貌，许多都是依据《圣经》里面的记载。传统的犹太史教科书，其古代内容无不来自《旧约全书》，它"作为犹太教的正典"，"最为重要"①。

犹太律法、宗教、文学、哲学等诸多学科，也大都来源于这部文献。《圣经》里汇集了许多重要史料，离开《圣经》，我们对古代近东历史的了解就非常有限，甚至会失去方向，对古代以色列人和早期基督教运动的状况，《圣经·旧约》绝对是文献之根基。当然，《圣经》最初的作者不是历史学家，事实上他们只是神学家和"福音传播者"("evangelists")，但他们保存了大量珍贵的史料文献。对于任何一个想真正了解古代近东的历史面貌和西方三大宗教——犹太教、基督教、伊斯兰教——的起源和早期发展状况的爱好者而言，他必须首先要掌握《圣经》里面的基本内容。

4. 内容之三：《圣经》中的法律与哲学——希伯来人智慧的结晶

以色列人的法律也充分表现了其才智。《旧约全书》中的《申命记》是犹太人法律的核心，它比汉谟拉比时代的法律更为进步，但它们都是苏美尔人和阿卡德人法律大全的翻版。尽管如此，希伯来人的哲学却早于希腊人超过了其他各个民族，他们的人生观及关于人类命运的思想一点也不抽象，这些均体现了希伯来人历经磨难之后的亲身总结，《旧约全书》中的《箴言》及《外经》("伪经")都富有深刻的哲理，

① 潘光等：《犹太之旅》，上海文艺出版社，2002年版，第110页。

虽说不少资料是从埃及人公元前 1000 年前的历史文献中汲取的，但其哲学思想包括了更多新的东西，机械论和宿命论、悲观主义和禁欲主义之类的思想同样能反映出希伯来人哲学思想的丰富性。

犹太人有句俗语：两个犹太人，三种思想。这是犹太人喜欢争论以产生新观点的“求异存同”的传统，这一点与我国求同存异的传统观念完全不同。《旧约全书》同样包含了这种传统的观念。

当然，除了《圣经》，犹太人还有 250 万字的百科全书式巨著——《塔木德》，希伯来语“塔木德”(*Talmud*)的意思是“伟大的研究”，这是一部被犹太人视为生活规范的重要书籍，是对《圣经》的解读，同样成为当今犹太人书架上的必备之书。

5. 欧美文化大厦的基石——《圣经》的永恒价值

作为犹太教经典的《圣经》后来成为基督教的《旧约全书》，它的希伯来文古本包括 24 卷，现行的“旧约”有 39 卷，分为律法书、先知书、圣著三大部分，其中律法书是主要的宗教经典或圣典，“圣经”的称谓也由此而来。这些主要经典包括《创世纪》、《出埃及记》、《利未记》、《民数记》、《申命记》等，据说是犹太祭司们根据各种文献——史书、神话、诗歌、箴言、训诫、编年纪等——并按照犹太教教义之要求在剔除其不符合独尊耶和华内容的原始材料基础上编撰而来的，它大约成书于公元前 5 世纪及以后的岁月，“死海古卷”的发现使得对它的研究更为深入。

希伯来人的《圣经》不仅作为纯宗教遗产为后来影响全球的基督教所全盘接受，例如 16 世纪加尔文教把“旧约”作为法律和政治的理论依据，而且《圣经》中的各种素材成了文艺复兴时代及以后世界尤其是基督教世界文学艺术大师们创作的灵感之源。在伦理方面，希伯来人由于《圣经》中的众多伦理内容才对西欧产生了广泛而深远的影响。在政治方面，基于有限治理、法律主权、尊敬显贵、尊重人格的思想传统对于现代西方民主的形成产生了深远影响，所谓犹太教传说、基督教和斯多葛派的哲学影响在促进西方个人主义、自由平等的观念形成中具有直接的作用，其中当以前者即犹太教传统思想的确立为最早。

总之，作为一个生命力极强的民族，犹太人的祖先——希伯来各部落最早接受了苏美尔文化、阿卡德文化和巴比伦文化，后来又熟悉了一度居住过的埃及人的文化，但最终他们定居到被历史学家称为“肥沃的新月”的迦南地，并在那里建立起民族、国家，发展起他们自己的宗教文化。古代犹太人在科学和很多文化门类上的贡献是有限的，然而作为一个顽强而越来越完整的民族，他们却始终团结一致，永久地生存并发展起来，其民族精神和宗教文化特别是其宗教伦理思想对于西方基督教世界具有广泛而深远的影响。欧洲、美洲的一些犹太科学巨匠、思想和艺术大师在最近200年来活跃于世界大舞台，他们的成就和影响无不令人想起这个民族的发展史，尤其是其宗教及其圣典——《圣经》。

四、犹太教及其文化遗产：发展和余响

犹太教是世界上最为古老的古代宗教之一，作为最早的一神教，"作为一种文明的构成因素"[①]，犹太教也始终处于断断续续的发展中，特别是近代，它逐步走向分裂。今天，虽然它只是一种单一民族的信仰，但其文化遗产见诸于世界各地。如同犹太民族一样，这一悠久的古代宗教没有湮没在历史长河中，正可谓"古老又常新"的宗教。

1. 犹太教的后期演变

就像其他正规的信仰一样，犹太教在产生、发展后，很快走向分裂：宗教的分裂不是退化、衰落，而是它拓展的标志。犹太教也是如此。

中世纪犹太教备受压制，近代以后伴随着法国大革命的积极影响，犹太教似乎获得了第二春，它迅速发展，于是走向了该教历史的大分裂时期。近代以来的犹太教逐步分裂为三大派：正统派、改革派、保守派。

正统派坚持旧有的信仰，包括传统律法不变、上帝永恒、重建圣殿、恢复祭献、弥赛亚救世等，该派在传统的欧洲国家占据一定势力，如在英国、法国的犹太人中有很大影响，不过在美国这一犹太人口大国中，只有40万不到的犹太人属于该派。正统派又分为三派：极端正统派、新正统派和哈西德派。

改革派将传统的犹太教改变成"完全和科学、理性和谐共存"的伦理一神教，它抛弃一些旧有习俗，改革后其礼拜时男女可以混坐，用所在国语言读经布道，使用合唱队并引入管风琴伴奏等。该派坚持男女平等，妇女有做"经师"(Rabbi)的权利，并且自1972年开始任命女性经师。第二次世界大战以前，改革派的中心在德国，战后则转移到了北美。如今改革派在北美犹太人中约占42%，是成长最快、力量最壮大的犹太教派。

保守派介于正统派和改革派之间，其前身是德国的犹太教历史学派，20世纪初期它在美国发展成为犹太教保守派，曾一度成为最大的犹太教派。今天，保守派在美国占犹太人总数的40%，同样具有极大影响。该派一方面强调传统律法和仪礼的重要性，另一方面也赞同其不断适应时代而变化。在礼拜期间，该派仍然采用希伯来语，礼拜时男女分坐，但逐渐提倡男女平等，1985年开始任命女性经师(拉比)。后来该派中又分划出一个年轻犹太教派——重建派(创始人是摩迪凯·

---

① (美)摩迪凯·开普兰著：《犹太教：一种文明》，黄福武、张立改译，山东大学出版社，2002年版，第214～240页。

凯普兰），它对犹太人的影响主要体现在意识形态方面。重建派是犹太教中最小的派别，约占北美犹太人的2%。

2. 古老而常新的犹太教文化遗产

每一种古代宗教都有自己的节日、习俗和禁忌，其影响在近代以前的各民族或区域中占据核心位置。就犹太教而言，它的节日文化直接影响到西方世界。

犹太教节日主要包括：安息日（Shabbat）、新年（RoshHashanah）、赎罪日（YomKippur）、逾越节（Pesach）、七七节（Shvuot）、帐篷节（Sukkot）。安息日影响最大，今天几乎所有的上班族都在实践着这个节日。犹太教的新年不是欢乐日，犹太人在这一天吹羊角号以示纪念，默祷休息，它也被视为“审判日”、“纪念日”，犹太教的经师（拉比）认为，在该日人人在上帝面前经过并接受他的审判。赎罪日是犹太人一年中最重要的圣日，它在新年过后的第10天举行，人人在教堂内祈祷并等候赎罪，这一天还要彻底斋戒，旧时该日要在圣殿举行献祭，期间将一头公山羊杀死祭奠上帝，而把另一头山羊放逐旷野，以示让它带走罪孽——是谓“替罪羊”之典。逾越节是纪念摩西率领希伯来人成功逃离埃及的节日，又称“自由节”。

图1-9　英国近代画家艾德文·朗（Edwin Long，1829～1891）的帆布油画《王后以斯帖》：以斯帖的意思是“金星”，其波斯名字是Hadassah，意为“桃金娘”，故事取自《圣经·旧约全书·以斯帖记》。作为一名美丽的犹太女子、波斯皇帝亚哈随鲁（Ahasuerus，薛西斯一世）的妻子，她与堂兄末底改（Mordecai）劝说国王收回在帝国全境杀尽犹太人的成命。国王宠臣哈曼原定在掣签决定的日子屠戮犹太人，结果反而是犹太人消灭了以哈曼为首的敌视犹太人的人们，后来犹太人就定此日为掣签节（Purim）。图中所描绘的正是以斯帖在最后关键时刻准备挺身而出、舍命劝说波斯皇帝以保护所有犹太人免遭屠杀的场景。

此外，犹太教还有其他一些节日如痛悼节（TishahB'ab）、普陵节（又称掣签节，Purim，图1-9）、敬祝节（Channukah）等等。

在犹太教的发展史上，不仅正规的律法有种种戒规，而且从社会伦理到饮食起居等日常生活，都有诸多禁忌。在某些方面，犹太人和穆斯林一样，在斋戒、割礼、葬礼、禁食猪肉和血液等教规习俗上非常相似，连他们的宗教场所都被同样称为“礼拜寺”或者“清真寺”。所以，许多中国人都把两者看作一回事，最多只是区分

“白帽回回”或“蓝帽回回”而已[①]。在饮食方面，根据犹太戒律，某些食物如猪肉及贝壳类是完全禁止进食的。另外，肉类及奶类食品不可在同一餐内进食，这些符合犹太戒律的食物称为“Kosher”（中国无专门“Kosher”餐厅，通常以素食餐厅替代）。当然，许多犹太人在商务旅行时对上述戒律的遵守保持一定灵活性。

① 肖宪：《中国历史上的犹太人和穆斯林：比较研究》，载于《犹太·以色列研究论丛》2007年第一辑。

第二章　欧美文化溯源之二：

希腊文明——典型的海洋文明

公元3世纪，除了罗马帝国，中华文明走在了世界的前列，中华文化已经系统地发展并完善起来，实际上中华传统文化的基础早在春秋战国时代就得以奠定。印度文化亦早已独立存在，雅利安人入侵之前的纯印度本土文化也曾存在，只是突然地消亡了；后来的雅利安文化开始扩展甚至影响到几乎整个亚洲，以婆罗门教为基础而兴起的其他宗教特别是佛教及其文化至今还影响着亚洲的大部分地区。印度以宗教为基础的哲学、艺术、文学以及科学，都是十分发达的，在近代彻底沦为英国殖民地之前，印度作为一个独立的大国可以说是威震四方，因为它对周边地区的文化和宗教的影响是如此广泛而明显，恰如同时代中国对于朝鲜、日本、越南等周边地区的影响一样。西亚和北非也是文明发生最早的地区之一，尤其是苏美尔文明，它可能是世界上最古老的文明，很可惜这一文明中心早已不复存在。相对而言，古埃及是世界上最为连贯的文明中心，从公元前3500年左右到公元前525年被异族人征服之前，其古代文化已经延续了3000年左右，这种情况在上古时代是独一无二的，法老们的宗教和艺术至今历历可见。相对来说，以腓尼基为中心的中东文明（包括后来的迦太基帝国）在古代并没有那么长久地持续下去，但也未像苏美尔文明那样突然消亡。在两河流域中心，这里则是一个民族和文化的大熔炉，从最早的苏美尔到古亚述帝国，从迦勒底即新巴比伦王国再到波斯帝国，这一地区所形成的各种文化（包括宗教）始终牵系东西两方；同时，西亚以及中亚地区不仅成为古代商贸发达之地，而且它始终是古代中西方文化交流的金桥。

而希腊文明的崛起以及罗马人对世界的征服，则使古典文明在古代后期及未来日子的影响得以充分体现。

第一节 欧洲文化的基础和渊源：爱琴文化

一、西方古典文明[①]是怎样的一种状况

如果我们以时代为参照作横向比较的话，那么在我们所叙述的历史时期的希腊可谓是极度发达。它的政治文化即民主政治制度达到空前的繁荣，其真正意义上的独裁没有形成（犹如罗马人那样）；整个希腊已非常富足，其商业是地中海乃至世界上最发达的；在知识方面，各个学科的成就对文艺复兴以后的欧洲和世界影响甚巨，更不用说对罗马全方位的影响了。总之，古代希腊是同时代世界上文化最发达的地区之一，是西方文化的摇篮，也是欧洲古典文明最耀眼之处。

正如杜兰先生所言："文明不会死亡，只会迁移。"[②]希腊文明永远也没有死亡甚至没有断绝，它完全被罗马人以及后来的欧洲人继承下来；它在文艺复兴时期得以复活，在近代被彻底发掘。威尔·杜兰继续评论道，"希腊文明并未死亡，它在死亡之前仍然继续生存了几个世纪；而当它死亡之时，却成为留给欧洲及近东诸国无可比拟的遗产"[③]。

如果说基督教以前的欧洲文明有一个中心，这一中心也就是希腊。不过这一文明中心在其古典时代结束后也即告完结了，以后它长期处于异族的统治之下。因此在我们总结古典希腊文化成就之前，有必要理清希腊文明史的演化历程，而这一纵向发展的历史过程竟然包括两千余年的被征服史或为异族人统治、控制的历史。

二、"希腊人"及其自然环境

整体上看，古希腊的自然环境和地理状况是比较单一的。我们所述及的古代希腊抑或文化意义上的希腊要比当代希腊的领土大得多，它包括欧洲东南部的希

① 本书所言"古典文明"主要是指希腊古典时代（公元前6世纪～前4世纪）的文明，广义上的"西方古典文明"可以涵盖希腊化时代的罗马文明。如今"古典文明"及"古典"一词已被用于其他地区，但不是时间而是文化发展状况的对应。"古代文明"则泛指世界各地古代（约公元前3000年～公元500年左右，其中每一个地区又存在差异）、中古（公元500年～公元1500年）的文明状况。

② （美）威尔·杜兰：《世界文明史》卷二"希腊的生活"，幼狮文化公司译，北京东方出版社，1988，第493页。

③ （美）威尔·杜兰：《世界文明史》卷二"希腊的生活"，幼狮文化公司译，北京东方出版社，1988，第491页。

腊半岛、爱琴海诸岛、小亚细亚西海岸以及意大利南部及其许多岛屿(图 2-1)。自公元前 2000 年左右以后的近 2 000 年的时间里，希腊人在很多地区建立了大量的殖民城邦国家。这一时期整个地中海地区是希腊人的天下，其中巴尔干半岛南端的希腊半岛是古希腊的主要领域，西西里岛和地中海东海岸也是希腊文化重要的卫星区。除了南希腊，古代希腊还包括北希腊、中希腊；更为著名的伯罗奔尼撒半岛位于南部，而爱琴海有 400 多个星罗棋布的岛屿；小亚细亚西部海岸地带与希腊半岛的东部相似——海岸线极为曲折，多优良港口，古希腊商业之发达仅由此地理环境上就可感受一斑。

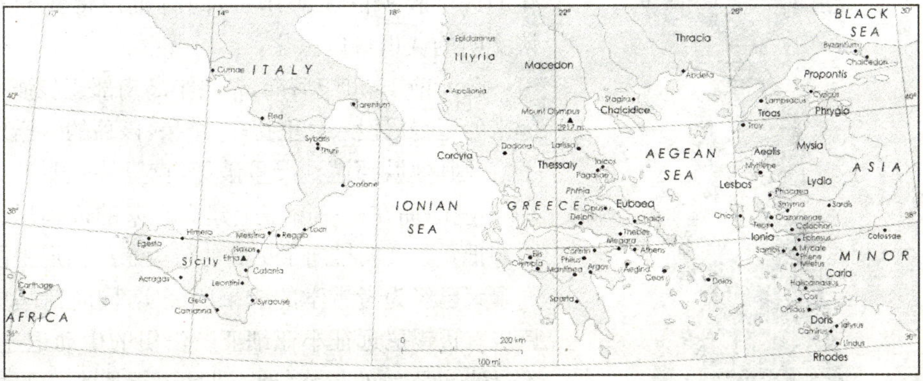

图 2-1　古代希腊的影响和当代希腊版图：古代希腊曾经控制着大半个地中海，南意大利和小亚细亚西部等地都是其殖民城邦。

上古希腊居民，大陆上有皮拉斯基人，海岛上有卡里亚(“勒勒吉”)人，他们均为非希腊语系民族。到了大约公元前 2000 年，一批操希腊语的游牧部落从多瑙河平原或者是小亚细亚北部侵入到希腊地区，他们定居后依其所操方言差异分别被称为阿卡亚人、伊奥里亚人、爱奥尼亚人和多利亚人，此后他们同上述两个土著部族混居同化，逐渐演化为古老的希腊人。

三、欧洲文化的发源地：爱琴文明

在古希腊地区最早兴起的文明大约是属于公元前 3000 年～公元前 2000 年的文明，其中心分别位于克里特岛和属于伯罗奔尼撒半岛的迈锡尼，故被称为“克里特—迈锡尼文明”。不过由于它发生在爱琴海诸岛及其邻近地区，因此最常见的称呼是“爱琴文明”。考古发掘证明，克里特岛上的居民很早就已进入青铜文化阶段，当欧洲其他地区尚处于蒙昧阶段之时，聪明的克里特人已经过着这样的生活：白天捕鱼打猎，刀耕火种；到了晚上就进入山洞或简易的小茅屋里睡觉。此时，他们已经迈进文明的门槛里了。

1. 奇特的海洋文明

公元前2000年左右，克里特进入国家时期。此后几百年各个小王国国君大兴土木，建造了不少宫殿，这就是古希腊的“王宫时期”(约公元前2000年～公元前1300年)。在这一时期，克里特人发明了用线条符号表示并刻在泥板上的象形文字，这些文字记录了克里特人生活和劳动的场景，考古文物及荷马史诗对此有印证。王宫时代后期这些希腊最古老的文字又演变为著名的线形文字①，而文字的应用对于克里特经济和文化的进步起了巨大的作用，同时也使得我们对该文明的认识得以深化。

图2-2 《诺萨斯宫的女蛇神》，赤陶，制于约公元前1600年，高约30厘米，现收藏于希腊克里特岛的赫拉克利翁博物馆。这尊陶土制的女蛇神塑像发现于克里特王宫遗址的神龛中，它与当时的祭祀仪式有关。女神双手各执一蛇，身穿长裙，胸乳袒露，头梳高高的发髻，装束与18世纪出入于社交场合的贵妇人颇有相似之处，有的美术史学家戏称之为“古代巴黎女郎”。雕像反映了当时克里特妇女穿着讲究以及她们那无所拘束、自由自在的精神。

公元前15世纪后期，希腊半岛南部逐步强大起来的迈锡尼侵入克里特岛，结果，该岛的米诺斯王宫及其他城邦遭到严重破坏，克里特文明自此一蹶不振；而在这一废墟上建立起来的迈锡尼文明却把爱琴文明推向了更高的阶段。迈锡尼王国的繁荣已经为考古学的成果所证实，同时荷马史诗也有迈锡尼远征小亚细亚特洛伊的生动记述，不过这一征伐的最终结果则是迈锡尼本身的衰落。公元前12世纪末，来自巴尔干半岛西北部伊里利亚的多利亚人侵入希腊半岛，并以摧枯拉朽之势消灭了繁荣一时的迈锡尼王国，此亦为爱琴文明突然消失的原因。自此以后，古希腊进入了四百来年的“黑暗时代”。

曾经被湮没3 000余年的爱琴文明又称为克里特—迈锡尼文明，这一文明起止时间的宽泛定位是大约公元前2600年～公元前1125年。19世纪70年代，学徒出身的德国考古学家谢里曼在伯罗奔尼撒半岛发掘出迈锡尼王宫及陵墓，后来英国学者伊文斯在20世纪上半叶又使克里特岛的克诺萨斯王宫重见天日(图2-2)。

① 考古学上后来把线形文字分为A、B(甲、乙)两种。王宫时代后期出现的线形文字甲(A)至今尚未释读成功；这种文字后来传到希腊半岛后得以改进，改进后的线形文字乙即线形文字B加上希腊人吸取的腓尼基人的字母后来演化为古老的希腊字母文字。

2. “百城之岛”——米诺斯文化

克里特岛大约在距今 7 000 年前就已进入新石器时代；从大约 5 000 年前开始，铜及其器皿已经出现，金石并用时代开始了。根据考古发掘资料可将其文明状况分为三个阶段：早期米诺斯文化即克里特文化（约公元前 2600 年～约公元前 2000 年）属于金石并用时期，处于氏族制瓦解阶段的克里特人已广泛使用铜器，同时绘有图案的陶器已经出现；中期米诺斯文化（约公元前 2000 年～约公元前 1600 年）已经步入青铜时代，并有了早期的奴隶制国家克诺萨斯（Knossos），同时还出现了宫殿、城邦以及大国争霸、小国林立的局面，线形文字 A 反映了当时文明初步发展的状况；晚期米诺斯文化（约公元前 1600 年～公元前 1125 年）反映了克里特文化的全盛时期，这时岛上出现了很多城邦，它被称为“百城之岛”，当时米诺斯王朝统一了克里特岛，并控制了爱琴海一些岛屿甚至中希腊部分地区。几乎早期所有的历史学家都说，米诺斯国不仅是一个陆上强国，而且还是一个海上霸国，希罗多德和修昔底德及其他历史学家都谈到米诺斯的“塔拉索克拉基”①，就连公元前 8 世纪的赫西俄德也称米诺斯是最强大的国王（希腊神话中称米诺斯为宙斯的儿子，一个世俗国王）。

图 2-3　根据古希腊神话传说，克里特岛的米诺斯迷宫内有牛首人身的食人怪物弥诺陶洛斯，克里特国王强迫雅典人每年贡献童男童女各 7 人供其吞食。雅典王子提修斯自告奋勇去克里特岛，并且与克里特公主阿里阿德涅恋爱，在她的帮助下，找到并杀死了怪物，最后利用公主给他的线团走出迷宫，西方成语“阿里阿德涅的线团”即意为解决问题的办法。故事反映了史前社会克里特岛人的图腾崇拜习俗和野蛮的杀人祭祀方式。

据考古发掘显示，米诺斯王宫规模宏大，宫殿包括了仓库、浴室、剧场、厅堂、寝宫等，结构极为复杂，宫室四壁饰以光彩夺目的绘画——其中有袒胸露臂的贵妇，有在牛背上表演翻筋斗的斗牛士。依据古典作家的记载，米诺斯王国曾不断攻击爱琴海诸岛，并围攻雅典。在有关提修斯

① 希腊文 thelassokratia 是称霸海上之意，古典作家称之为“海王”。参见（苏）兹拉特科夫斯卡雅：《欧洲文化的起源》，陈筠、沈澂译，北京生活·读书·新知三联书店 1984 年版，第 105～106 页。

的传说中，有雅典每9年向米诺斯王进贡童男童女各7人的故事，这一故事最后还讲到：雅典王子提修斯充当一名童男来到了克诺萨斯，他后来与米诺斯公主阿丽亚德涅恋爱(图2-3)，在她的帮助下进入米诺斯迷宫，成功地杀死了人身牛首怪物，率领众童男童女返回了雅典。

不过更富有文化寓意也更加动人的神话是比特洛伊系统的神话(图2-4)(《伊利亚特》、《奥德赛》)和迈锡尼神话更早的克里特神话，在该神话系统里，讲述了克里特最有权威的统治者米诺斯，许多反映克里特强盛时期的古希腊神话大多与这个名字联系在一起，其中，最具有影响的神话是欧洲家喻户晓的米诺斯诞生的故事。

图2-4 “复制的特洛伊木马”位于土耳其境内的特洛伊古城遗址，该遗址于1998年被列入世界遗产名录。德国的谢里曼坚信《荷马史诗》故事的真实性，并于1871年发现一个古城遗址，他让几乎所有的人相信这里就是神话中所描述的特洛伊，于是就连这复制的特洛伊木马似乎也还原了历史的真相。图为特洛伊人正在将载有希腊战士的木马运到特洛伊城内(剧照)。

在古代，腓尼基国王有一个女儿名叫欧罗巴，她生得如此美丽，以至于惊动了神灵。有一次，欧罗巴和一群少女们来到海边，这时正好被众神之主宙斯看见，宙斯立即爱上了欧罗巴并决定将她抢走(图2-5)。为了不至于惊动和吓坏他所心爱的人儿，宙斯就变成了一只极为美丽的白公牛，它的毛像白银一样闪闪发光，双角弯弯像银色的新月。公牛宙斯走到欧罗巴跟前，温柔地躺在她的脚旁，好像想邀请她坐在自己的身上。不料欧

图 2-5　左图为比利时五百法郎银币，背面是欧元标志及地图，正面文字是“欧盟”，画面是欧罗巴被神牛宙斯诱拐后奔腾于喧嚣的海面。一些学者认为，欧罗巴大陆之源称，显然是来自于爱好美色并凭借神力而善于抢掠的主神宙斯恣肆放纵的情欲。右图是提香的《劫持欧罗巴》。

罗巴刚刚坐上牛背，公牛便跳将起来，并飞也似地奔向大海。奇怪的是，公牛奔到大海后，喧嚣奔腾、掀起泡沫的海浪马上平静下来，公牛则在平滑如镜的水面上浮游。这时欧罗巴惊慌地环视周围，同伴们不见了，家乡的海岸也不见了，她只看到蔚蓝的天空和无边无际的海洋。欧罗巴问道：“古怪的牛，你是谁？你要把我背到哪里去？”宙斯说出了自己的名字，并告诉她，他们将游往克里特，他抢走她的目的是为了和她结婚。就这样欧罗巴成了宙斯的妻子（似乎是强迫式结合，但这并不妨碍智慧的古希腊人编故事），他们的儿子米诺斯、萨尔贝顿和拉达曼提斯后来都成为克里特有名的国王①。

文字是爱琴文明最为重要的成就，克里特文化成就的重要表现就是线形文字的发明。线形文字 A 是一种非希腊语音节的文字，这种用线条组成的文字复杂难懂，所以在大约公元前 15 世纪又逐渐出现了线形文字 B，它已经属于希腊语文字了。然而不久，克诺萨斯王宫再度毁灭，克里特文明衰落下去，希腊文化进入了迈锡尼文化发展阶段。

3. 南希腊的迈锡尼文明

大约公元前 1580 年～公元前 1200 年间出现的迈锡尼文化发现于南希腊的迈锡

① （苏）兹拉特科夫斯卡雅：《欧洲文化的起源》，第 8～9 页。

尼、泰林斯等地区。处于青铜文化阶段的迈锡尼文明同样有宫殿、陵墓和城堡等巨大建筑物遗址，如泰林斯的宫墙厚达 8～17 米，大门上有精美的壁画，巨大的住房、厅堂、库房林立，并配以浴室及复杂的排水系统。谢里曼在迈锡尼发掘出很多陵墓，著名的有特列吕斯陵墓，这种圆顶墓（或称“蜂房墓”）代替了原有的竖井墓，其圆顶直径达 14 米。而迈锡尼的高大城堡是用巨石砌成的，城门上竖立着双狮护柱浮雕，这就是闻名的“狮子门”，这些建筑均已反映了早期希腊文化的成就。

上述出土的泥板文书、文物器皿、建筑遗存等都属于已经被证实了的荷马史诗里记载的古老的爱琴文化，它就是希腊文化的开端；而进入黑暗时期的古希腊只有荷马史诗得以描绘了。以后，古代希腊文化的璀璨时代——亦即所谓的古典时代行将到来。

四、“黑暗时期”与小国寡民

所谓古希腊的“黑暗时期”（约公元前 1200 年～约公元前 800 年）实际上是希腊地区文明史上的一个新阶段，即荷马时代，因为荷马史诗是反映该历史时期的唯一文字资料，而这 400 年来爱琴海地区的历史，既没有本地语言的其他记录，且其物质文明状况也处于衰败之中。尽管如此，荷马时代的古希腊逐渐产生了阶级的分化，虽说还未最终形成国家，但该英雄时代反映了古希腊由军事民主制向国家的过渡。到荷马时代末期，希腊诸城邦渐渐形成，自此，古希腊文化开始了一个繁荣璀璨的时代。

自公元前 8 世纪开始，希腊陆续出现了一些城邦国家，此后的 200 多年在整个希腊地区出现了大大小小 200 多个城邦。这些城邦国家主要有三种类型：一是殖民城邦，它们包括早期移民中形成的城邦如小亚细亚沿岸以及爱琴海诸岛的爱奥尼亚城邦，还有后来大殖民运动中建立的城邦如地中海沿岸和黑海沿岸的殖民城邦；二是征服型城邦，它是在氏族制度解体并且靠武力征服当地居民基础上建立起来的城邦，其中斯巴达是最典型的一个；三是自我发展式的城邦，是指既未征服、合并当地居民，也未受到异族入侵，而是在自身氏族社会组织解体基础上建立起来的城邦国家，如著名的雅典城邦。综上所述，希腊城邦及城邦国家的形成基本不外乎上述三种情况，而且这些早期城邦的特征仍留存有原始时代的残余：经济上仍带有某种程度的公有制特征；政治上有浓郁的民主制色彩；小国寡民特征明显，譬如大的城邦不过二三十万人，小的只有万人左右。

五、兼并·繁荣·战争·衰落：由马其顿王国到亚历山大帝国

数百个城邦国家形成之后历史的特征是战争和兼并，这一历程持续不久便见分晓。位于伯罗奔尼撒半岛的斯巴达很快就成为一个地区的盟主，公元前 530 年

它就早早建立起了“斯巴达人及其盟友”的联盟，即伯罗奔尼撒同盟。与此同时，位于阿提卡半岛上的雅典经过著名的首席执政官梭伦以及平民领袖克里斯梯尼先后的改革而成为另一个强国。很明显，如果不是波斯人的入侵，这两大强国会提前开战。

公元前 492 年～公元前 449 年的希波战争——第一次大规模的、著名的世界大战——最终以波斯人的失败而告终。这次规模空前的世界大战使得希腊诸城邦国家消除了来自东方最大的军事威胁，同时也迎来了古希腊空前的文化繁荣时代。但是繁荣的同时又迎来了新的战争——斯巴达与雅典的两雄争霸大战亦即伯罗奔尼撒战争（公元前 431 年～公元前 404 年）的序幕其实早在希波战争尚未结束之前就已拉开了。这场残酷的、连绵不断的大内战可谓是劳民伤财，尸横遍野，全希腊已是满目疮痍。虽说斯巴达人最终击败了雅典人，但就这场战争的长期结果而言，很难说是斯巴达人获得了胜利，而唯一可以肯定的是：这场内战严重摧残了几乎整个希腊的经济与文化，跟战争并行的还有饥馑、瘟疫、混乱和破坏，这些使得希腊各城邦人口剧减。各个城邦似乎还不过瘾地继承了战争的传统，最后连续的内战致使异族强敌乘虚而入，以后的 2 000 多年希腊人实际上已经完全丧失了一个真正意义上的独立国家的地位。

公元前 356 年，希腊内部城邦之间的混乱与混战仍在继续，这时候中希腊的一个城邦国家佛西斯侵入到特尔斐城阿波罗神庙，并进行大肆劫掠破坏，底比斯人和帖萨利亚人为保卫神庙组织成联军讨伐佛西斯，这一战争被后世史学家们冠以“神圣战争”的美名。其实，相对于当时希腊内部城邦之间的纷争特别是两雄争霸战争、“科林斯战争”[①]及“海上同盟战争”[②]等等，“神圣战争”无论从规模上讲还是从持续时间上讲都算不上什么大战，然而这场战争却带来了一个改变希腊乃至世界历史进程的机会——它给予来自希腊北部的马其顿王国一个绝佳的契机。次年，腓力二世借口帮助中希腊联军，率领优越的步兵方阵[③]和更优越的轻骑兵南下，以

---

① 公元前 395 年～公元前 387 年，雅典、亚哥斯、科林斯等城邦为反对斯巴达人的独裁统治结成同盟从而引发了与斯巴达同盟的战争，因战争发生地主要集中在科林斯而得名。它最终以斯巴达与波斯帝国签订和约而结束，实际上后者籍此渔翁得利。

② 公元前 378 年雅典因在科林斯战争中渐兴而组织了第二次海上同盟，但不久引起了其他同盟国的反对，于是爆发了同盟国对雅典的所谓“海上同盟战争”（公元前 358 年～公元前 355 年），战争很快使海上同盟解体，希腊城邦最终成为马其顿征服的对象。

③ 马其顿营级密集方阵是当时希腊普通密集阵的 2 倍，有 16 行纵深，加上长达 6 米的长矛，设计明显优于希腊步兵方阵。列阵完毕，前 5 排士兵持矛重叠前行，后 11 排士兵将矛架在前面士兵的肩上；单个纵队 16 人为一班，4 队 64 人为一排，8 队 128 人组成一连，76 纵队 256 名士兵为一营，营级方阵为一个基本单位。

秋风扫落叶之势很快占领了该地区，接下来就开始了征服全希腊的连续作战。公元前338年，腓力二世在喀罗尼亚地区同希腊联军展开大决战，后者惨败。强悍一时的希腊各城邦国家最后竟然臣服于这个他们一直轻视、文化亦极为落后的"蛮族"国家。

马其顿征服全希腊之后成为新的也是真正的霸主，腓力二世也准备着向东方进军，但他这时却被马其顿贵族谋刺而亡。不过在他那20岁的儿子亚历山大继位之后，这位年轻但才华超世的帝王仅仅用了十来年的时间就建立起地跨亚非欧三大洲空前强大的帝国，但这个大帝国却因亚历山大大帝的猝死而昙花一现。公元前301年，帝国一分为三：拥有中东和北非的托勒密王国、控制西亚和中亚的塞琉古王国以及包括希腊地区的马其顿-希腊王国，在前两个王国继续发展的情况下，马其顿-希腊王国却每况愈下，不久由安提柯将军夺权后建立起来的安提柯王朝（公元前278年～公元前168年）维持了对马其顿-希腊王国的统治，期间以雅典为首的城邦及其民主派力量举行过多次没有成功的起义，希腊人被征服的历史从此开始了。

六、被罗马人征服后的历史

公元前146年，已经崛起的罗马共和国控制了希腊，希腊地区成为罗马的一个行省。当公元395年东西罗马帝国分裂后，希腊就成了东罗马帝国领土的一部分，这样在西罗马帝国灭亡之前，希腊已是拜占庭帝国①的主要领土。千余年后，希腊人的统治者为凶悍一时的奥斯曼土耳其人所取代，从1453年君士坦丁堡的陷落到1460年奥斯曼人对巴尔干的最终征服，希腊人在近代社会之前的数百年内长期接受着土耳其的封建军事统治，经济发展受到严重束缚，拜占庭文化的仅存光环愈加黯淡。不过除了开始的200余年，土耳其人的统治并不太稳固，18世纪以后，西方列强逐渐渗入这块战略要地，这时候的奥斯曼土耳其帝国在西方人眼里已是东方的病夫。伴随着西欧地区革命的风起云涌，希腊人的反抗屡屡不断；最终，他们在1789年法国大革命的影响之下成功地进行了独立运动，并于1830年正式宣告独立，建立了领土并不完整的君主制王国，但它实际上是处于英法俄等列强的军事和财政控制之下，而这种长期被西方严密控制的地位足足延续了上百年。进入20世纪后，以维尼泽洛斯为首的民族主义运动获得成功，于1924年废除了君主制，建立了希腊共和国。虽说它不久遭到君主复辟而后又历经长时间的独裁统治，但作为那个时期真正独立的民族国家，希腊的独立的确反映了20世纪全球所有被压迫民族要求改变自己命运的迫切愿望；而且，希腊早在1952年就已经加入了与苏俄东

---

① 拜占庭帝国即东罗马帝国，因该帝国首都君士坦丁堡（今土耳其首都伊斯坦布尔）原为希腊殖民城邦拜占庭的所在地，故得名；又因这一帝国是以希腊为中心，且大部分时间大部分领土均在巴尔干半岛即古希腊地区，故它有时又被一些学者称为希腊帝国。

欧相抗衡的北大西洋公约组织。在经历了1967年的希腊军人政变和独裁统治之后，希腊最终又在20世纪70年代重新确立了共和体制。

第二节　辉煌与繁荣：古典时代的希腊文化

短短几个世纪里创造出如此辉煌的古典文明，这就是古希腊文化的迷人之处和光环所在。同时，希腊古典文化是欧洲文化的精华和典范，其鲜明的特色是世俗性和民主性。

一、欧美文化的一大源流：古希腊神话

古希腊神话是世界各民族神话中最生动感人的内容之一，它滥觞于远古时代，其内容亦为自然崇拜或万物有灵观念之类。希腊人依据自己的想象创造了各种神，编汇了许多生动的神话故事。但是与绝大多数民族不同的是，希腊人创造了神祇，但并未被他们创造的神所左右，他们的神话带有明显的世俗性，这一特征在其文学和艺术的创作中得以充分体现，此为古希腊神话异于其他民族神话的典型特征。故早期希腊人的神只不过是大写的"人"而已。

古希腊的宗教信仰是绝对的多神论，其渊源与形成也同其他民族相类似。依据希西阿德《神谱》中所首创的神权更替的神谱，希腊众神的来源历程大致是：宇宙最初为一片混沌，天、地、水连成一体，后来混沌中生出了一种被视为抽象物的黑夜之神诺克斯(Nox，夜)以及黑暗之神厄瑞波斯(Erebus，死亡之地)；"由于难以解释的奇迹"①，上述两抽象物生出厄洛斯(Eros，爱)，厄洛斯又先后生出埃特耳(Aether，光明)与赫墨拉(Hemera，白昼)、地母该亚(Gaea)与天父乌拉诺斯(Ouranos)②；乌拉诺斯又与该亚结合生出十二提坦(Titans)③诸神，其中之一的巨神克拉诺斯(Cronus)在同其父即当时的天神乌拉诺斯相斗时咬下他的生殖器并将它

① (美)罗德·霍顿、文森特·霍珀：《欧洲文学背景——西方文明巨著背后的政治、社会、思想潮流》，人民文学出版社1992年版，第47页。

② 一说该亚自孕生出天神乌拉诺斯。

③ 十二提坦神是天父乌拉诺斯和地母该亚结合所生的六儿六女，他们分别是：六个儿子——俄克阿诺斯(Oceanus)、克洛斯(Koros)、克利厄斯(Krios)、许珀里翁(Hyperion)、伊厄珀托斯(Iapetus)、克拉诺斯；六个女儿——忒亚(Theia)、瑞亚(Rhea)、忒弥斯(Themis)、莫涅摩西涅(Mnemosyne)、福珀(Phoebo)、泰提斯(Tethys)。后来伊厄珀托斯娶其姊妹忒弥斯，他们生下了普罗米修斯(Prometheus)和厄匹米修斯(Epimetheus)；俄克阿诺斯娶大洋女神克里墨涅(Clymene)，生下阿特拉斯(Atlas)；克拉诺斯娶姊妹瑞亚并成为提坦诸神的统治者，他们生下了宙斯、波塞冬、哈德斯(Hades)，后来这三兄弟推翻父位并建立了新的神权统治体系。

扔掉，不料它却变成了众神灵，最终克拉诺斯篡夺了其父的统治地位而成为新的天神；为了防止新的篡位，克拉诺斯几乎把自己的孩子全部吞吃掉，——后来宙斯三兄弟联手推翻了父位，在同提坦诸神争斗了十年后最终获胜。宙斯将十二提坦神锁进地狱并在希腊北部的奥林匹斯山上建立了以他为首的神族，该神族的主要成员包括：

众神之主、雷电之神——宙斯(图 2-6)；

婚姻和生育之神、同时也是妇女的保护神——赫拉(Hera，宙斯之妻亦即天后，也是宙斯之妹，图 2-7)；

图 2-6 众神之主宙斯。

图 2-7 在奥林匹斯山永生的众神中，赫拉是天后，是妇女的保护神。她往往以战服的装束出现，手持钢刀，头戴镶有花叶的冠冕，威风凛凛。赫拉贞洁而贤能，掌管婚姻和家庭，罗马人称她为“使婴儿见到日光”的女神，是忠贞妻子的形象。

月神、狩猎的处女神——阿尔忒弥斯(Artemis，阿波罗的孪生姐姐)；

智慧之神、女战神——雅典娜(Pallas Athena，雅典的保护神，自宙斯前额中飞出，亦同时代表着文明生活和艺术)；

太阳神——阿波罗(Apollo，众神神示的传达者，代表智慧美，提坦神克洛斯与福珀之女同宙斯结合所生，图 2-8)；

冥神——哈德斯(Hades,克拉诺斯之子,图 2-9);

图 2-8 意大利乔凡尼·洛伦茨·贝尼尼的《阿波罗和达芙妮》,大理石雕像,雕像表现了阿波罗的手触到达芙妮身体时的一瞬间。两人都处在乘风奔跑的运动中,身体轻盈、优美。达芙妮的身体已开始变成月桂树,行走如飞的腿幻化为树干植入大地,飘动的头发和伸展的手指缝中长出了树叶,即使是她最柔软的双乳也覆盖上了一层薄薄的树皮。整个身体具凌空欲飞的姿态,手臂与身体形成了优美的S形。阿波罗的一只手向斜下方伸展,同达芙妮的手臂形成一条直线,使整个雕像具动荡之感,极具表现力。作品摹仿希腊后期的雕塑风格,是为当时最有权势的一位红衣主教而作,问世后立即轰动了整个罗马,所有见过它的人无不为之而感动。

图 2-9 《普拉东抢劫珀耳塞福涅》是贝尼尼早期的作品,描写了冥王在抢劫少女时激烈争斗的情景。珀耳塞福涅是谷物女神得墨忒耳的女儿,一天,她正与女伴们在原野上采花,大地突然裂开,冥王普拉东(希腊名字:哈得斯)跳了出来,把她抢走,带回冥界并立为王后。珀耳塞福涅的母亲找不到女儿,非常悲伤,致使田园荒芜,万物都失去了生机。后来主神宙斯命令普拉东在每年春天的时候,准许珀耳塞福涅回到母亲身边,得墨忒耳才不再悲伤。从那时起,每年的春天都是万物复苏、农作物生长的开始。作品突出了两种力量的对抗:一个强壮有力;另一个柔弱惊恐,是被掠夺者。二者形成鲜明对比,产生了强烈的艺术效果。

战神——阿瑞斯(Ares,宙斯与赫拉所生);

海神——波塞冬(Poseidon,“大地的震撼者”);

爱与美之神——阿芙罗狄忒(Aphrodite,生于海中,以美丽著称,派生出罗马神话里的维纳斯);

图 2-10　普拉克西特列斯的大理石雕塑《赫耳墨斯和小酒神》，作于约公元前 330 年左右，现收藏于奥林匹亚考古博物馆。这尊雕塑表现的是赫耳墨斯带着还是婴儿的酒神狄俄尼索斯到山野精灵那里去做客，在途中歇息的情景。赫耳墨斯的手臂已断，据说他正拿着一串葡萄逗弄小酒神。作者通过这一题材显露了秀美富丽的人体形象。

商旅保护神——赫尔墨斯（Hermes，宙斯和阿特拉斯之女迈亚所生，宙斯的传旨者与助手，图 2-10）；

火神——赫菲斯托斯（Hephaestus，掌管火、火山、冶炼技术和神奇手艺，被视为工匠始祖；阿芙罗狄忒的丈夫，曾锻造了宙斯的权杖，经常为妻子所骗；又因其天生瘸腿及丑陋，遭其母、天后赫拉厌恶而驱逐至人间，从此不愿回到天上，后为酒神灌醉而被送回）；

家庭保护神——赫斯提亚（Hestia，宙斯之妹，到罗马后由众贞尼们侍奉，后为酒神狄奥尼索斯[Dionysus]取代了其十二主神之位）。

除此之外，奥林匹斯山诸神外又有以下诸位著名的神灵：

文艺女神——缪斯（The Nine Muses，宙斯与莫涅摩西涅所生之女，包括九位艺术和科学女神）；

人类的恩神——普罗米修斯（为人类盗取天火并传授多种手艺，因而触怒了宙斯，后者将他锁在高加索山脉，每日使神鹰啄食其肝脏，夜间伤口复合，天明神鹰复来，但他始终不屈，最后大力神赫拉克勒斯杀死神鹰，救出普罗米修斯，为此古希腊悲剧家埃斯库罗斯与英国诗人雪莱分别写有《被缚的普罗米修斯》和《解放了的普罗米修斯》）；

农业之神——德墨忒尔（Demeter，象征丰产，亦为宙斯之妻，珀耳塞福涅之母）；

小爱神——厄洛斯（Eros ，到了罗马成为丘比特[Cupid]）；

森林之神——潘（Pan，赫耳墨斯之子，亦为乡间狂欢的监护神）；

青春女神——赫伯（Hebe，她为诸神斟酒）；

彩虹女神——伊利丝（Iris，亦为神旨的传达者）；

婚姻之神——许门（Hymen，亦称婚姻狂欢之神）；

报应女神——涅墨西斯（Nemesis，亦称报复女神，代表惩罚的原则）；

美惠三女神（The Three Graces，图 2-11）；

图 2-11　拉斐尔的《美惠三女神》：美惠三女神欧佛洛绪涅、塔利亚、阿格莱亚象征美丽、温雅、欢喜，她们是宙斯和欧律诺墨的女儿，为人间带来美丽与幸福。文艺复兴以来，许多艺术家仿照古代的构图再创美惠三女神的形象，而拉斐尔的这一幅是最出色的。

命运三女神(The Three Fates，图 2-12)；

图 2-12　雕塑《命运三女神》描写命运三女神阿特洛波斯、克罗托和拉刻西斯，原来位于帕提农神庙的东山墙，头部已失，但仍生动展示了希腊古典时期雕刻艺术的高超艺术水准。三位女神坐姿随着墙体三角形趋势而变，她们穿着质地很薄的希腊式宽大长袍，衣褶纤细而又繁复，那似乎正在随着呼吸而微微起伏的、富有弹性的身体，使人几乎忘记她们是冷冰冰的大理石。

图 2-13 《萨莫色雷斯的胜利女神》，大理石雕像，高 328 厘米，约创作于公元前 200 年，现收藏于法国巴黎卢浮宫。胜利女神尼姬(Nike)长着一对翅膀，身材健美，所到之处胜利随之而来。作品的构图十分成功，向后飘扬的衣角和展开的双翅构成了极其流畅的线条，腿和双翼的波浪线则构成一个钝角三角形，加强了前进的态势。这尊雕像与雕塑《米洛斯的阿芙洛迪特》和达·芬奇的《蒙娜丽莎》并称为卢浮宫的"三宝"。

复仇三女神(The Three Erinyes)等诸神灵。

胜利女神(The Nike，图 2-13)

以下是希腊创世神祇及奥林匹斯山神系列[①]，见图 2-14：

为什么古希腊神话在全世界有着如此广泛而深刻的影响？原因有二：一是希腊文化是西方文化的发祥地，即便"欧洲"这一名称的来历[②]亦能反映出希腊的影响，而西方文化又对最近几个世纪的全球文明有着全面的影响。二是希腊神话有别于其他民族神话，其中最重要的方面是它所具有的人性。希腊诸神是不朽的，他们同人类一样有七情六欲及各种优劣品质，希腊神话把这些神灵的人性表现得淋漓尽致，似人间一样。它不像有些民族神话那样有恶魔撒旦[③]，或是存在着可望不可即并使人恐慌的非凡之神；希腊人的神像人一样，能行善也会作恶，有时还蒙骗俗人干出蠢事，他们未必都有非凡之力，甚至人们可以与之平等地攀谈，这些也正是为后世艺术家所迷恋之处。譬如说，希腊人使他们的神灵具有人的身体和性情以及人性的一切弱点和智慧，还有像俗人一样的生理需求，神灵之间乃至人神之间争吵时时发生；他们需要睡眠与吃喝拉撒；神和人自由地生活在一起，甚至跟俗人结合生下许多儿女。这种鲜明突出的世俗性特征使得其神话生动而感人，并成为后世(主要是自文艺复兴开始)欧洲乃至世

① 该图表参考了前引《欧洲文学背景》第 70 页图。

② 欧罗巴(Europa)是希腊神话中的神灵，不过她最初乃是腓尼基国王亚格努尔之女，为宙斯所爱；宙斯将欧罗巴劫持到克里特并娶之为妻，克里特亦随即易名为"欧罗巴"。

③ Satan 原为希伯来语，它在圣经故事中与"魔鬼"之意相同，最初撒旦是上帝的使者之一，后悖逆上帝而被贬堕落。后来基督教神话学家对专事违抗上帝、与上帝为敌者统称为撒旦。

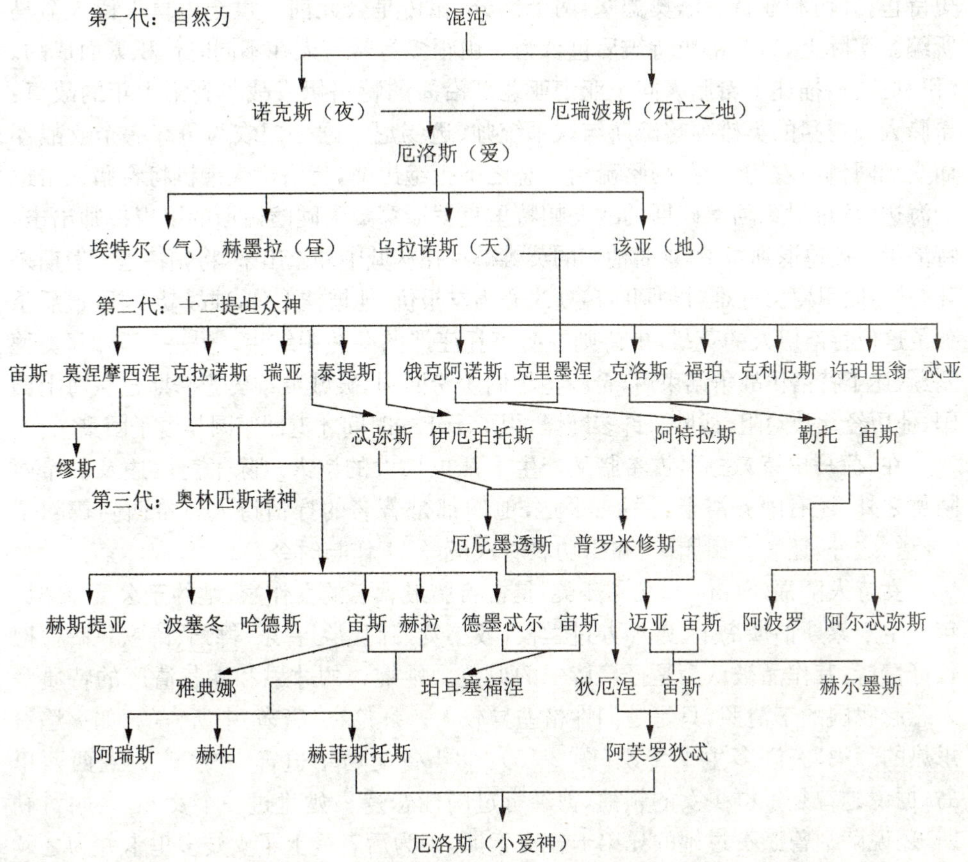

图 2-14 古希腊创世神祇及奥林匹斯山诸神演化图表

界文艺家们创作的灵感源泉。总之，希腊神话映现出整个古典文化的特征：自由、乐观、世俗、民主；理性与理想并存而不矛盾；强调心灵的同时亦重视肉体；对个人的价值与尊严给予高度承认和尊重，等等。

二、文学的发现：由诗歌到戏剧

同其他民族一样，希腊最早的文学形式是诗歌或民歌，它们源于希腊的神话。作为口头文学作品的神话是与后世希腊的文学艺术紧密结合在一起的，不过这种口头文学为后来的书面文学所取代，彼奥提亚的农民诗人希西阿德著有《神谱》，它收集流传下来的各种神话并叙述了诸神的谱系，成为后世希腊神话及各类文字材料的蓝本。

如同我国的《诗经》一样，希腊流传最广、影响最大的诗歌则是《荷马史诗》，该史诗包括《伊利亚特》和《奥德塞》两个部分，相传是公元前 9 世纪由盲人诗人荷马所编。实际上，这两部史诗被后世认为是由很多行吟诗人在不同时代积累而成的。《伊利亚特》描述了希腊人同小亚细亚北部沿海的特洛伊人战争到第十年的故事：希腊人最勇猛的英雄阿喀硫斯与联军统帅、迈锡尼王阿伽门农为争夺一个女战俘而受到阿伽门农的责骂，阿喀硫斯一怒之下拒绝出战，特洛伊人乘机将希腊人击退到海边；危难时刻阿喀硫斯的战友帕特里克罗斯穿戴上阿喀硫斯的甲胄挥师出击，特洛伊人被迫退到城下，这时他们的英雄赫克托从城中冲杀出来，将帕特里克罗斯杀死，并夺取甲胄。危难时刻阿喀硫斯决心为友报仇，他披挂上阵，独战赫克托，最后杀死了这位特洛伊人的英雄，史诗则在赫克托庄严的葬礼中结束。另一部分即《奥德塞》叙述了特洛伊战争结束后，希腊将领们纷纷回国，破城英雄奥德修斯也从海上回国，他历经无数险阻，战胜了许多魔怪，用了十年的时间才返回家园与妻子团聚。

在《荷马史诗》之后，古希腊又产生了几位伟大的诗人。除了前面述及的希西阿德之外，还有阿齐洛卡、萨福、平达，他们都是著名的抒情诗人。希西阿德除了《神谱》之外，还著有田园诗篇《田功农时》（又译《工作与时令》）。

女诗人萨福（Sappho，又译莎芙）是古希腊最著名的女作家，她约于公元前 612 年出生于累斯伯斯岛上，曾经办过学校，教小贵妇们学习音乐、舞蹈、诗歌。萨福擅长抒情诗，其作品被认为是抒情诗中的典范。她婉约的才思和穆若清风的特质令人想起我国的李清照，只是她们性格差异较大。拜伦在《唐璜》中所言的“如火焰般炽热的萨福”有许多生平传说（图 2-15）：幼年备受僭主迫害，一度流亡到西西里岛；据说她曾是一群少女的领袖，曾经有过同性恋爱①；她生过一个女儿，名叫科勒斯，还说萨福曾谴责过她的兄弟卡拉克索斯，因为后者爱上了女妓多里卡并为之赎身。关于萨福的故事还有：她曾经拒绝了诗人阿尔凯奥斯的求爱，但她后来爱上了一位英俊少年法翁，失恋后她在海边跳崖自尽。实际上在诗歌创作领域里，萨福是一位具有高度写作技巧的人，后世称之为第十位主司文艺的女神，被誉为诗歌和音乐的化身，其影响波及罗马帝国。萨福所留下的 9 卷诗集也为中古时代的基督教会销毁，而今日所见的只是断章残句。后世所言的“男诗人是荷马，女诗人为萨福”均反映了她在古希腊乃至欧洲文学史上的地位。

公元前 5 世纪的抒情歌手及诗人平达（Pindar）出生于底比斯，到了雅典后名噪一时，其著名的《胜利颂》对宙斯进行了颂扬。平达对运动员的比赛身手及其冠军加以歌颂，也对希腊文化的繁荣景象进行歌颂，这一切都令人对当年极盛时代雅典的辉煌场景遐思不已。

作为散文作品的杰作，《伊索寓言》相传是萨摩斯岛（Samos）奴隶诗人伊索

---

① 后来“萨福”的西文表示女子同性恋，英文 sapphic 意为“女子同性恋的”。

图 2-15　(法)大卫的《萨福和帕沃》。

(Aesop)所作。据说相貌丑陋但灵感智慧出奇的伊索，善用寓言故事剖析社会现实及人生哲理，不久这些寓言故事已在民间广为流传。公元 1 世纪它们被编为《伊索寓言》，300 余篇短小精悍的故事今日已传遍全世界，例如家喻户晓的《狐狸与葡萄》、《狼和小羊》、《农夫与蛇》等均对权贵进行了讽刺和鞭挞，是下层百姓生活的真实写照。《伊索寓言》也是最早被介绍到中国的欧洲文学作品之一，它在明代被翻译为《况义》，清代又曾被译为《意拾蒙引》和《海园妙喻》。

尽管如此，最值得希腊人引以为豪的文学成就当属他们创造的戏剧艺术。如同许多艺术形式的起源一样，希腊戏剧的产生也离不开宗教和神话。譬如悲剧的产生历程大致是：雅典人经常举行纪念神灵的节日庆典活动，为纪念酒神狄奥尼索斯，每年的春秋季节都进行较大规模的祭祀活动，到时合唱队穿着森林之神潘(图 2-16)那半羊半人状的服装，载歌载舞，表演

图 2-16　牧神或山林之神潘恩(亦称潘神)是半人半兽神，头上长着一对山羊角，下半身长着羊尾巴与羊腿。他是神使赫耳墨斯之子，喜爱喧闹和欢乐。一切荒野、森林、群山都是他的故乡。潘恩还是一位出色的音乐家，用芦笛吹奏出美妙的曲子，经常吸引山林中的仙女倾听。

各种关于神的故事。希腊人就是在背诵和表演这些故事期间造就了戏剧艺术，其中“悲剧”（tragos）一词显然是源于希腊文。

公元前5世纪，名闻后世的戏剧家及其作品登场了，百来年里便出现了三大悲剧家。爱斯库里斯（Aeschylus，约公元前525年～公元前456年）首先使悲剧独立出来。他率先采用第二位“演员”，并且让合唱队从主舞台上撤走。这位被誉为“欧洲悲剧之父”的剧作家也是一位爱国主义战士，他曾参加过希波战争中著名的马拉松战役、萨拉米海战等。据说他写下了至少80个剧本，不过流传至今的仅有7部，包括《波斯人》、《被缚的普罗米修斯》、《七将军攻打底比斯》以及三部曲《奥勒斯特亚》等。

第二位悲剧大师是索福克利斯（Sophocles，约公元前496年～公元前406年）。他一生创作了百余部剧作，但留存完整的也只有7部，主要代表作是《俄狄浦斯王》、《安提格涅》、《厄特克特拉》等。著名的《俄狄浦斯王》（图2-17）（Oedipus Rex）取材于神话传说。主人公俄狄浦斯是一个心地善良的英雄，为底比斯王子，神曾谶言他将“弑父娶母”。父母为了逃脱可怕的厄运，在俄狄浦斯出生后就将其遗弃山间，但他却被科林斯国王的牧人收救，并被科林斯王收养为义子。俄狄浦斯长大以后也从神谶中得知其不幸的命运，为此他决定离家出走，不料后来在出走的路途中误入了通往底比斯的大道。以下的一连串事件最终使他毫无知晓地“完成”了那些谶言：在路上因一时动怒杀了生父；到达底比斯后因为机智地猜破了司芬克斯这一狮身人面女妖的谜语而为底比斯人除了一害，于是就被拥戴为新的底比斯王，并娶了前王的寡妇。可怜无辜的俄狄浦斯在不知不觉中成为命运的牺牲品。故事到此并未终结，后来底比斯发生瘟疫，神说要解除灾难，必须把杀害国王的凶手驱逐出境。为此，俄狄浦斯下令

图2-17 狮身人面女妖爱上了俄狄浦斯，又一出悲剧被演绎出来。

遍查凶手，最后查寻到真正的凶手竟然是他自己。不仅如此，俄狄浦斯最后又发现自己做了乱伦之事，他在悲痛欲绝中刺瞎自己的双眼，然后怀着难言的痛苦逃到荒山野林中以赎抵那深无止境的罪孽。该剧表达了诸多的情感思想，并彻头彻尾地表述了一个主题：企图逃避神所安排的命运是徒劳的。

图 2-18 阿里斯托芬和索福克勒斯双头像：约公元 130 年仿制，原作于公元前 4 世纪创作，1863 年入藏卢浮宫。

第三位著名悲剧家是幼里庇德斯(Euripides，约公元前 485 年～公元前 406 年)，这位悲剧家的作品所表达的内容完全异于前面两位。作为一个怀疑论者和人性论者，幼里庇德斯喜欢一切所谓的神话以及他那个时代的“圣牛”，其所表现的绝对是现实主义思想内容，因此他也被视为写实主义文学的先驱。无论是农民还是乞丐、奴隶还是女仆，他都加以歌颂。他还谴责战争，这令人想到同时代我国的墨子。他在作品中又欢迎妇女融入社会生活，这自然会引起当今女权主义者的敬佩——试想近 2500 年之前就有一位勇敢的女权主义者曾经不合时宜地对歧视女性的社会大声疾呼，这种把人道主义和爱的主题引入剧中的创作对后世产生了很大影响。幼里庇德斯一生写下了 90 多个剧本，留存至今的有 18 部，包括《美狄亚》、《特洛伊妇女》、《阿尔克斯提斯》等。

希腊古典时代的喜剧不像悲剧那样辉煌，但喜剧之父阿里斯托芬(Aristophanes，约公元前 445 年～公元前 380 年，图 2-18)却备受瞩目。阿里斯托芬成长于雅典，虽然是一位好斗的贵族，但他又痛恨那场自相残杀的战争。阿里斯托芬的代表性作品如《和平》、《骑士》、《云》、《蛙》等均反映了其鲜明的思想及学术立场，譬如在《云》中，他揶揄了著名的苏格拉底及其弟子，同时也攻击了诡辩学派，这些作品都印证了阿里斯托芬是一位极具社会责任感的诗人。

三、不朽的史学成就——西方史学的基石

古希腊的史学成就首推《荷马史诗》，因为没有这部史诗，我们就难以系统而完整地了解希腊文明。这部史诗的史料价值是毋庸置疑的，但它并不是专门的史学著作。到了公元前 6 世纪后半期，爱奥尼亚地区出现了许多用散文体写作

的“记事家”[①]，而“记事”已成为专门的术语，他们有闻必录，把口舌相传的内容记载下来，这一“口述”史学的优秀传统不久就为黄金时代的两位伟大人物继承下来。这两位大史学家就是希罗多德和修昔底德——他们的史学成就及地位恰如我国的司马迁和班固。

西方“历史学之父”希罗多德（Herodotus，约公元前484年～公元前425年）出生于小亚细亚西海岸希腊爱奥尼亚地区哈利卡纳苏城的贵族家庭。由于生活于希波战争时代，他从口碑相传的故事及记事家们的著作中得以熟悉这场战争的经过。后来希罗多德遍游小亚细亚、爱琴海诸岛、埃及、叙利亚、波斯帝国腹地的两河流域、色雷斯以及黑海北岸的西徐亚，可以说是游遍了古代广义上的西方文明世界。而且，希罗多德每到一处均遍寻历史遗迹，尽力搜罗旧闻。公元前447年，希罗多德以外籍居民的身份来到雅典，与当时的名士伯利克里、索福克利斯有过交往；三年后他又随雅典移民船队迁移至意大利南端的图里伊（Turii），并在那里著述终老。

尽管作为一个史学家希罗多德有着自己的不足，譬如把所见所闻（不管是灵芝金丹还是牛溲马勃）尽收书中，这似乎有损一个伟大而真正史学家的英明，但是这同样也并不妨碍他被尊为西方“历史之父”，我们认为这主要是由个人气质和风格以及时代环境所决定的。正如著名的史评家柯林武德所说的那样，“当希罗多德作为历史学之父被放到一个包括希腊思想一般倾向的背景之下的时候，他的伟大是显得极为突出的”[②]。名垂后世的《历史》即《希波战争史》是第一部划时代的世界史巨著，他认为这场战争是东方与西方史诗般的争斗，而伟大的宙斯使得希腊人战胜了强敌。希罗多德在该书开篇说明了其著书的目的：“在这里发表出来的，乃是哈利卡纳苏人希罗多德的研究成果，他之所以要把这些研究成果发表出来……是为了要把他们战争的原因记载下来，以永垂后世。”[③]这一记载使得我们对希腊的历史学成就有了更加深刻的理解。

另一场战争——伯罗奔尼撒战争的历程则由另一位大史学家修昔底德（Thucydides，公元前460年～公元前395年）记载下来。出生于雅典贵族之家的修昔底德早年受过良好的教育，内战爆发时他年仅30岁，后来参加了战争并成为雅典十将军之一。修昔底德曾经指挥海军作战但失败，为此还遭到

---

① “记事家”（Logographer）实际上就是古希腊最早的历史学家；西方“历史”一词来自于希腊文 istoria（Logoi）。

② （英）柯林武德：《历史的观念》，汉译世界学术名著丛书，何兆武、张文杰译，商务印书馆1997年版，第61页。

③ （希腊）希罗多德：《历史》，（英）乔治·劳林逊的英译本，1942年纽约版。

诬陷并被流放，直到公元前404年战争结束之后才遇特赦回到雅典。相比较于《历史》，修昔底德所著的《伯罗奔尼撒战争史》体现了更为严谨的治学态度和史学写作方法，因而该著称得上是真正的信史。此外，修昔底德也为后世的历史编纂学树立了一个典范——这是其史学的最大贡献。《伯罗奔尼撒战争史》的记事时间止于公元前411年，可见它是一部未完成之作，后来另一位史学家色诺芬（Xenophon，约前430年～前350年）写了一部《希腊史》，以接续修昔底德之作。

同样出身于雅典贵族世家的色诺芬早年广泛涉猎各门学科，他与柏拉图共同受教于苏格拉底，不过色诺芬在政治上坚决反对雅典的民主政治，颂扬斯巴达的军事政体。伯罗奔尼撒战争结束后，雅典出现了“三十僭主政治”，色诺芬就坚定地站在僭主一边。当僭主政治失败后，他甚至还参加了希腊雇佣军，帮助“小居鲁士”（Cyrus，the Young）去争夺王位——若以现在的眼光来看色诺芬无异于一个“汉奸”、卖国贼。在“小居鲁士”被杀后，色诺芬被推举为将军，他率领着衣衫褴褛的雇佣军从两河流域长途跋涉，经亚美尼亚越过高加索的大雪山，沿着黑海沿岸进入希腊本土，最终他们投靠了雅典的宿敌斯巴达，于是雅典公民大会对他进行缺席审判，判处其终身放逐。此后色诺芬就浪迹于斯巴达、科林斯等地，最后客死他乡。这位政治家、军事家的史学名著就是七卷本的《希腊史》，它记录始于公元前411年，止于公元前363年的曼提尼之战，显然它是对《伯罗奔尼撒战争史》的续写。除了这部史著外，色诺芬还著有《远征记》、《居鲁士的教育》、《斯巴达政体论》、《回忆苏格拉底》、《经济论》、《论税收》等，可见他是一位多产的作家、历史学家。后世把他跟希罗多德、修昔底德并称为“希腊三大历史学家”，因为色诺芬关于政治史、经济史等各个方面著作进一步扩大了史学研究的领域，这些对于后世的贡献是显而易见的。

四、古典哲学：西方哲学的渊源与基础

古希腊是西方哲学的发源地，其哲学是西方众多学科的基础。现今的“哲学”一词源于希腊语，意为爱好智慧之学。公元前7世纪～公元前6世纪，在小亚细亚的爱奥尼亚地区率先产生了米利都学派及其哲学先驱。

1. 米利都学派

米利都学派是古希腊第一个哲学派别，它形成于公元前7世纪～公元前6世纪。泰勒斯（Thalēs，约公元前624年～约公元前547年）是它的开山祖师，同时他也是希腊哲学及自然科学的主要奠基者，他还被尊为古希腊七贤之首。作为米利都学派的创立者，泰勒斯认为万物起源于水并复归于水，同时他否认神创世界说。

米利都学派的另外两名代表人物阿那克西曼德和阿那克西米尼也都是哲学家兼自然科学家，这也反映出该学派的唯物论特征。这一学派朴实无华但具有重要意义的理论打破了希腊人传统的神创世界的观念。

2. 最早的形而上学体系

同米利都学派思想具有重大差异[①]的是古希腊最早的形而上学体系，或者说是一种唯心学派，即毕达哥拉斯学派以及受此派影响的爱利亚学派。这两个学派分别兴起于希腊东西两边的两个殖民城邦。与东部爱奥尼亚地区的米利都正好相反，爱利亚位于古希腊西部地区、意大利半岛的最南端，然而学术交流的进展绝不是地理环境所能够阻隔的，即便是在人类文明初期，毕竟，那时的大半个地中海在希腊文明圈之内。

图 2-19　毕达哥拉斯：著名数学家，也是音乐理论家，主张节欲，但是并不仇视女性，其学派还收女弟子。

毕达哥拉斯学派的创始人是大数学家毕达哥拉斯（Pythagoras，约公元前 580 年～公元前 500 年，图 2-19）。跟后世许多名人一样，他出生于爱奥尼亚地区的萨摩斯岛上，后来为当局所不容而逃到南意大利的克罗顿城邦。在当地权贵的支持下，毕达哥拉斯组成了一个政治、宗教、学术三位一体的团体。该团体首先将数字运用到哲学领域，认为万物的本质是一种抽象的、非物质数字，这些数字代表了一切，万物均源于数。譬如，“一”代表秩序，“四”代表正义，“十”表示完全，这已经非常接近同时代我国老子的“一生二，二生三，三生万物”的宇宙观念，反映了东西方哲学家思想的共通之处。毕达哥拉斯学派认为，如果没有数，人们就无法认识事物，也就不能思考。该学派进一步强调思辨的生活是最幸福的，但若要达此境界，就必须清除对肉体的邪恶欲念。

毕达哥拉斯学派形而上学的抽象观点激化了关于宇宙本质的哲学讨论。有两位哲学家对此持有完全不同的观点。爱利亚学派的主要代表人物之一巴门尼德（Parmenidēs，约公元前 6 世纪末～公元前 5 世纪中叶以后）继承了色诺

① 我们传统上认为是本质的区别，即唯心主义与唯物主义的区别。

芬尼[①]的观点而进一步提出了关于“存在”的学说，他认为只有存在才是事物和宇宙的本原，就像老庄哲学关于“道”的观念一样，“存在”本身是永恒的、无始无终的，它也是不可分割的，永远固定在同一个球形[②]之处；存在这种属性只有理性方可认识；人们所时时感受到的千变万化的物质世界只不过是“无”或者是“不存在”。巴门尼德进一步认为，坚持万物的真实性就在于稳定和持久，变化与多样只是意识上的错觉。

与巴门尼德针锋相对的是赫拉克利特（Heraclītos，约公元前 540 年～约公元前 480 到 470 年之间）。作为唯物论者，这位艾菲斯（小亚细亚的以弗所）学派的创始人认为，万物之源是永恒的火，它有规律地燃烧，也有规律地熄灭；旧火熄灭后新火继续燃烧，万物生生不息。在矛盾论方面，这位欧洲辩证法思想的奠基人主张一切事物均处于流动和变化之中，而动、变之因在于事物对立面的矛盾和斗争，其名言“斗争是万物之父”如同“人不能两次踏进同一条河流”一样，对后世尤其是马克思主义哲学产生了很大影响，其中的主要思想精髓也在我国 20 世纪后半期的哲学教学与研究中占据了一定的地位。总之，赫拉克利特这位“晦涩哲人”的思想既不同于巴门尼德，亦异于毕达哥拉斯，他还认为“火死生气，气死生水，水死生土”的“下降路线”跟“土死生水，水死生气，气死生火”的“上升路线”构成了一个圆周，在此圆周上，“终点就是起点”，这一循环论学说对后世亦产生了很大的影响。

受毕达哥拉斯学派思想直接影响的是南意大利地区的[③]爱利亚学派。除了前述的巴门尼德之外，该学派的另一重要代表人物则是所谓的“爱利亚的芝诺”[④]（Zēnon ，Eleatic，约公元前 490 年～约公元前 436 年）。芝诺认为，万物的本质并非物质而在于抽象，只有存在才是唯一的真实。作为巴门尼德的弟子，他继承了老师关于唯一真实的东西就是所谓“唯一不动的存在”的观念。芝诺为此提出了若干个命题，其中有那永留后世的“飞箭不动”的伟大理论：飞行的箭使人感觉它是运动

---

① 色诺芬尼，又译克塞诺芬尼（Xenophanēs，约公元前 565 年～约公元前 473 年），生于古希腊克洛丰城邦（今土耳其伊兹米尔），他是诗人、哲学家，一生大部分时间流浪他乡，不与流行的多神论和拟人神论为伍而提倡一神论，认为那唯一的神“全视、全知、全闻”，他既是一，又是一切，无所不在又永远不动不变。其思想为巴门尼德和芝诺所继承，并成为爱利亚学派的主要思想，亚里士多德称他是该学派真正的创始者，著有《自然论》。

② 古希腊当时大部分哲学家都用圆形或球形来进行象征表示，该形状象征意义是：唯一、圆满、完善。

③ 在今西西里岛，那不勒斯附近，亦为早期希腊的殖民城邦。

④ 区别于“塞浦路斯的芝诺”（Zēnon，Kyprios，约公元前 336 年～约公元前 264 年）（亦称“季蒂昂的芝诺”[Zēnon，Citium]）。

的，但实际上它是静止不动的，因为飞行中的箭在每一瞬间总是停留或者说是存在于某一点上，可见，箭在飞行路程当中每一点上都是静止的，而静止的总和不能构成运动。由此看来运动和变化都是不真实的，唯一真实的就是那“不动的存在”。这位相传因反对民主派僭主政治而遭处死的大哲学家进一步认为，“存在”是“一”而不是“多”，是“静”而非“动”；那“多”的概念包含着有限及无限的矛盾，“动”的概念包含着间断性和不间断性的矛盾，这一辩证法思想是对“飞箭不动”理论的完整解释。

3. 德谟克里特：作为自然科学家的大哲学家

这一时期还有唯物论哲学家、著名的原子论者德谟克里特(Dēmocritos，约公元前 460 年～约公元前 370 年)。这位活了约 90 岁的渊博学者一生写下了大量著作(柏拉图曾想把它们全部焚毁)，马克思、恩格斯因而称之为“经验的自然科学家和希腊人中第一个百科全书式的学者”[①]。出生于希腊北部色雷斯阿夫季拉的德谟克里特继承了前辈留希珀斯(Leucippos，约公元前 500 年～约公元前 440 年)的原子论观点并加以发展，他认为一切事物的本原是原子和虚空，运动为原子所固有。

德谟克里特被认为是西方归纳逻辑学的奠基人，在社会伦理观念方面他强调幸福乃人生之目的，但真正的幸福不在于感官享受而在于精神愉悦；人的幸福不是由神所赐而是由人们自己选择决定——这些思想对后世都产生了极大影响。这位哲学家还在自然科学上有独到贡献，如数学上首次提出圆锥体的容量等于同底同高的圆柱体容量的 1/3 的定理；在医学方面他还曾进行过动物尸体解剖等。

4. 智力大革命与“智者学派”

公元前 5 世纪左右希腊开始了一场智力大革命，它与雅典民主制的繁荣相适应，这时一个新的学派即智者学派(the Sophists)产生了。该学派又称为哲人学派，它把当时讨论的焦点转向社会问题，其代表人物多是讲授修辞、伦理、政治等学科的职业教师，如普罗塔哥拉、高吉亚、安提丰等人。普罗塔哥拉(Protagoras，约公元前 485 年～约公元前 415 年)的思想倾向于怀疑现实、否定宗教并把人的地位置于中心位置。他强调人的尊严和价值是至高无上的，其至理名言是“人是衡量万事万物之尺度”。普罗塔哥拉认为，真、善、美、公正跟人的自身需要和兴趣有关，没有绝对正确公平和永远不变的标准：一定的时间和空间只有一定的真理，真理不是永恒不变的。推而论之，伦理标准也是如此。他举例说，在

① (德)马克思：《德意志意识形态》，《马克思恩格斯全集》第三卷，人民出版社 1960 年版，第 146 页。

一定情况之下，斯巴达人鼓励妻子像丈夫一样跟人通奸以及雅典男人将他们的女人与世隔绝甚至连正常的社会生活也不让参加，这两种标准在当时来说哪一个正确呢？无论是纯理性的判断还是神的判断都不可能正确，而只有人自身的判断才是正确的，由此他得出：感知是认识的唯一源泉。另一位出生于西西里岛的高吉亚（Gorgias，约公元前 483 年～约公元前 427 年）认为，一切事物皆虚无，亦不可知，即便可知也只能意会而不能言传，此为古希腊哲学中不可知论的典范。

关于智者学派，最初所谓的“智者”并无贬义，不过该学派的辩证论思想、个人主义倾向以及怀疑一切的态度不可避免地受到了保守派们的反对。到了柏拉图和亚里士多德时期，智者学派者们就逐渐被视为巧言善辩、假冒智慧的人，“智者”也就明显带有了贬义，以至于这一学派又被称为“诡辩学派”，并且在对它的批判中产生了新的思想流派，它们的基本理论是：真理是存在的，也是实在的；真理就是绝对的真实和存在。该流派的主将是苏格拉底及其弟子和再传弟子。

5. “永不满足的苏格拉底”及其弟子们

苏格拉底（Socrates，公元前 469 年～公元前 399 年，图 2-20）生于雅典一个平民之家，他是欧洲哲学史上第一位提出唯心主义目的论的哲学家。苏格拉底认为，一切皆由神所创造与安排，万事万物皆体现出神的智慧和目的。他提出了“自知自己无知”的命题，强调承认自己无知的人才是聪明人，当然最有知的乃是神，知识最终也是从神那里而来，故真正的“知”就是服从神。在伦理学上，苏格拉底提出了“美德即知识”的命题，认为善出于知，恶出于无知。苏格拉底倡导精神接生术，宣称自己是知识的“助产士”（他的母亲是一个助产婆）。据说这位依靠自学而熟知各种知识的人最后成为一名哲学家是常常辩论的结果，不过他本人生活清贫，摩顶放踵，浪迹于街头。他经常披着一件旧袍衫，踯躅于雅典各个角落并与各色人等讨论人生问题。在政治立场上，苏格拉底坚决支持寡头政治，反对激进的民主派，在他周围聚集着一大批贵族青年——柏拉图、色诺芬、克利替阿等，因此他最后也成

图 2-20　苏格拉底沉思像。

了政治斗争的牺牲品。得势的民主派以传播异端邪说、毒害青年等罪名将他逮捕，并以蛊惑罪判处他死刑，苏格拉底最后在狱中被迫饮鸩而亡。像我国的孔丘一样，苏格拉底本人也未曾有著作传世，其言行散见于弟子们的著述尤其是色诺芬的《苏格拉底言行回忆录》之中。他的学生使其名垂青史，这些学生中最著名的当属柏拉图。

柏拉图(Plato，约公元前427年～公元前347年)是欧洲哲学史上第一位建立起唯心论哲学体系的大哲学家，他的名声在西方哲学领域里是最高的。柏拉图原名为亚里士多克利(Aristocles)，因为他相貌方方正正，骨架宽阔，他的一位老师才给他起了"柏拉图"[①]这一绰号。柏拉图出身于雅典名门，父亲阿里斯顿据说是阿提卡末代国王的后裔，母亲则是雅典民主制创始人梭伦的后代，但后来的柏拉图却并没有承继梭伦的政治主张，他早在20岁时就参加了苏格拉底的学生集团，而且对老师恭敬有加，在苏格拉底悲惨地死去后柏拉图愤然离开雅典。在公元前387年回到雅典创办学园之前，柏拉图到处游历，曾经三次去西西里岛叙拉古城邦活动，试图影响该城僭主狄奥尼修斯父子，实现他理想中的贵族寡头政治，但均未成功。不过在南意大利他汲取了毕达哥拉斯学派及爱利亚学派的哲学思想，连同老师的教诲，形成了一个全新的哲学体系。这一欧洲哲学史上第一个庞大的客观唯心主义体系的核心就是他的理念论，其完整而系统的思想对后世产生了持续不断的影响。作为名师，他在其闻名的学园(Academy)里聚众讲学40年。作为多产的作家和哲学家，柏拉图著有《辩诉篇》、《普罗塔哥拉篇》、《理想国》等名作，以他的名义留下来的有30多篇对话和13封信。公元前347年，在忙于完成巨著《法律篇》时，81岁的柏拉图猝然死去。

关于柏拉图及其弟子亚里士多德的哲学思想，至少要仔细阅读详细的西方哲学史才能真正了解一斑。出生于爱琴海北部斯塔吉拉城的亚里士多德(Aristotle，公元前384年～公元前323年)去世时希腊已经迈入"希腊化时期的门槛"。他的父亲是马其顿宫廷的侍医。后来18岁的亚里士多德来到雅典的柏拉图学园，此后在这里学习、任教20余年，并因其学业优异而为侪辈们所叹服，柏拉图亦称赞其为"门第中的魁首"。公元前342年，应马其顿国王腓力之邀，亚里士多德成为亚历山大大帝的私人教师。七年后他重回雅典，开办了自己的学校即莱森学园。亚历山大大帝猝死后雅典掀起反马其顿运动，亚里士多德成了政治打击的对象而被迫到卡尔基避难，次年即病死在那里，享年63岁。

据说亚里士多德喜好在林阴道上漫步讲学，于是他和弟子们便有了"逍遥学

① 希腊语中，"柏拉图"(英文Platus)是："平坦、宽阔"之意。因为柏拉图前额平、宽，其体育老师给他起了这个绰号。

派”之称。作为西方典型的百科全书式的大学者，亚里士多德的学问涉及许多人文与自然学科门类。与恩师柏拉图以及公然宣称向石头、树木可以学到各种知识的苏格拉底不同，亚里士多德更注重具体和实际的东西。他对动植物学、医学、天文学等都具有无穷的兴趣，并为此做出了卓越贡献，例如他是逻辑学及生物学的开山鼻祖，其学说对后世影响极大，某些学说支配欧洲科学和学术领域两千余年(图 2-21)。恩格斯称他是最渊博的学者，后世的新托马斯主义思想亦以其学说为蓝本。像柏拉图一样，亚里士多德也留存下众多作品，它们包括《工具论》、《物理学》、《物理学后编》(即《形而上学》)、《植物学》、《动物学》等无数名作。

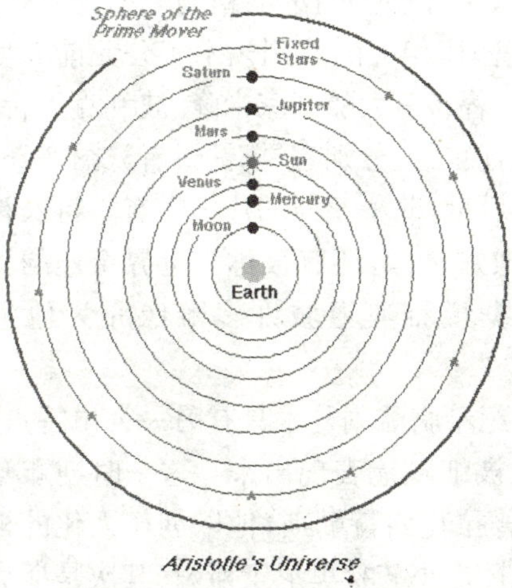

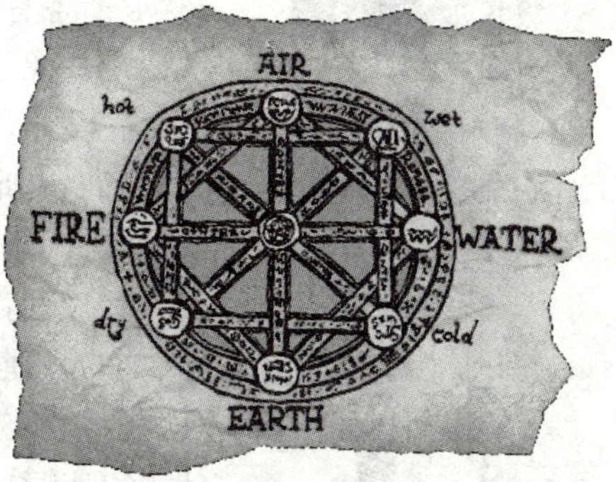

图 2-21　亚里士多德的宇宙图(左)以及他对空气、水、土、火四种元素(右)的定义(可以比较中国古代的“水火木金土”五元素和古印度的“地火水风”四元素)，亚里士多德体系被视为人类科学史上第一块划时代的里程碑。

五、完美永恒的艺术——“走马观花”阅览古典艺术

要通俗而精辟地把古希腊至善至美的艺术系统地表述出来，实在不是一件容易的事。希腊那尽善尽美的建筑和雕刻艺术比起文学成就似乎更为引人注目，亦更能映现出古典文化的精神。希腊艺术何以受到如此景仰？其中原因之一就是它的世俗性，那自然美与人性美的完美展现使它们达到了世界艺术的巅峰。虽然古希腊人在建筑、雕刻、绘画等方面努力地模仿了古埃及人以及克里特人，但那绝非简单的模仿，而是青出于蓝而胜于蓝。直到现在，还没有哪一个时代的雕刻艺术能达到希腊人那样高的水准。

简而言之，希腊的艺术可分为三个发展阶段：一是古朴阶段(公元前 7～公元

前6世纪，图2-22)，其雕刻明显地受到埃及的影响，建筑亦较粗糙；第二阶段是公元前5～公元前4世纪，是古希腊艺术的繁荣期，艺术精神已经是理想化；第三阶段是公元前4世纪及稍后，这一时期艺术的新特征出现了。

具体而言，以雅典为中心的希腊建筑艺术主要是由长方形的殿堂及圆形的柱廊组成的神庙。以圆柱形营造法式为突出内涵的古典希腊建筑特点可分为三大类：多里亚式的无柱基、粗柱身以及没有装饰性柱头的朴实厚重风格，如帕特农神庙；爱奥尼亚式的纤细柱身、有柱基、有涡卷形装饰柱头的典雅俊逸风格，如伊利特昂神庙；科林斯式的细长柱身、有精美的叶状装饰柱头的华丽精巧风格，如奥林比昂神庙。与建筑密切相关的雕刻艺术于公元前5世纪达到空前的繁荣，著名三大雕刻家米隆、波利克里特、菲狄亚斯各有绝技，前二人分别有《掷铁饼者》(图2-23)和《持矛者像》驰名后世，菲狄亚斯的代表作有帕特农神庙里高12米的雅典娜神像，还有被称为世界奇迹的奥林匹亚的宙斯像，据说雅典卫城许多雕像亦为他主持所作。

图2-22 《阿纳维索斯的库罗斯》，大理石雕，高约1.93米，作于约公元前525年，现收藏于希腊雅典国立考古博物馆。雕像的脸部表情十分生动，嘴角挂着浅浅的微笑。这种微笑是古风时期的艺术特点。作品体现了希腊古风时期的雕塑正在逐渐摆脱古埃及僵硬模式的限制，为后来希腊雕塑艺术的繁荣奠定了坚实的基础。

公元前4世纪希腊雕刻艺术具有另一突出特点，即人物的心理特征被细腻地表现出来。这一时期雕塑成就斐然，首先是普拉克西特勒斯，他以创作人化的神像闻名，如《赫尔墨怀抱小孩狄奥尼索斯》。其次是斯克帕斯，他创作有极富情感的雕像，如宗教狂人像以及酒神的祈祷者像等。其他还有利西浦斯，著名的《拉奥孔》(又译《雷奥科翁》，图2-24)则是由阿基桑德鲁等三位雕塑家所作。

希腊人在绘画方面同样有突出的成就，它的瓶饰画艺术水准之高超足以令后人叹为观止。希波战争之后的画家波里诺图斯曾经把马拉松战役的实况画在雅典城的“画廊”上，以激发希腊人的爱国热忱。公元前4世纪，雅典的画家阿波罗多鲁斯首创了被称为阴影画技术的远视法，他注意到画中人物应该有比例对比。不过这些著名的画品如今却很难看到，除了一些陶瓶画和后来罗马人所临摹的作品之外，希腊古典绘画由于年代久远以及战争的毁坏大都湮没而荡然无存了。

图 2-23　大理石雕复制品——米隆的《掷铁饼者》，高约 152 厘米，罗马国立博物馆、梵蒂冈博物馆、特尔梅博物馆均有收藏，原作为青铜，米隆作于约公元前 450 年。这尊雕像被视为“空间中凝固的永恒”，直到今天仍然是体育运动的最佳标志。

图 2-24　大理石群雕《拉奥孔》，高约 184 厘米，罗得岛的雕塑家阿格桑德罗斯及其子波利多罗斯、阿塔诺多罗斯等创作于约公元前 1 世纪，现收藏于罗马梵帝冈美术馆。拉奥孔之死是文艺家们所钟爱的题材。该作品表达了人在痛苦和反抗状态下的极度紧张，让人感觉到似乎痛苦流经了所有的肌肉、神经和血管，紧张而惨烈的气氛弥漫着整个作品，表现了雕塑家对人体解剖学的精通和对自然的精确观察，以及纯熟的艺术表现力和雕塑技巧。这是一组忠实地再现自然并善于进行美的加工的典范之作，被誉为古希腊最著名、最经典的雕塑杰作之一。

六、走近 2500 年前的古城

1. 希腊文化遗产之一：古城赫尔布伦

不断的考古新发现给予我们真正了解古典希腊艺术之辉煌的机会。在刚刚过去的世纪之末，一支由法国与埃及政府组成的考古队发布了轰动世界的消息：失踪 1200 年的古希腊城市赫尔布伦被发现①，这座水下城市的建筑壮丽奢华，雕塑精美

① 这一被认为是世界海洋考古史上最重大的发现为当时各大媒体在当年的 6 月所转载。

绝伦。

赫尔布伦，这个正史中基本没有记载而只是流传于传说、寓言以及古希腊星象家口中的神秘城市，是曾经繁荣昌盛的埃及法老城市群中的一座，也是该城市群中最重要、最繁华的港口城市。大约在公元前450年，周游世界的希罗多德来到这里，并为它的繁华景象所震撼，他在《历史》中进行了详细的描绘。根据史诗、传说、寓言的记载，赫尔布伦极为富足，赫尔布伦人似乎正在以实际行动履行"伊壁鸠鲁主义"，他们及时行乐，享受青春和生命，年轻人爱打扮并炫耀自己的时装和饰物，女人们更是喜欢装扮，她们脸上涂胭脂，嘴上抹口红，头发上发油，眼部画眼圈，指甲涂上颜色；市民家中储备着各种各样的香料，富裕的人家洗牛奶浴；闲暇时在露天娱乐场观看音乐或戏剧演出，看斗牛、摔跤或拳击表演，不去看演出者可以在酒店里喝酒或去打球、下棋；人们以面包为食，用肥皂洗手。

当谢里曼1870年发现特洛伊古城之后，西方及埃及的专家学者就一直坚信法老城的存在。虽然1933年埃及亲王阿姆鲁·图森首次组织过对阿布基尔湾海底的考古活动，但真正打开法老城大门的是法国的弗兰克·戈迪奥。这位因发现亚历山大水下古城和阿布基尔湾拿破仑舰队而扬名世界的著名考古学家迎来了他那梦寐以求的机遇：1996年，由他的世界上最先进的海洋考古队（由专业潜水员、考古学家、科学家及其他各类专家联合组成）与埃及最高文物委员会组成了联合考古队，对临近亚历山大城的阿尔基布湾进行发掘。考古队采用先进的磁波仪和人造卫星定位仪等工具，经过数年的努力，终于在米努蒂斯城以东约4公里处发现了赫尔布伦古城遗址，那些庞大的建筑物废墟、法老的雕像、完好的石棺、数百根花岗石石柱及司芬克斯展现于世。

令发现者惊叹的还是那些辉煌的古希腊建筑和雕塑艺术：有保存完整的房子和庙宇以及相当现代化的港口设施，有宽敞明亮的住房，精心设计的通风口、厕所和浴室，还有巨大的娱乐场及完善的城市排水系统。埃及的伊西斯女神雕像经过希腊艺术的改造更加生动迷人，最突出的是反映当年市民生活极尽奢华和纸醉金迷之能事的巨型雕像，有些雕像描绘的内容令当时那些"见多识广的考古学家们也面红耳赤"，"因为那些比真人还大的雕像描述的是男女赤身裸体交欢的情景，甚至还将细微之处做了大特写！"[①]另外，许多房子里的家具仍摆在1200年前的位置上，甚至桌子上的油瓶都没有倒掉，这看起来几乎有些夸张！像

---

① 林小森：《寻找梦幻中的城市》，载于《新民晚报》2000年6月13日第26版。

其他“失落的文明”[①]古城一样，赫尔布伦城市的建筑及雕塑等艺术将被进一步展示于众，也许人们将能乘坐海底观光潜艇去目睹这座2500年前的希腊古城艺术。

2. 希腊文化遗产之二：古典奥运会诞生

今天，对于大众特别是年轻人而言，影响最大的体育活动莫过于奥运会，它是当代人休闲娱乐、文体生活的一部分。而奥运会同样也发端于古希腊[②]（图2-25）。

图2-25　奥林匹克遗址及奥运会火炬接力渊源：此类场景自公元前5世纪末起出现在阿提卡陶瓶身上。火炬接力赛是雅典神灵祭祀上的活动之一，它是一项集体运动，分队接力，赛程为2500米，从8个不同方向出发，终点为雅典卫城。

奥运会的诞生也直接与古希腊人的宗教活动相联——它起源于宗教祭祀活动。在希腊古城奥林匹亚举行的传统仪式上，女祭司采集太阳光点燃奥林匹克圣火，圣火被保存在一个灯罩内，该灯罩全程伴随圣火传递活动。每天清晨，火炬手用圣火点燃火炬，开始当天的接力行程。自1936年柏林夏季奥运会开始，历届奥运会都有自己独特的火炬传递活动。

大约自公元前9世纪起，古希腊人就开始在奥林匹亚举行运动会。从公元前776年第1届古奥运会开始到公元前720年，称为“埃里达时期”；公元前576～前338年，称为“金希腊时期”，奥运会成了全希腊人的盛大庆典，这一时期被称为古奥运会的鼎盛时期。希波战争后奥运会由盛转衰，在罗马人统治时期，更加衰落。公元392年，罗马皇帝狄奥多西将基督教立为国教，宣布古代奥运会为“邪教”活动，394年宣布废止奥运会，直至19世纪才开始复兴。

马拉松比赛与希波战争期间的马拉松战役有直接的关系。公元前490年，名叫斐里庇得斯的士兵携带着战胜波斯国的消息，自马拉松附近的战场奔向雅典卫

① 其他所谓“失落的文明”主要包括：意大利庞贝古城，中美洲的玛雅文明，丝绸之路上的“楼兰古国”，无数文献提及的拥有多才多艺居民但却突然消失于海底的“亚特兰蒂斯”（传说位于直布罗陀以西的大西洋），以及柏拉图在其《克里齐》中描述的存在于12 000年前的文明发达古国——“大西国”等。

② 最近几年由于2008夏季奥运会在北京举行，这方面的文献出版较多，可参见清华大学出版社出版的奥运文化丛书系列。

城广场。虽然有伤在身，但为让同胞早获喜讯，他拼命奔跑，当跑到雅典卫城广场时，他激动地喊道："欢……乐吧，雅典人，我们……胜利啦！"喊声刚落，他便一头栽倒在地，再也没有醒来。为纪念此事，1896年第一届奥林匹克运动会在希腊举行，这位战士的传奇再度被复活，它是以24.85哩(40公里195米，今天最终确定为42公里195米)自马拉松桥到雅典的运动场为比赛距离，自此马拉松赛成为奥林匹克运动会最后一项比赛项目并成为传统。

七、多学科体系的自然科学

整个古希腊的科学成就集中体现在希腊化时期，不过古典时代多学科的自然科学体系已基本形成，它为不久呈现出的繁荣盛世奠定了坚实的基础。

希腊古典时期数学和天文学的奠基人是米利都学派的创始人泰勒斯。他精研埃及人、巴比伦人的自然科学成果，曾成功地预测了公元前585年5月28日的日全食，其数学成就还被纳入欧几里得的几何学体系。但总的来说，毕达哥拉斯创立的勾股定理则是最负盛名的。毕达哥拉斯及其弟子们认为，平面中最完美的是圆，立体形中最完美的是球，由此推论整个宇宙是圆的，且和谐而有秩序，此亦为天文学上的创见。另外，原子论者德谟克里特提出了圆锥体、角锥体、球体等体积的计算方法。出生于米利都的记事家赫卡泰厄斯(Hecataeus，约公元前550年～公元前478年)是一位地理学家，除著有《谱系志》外，他还写过《大地巡游记》，该书描述了其亲身游历地中海沿岸各地的见闻，堪称为西方第一部地理学专著。据说他还绘制过以爱琴海为中心的世界地图，因此赫卡泰厄斯可被视为"西方地理学之父"。

古希腊的医学有其哲学的渊源。医学先驱恩培多克利斯出生于西西里岛，他是公元前5世纪的大医学家兼哲学家，也是所谓四元素(水、火、气、土)说的主张者。他还发现血液是自心脏流出并流入心脏，而皮肤的毛孔则补充了呼吸器官的工作——这在古代简直就是最伟大的发现。如同几乎所有古文明民族把巫与医并称一样，古希腊最初的医学也和巫术相连。伴随着文明的进步，医学最后才从迷信中解放出来。西方公认的医药学之父是出生于爱琴海东部科斯岛上的希波克拉特(约公元前460年～公元前377年)，这位医学家云游四方，足迹遍及希腊各地。他认识到任何一种疾病的发生都有其自然的原因，为此他提出了"四体液说"的理论，即疾病源于体内四种体液(黄胆汁、黑胆汁、血、痰)过量的理论。如同后来我国的孙思邈及其《千金方》一样，希波克拉特为后世留下了一篇语重心长、字字珠玑且至今仍被奉为信条的《誓言》，它强调了医生的医德及社会责任感，谆谆告诫医生要以救死扶伤为本，决不可用医术牟利，这种职业信条的提出可能是世界上最早的。

有一点必须注意，古代西方哲学跟自然科学几乎是不分家的，甚至可以说哲学就是古代一切自然科学的代表。今日发端于西方的"博士"一词（即 Ph. D.，〈拉〉Philosophiae Doctor，即 Doctor of Philosophy）的来历显然可以对此加以证实。哲学与自然科学的联系一直影响到后来整个西方知识发展的历程，直到 20 世纪，西方某些大科学家往往在许多学科方面均有很深的造诣，如爱因斯坦；更多的情形则是，西方哲学家常常同时也是自然科学家，这在古代更为常见。因此在西方文化的发源地即古希腊，众多自然学科的渊源都与哲学密切相连，生物学也不例外。

第一个对生物学感兴趣的是米利都学派的哲学家阿那克西曼德，他已经形成了初步的关于有机物进化的理论，它包括：最早的原始动物产生于海洋之中，海最初是覆盖整个地球表面的，后来当海水退去后，一些生物爬上陆地，开始适应新的环境，人就是这样进化的最后动物。这些观点显然是古代最先进的生物学理论。不过西方生物学真正的奠基人是致力于生物系统研究的亚里士多德，他写过有关植物学及动物学的专著，他在这方面的巨大成就一直到 17 世纪才被印证，如各种昆虫的变形、鳗的生殖习惯、弓鳍鱼的胚胎发育等。不过，像当时许多科学家一样，亚里士多德否认植物的有性本质，并相信蛆和昆虫是自然生育的后代等知识，反映了那一时期的知识结构和学科体系的局限性。

第三节 希腊化时期文化的持续发展：科学奇迹

一、希腊化时代的文化意义

"希腊化"一词是德国近代历史学家 J. G. 德罗伊森（1808～1884 年）在其《希腊文化史》中率先使用的，从时间上看它是指公元前 323 年（一说始自公元前 334 年亚历山大大帝东征）到公元前 30 年这段时期。公元前 4 世纪后半叶，马其顿人征服希腊各地，随后建立起地跨三大洲的庞大帝国，但不久它就分裂为统治希腊的马其顿、控制西亚的塞琉古以及统治北非的托勒密三个王国，公元前 1 世纪它们均为罗马所征服。所以从亚历山大大帝之后到罗马帝国正式建立前后的这段历史时期被西方学者称为"希腊化时代"或"希腊主义时代"。由于亚历山大大帝以及后来罗马人的大范围、大面积的征服，使得一种希腊文化与东方因素相结合的混合型的文化得以形成。

这一时代的文化意义在于：它打破了东西方长期独立或隔离的状态，使之在短时间内得以交流，地球在人们的视野里突然变得小了起来；这为以后的继续交流提供了一种模式，这种模式就是依靠军事征服来实现某种程度上的经济与文化的广泛交流。在该历史时期里，东西方各民族文化出现了多次大规模的交流，如印度甚至中国已同欧洲有了初步的交往，这方面已经有了文字记载及实物见证。另一方面，希腊化时代的政治、经济以及文化在这一时期并没有停止发展，相反，希腊化时代的文化如同上足了发条的钟表一样不停地运转、前行。从政治上看，希腊化时代与古典时代已经有了明显的差异，但在文化上，这两个时代却是一脉相承的。希腊化时代的一些自然科学学科开始与哲学学科逐步分离，新的学科逐渐被独立地进行探索。一大批名城突然展现，亚历山大里亚、叙拉古、帕加马、罗得斯等地成为新的文化中心。在这一时期所有的学科及知识成就中，地理学、天文学、医学、数学、物理学、植物学、动物解剖学等都有重大的突破性成果，它们成为当时最为流行的学科，学术上也出现了名垂千古的带头人。欧洲启蒙时代之前两千余年，西方科学史上最辉煌的时代就是这一令人荡气回肠的希腊化时代。

二、科学的时代：名家辈出

某一时代文化的极度发达似乎是由多种因素共同促成的，并非偶然，但是毕竟这种时代以后很难再次出现了，如同中国春秋战国时期一样，后世学者对这一时代希腊地区科学异常发达原因的评价已基本达成共识，主要原因包括：那个时代经济文化雄厚的发展基础，亚历山大本人对于科学研究的奖掖及他积极的财政支持，希腊科学知识同世界各地的交流包括跟埃及、西亚、印度的相互交流与促进，还有其他各种因素。在此基础上，希腊化时期文化的再造辉煌是可以想象的。另外，由于马其顿亚历山大帝国的存在——即便这种存在是极其短暂的——使得希腊化时期的文化成就具有了世界意义。从这一角度去理解的话，希腊化时代科学取得全面的繁荣也是可以理解的。

1. 名扬后世的天文学家们

公元前3世纪中叶的巨大成就当归属于该时期最伟大的天文学家、出生于萨摩斯岛的阿里斯塔库斯(Aristarchus，约公元前310年～公元前230年)，他被誉为“希腊化时代的哥白尼”。相对而言，阿里斯塔库斯似乎更加伟大，因为早在哥白尼前近两千年，阿里斯塔库斯已经创立了太阳中心说。他的其他科学成就还有：比较正确地测定出太阳、地球、月球的体积及其相互间的距离，认为并不是太阳绕着地球转动，而是地球每天绕太阳转且自转一周。然而阿里斯塔库斯的科学结论太超前了，以至于在当时并没有多大市场。它不仅同占统治地位的亚里士多德的思想相抵触，而且也跟犹太人和其他东方人的信仰格格不入，所以这些科学的结论竟然被长时间地湮没，直至16世纪哥白尼时代。可以说太阳中心说是被重新提出来的，然而，谁又会想到那伟大的阿里斯塔库斯呢？

继阿里斯塔库斯之后，另一位出色的天文学家是希帕库斯(Hipparchus，约公元前190年～公元前120年)，他被西方尊称为"天文学之父"。出生于小亚细亚西北部尼西亚城的希帕库斯长期在罗得岛天文台工作，后又在亚历山大里亚做研究，其突出的贡献包括：发明了天文仪；比较接近地推算出月球的直径及其与地球的距离——这方面他甚至超过了他的前辈阿里斯塔库斯；绘制了包容千颗以上恒星的图表；率先发现了"岁差"，测定出一回归年为365.2476日(比今天测定的数据仅仅多6.5分钟)，一朔望月为29.5306日(比今天测定的数值仅多出1秒钟)；开创了用经线与纬线标明地理位置的方法，等等。不过希帕库斯也认为地球是宇宙的中心，这显然落后于阿里斯塔库斯。希帕库斯作为著名的天文学家，其名声后来完全被托勒密所掩盖，而其实后者并没有什么创新与发现，他那影响后世、统治欧洲地理学界千余年的错误结论——地球中心论显然应该是希帕库斯所建立起来的。

2. 地理学与数学

亚历山大的东征进一步开阔了希腊人的眼界，加之希腊的学问家们原本就喜好游历，从希罗多德到色诺芬，从赫卡泰厄斯到希波克拉底、阿基米德，这些人都使得希腊人的地理知识变得愈加丰富，这在希腊化时期更为突出。

最有名的地理学家当属埃拉托斯特涅斯(Eratosthenes，约公元前276年～公元前197年)，这位亚历山大里亚图书馆馆长既是诗人也是语言学家。他写过一部完备的《地理学》著作，里面讲到地球是圆形的，在哥伦布之前1700余年就提出了地圆说，他相信：地球上的海洋实际上只有一个，如果一直向西航行就可以到达东方，只可惜无人实践其学说。另外，他还根据冬、夏至日两地日影差异，利用放在几百英里远的日晷，计算出赤道的周长，其误差不到200英里，这在当时绝对是罕见的。埃拉托斯特涅斯的继承者将地球划分为五大气候带，这一划分方法至今仍被承认和沿用。

除了地理学与天文学的联系外，数学与天文学成就也密切相连，这一时代希腊的数学可以说是古代世界上最负盛名的。希腊人把数学当作各门学科的基础，之前毕达哥拉斯学派对数学的重视简直达到无以复加的程度，柏拉图及其弟子亚里士多德虽然不以数学名闻后世，但均重视数学。相传柏拉图曾在学园门口悬字示禁："不懂几何学者，不得入内！"到了希腊化时期，数学成就更是光辉灿烂。

最著名的是欧几里得(Euclid，约公元前330年～公元前275年)，他总结前人和当时的成果，编成了具有持久性影响的《几何原本》。该书博采众长，它一向被认为是最好的数学课本，在欧洲使用时间长达2000余年。《几何原本》一共13卷，包括平面几何(第1～5卷)、比例内容(第6卷)、数论(第7～9卷)、无理数(第10卷)、立体几何(第11～13卷)。我国明末由意大利传教士利玛窦和徐光启等人将其前六卷翻译成汉文出版，成为第一部介绍到我国的西方科学名著。此外，前述天文学家希帕库斯也有了不起的数学成就，他是奠定了平面球形的三角学基础的大数学家。同样可称为伟大数学家的还有科学巨人阿基米德。

3. 科学巨人阿基米德

在众多科学家中，这一时代最伟大的科学家还是阿基米德（Archimedes，约公元前287年～公元前212年，图2-26）。在阿基米德之前，物理学只是哲学的一个分支，正是由于阿基米德发现了浮力定律①、杠杆原理、复合滑轮原理以及螺旋原理等，才使得物理学成为一门独立的科学；他还根据当时几何学和代数学方面的知识建立了一些数学公式，并推算出比较精确的圆周率。

图2-26　科学巨人阿基米德。约翰·伯内特(John Burnet)说："科学是希腊人的发明；在那些受希腊人影响的人之外，科学就从未存在过。"恩格斯说："如果理论自然科学想追溯自己今天的一般原理发生和发展的历史，它也不得不回到古希腊那里。"

出生于西西里岛叙拉古城贵族世家的阿基米德早年就受过良好的教育，曾经在亚历山大里亚留学多年。他的父亲菲迪亚斯是一位天象官，这使得阿基米德从小就奠定下成为一代科学巨匠的基础。事实正是如此，阿基米德确是世界科学史上的巨人。作为名垂千古的大机械制造家，他曾有一句名言："给我一个支点，我将把地球撬起。"这充分表现了他对科学的信念和理解。此外，阿基米德还发明过抽水机，制造了"投火机"，他曾经把燃烧着的巨弹发射到远距离的罗马战舰上；他还利用光学中的聚焦原理，用聚光镜将阳光聚焦于罗马战舰，使之燃烧；但阿基米德先进的军事利器最终也未能拯救这座希腊殖民城邦。公元前212年，文化名城叙拉古终于被罗马人攻破，罗马士兵闯进了他的研究室，这时正在绘图的阿

① 关于浮力定律或比重的发现，相传与叙拉古城邦僭主希厄洛二世（HieronⅡ）有关。据说这位僭主定制了一个金王冠，但他担心工匠掺了铜，便请阿基米德来推算王冠是否是纯金的。阿基米德没有当场回答（实际上阿基米德觉得这一问题的确很难），但不久一个伟大的发现就诞生了：有一次阿基米德在沐浴时发觉自己的身体会在水中上下沉浮，于是立即来了灵感，他从浴池中一跃而起并且叫喊道："尤里卡，尤里卡（Eureka，Eureka！古希腊语"有办法了"）！""尤里卡"一词后来成为"进行科学研究"的同义语，如20世纪80年代西欧共同体力图在科研方面领先于世界，制定了一个雄心勃勃的尖端技术计划，亦即"尤里卡计划"。

基米德朝着罗马人怒喝道："不要毁坏我的绘图！"但罗马士兵丝毫不理会这位旷世英才，宝剑直刺过来，毫不客气地斩杀了这位70多岁的老人。

4. 其他：医学与生理学

希腊化时代科学的进步之快令人惊异，这方面成就表现突出的还有医学。公元前2世纪的希罗菲留斯是古代西方世界最伟大的解剖学家，他得出了那令人叹服的结论：人脑是思维器官，人的一切感觉都是由神经传递的。这些理论可以说是非常超前的。他关于血液循环的初步理论以及由脉搏的轻重缓急可反映健康状况的创见，为文艺复兴后期的英国医学家哈维所证实。与此同时，与医学相关联的生理学也曾作为一门独立学科被人们加以研究，希罗菲留斯的同事厄勒西斯拉图被认为是西方生理学的创始人，他不仅实施过人体解剖，还从动物活体解剖中获取了大量关于身体机能的知识。另外，他还发现了心脏瓣膜；区别了运动神经和感觉神经；他否定了疾病导源于体液的学说，并谴责过度放血疗法，但不幸的是那种体液说后来又为罗马帝国的加仑所使用。

三、哲学：持续发展与繁荣

希腊化时期的哲学承继前期的成就，呈现出连贯性、继承性。后世西方哲学的渊源和基础同样也包括了这一时期的伟大成就。

1. 美德就是抑制欲望：由犬儒学派到怀疑主义

希腊化时代的哲学与前一时期是一脉相承的，其主要表现是三个重要的流派。形成于公元前4世纪中叶左右的"西尼克"即犬儒学派[①]，其创始者是苏格拉底的弟子[②]、半奴隶出身的安提西尼斯（Antisthenes，约公元前444年～公元前365年）。他曾反对一切权力，主张摈弃荣华富贵，提倡安贫乐道，以期返回原始之本质。安提西尼斯的弟子们衣衫褴褛，蓬头垢面，但却傲视权贵，自得其乐，他们对犬儒学派的形成具有决定性的影响。不过该派真正的代表人物是戴奥斬尼斯（Diogenes，约公元前412年～公元前323年）。据说这位大哲学家当时穷得一无所有，仅以一只木桶为家（图2-27）。有一天他正在街头享受日光浴，这时恰好亚历山大大帝路过这里并对他说："哲学家，你对我有何要求？我可以满足你的一切欲望。"

---

① 犬儒学派或西尼克学派（Cynicos）的得名原由，一说是其创始人安提西尼斯曾经在雅典一个称为"快犬"（Cynosarges）的健身房里讲学而得名的；另外一种说法则是，该派成员亦即"犬儒们"生活简朴，衣食粗陋，故时人讥之为"犬"（cyno）。后译成中文就有了这大俗大雅的"犬儒"称呼。

② 因为该派学说基本上继承了苏格拉底的思想，故这一学派亦称为小苏格拉底学派之一（还有其他苏格拉底弟子创立的学派）。

戴奥斬尼斯向威仪煊赫的皇帝看了一眼，静静地答道："我所要求的，就是你远离一步，不要遮住阳光。"

图 2-27　仅以木桶为家的戴奥斬尼斯。

犬儒学派继承了苏格拉底"美德即知识"的伦理学说，把它发展为"美德就是抑制欲望的知识"——自制就是善，否则就是恶。如同差不多同时期的老子、庄子一样，该学派倡导"回归自然"，把名利视为身外之物甚至是粪土；它号召人们克己自制，独善其身而无所求，此亦为人生的唯一目的。既然要把培育自足的精神作为人生之目标，那么每个人都应当自行培养对自己需要感到满足的能力，故"犬儒们"当时把音乐等艺术摈斥为矫揉造作的艺术。所有这一切遗世绝俗、不满现实社会的极端态度在 20 世纪后半叶也有所体现，如嬉皮士及其他颓废主义运动。

犬儒主义者的衣钵为怀疑主义论者所继承，所以犬儒学派有时也叫"怀疑论派"，其代表人物是古希腊伊利斯的哲学家、曾参加亚历山大东征并与波斯僧侣和印度婆罗门有过交往的皮朗(约公元前 365 年～约公元前 275 年)。据说皮朗的怀疑论源于智者学派的理论，它更是受到安提西尼斯学说的影响。不过该派否认他们把古代的怀疑主义亦即戴奥斬尼斯的思想进一步张扬了，而只是认为事物是完全不可知的，这是因为人们不可能对事物加以肯定或否定，也无法对它做出判断，甚至对事物的存在与否也无法做出判断。鉴于此，该派自然宣扬对现实生活漠不关心，无动于衷，以图心理安宁，这些本身就是人生最大的幸福。据说有一次皮朗在海上遇到风暴，同伴们均大惊失色，他却沉着如旧，不慌不忙，他指着那些仍在安详自得地吞吃食物的猪给众人观看，意思是聪明人应该像猪一样不动声色，保持内心平静。

怀疑主义的影响从未间断，公元前200年前后，在卡尼德斯的继续倡导之下达到顶峰，直至罗马帝国时期以及中世纪。到了近代，怀疑主义又有了新的发展。

2. 追求幸福与快乐的人：伊壁鸠鲁及其学派

另一个著名哲学流派是伊壁鸠鲁学派，其创始人伊壁鸠鲁（Epicurus，公元前341年～公元前270年），出生于萨摩斯岛上一个希腊殖民者家庭，早年就醉心于哲学研究。公元前323年他奔赴雅典，后到小亚细亚讲授哲学；公元前307年再赴雅典后购置了一座花园，在此成立学校——这就是著名的"伊壁鸠鲁花园"，他在此讲学著述直至终老，其学派也由此形成。伊壁鸠鲁将哲学分成三大块：物理学（代表自然科学）、逻辑学（认识自然、研究自然科学的方法）以及伦理学（论述幸福的学说），其中最重要的当属最后一种。

伊壁鸠鲁学派跟同时代的斯多葛学派一样都强调个人主义，认为个人利益高于社会；不过它否定任何精神实体的存在，被认为是彻头彻尾的唯物主义。伊壁鸠鲁在认识论上尤其强调感觉的作用，而在伦理学上则是快乐论的最早提出者之一，其人生哲学是：获取感官幸福、追求人性快乐乃生活之基本需要①，但要摈除一切非分物欲和企图，要乐天知命，必要时也要清心寡欲，因为善良是快乐之本，只有善良的人才是真正快乐的人。所以必须准确理解伊壁鸠鲁的思想而不应想入非非，后世那种认为伊壁鸠鲁所倡导的享乐主义乃纵欲自恣的观点实际上是对该学派思想的歪曲，所谓追求纵欲享乐的"伊壁鸠鲁主义"也是对早期伊壁鸠鲁及其观点的一种曲解。

3. 做命运女神的小绵羊：斯多葛主义

与伊壁鸠鲁学派几乎同时代的斯多葛学派（又译为"斯多亚派"）也被称为画廊学派②，其创始人是出生于塞普路斯岛季蒂昂的腓尼基人芝诺③（Zēnon，约公元前335年～约公元前263年），他曾在雅典卫城北部广场上的画廊下讲学，公元前300年左右创立了该学派。芝诺吸取了赫拉克里特关于"火"的学说，不过将其"逻各斯"——火或者是事物运动的总规律——视为神秘"命运"或"宇宙理性"；在认识论上，他承认客观事物在人的意识中的反映。这一切都说明，芝诺的思想包含了朴素的唯物论因素。早期的斯多葛学派侧重研究伦理学，它认为人生要义在于乐善好施及清心寡欲；同时人应当服从命运，顺其自然。

---

① 相传伊壁鸠鲁的学生中有不少妇女和奴隶，这在古希腊是极为少见的。

② 因该派场所称为"斯多葛"（希腊语是 stoaporkike）即"画廊"之意，故得名。

③ 此乃"塞浦路斯芝诺或季蒂昂的芝诺"（Zēnon，Kyprios，or Zēnon，Citium），以区别于公元前6世纪～公元前5世纪希腊爱利亚学派的"爱利亚的芝诺"（Zēnon，Eleatic）。

斯多葛学派这一时期的特点是将哲学分为伦理学、逻辑学、明理学（自然哲学）三个部分，而伦理学是最重要的，是哲学的目的与核心。该派代表人物还有克莱安提斯、克里次普斯；中期（约公元前2世纪～公元1世纪）代表有巴内修及其弟子波塞冬尼斯等人，不过从这一时期开始，早期的所谓唯物主义因素逐渐被抛弃，其他思想日渐丰富起来，并且为罗马上层所接受；到了斯多葛学派晚期，它的思想对中世纪的欧洲社会产生了巨大的影响。

四、文学·语言·艺术·宗教

1. 文学走向衰落：喜剧高唱主角

希腊化时期的文学成就包括诗歌和戏剧，不过主要是戏剧，而这一时期的戏剧几乎全是喜剧。这些被称为新派的喜剧家只有米南德是雅典本地人，绝大部分均是来自于外地但都创作希腊剧的非雅典人；除了米南德之外，狄菲洛斯来自于西诺普（也在雅典创作），他是现代风尚新喜剧的鼻祖；来自西拉库萨的菲莱蒙和来自南意大利的亚利克西斯也都是新派喜剧家。这一时期的滑稽剧通常以富于华丽色彩的对话来描写大城市有产者的争吵与野心。此外，米南德还是著名的田园诗人，他的田园诗和散文在文学史上均占有一席之地。这一时期戏剧创作也几乎为雅典一地所垄断；当然，在西西里和意大利其他地区也有喜剧及滑稽剧学校。

相比之下，这一时期的历史学缺乏名人巨篇，还要等上一段时期才能出现辉煌。

2. 国际性的语言——希腊语

这一时期最容易传播的表层文化则是语言，它伴随着军事扩张及贸易也一直流向远方。在古代世界文明史上，拉丁语之前的国际性语言是希腊语。在我们所述及的时代，至少在地中海地区，希腊语的地位恰如伦敦话在英语中、北京话在汉语中的地位一样，在希腊化时代之后相当长的一段时间内，希腊语仍旧可以跟拉丁语的地位相匹敌。

以雅典普通话为基础的语言形成于公元前5世纪下半叶，虽然这一时期的雅典已经遭到斯巴达毁灭性的打击，但是浓郁的雅典人的文化包括语言反过来更快地影响到其他地区。后来的腓力二世也毫不犹豫地抛掉了马其顿当地的方言而把雅典人的普通话当作自己的官方语言，这足以折射出古代历史上所谓军事上的征服与文化上的被征服的规律。自从腓力特别是亚历山大大帝时期以后，以雅典语为中心的希腊语成为亚历山大帝国的普通话，帝国虽然昙花一现，但语言却得以久存。一方面，语言的应用得到扩展，亚历山大大帝的东征已经到达印度附近——这方面就连罗马人也未曾做到——这使得希腊文化很早就传播到东方；另一方面，语言的应用范围一下子扩大了，世俗文学用语和日常生活用语通行于希腊世界及其他各地，用希腊语记载宗教及学术问题持续了很久，即便到了罗马帝国时代。

3. 艺术的精湛与奢华

古典时期的艺术成就基本为希腊化时代所继承，在建筑与雕刻方面尤其如此。希腊化时期建筑的艺术水准丝毫没有降低，只不过原有的一些特点譬如个人主义情绪、节制倾向及匀称协调等已经为别的特征如夸张的现实主义、激情和色情倾向所取代；简朴端庄的多利亚式和爱奥尼亚式的神庙被奢华的宫殿与公共建筑所取代。亚历山大里亚的大灯塔高达 400 多英尺，有 8 根圆柱支撑着巨灯，到了夜晚，熊熊燃烧的巨灯借着反射镜，光芒射到 40 公里以外的海面，它很早就被誉为世界七大建筑奇迹之一。在历经 1600 多年后，亚历山大里亚灯塔于 1326 年毁于地震。

雕刻艺术表现出强烈的情感和超现实主义风格。著名作品包括《垂死的高卢人》(图 2-28)、《米洛的阿芙罗狄忒》、《有翼胜利女神像》等。值得一提的是公元前 4 世纪的著名画家厄佩莱斯，他的画风以精确、典雅著称。作为亚历山大的宫廷画师，其《亚历山大肖像》使得后世人们能够确知这位旷世帝王之风采。这幅肖像摹绘细腻，栩栩如生，据说真马见了画中亚历山大的战马也会误以为真而嘶鸣。厄佩莱斯的另一幅名作是神庙装饰《出浴的美神阿芙罗狄忒》，它充分表现出高超的现实主义技巧，画中刚从海水中出现的爱与美之神——阿芙罗狄忒正在拧干秀发：那

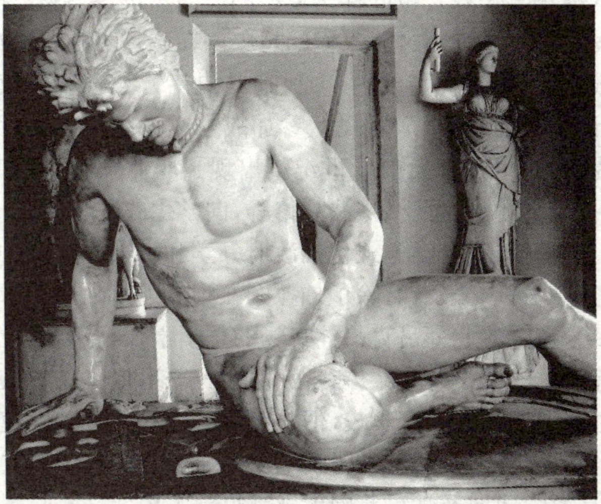

图 2-28　关于高卢人的两个著名雕塑——"姊妹篇"：左图为《垂死的高卢人》，大理石复制品，高约 93 厘米，现收藏于罗马卡庇托利美术馆，原作为青铜，约创作于公元前 2 世纪。公元前 241 年左右，小亚细亚北部的帕加马王国阿塔罗斯一世打败高卢人，为此，大批希腊雕刻家被请来制作青铜雕像以纪念战功。高卢战士被塑造成一个不甘屈服的英雄，人们似乎能看到他身上流出的鲜血。希腊雕刻家以一种反向的心理刻画敌人的勇猛和顽强，很可能是用以说明战胜这样的敌人是何等困难，从而达到宣扬统治者战功的目的。右图为《杀妻之后自杀的高卢人》。

浸湿的身体和透明的水珠，闪耀着娇媚和爱情的眼神，细细的秀发，光洁的身体，被画家描绘得令人心醉神迷，用我们汉语表达就是：好一朵出水芙蓉！后世艺术家无不为此精湛绝伦之作品所倾倒。

4. 宗教思想的非理性特征：来自东方的巨大影响

希腊化时期的宗教与神学思想表现为非理性的思想。如果说上层社会的思想一般表现为哲学的话，那么广大百姓所信奉的则是真正的宗教信仰。这一时期来自东方的米特拉教、诺斯替教、埃及人的来世观念以及新巴比伦人的占星术给新时代希腊人的精神生活以新的安慰，这一点亦在犹太人裴洛的哲学学说里和公元前最后一个世纪新毕达哥拉斯学派的思想中得以充分体现。体现于宗教信仰方面便是：开始相信超凡的上帝，认为凡人的思想是有限的，宇宙是精神和物质的严格分离。当东方的神秘主义思想进一步被引进之后，古典希腊淳朴的神话和宗教观念一下子被冲垮了，它们渐渐融会为全新的思想并上升到另一种抽象境界，这将同时对罗马人及其帝国的宗教和哲学乃至以后的基督教神学产生深远的影响。

五、发达的教育

很明显，发达的教育同样也是希腊化时代文化的重要组成部分。撇开雅典发达的文化教育，即使是斯巴达的准军事化教育也同样是典型的。当然，古希腊教育主要集中于雅典，那时的教育发达程度也许超过了人们的想象。在城邦时期，受教育者主要是贵族，他们掌握着教育权；教材的主要内容是《荷马史诗》，教育方式较为单一，通过在会议、广场上演讲及战前动员，鼓励民众参加战争或投身于各种社会活动，为城邦服务。通常认为，希腊早在公元前 5 世纪就出现了职业教师，譬如智者学派中不少人云游各地讲授论辩术、伦理学、文法和修辞，向学生收取学费。

另外，那时的希腊也有专门的学校，其办学方式包括政府办学和私人办学两种(今天亦大抵如此)。尤其是私人学校，十分发达，除了柏拉图在雅典近郊阿卡德米体育场的学园外，还有亚里士多德在雅典北郊吕克昂体育场的哲学学校，著名演说家伊索克拉底的修辞学学校，等等。雅典设有公共体育馆和角力学校，但公立学校或国立大学几乎没有，虽然柏拉图倡导设立国立学校，但是“雅典人似乎相信，即使是教育，竞争能产生最佳效果”①。希腊化时期的教学内容进一步扩大到哲学、文学、史学和自然科学诸领域，而且教学地域及学科范围无疑都得到了扩展。

作为两个死对头，雅典和斯巴达迥异的教育方式值得探讨。斯巴达的准军事化教育造就不出文化名人，而只会导致战争和产生竞技体育家。他们从小就培养孩子们沉着大胆的品质，从体力、胆量、纪律、权谋等方面有意识地培养其尚武精

① (美)前引威尔·杜兰：《世界文明史》卷二“希腊的生活”，第 210 页。

神。譬如男孩子到了7岁就要离家去过集体生活——剃光头，赤脚，穿粗布衣，睡草席，定期地被鞭抽、遭棒击，而这时候严禁哭叫求饶，以培养坚强的意志。这种今日看来残酷的、毫无人道可言的教育方式在斯巴达确实是必需的；斯巴达人对于儿童只求能读会写即可，也不要求其口头表达能力有多好，只要求回答问题时言简意赅，以养成沉思务实的性格，避免夸夸其谈。男孩12岁之后，每年只有一年四季都得穿的唯一一件外衣，平时食物很少；到了20岁就必须正式参军，直到65岁才能退伍。女孩及其他妇女们同样有军事训练，女子进行体格锻炼以生出强壮的婴儿，孱弱的孩子一生下来就得溺弃；女孩子学习唱歌跳舞，但不是为了娱乐，而是为了颂扬英雄、讽刺弱者。斯巴达的妇女们不但要参加摔跤、掷铁饼和投标枪等体育锻炼，而且还参加带有宗教仪式意义的比赛——"赫拉运动会"①。斯巴达女人的勇敢与坚毅在古希腊是闻名的——当一个战士出征时，他的母亲会送给他一个盾牌："拿住它或者是躺在上面！"这时候母亲会告诫儿子：要么带着盾牌凯旋而归，要么就光荣战死被人用盾牌抬回。

相对而言，雅典的教育则是重知识，重文化，重智力。男孩子虽然也进行军事训练，但却偏重于文学、修辞、哲学等方面的教育，智育和美育的修养是必需的。男子的文化教育首先是要进入文法学校和体操学校，有条件的还可聘请家庭教师或升入更高一级的学校，这就形成了比较完善的教育体系。贵族们总是想把孩子培养成言辞华美、文采斐然的演说家或政治家以及哲人。雅典先后产生了一大批像普罗塔哥拉、苏格拉底、德谟克里特、梭伦、伯利克里、伊索克拉底、德谟斯提尼、柏拉图以及亚里士多德这样的诗人、哲学家、科学家、政治家、演说家，这并非是偶然的。与此同时，希腊人的妇女则被关在家里，成天学习纺织，做家务，这与斯巴达人的教育也是完全不同的。到了希腊化时期及以后，教育的形式和内容又发生了很多变化。

六、文化扩张及世界主义倾向——亚历山大大帝的功绩

希腊化时代使得地中海地区及其他更遥远地区的人们都能感受到整个世界成为一个单位和整体，希腊化模式是当时唯一的国际化式样，它具有较为统一的生活方式，这跟美国的文化及生活方式在最近一个世纪的影响相类似。希腊文化的扩张或者说其文化的世界主义倾向在两个时期均有着突出表现：一是希腊化时代及

① 古希腊妇女无权参加奥林匹克运动会，但在奥运会结束后，她们就单独举行"赫拉运动会"，以向天后、婚姻和妇女保护神赫拉表示敬意和祭献。斯巴达妇女是赫拉运动会的积极参与者。参见裔昭印著《古希腊的妇女——文化视域中的研究》，商务印书馆2001年版，第166～167页。

其持续期；二是文艺复兴时期，其实在这一时期已不只是对希腊文化的继承了。

希腊文化最初大规模的扩展与传播应当主要归功于那位皇帝——亚历山大大帝。他对于埃及、西亚、中亚乃至印度的征伐(图 2-29)使得在短短几年内就实现了东西方文化的全面沟通。由于被征服地区的希腊士兵在数量上和声威上占有一定的优势，从而为喜好游历的希腊人踏遍古代文明世界提供了安全保障：无数希腊

图 2-29　亚历山大的马其顿方阵。

商人、行政官员、学问家及其他各色人等纷纷涌向东西方广大被征服地区，涌向亚历山大里亚和东方的亚历山大城[①]，"亚历山大城是(古希腊)思想兼货物的转运港"[②]。希腊的移民们还纷纷与当地的妇女成婚，亚历山大本人以身作则，娶了一位波斯女人，为此还举行了一次古代世界历史上规模最大的集体婚礼[③]，希腊文化随即成为国际性的文化。具体扩张的结果或成就还包括：希腊语成了通用语言；希腊人的生活方式遍及于迦太基、西西里、西亚、中亚甚至印度部分地区，成为从大西

① 今阿富汗的科贾城。

② (美)威尔·杜兰：《世界文明史》卷二"希腊的生活"，第 491 页。

③ 为了推行民族融合政策，亚历山大鼓励军队将士与波斯贵族妇女通婚。他在埃兰人的古城、当时波斯的首都苏撒举行了一次盛大的也许是世界上第一次集体婚礼。包括大流士三世公主在内的 1 万名波斯女子同 1 万名马其顿-希腊男子集体成婚。很显然它基本上是强迫式的包办婚礼。

洋到印度洋之间广大文明中心最流行的方式；铸币及其他各种艺术形式从希腊传播到同样广大的地区。对于以后的西方人而言，希腊的民主制度、个人主义、自然主义、理性与理想、自由乐观的性情和精神永远为后世所颂扬，其中的精粹部分历经中古时代以及文艺复兴时期的珍藏、整理、发掘、消化，最终为欧洲人所继承下来，并成为西方文化的核心内容。诚如西方人自己所言，“我们的中、小学校与大学，体育馆、运动场、运动及运动会，皆源出于希腊。优生交配的理论，自足与自制的观念，健康与自然生活的教派，一切无羞耻的非基督教之感官享受的理想，都能在希腊历史上找到系统的说明”①。

对于东方而言，亚历山大帝国使得希腊文化向东远扩至印度河流域、阿富汗、粟特、大夏。这种深入到亚洲腹地的希腊前哨文化对于周边民族产生了相当大的影响：希腊硬币的流入使印度有了铸币；佛经《弥兰陀王问经》②将希腊对话体裁引入印度文学；在语言方面，许多希腊词汇如“马嚼子”、“钢笔”、“墨水”、“书”、“矿”等均被翻译成梵文；科学方面，一些希腊词作为术语被收入印度医学、占星学学科中，恰如拉丁语汇对后世的影响一样。不过希腊文化的影响远远不止这些内容，印度健陀罗艺术的产生也是希腊文化的直接作用，这种后来远传至中国的艺术包括大量酷似阿波罗神像雕刻法式的佛像，它们经由印度河流域影响到中亚许多地区：添上了胡子的佛陀像在技法上注重解剖学方面的细节，譬如凸现的块状肌肉等，这些特征明确反映了希腊艺术对亚洲文化的影响。

---

① (美)威尔·杜兰：《世界文明史》卷二“希腊的生活”，第491页。

② 弥兰陀王即统治古代印度西北部的希腊国王，是亚历山大大帝西撤时留下的希腊军队建立的国家之君主。

第三章　罗马：对希腊文化的继承和弘扬

第一节　罗马人的征服及其对世界的千年掌控

早在东部巴尔干半岛的希腊文明进入黄金时代之前，在与该半岛遥相呼应的地中海北岸另一个突出的大半岛即亚平宁半岛北部的台伯河两岸，另一处文明也悄然崛起了。在古代史上空前的世界大战亦即希波战争结束之后，罗马人几乎成为亚平宁半岛的主宰，此后的近千年，罗马人行将征服并称雄他们所能知道的世界(图 3-1)。

公元117年的罗马帝国

图 3-1　公元 2 世纪初期黄金时代的罗马帝国，其版图西迄大西洋，东至里海和波斯湾。

一、上古时期的意大利人

考古发掘证明,几十万年前的意大利半岛就已经有人居住,旧石器时代的遗址已被发掘出来,当时的人类近似于法国南部的克罗马农人。在新石器时代,来自北非、西班牙及高卢[①]等地区的部族进入亚平宁半岛。公元前2000年左右,来自阿尔卑斯山以北的一批印欧语系移民迁至意大利,他们随身带来了马匹和车轮,随后创造了青铜与铁器文化,成为意大利人的祖先,这些人包括拉丁人、萨宾人、翁布里人、马尔西人等。公元前8世纪左右,另外两个民族——伊达拉里亚人(即伊特拉斯坎人)和希腊人又分别占领了意大利的不同地带,其中希腊人在南部意大利和西西里建立了一些殖民城邦如著名的叙拉古和他林顿,他们进一步发展了希腊文化;伊达拉里亚人被希罗多德认为是来自于小亚细亚,他们也带来了先进的文化,其文字、宗教及冶金术具有东方特征,他们还建造了圆形和拱形房屋,并把占卜术以及残忍的角斗娱乐传给了后世的罗马人。此外,伊达拉里亚人还建立起发达的城邦国家,并长久地控制着王政时代的罗马。在公元前509年之前,他们建立了包括拉丁姆、波河平原以及坎佩尼亚等地区的强国,不过他们最终还是被罗马人驱逐。

总之,上古时代居住在意大利半岛尤其是北部、中部地区的居民经过长期融合,构成了今日意大利人共同的祖先。

二、罗马城的诞生

关于罗马城的诞生,一个不属于信史的传说却成为即便在学术界也颇为流行的故事:(续接荷马史诗里特洛伊城陷落的故事)希腊联军攻陷该城后,爱神维纳斯的后裔、特洛伊英雄伊尼阿斯逃出后辗转至意大利,他的后裔在拉丁姆地区建造了亚尔巴·龙加城并世代为王。当王位传至努米托尔时,他的弟弟阿穆略篡夺了王位。阿穆略杀死了自己的侄子(可能存在的继任者),并强迫侄女即公主丽阿·西尔维亚去当女祭司(意即终生不可成婚以绝其嗣),然而战神马尔斯爱上了西尔维亚并与她生下一对孪生子。获知消息后,阿穆略派人将两个婴儿抛入台伯河。不

---

① 高卢乃西欧古老地名,包括山内高卢和山外高卢。前者指阿尔卑斯山以南到卢比孔河流域之间的意大利北部地区;后者是指经阿尔卑斯山由地中海沿岸连接比利牛斯山以北的广大地区,相当于今日法国、比利时、荷兰、卢森堡以及德国部分地区,这些地区泛指高卢。公元前6世纪,这里的凯尔特人被罗马人称作高卢人。罗马征服该地区后,高卢人逐渐被同化。千余年后的公元5世纪,伴随着日耳曼诸部落的侵入,高卢地区的形势恶化。6世纪中叶,法兰克人统治了高卢,并将它改称为法兰西,高卢之名遂废。

图 3-2 虽然罗马城建立于一些部族的联合亦即“七丘同盟”，但是“母狼育婴”的神话故事却流传得更广，如今已经成为罗马精神的象征。

料两个孩子最后被冲到岸边，一只母狼用自己的乳汁把他们喂活后(图 3-2)，有一对牧人夫妇将他们抚养成人。兄弟两人长大后联手杀死了篡位的叔叔阿穆略，夺回王位并在台伯河岸他们获救之处重建了一座新城。后来兄弟两人开始争夺王位，哥哥罗穆路斯杀死了弟弟勒莫斯并用自己的名字将那座新城命名为“罗马”。

当然后世史学家们并不以此为信史。根据公元前 1 世纪罗马作家瓦罗的推算，罗马建城的年代大约为公元前 754 年至公元前 753 年。考古资料证明，公元前 1000 年左右，居住于拉丁姆地区的各部落分散在许多个山丘之上；大约公元前 7 世纪，以帕拉丁为中心的各丘部落开始联合起来，组成了所谓的“七丘同盟”，这就是罗马城形成的基础，实际上它也是罗马部落联盟的开始。传统观点认为，当时罗马人共有 300 个氏族，每 10 个氏族组成一个“库里亚”(胞族)，每 10 个胞族组成一个“特里布”(部落)，这 3 个特里布构成了上述部落联盟亦即罗马公社，罗马人的蒙昧时代即将走到尽头。

三、从立国到帝国(公元前 509 年～公元前 27 年)：地中海成为其内湖

自罗马建城到共和国创立的这段历史是罗马史上的“王政时代”(约公元前 753 年～公元前 509 年)。它相当于希腊的荷马史诗时代，这是罗马人的英雄时代，也是从军事民主制向正式国家过渡的时代。当罗马的平民人数超过贵族人数时，王政时代的第六位国王塞维·图里乌进行了有效的改革，从而完成了这一过渡。

公元前 509 年，罗马人推翻了王政时代第七位也是最后一位伊达拉里亚人的国王①——“高傲者”塔克文的残酷统治，从此罗马进入了他们的共和国时期(公元前 509 年～公元前 27 年)。

罗马立国之初，地少势微，四面受敌，国家曾屡遭危亡。但聪明坚毅的罗马人利用四邻的内乱和矛盾，采取了远交近攻和分化瓦解的策略，历经 200 年左右的时

① 传说王政时代一共有 7 个王，前 4 位是罗马公社的首领，后 3 个王是伊达拉里亚人塔克文王朝的君主。

图 3-3　经过数个世纪的征服,罗马人将地中海变成了自己的内湖。

间,先后战胜了伊达拉里亚人和萨莫奈人,驱逐了高卢人。到公元前 275 年贝尼温敦一役彻底击败希腊的皮洛士为止,罗马人已经征服了除波河平原以外的意大利半岛。之后在同地中海强国迦太基的争霸战中,又历经三次布匿战争(公元前 264 年～公元前 146 年),最终把拥有 60 万人口、具有 600 余年历史的西方文化名城迦太基城夷为平地,把文明程度远高于自己的迦太基领地变为阿非利加省。与此同时,罗马人向东部急剧扩张,通过三次马其顿战争(公元前 215 年～公元前 168 年)控制了整个希腊地区,使之成为马其顿行省;随后又通过叙利亚战争把小亚细亚和色雷斯纳入其势力范围。至公元前 2 世纪下半叶,罗马已成为一个地跨亚非欧三大洲的帝国(图 3-3)。此时罗马的政治体制依然是彻头彻尾的共和制,只是它越来越多地受到挑战,罗马公民内部的斗争愈演愈烈。

罗马人的城邦危机因奴隶们的起义以及民主派与元老院贵族们的斗争而不断加剧。公元前 133 年到公元前 121 年,格拉古兄弟所领导的民主派改革始终无法平息共和国的危机。公元前 2 世纪末,执政官马略的军事改革使罗马历史上出现了募兵制,雇佣军的诞生使城邦危机进一步加深。公元前 90 年爆发的“意大利同盟者战争”迫使罗马人不得不授予所有意大利人公民权,这又是体制瓦解的一个征兆。这时强悍残暴的苏拉登上了历史舞台,他在结束了小亚细亚的米特里达梯战争后班师罗马,率先开始了在罗马历史上的独裁统治——这也是一次罗马迈向帝国体制的演习。公元前60年，罗马政治舞台上出现了三个了不起的人物——庞培、克拉苏、恺撒，他们秘密结成所谓“前三头同盟”(The First Triumvirate)。15年之后，三头去二，最后恺撒被宣布为终身独裁官，成为集政治、宗教、军事于一身的无冕君王，成了唯一的主宰。然而这种公然的独裁局面显然激怒了共和派，因为这一局面破坏了具有数百年历史的共和传统。公元前44年3月15日，恺撒在元老院议事厅被共和派成员布鲁图、喀西约等人谋刺。尽管如此，共和制的灭亡已成必然之势。恺撒死后尸骨未寒，一个年轻人便踏着其脚印从东方返回罗马，这个19岁的青年就是恺撒的外甥兼养子屋大维。一年之后，屋大维就同高卢总督雷必达以及恺撒部将安东尼(图3-4)公开结成新的同盟即“后三头同盟”(The Second Triumvirate)，随即他们发布了自己的“公敌宣言”①。不久独裁方在巴尔干击败元老院贵族的军队，包括西塞罗在内的300名元老院贵族和2000名骑士为安东尼的军官们所杀，共和派领袖人物布鲁图、喀西约均战败自杀。10年后屋大维确立了更加稳固的独裁地位，公元前27年，元老院授予他“奥古斯都”(至圣至尊之意)的称号，共和国宣告覆亡，罗马进入了一个新的历史时代——即帝国时期(公元前27年～公元476年)。

图3-4　关于安东尼和埃及艳后的故事被艺术化——罗马大理石雕塑《安东尼和克列奥帕特拉》，莫斯卡(Gianmaria Mosca)，作于16世纪。

① 根据罗马习惯法，凡是被宣布为公敌者，任何人包括没有公民权的奴隶均可杀死他，甚至还可以获得他的部分财产。

四、帝国时代的罗马(公元前27年～公元476年):掌控世界500年

屋大维创立的政治体制史称“元首制”,它实际上是披着共和外衣的帝制。他死前指定养子提比略继位,这实际上也开了皇位继承制的先河。前期罗马帝国包括三个王朝,它们是:克劳狄王朝(至公元68年)、弗拉维王朝(至公元96年)以及安东尼王朝(至公元192年),帝国进入长达200多年的“罗马的和平”(The Peace of Rome)时期,帝国的疆域得以扩展,经济相对稳定而繁荣。后期罗马帝国始于公元193年的塞维鲁王朝(193～235年),自此罗马帝国进入了“三世纪危机时期”(193～284年),这时帝国的内忧外患纷起,民族复国运动在各地兴起。

公元284年,罗马近卫军长官戴克里先夺取了政权,改元首制为“多米那特制”①,正式采用东方君主统治形式和礼仪。他所实行的四帝共治制为君士坦丁一世废除,后者在324年成为唯一的君主。330年,他迁都于东方的拜占庭并将其易名为君士坦丁堡。不过君士坦丁大帝死后内乱又起,至狄奥多西一世(379～395年在位)曾一度统一,但疆域的庞大与机构的臃肿使得395年狄奥多西死后导致了东、西罗马帝国的分裂。在西罗马帝国,自公元5世纪以来,民众起义和外族入侵已直接威胁到帝国的存在。410年和455年,日耳曼族西哥特人和汪达尔人先后占领并毁坏过坚不可摧的罗马城,不久日耳曼各部族在亚平宁半岛、伊比里亚半岛、北非和高卢地区建国,千余年的罗马亡国已危在旦夕。

公元476年9月,西罗马帝国的日耳曼雇佣军首领奥多雅克废黜了罗马人最后一个皇帝罗穆略。自传说中的公元前753年左右建立新的罗马城的罗穆略(“罗穆路斯”)到其末帝罗穆略,共有1230年左右的历史。至此,罗马城终为异族人占领。辉煌的罗马人的历史在西方世界宣告结束,另一个新的时代随即来临。

第二节　罗马:消失的民族和存留的文化

一、罗马文化:对希腊的继承和传扬

1. 武力对文化的征服

根据波里比阿的《通史》,公元前217年在希腊举行的一次和平大会上,埃托利亚同盟②的一个代表在谈到罗马与迦太基之间的战争时警告说,不管是罗马打败

① dominus意即君王,“多米那特制”也就是君主制。

② 亚历山大大帝死后,中希腊西部兴起了以埃托利亚城邦为中心的同盟,它成立于公元前314年,一个世纪后,该同盟臻于全盛,一度驱逐了马其顿军队,不过它跟后来兴起的亚该亚同盟一样,虽取得了一些成功,但并没有从根本上动摇马其顿对希腊的统治,不久罗马人就挥师杀奔而来。

迦太基，还是迦太基打败罗马人，战胜者绝对不可能满足于意大利和西西里等地的统治权。这一警告后来成了现实：在迦太基被完全占领之前，罗马人已经踏上了征服希腊人的征程。罗马消灭迦太基后挥师东进，很快令马其顿及其统治下的希腊各城邦臣服，继而还迫使希腊化的东方接受了它的统治，地中海最终成为罗马人的内湖。这一结果对历史的进程产生了直接的影响，罗马帝国在古代西方世界的军事统治即将开始。在文化上这一结果也同样具有深远意义，那就是：罗马人继马其顿亚历山大帝国后使古代大半个文明世界的文化又重新融合在一起，而且这一次将持续相当长的历史时期，远远超过亚历山大帝国的影响。

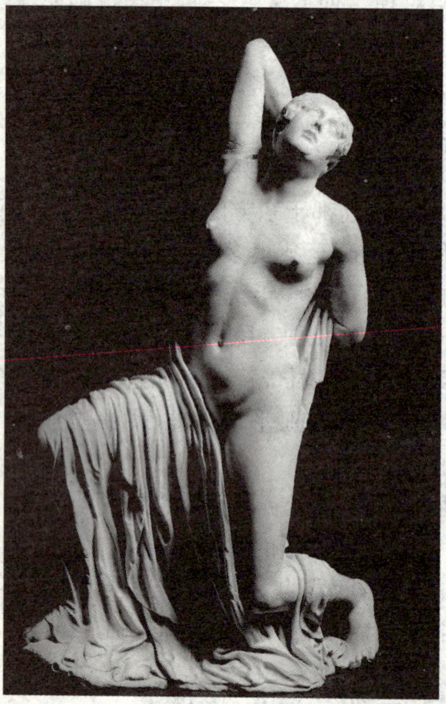

图 3-5　大理石雕像《受伤的尼俄柏之女》，佚名，作于公元前 430 年，高 149cm，藏于罗马国立博物馆。希腊神话中的尼俄柏是底比斯王安菲翁的妻子，因生有七子七女而嘲笑太阳神阿波罗的母亲女神勒托只生了一儿一女，还阻止底比斯人向勒托奉献祭品。女神勒托因此大怒，命令儿子阿波罗用箭射死尼俄柏所有的儿子，女儿阿耳忒弥斯射死尼俄柏全部的女儿。尼俄柏因此整天哭泣，主神就把她变成了石像。“尼俄柏”在后来的文艺作品中变成了痛苦和悲伤的代名词。这种悲剧题材对于罗马及其后世欧美世界产生了直接而深远的影响。

2. 文化对武力的反哺

在罗马文化中，希腊文化到底占有多大的比重，这实在难以具体衡量；具体到不同的时代和不同的文化领域，又存在很大差异，不过有一点可以肯定，希腊对于罗马人的影响可以说是直接的、全面的，同时也是深刻的（图 3-5）。西塞罗认为，虽然罗马人在演说术方面已经赶上了希腊人，但是他依然承认，在其余学科方面罗马人是远远不及希腊人的。公元 2 世纪后期的“哲学家王朝”皇帝马可·奥里略是用希腊语而非拉丁语写就他那名垂青史的《沉思录》的，原因是，在他看来，前者比后者更为典雅，也更适合于表述哲学思想。当然，罗马文化对于世界的贡献也是不可估量的，它大大超过亚历山大帝国时期短暂的文化传播区域。另外，在继承和发扬希腊文化方面，罗马文化具有世界意义以及永恒性的影响。

首先，罗马人对世界文化的贡献在于它一下子就把希腊文化“据为己有”，并在此基础上使之继续发展，譬如在希腊化时期及以后，希腊地区的文化持续高水平的发展无疑证实了这一点。其次，罗马人的聪明在于他们把伟大丰富的希腊文化巧妙而适度地加以改变并使之成为自己的文化。再次,罗马人还把这种被改造过的希腊文化以及不少现成的"罗马文化"传播给从未接触过先进文明的野蛮人如高卢人、伊比里亚人、不列颠人以及日耳曼人。罗马著名诗人贺拉斯曾经这样咏唱道:

希腊被擒为俘虏,被俘的希腊
又俘虏了野蛮的胜利者。
文学艺术搬进了荒僻之地……

虽然希腊文明"断绝"的具体时间被史学家威尔·杜兰确定为公元前325年,亦即君士坦丁大帝建立君士坦丁堡之时,接下来基督教文化占据上风,先是基督教的拜占庭文明,后又有伊斯兰教的奥斯曼土耳其帝国文明统治希腊,但是以希腊为基础的古典文明最终被复兴、复活。至于罗马,它则是全部继承了希腊人的物质和精神文化遗产,诚如威尔·杜兰所说,罗马人征服了希腊之后,大希腊文明又征服了罗马,"罗马也原封不动地接受了大希腊世界的希腊的遗产","罗马权力的每一次扩张都播散了希腊文明的酵母"①。

3. 罗马文化的地域性和复杂性

罗马历史艰难的进程及后来地域的广阔性使得罗马文化的复杂性越来越突出——亦即它不像古希腊文化那样相对比较单一。罗马在接受外来文化影响方面大致分为三个明显的阶段:王政时代它接受的是伊达拉里亚人的文化;共和国时代则是希腊文化的广泛影响;帝国时代开始大量地吸收各地区尤其是东方的文化。在此基础上罗马人创造出的"拉丁文化"至今尚存余响,它同原有的希腊文化一起构成了欧洲的古典文化。

与此同时,罗马对于整个地中海沿岸及整个中亚、西亚的统治使得当时的智者们备感他们所处的世界变得越来越大,这也逐步使帝国的文化更为复杂化,各民族文化的交融加快,长达几个世纪的罗马的和平与繁荣更使得各种文化遗产为当时许多民族所熟悉和接受。这些文化因素中到底有多少属于希腊风格,有多少是属于埃及人的或是西亚的,具体到不同的门类还是有差别的,当然也是可以鉴别的。

二、文学:继承与模仿

罗马文学形成并发展于共和国时代,它在相当长的一段时间里只是对希腊文

① (美)威尔·杜兰:《世界文明史》卷二"希腊的生活",第491页。

学的模仿，这种模仿持续了若干个世纪而且表现于各主要方面如诗歌、戏剧、演说、散文等。这种模仿甚至还自然地涉及到语言的使用尤其是对希腊语言的崇尚方面，可见当时对希腊语的使用就如同19世纪的俄国上流社会使用法语一样具有同等的时尚意味。在罗马知识界，拉丁语和希腊语同时使用，罗马的贵族子弟纷纷到雅典留学。最受崇拜和模仿的希腊文学家包括荷马、涉芙、平达以及三大悲剧大师和喜剧家阿里斯托芬等人。在这种模仿与创作中，罗马文学日趋成熟。

1. 共和时代

共和时代的李维·安德罗尼库（约公元前284年～公元前204年）堪称罗马第一位著名诗人，他最先将荷马史诗中的《奥德赛》翻译成拉丁文。稍晚的普劳图斯（约公元前254年～公元前184年）则是一位多产的剧作家，据说他一生写下了130多部剧本，流传下来的有著名讽刺喜剧《钱罐》、《大言不惭的战士》、《孪生兄弟》、《俘虏》等20多部，其风格显然受到一个多世纪之前的希腊化喜剧家米南德的影响。另一位戏剧家是泰伦斯（约公元前190年～公元前130年），其代表作《两兄弟》和《婆母》结构严谨，人物内心世界刻画细腻，它们对后世有着深远的影响。较早的讽刺诗人还有跟安德罗尼库处于同时代的尼维乌斯（约公元前270年～公元前200年），他是罗马第一位拉丁诗人，甚至被称为罗马文学之父，曾写过第一部反映罗马的史诗《布匿战争》；尼维乌斯还创作过许多罗马讽刺喜剧，但他在政治上却因受到元老院贵族的反对而被逐出罗马。

罗马的散文名垂后世。监察官、执政官老加图①（公元前234年～公元前149年）是一位散文大师，他首次用拉丁文所作的史著《创始纪》（又译《起源》）被认为是拉丁散文的发轫。共和国末期的农学家瓦罗（Marcus T. Varro，公元前116年～公元前27年）也是一位博学的作家。与之同时代的政治家也是最著名的演说家西塞罗（Marcus Tullius Cicero，公元前106年～公元前43年）在罗马文学史上占有极高的地位，这位共和国元老、被元老院尊为“国父”的政治家兼哲学家最后惨死于三巨头之一的安东尼的屠刀之下。西塞罗为后世留下了56篇演说辞，其中最负盛名的包括反对“喀特林阴谋”②的4篇演说和反对安东尼的14篇演说（《斥腓力》），

---

① 也译成大加图（Marcus Porcius Cato Censorius），罗马政治家和散文家，鼓吹毁灭迦太基，与其曾孙、斯多葛派信徒、支持共和派的政治家并因反对恺撒而后自杀的小加图（Marcus Porcius Cato Uticensis，公元前95年～公元前46年）相对而称。

② 该事件内容如下：贵族出身的政治冒险家喀特林利用一些阶层的不满提出反对元老院专制、取消债务等一系列纲领，于是得到不少没落贵族和城乡平民的支持，他曾于公元前66、64、63年三次竞选执政官，但均告失败，其中最后一次的竞争对手是西塞罗。喀特林竞选不成，于秋天在北方聚结万人叛乱，不过很快被西塞罗镇压下去，喀特林本人战死。“喀特林阴谋”事件本身反映了罗马共和国危机的深化。

其散文文体被称为“西塞罗体”。另外他的800多封信札有不少成为文学精品。除此之外，这一时代还有两位诗人我们不能遗漏：卢克莱修的哲学名著《物性论》是用有韵格的诗写成的，这使得该著在文学史上也据有一席之地；同时代的卡图鲁斯(公元前87年～公元前54年)则是罗马最早的抒情诗人。

2. 黄金时代的三大诗人

罗马帝国前期是经济的全盛期，也是文学的黄金时代。这时与屋大维同时代的一大批文学家涌现出来，三大诗人维吉尔、奥维德及贺拉斯分别出生于意大利半岛的北、中、南部。

首先是富裕农家出身的维吉尔(Virgil，公元前70年～公元前19年)。他出生在意大利北部的曼图瓦，先世被认为是高卢人，不过他本人早年就来到罗马学习希腊文、哲学和文学。公元前37年，他的第一部诗作《牧歌》(又译《田园诗》)使之声誉鹊起；而后在马西纳斯的引荐下获得了屋大维的赏赐；在卜居风景优美的那不勒斯之后发表了力作《农事诗》。不过维吉尔生平最知名的著作是晚年仿荷马史诗而作的《伊尼德》(Aeneid)，该史诗叙述了特洛伊英雄伊尼阿斯在特洛伊城陷后逃出并经迦太基和西西里到达意大利的故事。诗人把伊尼阿斯描绘为牧羊人与女神的产儿，其后裔就是罗马的建立者，并以此来隐颂恺撒和屋大维所出身的家族。

同维吉尔一样，贺拉斯的作品也反映了那个时代的哲学性情。贺拉斯(Horace，公元前65年～公元前8年)生于意大利南部的维那西亚，他那做过奴隶的父亲倾其所有把他送往罗马及雅典求学。贺拉斯不负父望，最终成名；后又参与政治，成为热心于政治的共和派。恺撒遇刺后他加入了抵御屋大维和安东尼的布鲁图的共和军，失败后几无容身之地；但他“识时务”(或曰见风使舵)，转而攀附上了新权贵，在结识了维吉尔和马西纳斯之后又得到屋大维的赏识，成为宫廷赡养的诗人。作为那一时代最主要的讽刺诗人、抒情诗人及文艺批评家，他的《颂歌》同时援引了伊壁鸠鲁派和斯多葛派的说教，集中地描写了农村生活的优美恬静，也美化了奥古斯都的统治。此外，贺拉斯还有文艺理论方面的佳作《诗艺》。

三大诗人中稍晚的一位是奥维德(Ovid，公元前43年～公元17年)。他生于意大利中部苏尔莫小镇一个富裕的骑士家庭，早年在罗马学习法律和修辞学，曾留学雅典，漫游过西西里岛及地中海东岸各地。作为罗马最著名的哀歌诗人，其《悲歌》和《本都来信》(即《黑海书简》)是奥古斯都时代利己主义倾向的代表作。奥维德的作品妙语连珠，脍炙人口，放荡不羁，是那一时代荒淫放荡生活的写照，它们被认为是近于“黄色”的作品，如《恋歌》、《爱的艺术》等。另外，奥维德的传世名作还有神话题材的《变形记》，其中巧妙地穿插了恋爱故事。奥维德本人性格风流狂放，最终因事忤屋大维，以其风花雪月作品有伤风化为名而被流放到黑海西岸的托米城①，在那里度过了一生中九年的流放生活。期间他写下了著名的哀歌诗，里面尽言流放于异乡生活之苦，他还可怜地乞求屋大维的宽恕，然而终未获宥，最后客死于黑海之滨。

同一时代还有一位文笔优美的散文巨匠李维。作为一个不太严谨的历史学家，他的著名史学作品《罗马史》里有许多史料显然不太可靠，但里面富有戏剧性的绘声绘色的描述却体现了他深厚的文学功底。

三、神话与宗教：来自异域的全面影响

同希腊人一样，最初罗马的原始宗教也是多神教体系，神话同样也是罗马文学和艺术创作的主要来源。在共和国时期，罗马的宗教信仰还是颇具特色的，他们的一些信仰跟周围文化水平更高的民族如伊达拉里亚人的信仰有着广泛的联系；而且罗马人确实善于吸收其他信仰习俗，异族的神灵后来进入到他们的神话领域，最终占据了罗马的神话史。希腊文化的影响使得罗马诸神融入奥林匹斯山的神族里，罗马各个主要神灵的功能及象征也完全借鉴了希腊人的神话，就连性别也基本一致。譬如，希腊的宙斯在罗马成了朱庇特(Jupiter)，宙斯之妻赫拉成了朱诺(Juno)，商旅贸易之神变为墨久利(Mercury，图 3-6)，涅普敦与希腊的波塞冬一样是

图 3-6　罗马商业保护神墨丘利(来自于希腊的商业与旅行保护神赫尔墨斯)。

① Tomis，今罗马尼亚港口城市康斯坦萨。

海神,米涅娃与雅典娜一样均是智慧女神及手工艺保护神。此外,希腊的地母神德米特成了罗马的谷神塞利斯(Ceres),爱与美之神阿芙罗狄忒成了维纳斯(Venus,图 3-7)。不过罗马人更为流行的神是主司战争胜负的战神马尔斯(Mars,图 3-8)以及主司家庭祸福的灶神维斯他(Vesta)。当然,在所有流行神话中,丘比特(在希腊是厄洛斯,图 3-9)是最重要的爱神。在古代罗马,每个家庭都有专门的祭神之处,每个地区都有其保护神,而且每项政治活动、军事行为也都要事先通过占卜以了解神意。总之,神在罗马人的心目中是永恒的。

图 3-7　《维纳斯的诞生》,作者不详:如今维纳斯的雕像和绘画几乎风靡全球,即使像中国和印度的乡村地区也充斥了她的形象,不过维纳斯真正的原型——阿芙洛狄特却是这幅创作于大约公元前 460 年的浮雕。

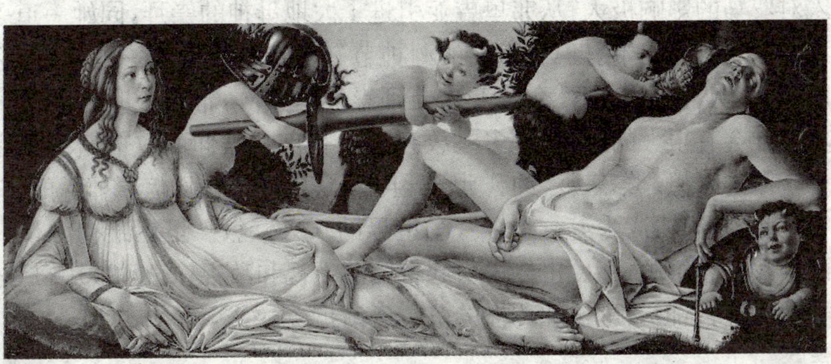

图 3-8　波提切利的《维纳斯和马尔斯》。文艺复兴以来的艺术家多喜欢将战争之神马尔斯与维纳斯置于一起。

图 3-9 《普赛克接受小爱神的初吻》，(法)弗朗索瓦·热拉尔，作于 1798 年。

1. 宗教特征：世俗而注重实际

罗马宗教的显著特征是其世俗性和实用性。跟希腊人一样，罗马宗教信仰没有任何教条以及对圣事或因果报应的信仰。也许是继承了希腊人的某些特征，罗马人在这方面也同样注重现世政事。当然它也有一定的规式，即严格要求按固定程式行事，遵守各项禁忌，而不在乎真正的信仰如何。与希腊不同的是，罗马有专门(可以说是专业化)的祭祀团体及地位很高的僧侣阶层，祭司也可以担任各类公职甚至执政官；最高祭司由公民大会选举，地位稍低的祭司则由最高祭司任命，或由相应的祭司团遴选。所以，相对于希腊，罗马人的宗教似乎更有组织性，也更富于政治色彩，但相对缺乏人性，至少罗马人从不使自己"设计"的神灵们争吵不休。从奥古斯都时代起，统治者就利用人们对皇帝守护神的崇拜以加强皇权，这已经成为传统甚至是一种政策。很明显，罗马宗教自共和国末期以来发生了多方面的变化，这是因为罗马的势力范围急剧扩大之故。

2. 外来宗教的影响及传播

首先，异族信仰被普遍地引入。埃及的灵魂保护神奥西里斯以及东方密特拉教的传入对罗马的影响极大；从弗里吉亚引进了大地母神的崇拜，同她一道引进的还有阉人僧以及放荡并带有象征意义的酒神节。密特拉教曾经一度流行，它在整个下层民间、军队、甚至上层社会中普遍受到崇拜。其次，希腊化时期的各种哲学思想对罗马社会有很大的影响，许多人放弃了原有宗教信仰而改信斯多葛主义和伊壁鸠鲁学派的思想。第三，大约公元 40 年，罗马出现了首批信奉耶稣的基督徒，作为秘密宗教，它很快成为流行整个罗马世界的新兴宗教。虽然最初它仅仅是一个普通的神秘宗教组织，开始也并未引起帝国的重视和敌视，直至 200 年后才间断性地受到残酷迫害，但其影响和传播的范围逐渐扩大。

四、哲学：对希腊人哲学的全盘接受及阐发

在共和国历史最后两个世纪里，罗马人在军事方面逐步控制了希腊地区，但是

罗马在文化方面也越来越笼罩于希腊化文明的影响之下,哲学思想就是如此。上层社会和知识界率先接受了伊壁鸠鲁学派和斯多葛学派思想的影响,其中后者的影响更大一些。公元3～4世纪又是新柏拉图主义①占据优势。既然罗马人完全接受了希腊高度发达的哲学教义,更新、更丰富的哲学成果创造就难以完成。尽管如此,罗马人在摭拾希腊人成果的基础上努力地把原有的思想加以阐发与拓展,使之更适合于新的历史环境,期间便涌现出了像西塞罗、卢克莱修、塞内卡以及皇帝马可·奥里略这样的著名哲学家。

1. 卢克莱修

罗马最有名气的唯物主义哲学家当属卢克莱修(Titus Lucretius Carus,约公元前99年～公元前55年)。与恺撒、西塞罗同时代的卢克莱修虽然只活了40多岁,但他用诗人般的铿锵激情创作了不朽名篇《咏事物之本性》即前述《物性论》(De Rerum Natura)。这部著作反映了他对德谟克里特和伊壁鸠鲁"原子论"的发展,他进一步认为,世界与万物皆为原子结合的结果,万物皆源于物质并借物质而存在。卢克莱修还勇敢地否认了神的存在,就像中国古代的王充一样,他强调超自然物即神是人类灵魂安宁的主要障碍;人死后意味着一切的完结。这样他就把人类彻底地从对超自然物的恐惧中解脱出来。卢克莱修还认为,一切事物包括人类本身及其习惯、社会制度与信仰均是机械化的结果,所以在伦理学上他继承的是斯多葛主义而非伊壁鸠鲁主义的思想。他劝导人们不要盲目地享受物质生活,他说,人需要的不是什么外在的享受和快活,而是应保持一颗"安宁的心"。

2. 西塞罗与斯多葛主义

公元前2世纪中叶,斯多葛学派进入了深入发展的阶段,这就是该派思想在罗马帝国的继续影响。它在帝国社会的上层造就了一大批信徒,其有力的例证就是德高望重的共和派领袖人物M. T. 西塞罗。作为罗马斯多葛主义最有影响的代表,西塞罗从斯多葛学派中所汲取的思想营养远多于对柏拉图和亚里士多德思想的吸取,他有名的哲学著作包括《论善与恶的定义》、《论神的本性》。西塞罗人生哲学思想核心的前提是:美德是幸福所必需的;清心寡欲是人的最高修养。这一原则

---

① 罗马帝国衰落时期(公元3～5世纪)新柏拉图学派的学说,该学派创始人据说是亚历山大里亚的萨卡斯,实际创始人是其学生普罗提诺;它分裂后形成很多支派如亚历山大罗马学派、叙利亚学派、帕加马学派及亚历山大学派等。它以柏拉图的理念论和东方的神秘主义思想为基础,同时吸取了亚里士多德主义、斯多葛主义、毕达哥拉斯主义的部分思想内容,其基本理论是流溢说,即认为肉体是罪恶的根源,人在现世处于绝望与无能的境地时只能等待神的启示和精神上的解脱。后来这些思想为基督教所吸收并成为其教义的组成部分。

在其哲学和伦理学的文章中得以充分阐发。不仅是在口头上，即便在文字方面，西塞罗也以生动流畅的拉丁文使得深奥的古希腊哲学思想变得通俗易懂，因此，仅仅是凭借其对哲学深入浅出的诠释就足以使其被列入罗马伟大名人之列。可惜的是，与政治的过分纠葛使其长期为后世所误解而受到不公正的评价，他本人最终也殒命于政治斗争的漩涡里。另外，作为罗马民族文化全盛时代天才的象征，西塞罗的智慧在著名的哲学文章《理想国》里同样熠熠闪烁。他在该文中提出了一个“永远公正”的法律概念，他认为这种法律完全是自然状态的产物，是理性的，它远远高于政府的法规法令。他说，法律是一些权利的根源，对于这些权利，人人均可享用，政府绝对不能干预和践踏。这些见解对于公元 2 世纪后的法学大师们有着直接的影响，它们甚至是现代西方法治与民主观念的基本原则。

3. 斯多葛主义的持续影响：从塞内卡到马可·奥里略

斯多葛派学说在罗马帝国的影响比起伊壁鸠鲁学派的思想更具有持久性，它在公元 1～2 世纪占据了帝国思想领域里的显赫位置。这时三个历史人物成为这一学说的俘虏，他们分别是：暴君尼禄的老师及其谋臣塞内卡，出身于奴隶的一代宗师、希腊人艾比克泰德，还有一位潜心于学问而不思战事及政事的皇帝马可·奥里略。这三位人物都主张，人内心的平静才是所要寻求的终极目标，真正的幸福只有在服从宇宙仁慈的秩序时才能得到。他们还提倡道德至上的理想，认为人性本恶，强调人心要服从良心，人们应当恪尽职守。这些思想对后世基督教神学均产生了直接的影响。

L. A. 塞内卡（Seneca，又译塞涅卡，公元前 4 年～公元 65 年）出生于西班牙科尔多瓦（Cordova）城一个有文化教养的骑士家庭，其父是一名修辞学家，其侄子鲁康（Lucan）是罗马著名诗人。塞内卡年少时就来到罗马学习修辞学和哲学，后来在参与政事中声誉鹊起。公元 41 年，克劳狄皇帝即位，塞内卡因事获咎而被流放到科西嘉岛，八年后皇后阿格里皮娜将他召回并让他做她与前夫之子尼禄的老师。尼禄成了皇帝后，塞内卡权势日隆，也获得了大量金钱、宅邸的赏赐，在聚敛了数以万计的财富之后，塞内卡成为罗马的巨富。公元 65 年，塞内卡大祸临头，他和妻子在被指控后被迫自杀，祸事殃及其侄子鲁康。尽管如此，作为哲学家的塞内卡一生著述丰厚，其中最重要的要数《对话集》以及包括 124 封信札的《道集书简》；其他还有《论愤怒》、《论精神安宁》、《论幸福生活》等篇章。作为宣扬宿命论和宗教神秘主义的代表，塞内卡有一句影响至今的格言：“愿意的人，命运领着走；不愿意的人，命运牵着走。”此外，他的禁欲主义的观点对中世纪基督教神学也有着很大的影响。

另一位代表人物的出生地则与塞内卡的科尔多瓦遥相呼应。出生于遥远东方、小亚细亚弗里吉亚地区西拉波里（Hierapolis）城的希腊人艾比克泰德（Epictetus，约公元 55～135 年）早年曾沦为奴隶，后来跟随其主人、尼禄的宠臣埃帕弗罗狄德来到罗马,不久又拜名师学习哲学。他在被解放成为自由人之后就在罗马讲学,而且声誉鹊起,一下子拥有了大量弟子。但由于图密善(Domitian,公元 81～96 年在位)统治时对哲学家进行残酷迫害,艾比克泰德亦被赶出罗马城,在流落到希腊西北的尼科波里城后继续讲学并终老。

如同我国的孔子以及希腊的苏格拉底一样,罗马的艾比克泰德生前未曾留下片言只字,他的学生、历史学家阿里安亦笔录了其师的思想并把它们汇成两部名作:一是阐释其教义的《论道集》,二是语录体的《师门述闻》。在斯多葛学说信仰方面,艾比克泰德也同塞内卡一样是宿命论的信仰者,他认为人世一切皆是由命运或"神"预先安排注定了的;人要是想摆脱尘世的忧患与烦恼,就应当按照命运所安排的那样行事;要乐天知命,清心寡欲,遇事容忍,以图心灵的静谧与社会的和谐。另外,他还宣扬"泛爱主义",甚至要人们爱自己的仇敌,显然这一思想与当时的基督教教义有着更为密切的联系,同时也反映了罗马帝国百姓已经倾向于这一世界性宗教的趋势。看来,到了艾比克泰德的时代,基督教走向世界已是大势所趋了。

公元 161 年,罗马帝国皇帝安敦尼(Antoninus Pius,138～161 年在位)去世,其养子马可·奥里略(Marcus Aurelius,161～180 年在位,图 3-10)成为新皇帝。他与其结拜义弟维鲁斯共治国政,同为"元首",为的是腾出时间从事他的学术研究。这也是帝国历史上前所未有的二帝在位的局面,这种情况还影响到后世,以至于形成了戴克里先时代的四帝共治制。但对于奥里略皇帝而言不幸的是,维鲁斯很快就死去,马可·奥里略又成为唯一的君主,不过这似乎毫不妨碍他潜心于学问并完成其著名的《沉思录》(Meditation)。作为罗马最后一位斯多葛主义的代表人物,奥里略皇帝是一位更加笃信宿命论而很少想入非非的哲学家,他有着一颗悲天悯人的心肠,只是面对备遭骚扰的边疆而又不得不履行其皇帝的职责。他那"甜美、忧郁、高贵"的《沉思录》反映了他用斯多葛哲学来指导政治实践的尝试。可是奥里略并没有继承早期斯多葛学派那种教条主义式的信仰,说明该学派到了他这一时代已经发生了全面的变化,以至于自

图 3-10 一生酷爱哲学探索但又摆脱不了戎马生活的罗马皇帝马可·奥勒留。

西塞罗到奥里略时期的斯多葛学派也被称为“新斯多葛主义学派”。此外，由于东方思想的广泛影响，新斯多葛主义学说与神学思想的联系更加密切，它们相互融合，为基督教的进一步传播打开了大门，同时对于丰富和完善基督教神学具有重要意义，最终它们也部分地融入到中世纪的基督教神学思想之中。

4. 帝国末期哲学的危机：神秘主义的流行

与这一时期斯多葛学派同时盛行的还有各种神秘主义思潮。公元1世纪，亚历山大里亚的犹太人裴罗根据柏拉图的理念思想提出了“逻各斯”(Rogus)的概念。他认为逻各斯神最具启发力和创造力，因此人们必须要克服物欲恶念，并且向神忏悔赎罪。这种思想成为新柏拉图主义的发轫。不过新柏拉图主义的真正奠基人则是普罗提那(204～270年)，他和后来的普罗克洛(410～485年)成为这一学派的主要代表。他们进一步认为，神才是世界之本原，是绝对无限的存在，因而神是不可认识的；在伦理学方面，他们认为人的肉体是罪恶的渊薮，人要得到神的启示，就必须摆脱肉体，使灵魂出窍，这样才能与神交往，获得真知。这些理论同样成为欧洲中世纪神学诸如原罪说的基本理论。

从某种程度上讲及从现代思想上出发，新柏拉图主义是反科学的，它对国家也漠不关心，但是它在公元3～4世纪的罗马甚得人心，并有着大量的信徒和追随者，从而一下子取代了新斯多葛主义长时期的统治地位。伴随着东方神秘主义思想及情绪的持续弥漫，罗马帝国潜伏着的思想危机是显而易见的。而新柏拉图主义思想也绝非唯一有影响力的神秘主义思想，各种各样的思想和宗教信仰、来自各地区的术士、卜人、占星家、语言家、巫师等在罗马帝国广泛出现，整个帝国末期的哲学思想信仰走向没落与混乱。

不过，与以上各种学说并存的还有受希腊化时期怀疑主义影响的怀疑论思想，该种思想在罗马帝国时代跟神秘主义及各种宗教思想格格不入，如自称是叙利亚人(实为希腊人)的琉善(Lucianos，约125～约192年，又译卢齐安)就严厉批评当时的宗教迷信和哲学信条，他反对所有宗教及灵魂不死的观念，因而后来被恩格斯誉为“古希腊罗马时代的伏尔泰”①。作为一个哲学家，他继承了德谟克利特和伊壁鸠鲁的原子论，与卢克莱修一起捍卫了罗马的唯物论思想；同时作为著名的散文家，他留下了七八十种作品，如《神的对话》、《佩雷格林之死》、《悲惨的朱庇特》、《渡》等，这些作品以对话和讽喻的形式表达了下层民众的愿望。到中世纪以后，他的书被天主教会列为禁书。

① 恩格斯：《论早期基督教的历史》，《马克思恩格斯全集》第22卷，人民出版社1965年版，第527页。

五、史学:硕果累累

罗马历史学的发展与繁荣可以说是姗姗来迟,其最早的历史记载出现于公元前5世纪中叶,不过那只是大祭司对每年发生的重大事件做一记录而已,共和国大半个历史时期没有什么突出的成就,然而之后历史学就走上了繁荣之路。

1. 共和国时期

罗马历史上诞生可以称为"历史学"的著作是在公元前3世纪,这一时期正是罗马人创业和广泛吸取希腊文化的时代。大约出生于公元前253年的费边·毕克托(Fabius Pictor)堪称罗马第一位史学家,他用希腊文写了第一部《罗马史》。出身名门的毕克托曾经供职于军队,参与了布匿战争,所以他的《罗马史》对第二次布匿战争(公元前218～公元前201年)有着翔实的记载,后来的波里比阿及李维对之极为推崇。

罗马史学真正的奠基者是前述大农学家兼政治家老加图。他出身于旧贵族,早年亦曾戎马倥偬,后做了执政官、监察官,成为政坛的显赫人物。作为罗马古老传统的极力维护者,老加图奉行的是"罗马至上"的哲学,他坚决反对希腊文化对罗马的影响,为此他用拉丁文写了7卷《罗马源流史》,不过它们已经散佚。老加图是第一位用拉丁文著述的史学家,其史学思想也为后世所继承。稍后的波里比阿(Polybius,约公元前200年～公元前118年)著述甚丰,但留存下来的也只有《通史》残卷,原有40卷的史著叙述了公元前3世纪～公元前146年的希腊、罗马以及地中海沿岸各国的历史,这也足以奠定其罗马早期著名史学家的地位。自他开始,罗马史学以不可遏止的势头发展起来。

共和国晚期产生了著名史学家萨鲁斯特(Sallust,公元前86年～公元前34年)。同样作为涉足政治的显要人物,萨鲁斯特曾经追随过恺撒;他于公元前52年担任过执政官,不久又出任努比底亚(埃及之南努比亚地区)总督。恺撒死后他失去了靠山,最终他像中国古代许多人物一样归隐于村野而专心著述,其《喀特林叛乱记》和《朱古达战争[①]史》保存了共和国末期大量政治史资料。萨鲁斯特被认为有良史之才,他叙述有序,文辞华丽,立论精辟,因此他与后来的李维、塔西佗并称为"罗马三大史学家"。据说他还写过未流传下来的《罗马史》。

可以称为共和国末期最后一位历史学家的就是那位风云人物——盖尤斯·朱利亚·恺撒(Gaius Julius Caesar,公元前100年～公元前44年)。作为权倾一时

① 即Jugurthine War。公元前2世纪末,罗马用兵于努比底亚,与努比底亚国王朱古达开战。之初,罗马军队屡次败北,后马略出任执政官,他整顿军纪,严格训练,终于扭转战局,并征服了努比底亚。

的政治家、军事家以及罗马历史上首位真正的独裁者，他在其戎马生涯的间歇竟然为后世留下了两部史学名著——《高卢战记》和《内战记》。这两部足以为他树碑立传的作品，史实基本可信，但其党同伐异、比较夸张的记述作风使得其史学价值比不上其文学价值，因为作为一名散文家，恺撒的文学地位是显而易见的，其简洁的文体素有拉丁文典范之称。

2. 帝国时代的辉煌

进入帝国时代后，罗马的史学亦进入黄金时代，前已述及的李维应率先被我们列入大史家之列。出生于意大利北部帕多瓦[①]城的李维（Livy，公元前 59 年～公元 17 年）青年时代就来到罗马，并与屋大维过从甚密，也做过五十几岁成为皇帝的克劳狄的老师。李维一生亲眼目睹了罗马从共和国走向帝国的历史过程，因而其历史的总结更为系统而完善。他的《罗马建城以来的历史》（简称《罗马史》）叙述止于公元 9 年，其史学观点承继于修昔底德和波里比阿，写史目的明确，文字流畅，资料丰富，可成一家之言。如同我国的司马迁一样，他的《罗马史》被认为是开创了著述通史体例的先河。此著洋洋 142 卷，现今仅存 35 卷及残篇。

晚于李维的塔西佗（Tacitus，约公元 55～120 年）堪称罗马历史上最伟大的史学家，他的父辈被认为曾在高卢的比尔基地区（今比利时）做过地方官，但塔西佗无论是在学术方面还是在政治方面都远远超过父辈。自年轻时代起，塔西佗即以博学多才而崭露头角，先后做过财务官、司法官、执政官及亚西亚总督，历仕三朝皇帝，可谓是权倾罗马。在学术方面，早在公元 89～93 年间，塔西佗就在近日耳曼人的边疆奉职期间写下了后世公认的史学名著——《日耳曼尼亚志》，此亦为最早的较完备的有关日耳曼人政治、经济和社会生活资料的详细记录，其高度的史料价值一直为后世所有史家作为第一手材料。另外，他的 12 卷《历史》即《罗马史》记录了从公元 68 年尼禄之死到公元 96 年图密善驾崩之时，恰好与其 18 卷的《编年史》（始于公元 14 年，止于公元 68 年）相衔接，其中记述多为其亲身经历，是难得的实地实录。塔西佗以道德家的尺度来撰写历史，对社会的阴暗面进行了揭露，如《编年史》中，虽然他对共和国的留恋及对建立丰功伟业人物的追慕均溢于笔端，但他对帝国的体制亦怀有强烈的不满，对专制帝王及其身边的阿谀佞臣更是进行了无情鞭挞，后来俄国大诗人普希金用一句名言"惩罚暴君的鞭子"来概括塔西佗这部呕心沥血之作。此外塔西佗留给后人的著述还包括《阿格里古拉[②]传》、《关于雄辩术的对话》。

然而，这只是我们对塔西佗表面上的、大致的了解，如果进一步阅读塔西佗本

---

① Patavium，在威尼斯附近。

② 阿格里古拉（Agrocola，37～93 年），曾任罗马执政官和驻不列颠总督，是塔西佗的岳父及恩师。

人的著作，那么对于了解塔西佗写史观念的褊狭，对于了解当时罗马知识的传播方式以及撰写国史的背景和基本原因，以及对于了解塔西佗本人，就会跟上述片面的评价有着本质的差异。为达到此目的，我们在此即以塔西佗为典型史家人物，进行稍加详细的描述，当然我们并不具备精确而生动评价塔西佗的资格，为此请看智慧而渊博的杜兰先生的一段述评：

> 他（塔西佗）认为"史家的责任是批判人的行为，善良者因为美德而获得赞扬；邪想者因怕恶行受后世唾弃而有所顾忌"（布鲁图致西塞罗的信）。这种观念是把历史当作最后的裁判，把史家当作神圣。这种想法——史家为说教者——是用可怕的实例来教授道德，这样一来，历史便落入辩论的形式，愤慨之时，滔滔指责恶易，若求其指责公平则难；所以道德家不宜于写历史。塔西佗记忆暴君的恶行有如亲身目睹，所以他对暴君的批评无法冷静，他只看到奥古斯都摧毁自由，而不见其他，他认为一切罗马天才都和亚克兴海角①一样结束（普鲁塔克，《西塞罗》）。他似乎不曾想到如何记载完美的政治，如何记载罗马怪杰们使属地经济繁荣的事迹；读过他的书就该知道罗马是个帝国，也是个城市。那些失传的书可能是记述各属地；传世的书也许不是可靠的历史指南。他虽然没有说谎，但也没有报道真实。他常引用的资料是历史、演讲、书信、Acta Diurna、Acta Senatus 和老世家的传说；他所听到的，大部分是关于贵族们如何被迫害，他从来不想，元老被处死、皇帝被刺杀，不过是恶毒残忍有能的君主，和腐败残忍无能的官僚政治长期斗争之下容易发生的事件。他只是注重惊人之人和惊人之事；他描写的历史人物是最生动但最不公平。他不曾注意经济对政治的影响，他把人民生活、贸易情形、科学状况、妇女地位、信仰变迁、诗文、哲学、艺术的成就等等都忽略了。塔西佗对塞内加（塞内卡）、卢卡和佩特罗尼乌斯之死没有提到；皇帝们只是杀人，但是没有建设。这位大史家可能是受了听众的限制；按当时习惯，他可能是把作品读给贵族朋友们听；他认为他们对罗马生活、工业、文学和艺术都很熟悉，故无需讲述；他们要听的是暴君们有刺激性的故事，斯多葛派元老们的英雄事迹，贵族阶级反抗暴政的战争故事等②。我们不指责塔西佗没有把不想做的事做好，只是对他那褊狭的抱

---

① 亚克兴，又译阿克兴，该海峡位于阿卡纳尼亚（Acarnania），建有阿波罗神庙，奥古斯都最后征服安东尼和克里奥帕特拉于此地。

② 此亦为威尔·杜兰自己的推测。

负和使用智慧的范围表示惋惜。①

与塔西佗同时代的普鲁塔克(Plutarch，约公元46～126年)也是一位多产的史学家，其所流传下来的著作被后人辑为《传记集》(Parellel Lives)和《道德集》(Ethica)，前者也被称为《希腊罗马名人传》，包括50篇传记。普鲁塔克文风飘洒逸丽，可谓是妙笔传神，令人遐思，他开创了集体传记体例。稍晚的苏托尼乌斯(Suetonius，公元75～160年)曾做过哈德良皇帝的秘书，期间他利用职务之便遍阅皇室档案文献，也留下了不少鸿篇巨著，但仅有《罗马十二帝王传》传世。

罗马帝国前期的史学发展可谓如日中天，早期的著名史学家还有阿庇安和阿里安。希腊籍人阿庇安(Appian，约公元95～165年)生于埃及亚历山大里亚，后曾担任皇帝的金库检察官及埃及总督等要职，晚年用希腊文撰写了24卷的《罗马史》。今存11卷的这部史著始于罗马"王政时代"，止于图拉真皇帝在位时期，共约900年的历史，作为西方史学的名著，它对后世影响甚巨。与之几乎同时代的、出生于小亚细亚的史学家阿里安(Arrian，约公元96～175年)在史学上也有独到的贡献，他青年时代即到罗马讲习哲学，曾是艾比克泰德的弟子和挚友；之后又随师迁往希腊，后颇得哈德良皇帝的重用，被任命为驻加巴多西(在小亚细亚中部)行省总督，接下来又被授予执政官，最后比较平稳地退出政坛，潜心著述。阿里安的著作包括《亚历山大远征记》、《印度志》、《黑海航行记》、《师门述闻》等，它们均具有较高的史料价值。譬如，《亚历山大远征记》后来成为史学名著，而他关于对印度、黑海的记述成为珍贵的史料。阿里安在许多方面近似于他的希腊前辈色诺芬，显然这与他们的出生地和生活阅历有着密切关系。

六、自然科学：实用、整理、总结但缺乏理论创新

像几乎所有其他的学科知识一样，罗马人的自然科学完全承继于希腊人的成果。罗马人不再系统而扎实地钻研基础的学科知识，只是在简单地继承和总结；在实用主义原则的左右下，他们不注重理论研究，过于倾向实用科技。总体来看，罗马人的自然科学逐渐走向衰落。

1. 为什么说是衰落?

就自然科学而论，虽然我们可以把农学、地理学甚至建筑学等内容牵涉进去，但罗马人在总的方面远不如希腊人那样富于创造性。崇尚实际而轻基础理论的罗马人在科学理论方面甚至可以说是可怜的，最为基本的数学、物理学和化学方面的

① (美)威尔·杜兰：《世界文明史》卷三"恺撒与基督"，台湾幼狮文化公司译，东方出版社1998年版，第315页。

成就几乎是空白,在生物学、天文学等领域也可以说没有什么创新,虽有普林尼等人,但亦多是总结前人的成果。罗马人本来可以在希腊化时代科学繁荣的坚实基础上使之提升到一个新的高度,但是相反,罗马人似乎完全遗忘了这一广泛而直接的领域,究其原因,最主要的是因为罗马人全神贯注于政治、军事、法律诸问题,在自然科学方面则只是注重实用科技,而对于理论和创新则极为缺乏。另外,作为一个崇尚军事扩张并依靠武力扬名的民族,其传统精神若非受到希腊等东方文化的广泛影响,定会像斯巴达那种有勇无谋的军事文化传统一样堕落下去。尽管如此,罗马的传统与雅典的文化风尚仍然是相背离的,罗马人对于探索自然没有表现出过多的兴趣,也不喜好探求新的知识领域。罗马人对希腊文化崇拜过了头,于是只会盲目照搬而并无创新。

2. 大、小普林尼

罗马历史上最具有代表性的科学家是大普林尼或老普林尼(Pliny,the Old,约公元23～公元79年),他出身于意大利北部的新科蒙城的一个骑士家庭里,很早就在罗马读书,后来在戎马生涯中去过高卢、中欧、西班牙、北非等地,做过司令官,并与皇帝苇帕芗的长子、也做过两年皇帝的第度交谊颇深。公元77年他完成了被誉为百科全书式的巨著《自然史》;两年后即公元79年8月24日,适逢维苏威火山大爆发,这时普林尼恰好在附近,为了了解这一奇异灾景,他驾船就近进行实地观测,结果被火山喷发的浓烟毒雾致死。在其编纂的很多著作中,最重要的要数这部37卷的《自然史》①了,它包容了天文、历史、医学、动物学、植物学、农业、工艺、矿产、绘画、雕刻诸内容,这多少令我们想到千年后我国古代科学家沈括的《梦溪笔谈》。在编纂期间,普林尼参考了2000多种手稿和书籍,而且大部分为希腊文献。该著最大的贡献在于使众多古代科学知识得以留存下来,只是里面多为实录而少有创见,述评也有不少错误;另外,老普林尼对于事实与谬误的辨别也表现出无能为力,甚至还把不可思议和荒诞不经的故事与事实混为一谈。这部卷帙浩繁的著作最后由其养子小普林尼(Pliny,the Younger,约公元61～113年)厘定成书。

3. 塞内卡和塞尔苏斯

事实上,就像其前辈瓦罗一样,大约跟老普林尼同时代的塞内卡也称得上是百科全书式的大学者。这位斯多葛学派的哲学家认为,一切科学研究都应当揭示大自然的秘密。不过同普林尼一样,塞内卡亦少有独创成就。唯一可称得上有独创性的拉丁科学家是提比略时代的塞尔苏斯,他撰写了一部包括外科手册在内的综合性医学论著,即便如此,里面仍有不少内容是从他的希腊同行的文献中借鉴而来的。其著述中创新的内容有:关于扁桃体的切除,关于白内障及甲状腺的手术,关

① Natural History,又译《博物志》。

于外科的整形手术等。

当然，罗马的医学成就不止于此。在其所有的自然科学中，医学是唯一值得大书特书的一门，且不提罗马人为贫民建立的西方文明史上第一家医院以及最早的医疗系统，单单从医学集大成者加仑的成就即可见一斑。

4. 加仑的贡献

出生于小亚细亚的希腊化城市帕加马的加仑（Galen，又译盖仑，约 130～200 年，）是罗马最著名的医学家，其父尼康（Nicon）是个数学家和建筑师。加仑幼承家训，学业扎实，先后留学于知识发达的斯米尔纳、科林斯、亚历山大里亚等地，并随从名师学习哲学和医药学。加仑非常崇拜被誉为“希腊医学之父”的希波克拉底，他认为医药学乃济世之学，医生要有高尚的医德，要以救死扶伤为宗旨。加仑学成后回乡行医，但始终未能发挥所学，展示其抱负。161 年他来到罗马施展才华，以精湛的医术誉满京城，虽遭嫉恨而一时离开，但最终成了皇帝奥里略的御医，此后长期供职于罗马，最后病逝于西西里岛。加仑一生的主要贡献在于内科方面，他通过解剖猕猴而获得关于消化和血液循环的理论。他曾向世人证明：即便是一根小小的动脉被割破，不到半个小时周身的血液就会流得精光。加仑的医学理论在西方长期处于支配地位，直到 16 世纪仍有人把他的著作奉为经典。不过加仑的 160 多种著述多属于伪托其名所作，而且，加仑也不是唯一一位在内科方面有造诣的医学家，何况加仑仍然相信早已被希腊人抛弃的体液说。

小亚细亚以弗所的卢弗斯似乎更有独到的贡献，他第一次精确地描述了肝脏和脉搏的节奏，也最先告诫世人：可疑的水应该煮沸后方可饮用，以历史的眼光来看，这些结论也许是超前的。

5. 托勒密的继承与总结

后来比加仑更具影响的是大名鼎鼎的科学家托勒密（Claudius Ptolemy，约公元 90～168 年，又译托勒玫）。出生于埃及的托勒密也是希腊人，他早年在亚历山大里亚致力于学术研究，于天文学和地理学方面卓有成就，主要著作《天文学大全》（Almagest）把以前埃及人、巴比伦人、希腊人相关的成就熔于一炉。他还把毕达哥拉斯学派及埃拉托斯提尼的成果继承下来，认为地球是圆的且是宇宙的中心，这自然大大落后于比他早好几百年的阿里斯塔库斯的日心学说，而且托勒密的地心说也仅是希腊化时期天文学家希帕库斯的“地球中心说”的翻版（图 3-11）。但谁又能料到，这一整理继承下来的“地心说”却成了统治欧洲 1 400 多年的理论，而且被普遍称为“托勒密地心说”理论，这是世界科学史上类似于印度人发明的十个数字符号到头来却被称为“阿拉伯数字”的情况，唯一的区别在于后者已经为世界所普遍接受而前者即托勒密的学说早已被抛弃而已。

也像在天文学上的成就及造就的影响一样，托勒密在地理学方面对于后世影

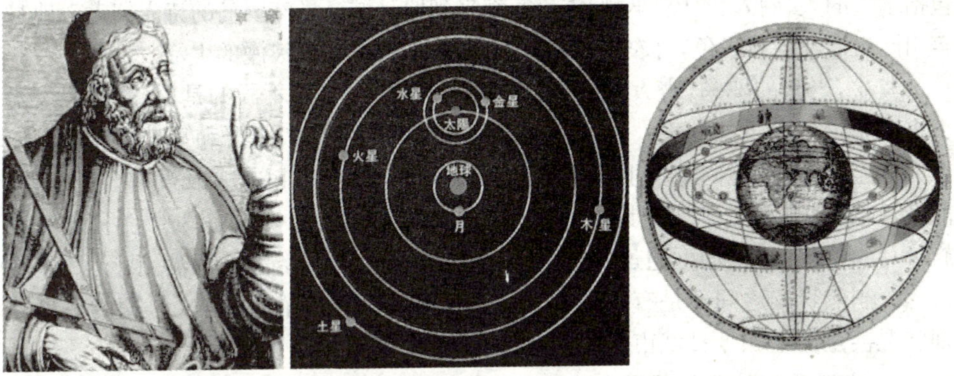

图 3-11　托勒密及其地心体系

响深远,他的 8 卷《地理学》也只是把前代成就加以总结,不过这一总结影响甚巨,类似于我国清代前期学术总结的意义。另外,托勒密还绘制了一幅影响后世的世界地图——它把亚、非、欧三大洲包容进去,中国的位置亦在其内,这说明当时欧洲人的地理知识已远远超过了东方。

6. 其他内容

其他自然科学成就主要包括:著名的地理学家斯特拉波著有《地理》;M. 维特鲁维奥著有《论建筑》,他还与罗马军人兼建筑师弗朗提努共同在罗马的驰道及供水工程方面做出了巨大贡献。罗马对农业科学的贡献似乎更大一些,元老院曾经翻译过迦太基农学家马哥的著作。罗马流传下来的都是价值不菲的重要著述,如 M. T. 瓦罗的《论农业》、L. J. M. 科路美拉的《农业论》,它们里面有关于葡萄、橄榄的栽培技术以及油、酒的提炼和酿造技术。前述老加图的《农业志》亦闻名于世,它是研究公元前 3～公元前 1 世纪罗马农业经济的重要史料。

七、帝国的衰亡:部分原因的现象分析

罗马人有无今日都市人的影子？要想准确而全面地了解 2000 年前罗马人的生活面貌是比较困难的事。根据现有的资料和考古文物以及历史学家们的研究或推测,其中大部分记述和估计基本上反映了当时的生活概貌。首先要考察的是距今 2000 年前后罗马人的生活状况,如同当代发展中国家的情况一样,人口和主要财富集中到首都及其他大中城市里。人们心向京城,纷纷涌向政治、经济、商业、文化中心的首都和大城市,比如罗马周围的农民大量地涌向历史学家萨鲁斯特称之为"公共厕所"的罗马。就罗马而言,那一时代它正是政治、经济与文化的中心。相对于广大偏远的农村与山区,城市生活是美好的、有吸引力的,这跟今天城市生活对于发展中国家农民的吸引一样。当时的罗马及其他大城市生活肯定也是充满诱惑力的,许多人

包括求知的人、商人、农民、巫觋、占星家都来到罗马城。虽然罗马的诗人们大声地赞美田园生活及乡村景色，可农民们并不读诗，更不会有那种浪漫的生活。

其次，当时的罗马，穷人和富人分成两大阶层，与今日不同的是，当时的穷人绝大多数是地位卑下的奴隶。不过罗马社会各个阶层的等级森严和复杂程度远不如东方甚至希腊，其境内基本上分为公民和奴隶——即有公民权者及没有公民权者。前者包括贵族、平民、骑士，其中贵族可以世袭，最初他们仅仅是300名元老院贵族，以后平民与骑士均可通过升迁进入元老院；骑士则主要是指商人、银行家、包税人等。当然贵族之间还是有一定差别的。从某种程度上看，罗马人早期的贫富差别状况甚至还不如今日城市里的情况那么复杂。

1. 古罗马的奴隶是怎样生活的

让我们再来看看罗马众多的奴隶。罗马人对外进行了几乎是永无休止的战争，从最初与伊达拉里亚人开战到向中亚西亚的扩张，战争的胜利不仅使罗马人的疆域不断地扩大，而且还大大增加了他们的奴隶人数。公元前2世纪共和国时期，罗马的奴隶制度达到鼎盛，由于地中海特殊的海上交通的便利而使得奴隶贸易空前繁荣。当时最大的奴隶交易市场——希腊地区的提洛岛奴隶买卖市场——每天卖出的奴隶多达万名以上。一批批被贩运而来的奴隶脖子上挂着写有年龄、籍贯、特长的小木牌，被卖出后他们立即被送往庄园、果园、牧场、矿坑和手工业作坊里。这种场面我们似乎并不陌生，因为近代肮脏的三角奴隶贸易也曾使得大批非洲黑人(主要是来自塞内加尔)被劫持到西欧然后再送往美洲服役，其所做的繁重工作不亚于罗马帝国的奴隶们。

共和国时期奴隶人口已经超过自由民，譬如公元前1世纪，罗马150万人口中奴隶占到60%，达90万人；有的奴隶主大贵族一人拥有数万名奴隶。很明显，一个元老院贵族的地位与其所拥有的奴隶数成比例。同样明显的是，奴隶们的地位是低下的，有的生活极为悲惨。当然也不尽然，影片《斯巴达克斯》就反映了另一个侧面。自然，奴隶们很少有被当作人来看待的，他们被买卖的价格有时还不如一只牲口；奴隶主对病牛可能会医治，但生病或衰老不能干活的奴隶则有可能被杀死或活埋，或者被扔到荒郊野外。因此，罗马一方面很繁荣，另一方面，奴隶的悲惨地位在古代历史上也是其他地区所少见的。几十年来，我们传统的历史教科书对罗马奴隶的一些描述诸如“会说话的工具”、“牛马一样的工具”等事实上也符合当时的一般状况。

到了罗马奴隶制度的繁荣时代，奴隶们在社会生产中成为绝对的劳动力。首先，粮食主要依靠他们生产，庄园里及其他土地上的生产者主要由奴隶担当；自耕农数量很少，他们大部分从军在外。其次，手工业作坊中的工人至少80%是奴隶，其他行业如采矿、牧业等所用劳力也同样是奴隶。第三，奴隶们其他的职业还包括:角斗士、轿夫、信差、仆役之类。

当然,奴隶的劳动极为繁重,矿工奴隶一年四季赤身裸体并拖着沉重的脚镣拼死拼活地干,每天连饭都吃不饱;相对而言,做仆役的奴隶的生活要"幸福"得多,他们有的是在主人洗浴后给主子擦身或擦凉鞋,有的是当信差,即便当轿夫的奴隶的日子也好过得多。

而对于一些大奴隶主和奴隶贩子来说,训练角斗士就是一个牟取暴利的职业。就像当代的商品一样,那些训练有素的角斗士有的被出租给国家,有的被出租给雄心勃勃的政治家以作为其博得主子欢心的玩物。罗马有专门的角力学校,那些手持短剑和盾牌的角斗士①或彼此角斗或跟凶猛的野兽相搏,斯巴达克奴隶大起义就是由他们发起的。到了公元3、4世纪帝国走向危机时,角斗的规模更大,也更加血腥,角斗士们被要求丢弃短剑和盾牌,赤手空拳地与剧场的老虎、狮子等猛兽决斗。罗马各个阶层包括富裕的达官贵族以及既贫穷又愚昧的下层百姓都是当时的"角斗迷",他们恰如当今的"追星族"和足球迷,尤其是那些没有固定收入又不想劳动的罗马流氓无产者,他们为了终日观看野蛮的比赛而不惜出卖自己的选票。

那么,奴隶主是如何对待他们的奴隶的呢?除了我们前面所描述的以外,实际上他们有时对待自己的奴隶并非像以前教科书上所描绘的那样都是非常的残暴而毫无人性,一般而言,即使是在奴隶制繁荣时期,奴隶主对待他们的体力生产者也有一个基本原则:趁奴隶们年轻体壮之时尽可能地榨取其劳动,不过一般来说,到了奴隶老朽无用之时便予释放,交由国家供养;而且这种"老有所养"的状况到了共和国末期特别是罗马帝国后伴随着奴隶制的逐渐衰落得以改善。如西塞罗曾自诩他非常爱护自己的奴隶,当然西塞罗也许丝毫没有讳言,他这种所谓的人道主义表现与其斯多葛主义信仰的精神也是完全吻合的。

2. 金钱与享乐对于伦理的毁坏

伴随着罗马的军事扩张和经济繁盛,传统的伦理精神在人们对金钱欲望的膨胀中逐渐被毁坏和践踏了。罗马人最初有很多传统美德,诸如节俭、勤勉、朴实等,然而当大量的奴隶及各种财富源源不断地涌入罗马城以后,有关节俭、勤劳、禁欲的说教逐渐被他们抛之脑后。对于金钱的争夺、暴发户的奢侈与排场成为罗马共和国后期人们的追求。生活的目标和内容似乎发生了急剧的变化,这在不同的阶层有着不同的表现,譬如骑士,他们是一个追求低级趣味和盘剥各行省居民的主要阶层:作为古代的银行家,他们通常收取超额利息,比其应得的要高出无数倍;作为包税人,他们又疯狂地搜刮钱财。帝国建立后,来自世界各地包括中国的各种奢侈品涌入罗马,波罗的海的琥珀、毛皮和奴隶,撒哈拉以南的黄金、象牙和黑奴,亚洲

① gladiator,又称为剑斗士。

的香料、宝石和丝绸，等等。最受欢迎的似乎是中国的丝绸，曾几何时，无数丝绸涌入罗马帝国，罗马城内有专门的丝绸市场，这使得帝国的黄金储备大量东流，财政陷入危机状态，皇帝只好下令禁穿丝绸，普林尼以及后世的赫德生（著有《欧洲与中国》）对此都有一定的记载。罗马贵族开始大肆挥霍享乐了。

3. 奢华放荡——斯多葛主义的悖逆

帝国时代的罗马城占地5 000英亩，人口逾百万，其建筑宏伟、奢华。不过与今日的大都市相比，它毕竟缺乏现代城市的有效设施。譬如，罗马的街道当时不可能有今天这样的照明设施，没有月光的晚上整个罗马城一片漆黑，这时人们不敢外出，只能躺在家里睡觉；奴隶主若是外出则由奴隶举着火把护送，以免遭受强盗的袭击。难怪当时诗人嘲讽道，如果是谁要晚上外出而未立下遗嘱，朋友们就会责备他粗心。但是一到白天，罗马城又是一番景象：街上人来人往，小贩们高声叫卖，兑钱的人敲打着硬币，修补匠敲着锤子，玩蛇的人吹奏笛子，乞丐们哀声乞讨——整个罗马城可谓是热闹非凡。在居住方面，贫民和奴隶居处卫生设备简陋，这一结果也就产生了所谓不可避免的"副产品"即类似于今日仍在使用的马桶一样的便壶，据说罗马大街上便壶林立。传统观点认为，罗马富人是贪婪腐化的，不过事实并非完全如此，至少上流社会的传统规范是谴责公开炫富及无节制行为的，在信奉斯多葛学说的时期更是如此。事实上在相当长的时期里罗马贵族们并非一味地沉湎于纵酒和宴乐之中，而是过着那种"追求奢侈、欢乐而又不失理智的比较恬静的生活"①，即便是观看残酷的角斗场面的人，大部分也是骑士、下层民众以及流氓无产者。

然而到了帝国后期，与斯多葛主义相悖逆的每况愈下的道德沦丧局面似乎全面地展开：一些富裕的贵族通宵达旦地欢宴，据说为了追求那种珍馐美味入口时的美妙感觉，一些人在饱餐后再吃催吐剂，接下来继续痛吃，无休止的呕吐物竟然把台伯河弄得污秽不堪。另外，暴力犯罪和残酷的娱乐刺激竞相辉映；跟斯多葛学派禁欲主义相悖逆的是罗马的淫荡和纵欲，据记载，图拉真统治期间罗马城有3万名以上的妓女。一些罗马作家的作品里记述了当时罗马人的同性恋现象的普及和时髦——这一点如同20世纪后半叶的欧美国家一样（甚至有的国家还给同性恋者们的结婚提供了法律依据），也许再过一段时期，上述现象将司空见惯。

4. 帝国亡于酒池肉林的生活

罗马城还有一大奇观：那就是无数豪华的公共浴池。所有这些公共浴池均精心设计建造。戴克里先统治时期的公共浴池令人吃惊地占地32英亩，卡拉卡拉皇帝时期也有27英亩之多，它们更为豪华，不仅能提供热水浴、温水浴和冷水浴，而

① （美）斯塔夫里阿诺斯：《全球通史——1500年以前的世界》（上），上海社会科学院出版社1988年版，第238页。

且还有锻炼身体的设备,也有休息室、花园、图书馆,这些罗马公共浴室是古代世界规模宏大的健身或健美俱乐部。看来,现代人的时髦观念,罗马人早在2000多年前就已付诸实践了。中国有句俗语:"饱食思淫欲。"罗马人到此阶段,其16座豪华公共浴池所产生的社会性结果就可想而知了。

当然,罗马浴池最初只是公民们闲暇休息时所用,它们的泛滥及滥用主要是由于享乐主义风气的增长和道德的败坏所致,这些公共浴池最后成为淫乱和浮华生活的温床。有些学者甚至夸大地指出,公共浴池毁坏了罗马人原有的道德生活,同时也毁了罗马。到了中古时代,罗马天主教会对它痛斥与贬辱,甚至对于洗澡本身也加以抨击。教士们声称:人一生只需洗两次澡——一次在出生之时,一次在结婚之时——就足够了;一个肮脏的身体虽然气味难闻,但是灵魂的清洁却是至关重要的。这主要是由于罗马公共浴池使得社会风气沦丧所致。

但更令现代人发指的则是角斗士这一罗马时代最野蛮、最残酷的娱乐形式。那些经过专门训练的角斗士们在各种场所里舍命拼杀,或各自之间相搏(图3-12),或与饥饿的猛兽格斗,以博得看台上观众的欢爱。决斗即将结束时,裁判或观众有权做出判决——观众的判决是齐声的呼喊和嚎叫(图3-13);裁判的判决方式则是:大拇指朝上意味着角斗士可以暂保性命,而大拇指朝下就意味着角斗士将遭受致命的一击。决斗场上还有专门的服役人来检查被打死的决斗奴,检验的方式是用烧红的铁器猛刺死者,倘若还没有死去,那么沉重的大锤就再猛砸一击,然后拖出场外(图3-14)。至今还保存的一幅浮雕显示了在场的角斗士跟狮子比赛前罗马人把基督徒抛给狮子吃的场面。在一次表演过程中,一场接一场的比赛会连续进行,如果场地溅血过多,就在上面撒上一层新沙,然后再继续比赛。难怪其非人的处境使得斯巴达克发出震耳发聩的呼喊:"宁为自由死于战场,决不为老爷们的欢乐而葬身于竞技场。"

图3-12　当一个角斗士感到无力继续比赛时,他可以举起左手并伸出食指,提出失败的请求(Colchester瓶饰画)。

角斗的表演大多在圆形大剧场进行,观众有皇帝和元老院贵族,也有愚昧的民众、流氓无产者、骑士。罗马人已不再满足于希腊人那样纯粹的体育竞赛的表演,他们觉得那不够刺激,于是就发明了这世界文明史上残暴得令人作呕的角斗表演。约有53000个座位的罗马大斗兽场上可谓触目惊心,因为罗马人挖空心思的角斗花样很多:让人同各种凶猛的动物如熊、大象、犀牛、狮子、老虎拼斗或是让这些野

图 3-13　观众是裁判：在这里，决定战败的角斗士最终命运的是观众而不是裁判(近代绘画)。

图 3-14　死亡的角斗士被拖走(绘画作品)：可能被认为是一种祭祀仪式。

兽互相厮杀直至其倒地死去。令人震惊的还有规模空前的集体屠宰场面，在提图斯为圆形大剧场举行重大仪式那天，有 5 000 头牲畜被宰杀；而图拉真曾让 1 万名达西亚俘虏在相互角斗中死去。罗马谚语云："圆形大剧场若有倾圮之日，即为罗马帝国灭亡之时。"至此，我们不难理解这句谚语的深刻涵义了(图 3-15)。

5. 后期的道德沦丧及堕落的生活

不少学者都曾经以相当的篇幅来研究古罗马的妇女这一专题。既然涉及到古罗马的妇女,帝国时期的伊壁鸠鲁主义式的生活甚至道德沦丧问题似乎被加以渲染,再加上早期特别是基督教神学家们对此总是进行谴责、怒斥和夸大的述说,因此至今仍有一些学者认为古罗马亡于那种酒池肉林的生活,亡于道德的沦丧。正如基弗总结的那样,“早期基督教作家以及后来的历史学家和道德主义者一直坚定地断言,罗马帝国衰亡是人们性关系堕落、生活奢侈和挥霍放荡的必然结果”。就连公元2世纪史学家弗罗鲁斯在其《罗马简史》中也认为,自从奥古斯都时代起,罗马就开始走向了没落。这位历史学家的分析也许是发人深思的:“罗马帝国如果有了西西里和非洲就知足了,或者连这些省份都不要,只要整个意大利,也许会对她有好处……我们的堕落首先从征服叙利亚开始,然后是得到阿塔罗斯遗赠的亚细亚。财富和权力摧毁了道德基础,使国家陷入自己造成的罪恶深渊,并淹死在其中……”①

图3-15　实际上,罗马角斗娱乐有着复杂的社会背景,也蕴涵着各种矛盾的民族和等级情绪。来自庞贝的青铜雕像上刻画着这样的场景:看上去很痛苦的角斗士,正在用剑竭力击退那只从他勃起的阳具上生长出来的长得像狗似的怪物。他身体的不同部分挂着5个铃铛,头上有一个钩子。这样整个雕像就可以挂在门上当门铃使用——这只是一种推测。但事实告诉我们,在一些罗马人的脑子里,性和角斗士之间有着紧密的联系——说明角斗士与男性阳具的关系(拉丁文中“剑”*gladins*,其含义是男性生殖器),表明地位低下的角斗士男性味十足,因此这让优越的罗马男人感到有些自卑。尽管看上去角斗士的勇猛对男人来说代表着他们的吸引力,但是很危险,几乎是一种威胁生命的男子气概。

当然,不容否认的是,罗马帝国时期罗马城以至整个意大利半岛的城市大多陷入那种花天酒地的享乐生活。不仅是贵族,即便一般的自由民甚至奴隶都在进行伊壁鸠鲁主义式的生活,纵欲享乐并不被视为可耻,特别是对于年轻的男子而言。罗马三大诗人对此都有不同程度的描写,有些甚至是近乎“黄色”抒情,难怪中世纪的基督教会把其中许多作品列为

① (德)奥托·基弗:《古罗马风化史》,姜瑞璋译,辽宁教育出版社2000年版,第430-433页。

禁书。请看贺拉斯的《讽刺诗集》第1卷第2章第116行中的描述和观念：

当性欲强烈的时候，
身边有一妓女或小听差，
你会立即扑上去，而不会心甘情愿地克制自己。
一笑了之吧？
我决不这样！
我喜欢唾手可得，毫不费力的性爱！

罗马城内的妓女有高中低等之分，高等妓女多是演员、舞蹈家和乐师（如竖琴演奏家），类似于近代西方的"茶花女"。罗马历史上第一位独裁者苏拉以及共和派领袖西塞罗不仅有成千上万的奴隶，还有这样的妓女。古罗马的哲学家们特别喜欢这类女子。不过真正的职业妓女（登记备案的）无一例外全是奴隶，这是由她们的社会地位所决定的，那些解放了的女奴即女自由民（一般不会是罗马人）生活放荡[①]，社会地位使她们走上这条道路。

罗马的妓院往往开设于罗马城第二区即苏布拉区，该区位于凯利安山与埃斯奎林山之间。此外，在城外大竞技场旁边也有不少。在庞贝古城遗址，也发现了许多妓院的遗迹。各类妓院在罗马帝国各个城市都有，怪不得后世人说整个罗马帝国就是一个淫窟。进入妓院，那阴暗的小卧室和门上都有淫画，对于低档次妓院污秽甚至肮脏的环境和令人担心的传染疾病，罗马人也有所准备，有限的防卫措施包括洗涤、沐浴以防止性病传播。布洛赫在《性生活的角色》和《梅毒的起源》中有一定描述。

在罗马帝国，卖淫和嫖娼曾经成为一种被认可的习俗，嫖客中最多的是青年男子，包括士兵、水手、自由民、奴隶、小商贩（如玉米贩、肉贩、油贩等）。黑社会分子往往聚会于妓院，贵族中也有不少人常常出入于这些风月场所。罗马妓院盛行的原因，一是男多女少，帝国初期估计女子比男子少17%，这导致一些男子特别是奴隶娶不到老婆。此外，嫖娼在古罗马被视为是一种没什么大不了的事情。塞内卡、西塞罗以及严肃的老加图都对此极为"开明"，"要求青年男子在婚前自我节制，对于粗俗好色的罗马人来说，似乎就违反常情，甚至有点荒唐了"[②]。

罗马是什么时候开始堕落的？这个也存在着一定的争议。共和国晚期的著名史学家萨鲁斯特在其代表性的史著《喀特林叛乱记》第13章中述及，苏拉时代之后

---

① （德）奥托·基弗：《古罗马风化史》，第61页。

② （德）奥托·基弗：《古罗马风化史》，第61页。

图 3-16　出土文物显示,这位显然是贵族小姐的淑女完全顾不得自己的锦绣衣袍滑落下来,充满激情地拥抱着她的崇拜偶像。

男人沉溺于违反常情的淫乱,而女人也毫不逊色,公开出卖贞操。这当然有些夸大其词,但也一定程度地反映了当时罗马人生活的无节制,看来至迟在罗马共和国后半期,所谓性生活的堕落已经出现。罗马三大诗人在其诸多代表性的作品中都不同程度地描述了那种生活。譬如,奥维德在其《爱情诗》第 1 卷第 5 章中的描绘似乎是自己在回忆亲身经历的情景:女性服装的多寡、暴露多少或是暴露与否都没有关系,只要她自己感觉得体即可,显贵体面的妇女穿正式的长褶子的外衣显得朴素庄重,可是悄悄走进情夫房间的荡妇,"身上只穿短袖束腰内衣,那效果就大不一样:她盼着情夫情欲爆发,动手脱下她的内衣,情夫果然动手了"[①],奥维德甚至还以令人震惊的坦率写道:"要找处女只有不求爱。"(《爱情诗》第 8 章第 43 行)这类描写数不胜数,似乎是在有意突出这类内容,很显然当时的罗马人特别是贵族们喜欢这种内容,这是一种时尚,它从侧面也反映了当时罗马的道德生活准则(图 3-16)。

与奥维德相比,贺拉斯的作品在颂扬放荡的爱情方面有过之而无不及。他在其著名的《歌集》中有一段哀歌非常有名:

罪恶的年代首先玷污了
纯洁的婚姻、家庭和血缘世系,
于是灾难犹如洪水泛滥,
一个个妙龄少女都喜欢上
轻浮的希腊式的舞蹈,懂得偷鸡摸狗,
对淫荡的性爱过早地驾轻就熟。
于是当丈夫陶醉于美酒时,
她便去寻找奸夫,在昏暗的房间里,
轻率地将身子给了男人。
不仅如此,若有货郎上门来,

① (德)奥托·基弗:《古罗马风化史》,第 168 页。

或者来了个肯花钱的西班牙水手，
她当着丈夫的面，起身笑脸相迎。

相对而言，维吉尔的诗歌则显得纯洁多了，它们不那么露骨地歌颂情欲，柏拉图式的爱情在维吉尔的作品中更为突出。

6. 罗马帝国亡于疟疾——一种全新的观点

世纪之交，最新的科学研究表明①，罗马帝国灭亡于一种疾病的肆虐和流行，这种疾病竟然是至今还在世界某些地区盛行的疟疾。

英国和美国的研究人员对一名1 500年前罗马的一处墓葬的儿童骨骼进行分析后证明，疟疾曾经在罗马广泛流行。考古学家声称，新的发现支持了一个假说，即公元5世纪有大规模的疟疾爆发，它很可能导致了罗马帝国的灭亡。瘟疫与疟疾联系起来的证据此前主要是一些文学作品，当然还有在一座别墅里挖掘出来的婴儿墓穴中的间接线索——该别墅位于罗马以北70英里，所有人被埋葬于公元450年左右，一些人被埋葬于万人坑里，有些被斩掉头的小狗骨架、一只乌鸦爪子、一些异教仪式祭品似乎反映了一个以基督教为正式信仰的民族面对疾病和死亡困扰时所表现出的惊慌失措。

美国亚利桑那大学的一个国际小组曾经在20世纪90年代早期发掘了那个儿童墓地，并且发现了50多具小骨架，大多数骨架是在陶罐里发现的，他们是死胎或夭折婴儿的遗骨，因为那种疟疾足以导致流产和婴儿死亡。英国曼彻斯特大学理工学院的研究人员首次成功地运用了新技术进行古代疟疾传染踪迹的研究，他们从一名3岁儿童的腿骨上分离出微量脱氧核糖核酸(DNA)样品，并且验证98%的DNA与那些感染了恶性疟原虫疟疾(4种最致命的人类疟疾类型之一)的患者体内的DNA相吻合。罗马大学的科学家发现的证据同样证明，恶性疟原虫疟疾来自非洲，曾经在撒丁岛发生变异，后来于5世纪左右传播到沼泽遍布、蚊子肆虐的台伯河流域。这一切研究结论似乎证实了瑟伦提出的疟疾可能给罗马造成严重后果的假说。

而且，与此同时，这场疟疾瘟疫或许使当时的罗马免遭匈奴王阿提拉的洗劫，因为阿提拉本人可能因为害怕发烧而在尚未到达罗马之前就决定“打道回府”了。

不过，罗马帝国灭亡的基本原因，是由多种因素所导致的，以前我们过分强调奴隶起义、经济制度还有政治因素等，那是极为片面的总结。实际上罗马帝国的衰亡主要是道德的衰败，以及内部的腐败，其中内部的腐败又有许多个因素。正如伟

① 参见美国《纽约时报》2001年2月20日的文章，转引自《参考消息》2001年2月23日第7版，这一消息为世界各大媒体所转载。

大的威尔·杜兰先生所讲的那样,“一个伟大的文明国家,其灭亡,常非由于外力的摧毁,而是其内部的腐蚀所造成的”,帝国倾覆的基本原因在于“她的人民、她的道德风气、阶级间的斗争、商业的败落、官僚作风的专制政治、繁重的课税及耗费繁大的战争”,还有罗马的人力资源严重不足的问题。杜兰认为由于奴隶和自由民逐渐减少导致了田地荒芜,特别是由于过高的生殖能力而导致的家庭节育几乎成为“时尚”,这种价值观念由受教育者转移到大众:到了公元100年左右,因农业人口多导致的粮食匮乏使得乡村同样实行节育,到3世纪,罗马西部各行省纷纷效仿,高卢人力资源大减,虽然杀婴被视为有罪,但贫苦加剧了杀婴之风的增长。另外,道德的衰败使得纵欲盛行,迟婚和不婚同样减低了生育能力,加上东方习俗传入,“阉割之风大为兴盛”(似有夸大之嫌),侍卫队司令官(Plantianus)阉割了100个男孩送给他女儿,作为结婚礼物……[①]等等,这些均从侧面反映了庞大的罗马帝国机器内部的种种痼疾,其中有些机体已经病入膏肓,不可救药。

八、罗马:文化的拓展、交流及世界意义

罗马文化的世界意义是指,由于罗马人军事扩张导致的广大世界的统一使得文化上得以逐步融合,这在古代全球是极其罕见的,因为这种文化上的融合甚至部分程度的统一持续了好几百年,如果再把东罗马帝国亦即拜占庭帝国考虑进去的话,那这一时间就长达2000年之久。

1. 罗马法律:大陆法[②]的渊源与基础

另外,罗马文化的世界意义还包括罗马法律的永恒价值。当今影响世界法律体系的大陆法系导源于罗马法,令拿破仑引以为豪的《法国民法典》的编纂基础就是《罗马法大全》。其他还有,罗马式建筑风格的世界性,拉丁语持久与广泛的影响,包括维纳斯其名本身的艺术影响,还有像“条条大路通罗马”、“大难临头,依然歌舞升平”之类的众多成语、谚语的持久性意义。

在拉丁文中,“法”(jus)一词乃公平合理之意。罗马人自己也许根本没有料到,他们给世界文化遗产宝库所留下的最珍贵的财富既非科学和宗教,也非艺术与哲学,而是其一整套较为系统而完备的法律。虽然它们还有待于后世人整理与完善,但毕竟是给骄傲的西方文化所带来的最大贡献之一。

早在公元前450年左右,罗马人颁行《十二铜表法》之前,他们已基本完成了由

---

① (美)威尔·杜兰:《世界文明史》卷三“恺撒与基督”,第493-494页。

② 大陆法是世界法律史上体系最完善、内容最丰富、使用范围最广、历史最长、影响最大的法律。它广泛适用于欧洲大陆、拉丁美洲、亚洲及非洲等地区;它源于罗马,故亦称罗马法系,这主要是相对于普通法系即海洋法系而言的,后者隶属同样通行于欧洲的英美法系。

习惯法向成文法的过渡。把法律条文刻在12块铜板上并将它树立于元老院大厦前的《十二铜表法》是罗马人的第一部成文法典，也是世界古代史上最有价值的成文法之一，它充分体现了罗马依法治国的传统与精神。此后罗马共和国大部分历史时期里，元老院和公民大会制定的法案、执政官的命令、执法官对司法案件的判决等都具有法律效力。罗马帝国时期是罗马法高度发展的时期，后世西方法学家往往称之为罗马法的“古典时代”。公元5世纪初，罗马皇帝规定罗马五大法学家的著作具有法律效力。一个世纪之后的东罗马帝国初期，为改变原有罗马法律混乱无序的状况，查士丁尼皇帝委托大臣特里波里安主持了法律的编纂工作，先后完成了3部法典的整理工作：《查士丁尼法典》、《查士丁尼学说汇编》、《查士丁尼法学总论》（亦称《法学阶梯》）。在查士丁尼死后，他所颁布的168条敕令又被编成《查士丁尼新律》。到公元12世纪，上述4部法典就被统称为《民法大全》[①]，亦称《罗马法大全》。这些细致的法律条文汇编给罗马法做了一个总结，它成为古代最完备、影响最大的法典。到6世纪中叶，对于罗马法的总结工作就告一段落了。

上述罗马法系主要由三个大部分组成。一是市民法或公民法，最初它仅适用于有公民权的罗马人，基本上只使用于共和国时期；它还包括不少传统的习惯法内容，因为公民法有两种形式：成文法及非成文法，后一种形式是古老的习惯法内容。二是万民法，它适用于罗马帝国时期境内各民族以及外籍人，它是罗马人真正的“国际法”。伴随着罗马公民权的普及和帝国的扩大，上述两种法的差别就越来越小了。三是自然法，它不是司法实践的产物，而是哲学及法律哲学思想的产物；它亦非具体的命令及法令，而是与之相适应的抽象的法律学思想和概念——即西塞罗所宣称的“真正的法律”，亦即法的基本精神和本质。作为法律原则的这种抽象法学思想或概念，它同样是罗马法律文化的重要组成部分。此外，罗马时代还产生了不少法学家，在元首政治即帝国时代前期的奥古斯都时代，法学研究所所长普罗卡尼斯和萨比纳斯都曾形成了不同的法学学派，它们在争论中使得罗马法学思想发展到顶峰，之后又出现了五大法学家即所谓的“法学五杰”：盖尤斯、巴比尼安、鲍鲁斯、乌尔比安、摩狄斯，他们的思想成为罗马法理学的基础，反映了罗马人尊重法律权威的传统。

罗马法是古代世界上最完备和典型的法律，它对于后世的影响是广泛而永久性的。罗马人崇尚依法治国，认为法律乃治国之本。西塞罗在其《法律篇》（卷三）中认为，政府要受到自然法的约束和管辖；执政官的权利完全来自于法律，法律要统治执政官，“执政官乃是会说话的法律，法律则是不会说话的执政官”。另一位斯多葛派的代表人物马可·奥里略也在其《沉思录》中阐述了他那有名的三种政府或

① Corpus Juris Civilis，亦译为《查士丁尼民法大全》以及《国法大全》。

政体,亦即"一种能使一切人都有同一法律的政府,一种能依据平等的权利与平等的言论自由而治国的政体,一种最能尊敬被统治者的自由的君主政府"①。罗马人懂得如何用法律来维护个人的利益,他们认为只有法律才是最公正的,法律面前人人平等。西塞罗进一步认为,法律是人们自然的权利,"是理智的人的精神和理性,是衡量正义与非正义的标准","共享法的人也必享正义"②。这些法律思想对后世的法律理论与实践都产生了深刻的影响,恩格斯在其《反杜林论》中述及罗马问题时专门指出,罗马法是以私有制为基础的法律的最完备形式。它经过中世纪各国法学家研究、诠释、整理后逐渐演化为近现代德国、法国等欧洲许多国家法律的主要内容和精神。如1804年公布、已修改百余次而至今仍在施行的《拿破仑法典》③即是以罗马法为蓝本而制定的;19世纪末德意志帝国的法律也同样受到罗马法的直接影响;20世纪初,罗马法还经过日本流传到我国,它对于中国的立法工作产生了不小的影响。100多年以前,德国法学家耶林在其所著的《罗马法的精神》里谈到:"罗马曾三次征服世界,第一次是以武力,第二次是以宗教,第三次则以法律。而这第三次征服也许是其中最为和平、最为持久的征服。"④

2. 拉丁语:古代西方的普通话

今日回头纵览拉丁语的发展和影响,我们不得不感慨古罗马人的巨大作用。虽然诸多罗马文化内容发端、承继于希腊,但是与罗马人直接相连的语言在后世欧洲乃至世界的意义实在是任何一种语言不可同日而语的。

拉丁语的寿命 文化的意义远超政治、军事的影响。拉丁语的寿命远远长于罗马帝国本身的寿命;拉丁语的使用并没有随着帝国的灭亡而停止。众所周知,罗马帝国范围内使用的语言文字主要是拉丁文,它是整个帝国世界的普通话以及官方文字。虽说西罗马帝国早已消失,但拉丁语在欧洲却长期占据着统治地位,中世纪天主教会和可怜的知识界所通用的文字依然是拉丁文。直至17世纪末,几乎所有欧洲国家尤其是西欧和南欧地区的政府文牍还是以拉丁文为主,更不用说学者们著书立说了。时至今日,拉丁语仍然存在于我们每个人的生活周围,它对于后世科学和生活的影响是永恒的。

拉丁文最初并不普及 早期的罗马很少有人会写字。即便到了公元前6世纪

---

① (英)罗素:《西方哲学史》(上),商务印书馆1981年版,第341-342页。

② 见西塞罗《法律篇》第1卷,转引自西方法律思想史编写组所编的《西方法律思想史资料选编》,北京大学出版社1983年版,第66页。

③ 1870年以后习惯上称《法国民法典》,是拿破仑任第一执政时主持制定,它被认为是西方资本主义国家第一部民法典。拿破仑曾得意地认为,他这一生值得自豪的并不是军事上和政治方面的成功,而是这部能使他流芳百世的《法国民法典》。

④ 江平、米健:《罗马法基础》,中国政法大学出版社1987年版,第43页。

的共和国时代，文字已广泛应用于抄写法律文书、条约、墓志铭和悼词等方面，但由于文化教育只限于少数人，且这种文化知识一般只是用于艺术、用于父亲训导男孩子的体育以及用于士兵美德方面，因此多数人目不识丁。另外，战争与农业是古罗马人的主要职业，大约90%以上的成年男子从事这两种职业，这使得文字的应用范围十分有限，使用率也很低，这在共和国时期就是如此，而这一时期希腊文化的影响极大，希腊语言和文字的影响甚至远远超过拉丁语。到了共和国后期尤其是进入帝国以后，拉丁文才越来越通行，它逐渐成为帝国所有行省使用的官方文字。在罗马世界，拉丁文逐渐成了文化传播的媒介和工具。

拉丁语的完善 拉丁文是台伯河流域拉丁姆平原上的拉丁人所创立的，后来演化为罗马字母的拉丁字母是由伊达拉里亚字母发展而来的，后者吸收了闪米特亦即塞姆文字以及希腊文字；其后拉丁文字又与亚平宁各地方言文字相结合，逐渐发展成为古代罗马帝国通行的文字。它也成为后世乃至当今意大利、西班牙、葡萄牙、法国以及罗马尼亚诸民族文字的基础。古典的拉丁语有23个字母，其中21个是从伊达拉里亚字母中派生出来的。到了中古时代，拉丁字母"i"分化为"i"和"j"，"v"分化为"u"、"v"、"w"，形成了所谓的"罗马字母"，这样就跟现代英语字母中的26个字母完全一样了。

拉丁语的意义：时代性与地域性 拉丁字母继承和发展了希腊字母形体上简洁、匀称、美观的优点，更主要的是它便于阅读。鉴于罗马字母的巨大优越性，法国人、意大利人、葡萄牙人和西班牙人完全继承了该种文字，他们成为历史上所谓的"拉丁民族"，拉丁美洲的得名亦源于此。除了中古时代欧洲基督教世界通行拉丁文之外，伴随着近代基督教的传播及西欧的殖民扩张，整个西欧、美洲和部分非洲地区都开始使用拉丁字母。《圣经》的始著文字是拉丁文，自罗马帝国以来千余年，许多学问家无不通晓拉丁语。拉丁语不仅是古代中世纪世界性的语言，而且后来它还广泛应用于许多自然科学领域，如医学、生物学、数学。现今全球的西医医生均以拉丁文开列处方，国际医学界交流使得拉丁处方本身就像音乐语言一样通行世界。我国1963、1977、1985年版的《药典》所载药物包括中草药及其制品均注明拉丁文药名。

除此之外，我国的汉语拼音、当代的世界语字母等等所采用的字母都是拉丁字母。如今全世界属于拉丁语系的民族人口超过4亿，他们遍及欧洲、美洲、非洲三大洲；拉丁字母也为其他众多民族创造自己的文字提供了基础或条件，它对世界文化的贡献是难以估量的。

3. 艺术的继承与拓展

罗马艺术的世界意义，一是维纳斯的诞生，二是罗马建筑风格的确立及其持续性的影响。当今许多北非、西亚、欧洲国家被联合国教科文组织(UNESCO)遗产委员会登录为世界文化遗产的内容，有不少竟然是罗马帝国时期留存下来的建筑，里面包括大量的雕塑等艺术。

希腊的持续性影响　像哲学及自然科学学科一样，罗马的艺术也继承了希腊化时期造型艺术的衣钵（图3-17），但它同时也受到了东方的影响。虽然罗马人在建筑方面有着高超的模仿及创新本领，但来自于希腊人的影响一直持续到罗马人"天资才华"的殆尽之时。

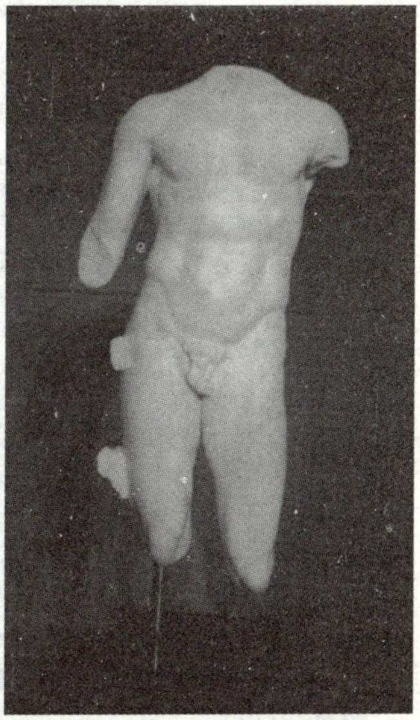

图3-17　大理石雕塑《运动员》(Torso of Athlete)，作于公元前1世纪～公元1世纪期间，典型的希腊化时代的雕塑艺术。Torso意为"没有头和四肢的裸体躯干雕像"。

从一些主要的建筑就可以领略罗马人是怎样继承和吸收希腊式风格并逐渐形成罗马式风格的。当罗马征服者一趟趟地把大批雕像、浮雕、大理石柱等等作为战利品从东方——包括小亚细亚、埃及、希腊、中亚西亚等地——运抵罗马城后，这些东西为罗马贵族和富有的包税人以及银行家们用来装饰其豪华的居所，不少也被加以复制。最初罗马人的建筑也多采用圆拱圆顶的营造法式，他们的神庙建筑更多地采用科林斯式的圆柱，如著名的罗马万神殿[①]就是极其庄严、华美的巨大建筑，它始建于公元前27年的屋大维时代，直至公元124年的一个半世纪后哈德良皇帝时方才完工。万神殿的正面是人字形顶以及由16根拱柱构成的希腊式门廊，整个庙身则是一个巨大鼓形的建筑式样，其高度和直径大约都是43米，上面有金光闪烁的圆顶，里面则是琳琅满目的浮雕（图3-18）。公元663年，伦巴第王国时期万神殿上面的金质圆顶被劫掠一空。

罗马城内的伟大建筑　屋大维成为不可一世的终身元首之后，在罗马城内的原罗马七丘中最著名的巴拉丁山丘上建造了一座华丽的宫殿[②]。就整个罗马帝国时代而言，最庞大的建筑物却是弗拉维王朝苇帕芗时代兴建的圆形大剧场[③]。这一古代世界绝无仅有的露天大剧场全部用优质石材砌成，其形状犹如椭圆形的大桶，长径达190米，短径达156米，外壁高达48.5米，场内从基底层到最高层座位

---

① 即罗马帕提农或帕提翁(Panthen)神庙，又称万神庙，它是祭奉天神朱庇特及诸神的神庙。

② Palatine(巴拉丁)后来成为皇宫、宫殿的代名词，英语palace一词即源于该词。

③ 又名大圆形竞技场(Colosseum)，后英语"竞技场"一词即源于此。

图 3-18　俗谚："到意大利不去罗马万神殿，来的时候是一头蠢猪，走的时候还是一头蠢猪。"罗马万神殿，外观似平庸，内部却令人叹为观止！

有 60 圈之多，另外还设有皇室及元老院贵族的专座，可容纳观众 6 万人(另一说可容纳 8 万人)左右。从外观上看，大剧场可分为 4 层，下 3 层为拱式券廊，其中每层又有 80 根拱柱及 80 个券洞；最上层是厚重的冠冕式墙，它把整个建筑物紧紧箍住，使得这座宏大的剧场显得凝重稳固而坚不可摧。圆形大剧场成为骄傲的罗马人的帝国象征，在帝国灭亡后很久，这一建筑仍旧得以存在，至今其残垣断壁还矗立于罗马城，那固有的雄姿犹存如旧(图 3-19)。

此外，整个罗马城本身设有 30 道城门，城内还有百座神庙、9 个大剧场和 16 所公共浴场。好大喜功的图拉真皇帝在征服了罗马尼亚地区的达西亚后便在罗马城建造了宏大的剧场，又在广场上竖立起一个巍峨的记功柱(图 3-20)。这一由罗马最有名的建筑师阿波罗多鲁斯设计的广场和记功柱雄伟壮观，那记功柱柱身上有连环式的浮雕，整个浮雕盘曲而上，并绕柱身 23 匝，浮雕依次描绘了图拉真所进行的历次战役。柱顶之上立有这位皇帝的雕像，只是后来皇帝的雕像被拉了下来，罗马天主教会用圣彼得的雕像取而代之。

建筑内容远不止于罗马城内。除了浴池、宫殿、神庙、广场等外，一些公共建筑设施如水渠和公共道路大多在城外并遍及帝国。为保证罗马城百万人每天饮用到清水，罗马先后征用民力修建了 11 条用砖石结构建造的长达数十里的水渠，其中

图 3-19　复原的罗马圆形剧场——科洛赛罗外观。

图 3-20　图拉真广场和纪念柱及其局部精美的浮雕。

有些被架在空中，并穿山越岭，直送罗马。类似的工程也见于其他城镇，这使我们想到现代自来水工程也是源于罗马人的构思这一事实。与此同时，遍及于亚平宁半岛及整个帝国境内的“公路”也是罗马人在建筑方面的辉煌业绩。到公元2世纪之时，帝国境内的公路即驰道已达372条，全长约8万公里，其中仅意大利境内就有2万公里①；它们四通八达，遍及整个罗马帝国，所谓“条条大路通罗马”是名副其实的。这些用巨大石板或石块铺成的驰道坚固耐用，即便罗马帝国灭亡之后，它们仍旧是欧洲乃至欧亚陆地的交通要道，直至近代才被新生事物——铁路和公路所取代。

图3-21 大理石雕像《弄发的维纳斯》，作于公元前100年，作者不详，高49cm，藏于罗得斯(Rhodes)美术馆，为希腊化时期的作品，维纳斯题材的作品对于罗马影响加大。

造型艺术：维纳斯的诞生 对于造型艺术，罗马人并不像希腊人那样致力于创造人体美、人性美以及自然美——无论是男性掷铁饼者形象还是女性雅典娜或阿芙罗狄忒的古典美，都反映了希腊人对于纯真艺术的孜孜追求。当然罗马人也有自己的风格，那就是较多地以真实人物为题材，如恺撒、屋大维、图拉真等皇帝的雕像均留存于世，后来又产生了具有永恒意义的典型的女性美神形象——维纳斯(图3-21)。其他如凯旋门、凯旋柱、叙事浮雕、祭坛、半身雕像和塑像均为独特的艺术内容，其特点表现为极强的个性和鲜明的自然主义，它甚至比建筑本身更能表现罗马贵族的权势、虚荣心以及炫耀奢华的习惯。虽然这种造型艺术也像建筑一样很明显地深受希腊尤其是希腊化艺术的影响，但罗马人部分艺术内容的影响甚至超过了希腊人。中世纪以后的千余年，罗马式建筑风格和哥特式建筑风格成为西方建筑史上两大著名式样，特别是文艺复兴以来所常用的那种圆顶拱柱的营造法式即为罗马人所遗留。在雕塑方面，虽然罗马人没有留下像《赫尔墨斯像》、《阿芙罗狄忒神像》以及《掷铁饼者像》、《持矛者像》等精美绝伦的艺术品，但罗马人丰富多彩的关于现实生活题材的雕像则具有逼真自然的特征，其深远影响延续至后世

① 这是一个惊人的数字，我们可做一比较：到20世纪末，我国的高速公路达1万公里，总公里数已经进入世界前列；如果拿现在的高速公路与当时的驰道相比(而不能拿一般意义上的公路与之相比)的话，罗马帝国的驰道总长度则是令人惊异的。

如文艺复兴时代。又如,体现典型女性美的维纳斯雕像就逐渐成为一种模式和典范,它在地域上的影响遍及罗马帝国,它们甚至还出现于广大的东方——从小亚细亚经两河流域一直到印度,“维纳斯式样”普遍存在,而且它的影响是永久性的。当今现代化的大都市从喧嚣的广场到安静的大学校园,爱与美之神维纳斯的裸体复制品已成为东方人最熟悉的雕像之一。

4. 教育:对于希腊的继承和张扬

罗马的教育分为国立教育和私立教育,它在不同的时代有着不同的表现。首先,共和国前期罗马的教育大致相当于初等教育。学生主要是贵族子弟,他们不仅要学习读、写、算和一定的法律知识,还要学习德育,如老师讲授一些古代圣贤、英雄之事以激发其爱国心及社会责任感,培养其意志和美德。其次,共和国后期特别是在征服了希腊以后,伴随着希腊文化的全面输入,希腊语备受青睐,罗马贵族和有名望的人以讲希腊语为时髦,希腊籍教师也成为最受欢迎的老师。初等教育升格为中等教育,譬如文法学校讲授希腊语和拉丁语,并要阅读《荷马史诗》及其他希腊、罗马作家的作品。之后,在中等教育的基础上又发展到相当于高等教育的高级教育,所谓高等修辞学校。在这类专门的学校里,学生要学习修辞学、哲学、法学、数学、天文学和音乐,目标是成为政治家和演说家。罗马、雅典、亚历山大里亚等地都有初步的高等学校。再次,帝国时期罗马的学校由私立改为国立,这主要是由于疆域扩大而致。这时政府对学校实行监督,教员为帝国的官吏。不过到了帝国后期,罗马的教育逐渐衰落。总的看来,古代罗马的教育比较发达且基本形成体系(图 3-22),中世纪欧洲各个大学的教学模式和水准甚至还比不上罗马。相对而言,罗马人的教育虽未涉及神学内容,不过却强调德育。帝国前期的教育理论家昆提良(公元 35~公元 95 年)在其

图 3-22　柯列乔的《爱神丘比特的教育》,创作于 1524~1525 年,现藏于伦敦国家美术馆,作品描绘了希腊神话中司职教育的神赫耳墨斯(罗马名为墨丘利,他戴有羽翼的帽子和脚穿一双来无影去无踪带羽翼的靴子)和爱神维纳斯共同教育小丘比特。赫耳墨斯被描绘为充满耐心与爱心的教师;维纳斯立在一旁,手扶赫耳墨斯的弓箭,三神组合,看似一幸福家庭,实乃画家题材的演绎之作。

《演说术原理》中认为，教师既要有渊博的知识，同时也要在生活处世方面做学生的楷模，这种教书育人、德才兼备的思想为后世所承继，至今东方人尤其是我们中国人也有类似的基本教育准则——而就这一方面来说，古罗马文化同中华文化还是相通的。

5. 文化的世界意义：罗马帝国在东西方文化交流方面的作用

罗马帝国疆域的空前扩大使得东西方文化实现了真正广泛的交流，罗马帝国在这方面的贡献大大超过了前代的波斯帝国和亚历山大帝国。譬如波斯帝国境内有一条自波斯湾北部苏撒城至小亚细亚西部以弗所长达 16 770 里的御道，亚历山大大帝藉此御道一直打到印度河流域，这条道路后来又向埃及和印度延伸。不过罗马人修筑了更为先进、更为完善的驰道，它们形成了网络——这张遍及亚非欧三大洲的交通网从设计到保存几乎是空前绝后的。前已有述，罗马驰道大多用石料铺成，在近代化的铁路和公路出现之前，罗马帝国的驰道及桥梁一直是主要交通干道，某些桥梁至今还在使用。所有这一切都十分有利于商业和贸易以及文化交流的扩展。

历史的舞台正在扩大，人们的生活变得愈来愈复杂，不同种族、不同地区的文化交往成为可能。罗马时代的希腊籍史学家波里比阿在论述公元前 220 年～公元前 145 年的历史时曾说过："在今天这个时代，历史可以说是已成为一个有机的整体。意大利和利比亚发生的一切同亚洲和希腊发生的一切密切相连，所有各种事件，最终只归于一个结局。"这一结局就是从罗马人那里发端的世界帝国概念的扩大与实践。亚历山大大帝曾使希腊化的世界帝国短暂出现，国际间的文化交流也得以实现，而此前的波斯帝国同欧洲的贸易仅限于地中海一带。到了罗马帝国时期，真正全球贸易的序幕拉开了，帝国最初两个世纪的繁荣与稳定实现了全面的经济和文化交流。这一时期的国际形势还包括：远东的汉朝曾极力发展到中亚并打通了西域至西方的通道（"丝绸之路"），这就为东西相隔数万里的两国皇帝享用奢侈品提供了可能。

罗马人的强大及其长时期的统一消除了过去一直阻碍商贸活动的陆路劫匪及海盗，况且关税壁垒已不存在，罗马人同所有毗邻地区——从北部的斯堪的那维亚、莱茵河对岸及多瑙河对岸的达西亚到非洲撒哈拉大沙漠以南地区，从不列颠到印度和中国——都有着广泛而长期的贸易往来。每年 6～9 月，西南夏季风从东非吹向印度，而 10～12 月冬季风又把阿拉伯水手从印度吹向东非，横穿印度洋的海上贸易早在 2 000 年前已经实现。据说一个罗马商人从罗马旅行到印度包括从陆上穿越埃及的时间，只需 16 周即可完成。当然古代的"马可·波罗们"大多不是真正的罗马商人，而多是希腊人、叙利亚人和阿拉伯人。至于罗马同中国这两个文明中心，最终还是因为路途遥远以及高山大海和荒漠草原的重重阻隔，又有伊朗高原的帕提亚人(安息人)的恐吓哄骗使得汉使甘英未能到达欧洲。尽管如此,罗马贵族们所需的丝织品、肉桂、大黄和优质铁等源源不断地被中亚商人自丝绸之路运至罗马帝国各地;与此同时,来自波罗的海沿岸的琥珀,来自罗马诸行省的玻璃、珊瑚、珍珠、亚麻布、羊毛织品、黄金也不断地流向中国。东西方文化及贸易交流至此也真正地开始得以实现。

第四章　欧洲中世纪：西方文化的千年积淀

第一节　欧洲新文明：文化奠基

一、被曲解的“中世纪”

从公元500～1500年这整整1000年的历史，我们把西方世界的历史称为中世纪或中古时代。但是，长期以来，该时期被认为是“黑暗时代”(the Dark Ages)，它成了黑暗、愚昧、落后的象征和代名词，学术界曾经为之贴上愚昧与落后的标签。虽然最近一个世纪的历史研究使得对这一时代文化状况的认识有了很大改变，不过传统观念的迷雾仍旧笼罩于后世，很多人对这一时代还是不屑一顾，甚至嗤之以鼻。

不过这一被歪曲的字眼应当彻底纠正。修正的出发点是：其一，伴随着20世纪考古学的发展，世界历史早已超越了19世纪中叶以前欧洲中心论者的视野所及；世界的历史不再仅仅是西欧或基督教会史，埃及、西亚、印度、中国、印第安人部分地区的文化在古代要比西欧发达得多；拜占庭、阿拉伯、中国甚至印度在中古时代的文化发展和繁荣大大超乎西方学者的预料，中世纪西欧文化从整体上讲则大大落后于上述地区，不过在中世纪后期西欧文化渐露曙光，某些领域甚至是一片光明。

其二，不断深入的研究和观念的更新使得人们对于“文化”概念本身的理解更为全面和系统，文化史研究领域的扩展以及对中世纪基督教会保存文化方面的新认识，同样也使人们对西欧中世纪的历史有了更深的了解。可以肯定：中古时代，欧洲文化并非停滞不前，而是在缓慢地积累。文化的发展犹如树木的生长，树木生长久了，便显示出了清晰的年轮，文化亦如此，民族或地区文化生长久了，积累多了，也有其文化年轮。欧洲中世纪某些文化领域有时是明显地发展，有时是缓慢地累积。如果说文艺复兴是欧洲文化的爆发，那么中世纪时代文化的积累是造成这一迸发之势的基础。就欧洲那1000年历史发展来看，整个欧洲并非一直是在倒退或处于野蛮状态，并非所有时代所有地区都沦落到愚昧主义和禁欲主义的深渊。

古典文化虽是黯然失色,但中古后期却又重新得以发掘和整理。中世纪西欧文化内容同样是很具体的,它主要包含着三种清晰的因素:基督教及其神学文化,日耳曼、斯拉夫等各民族的特色文化以及后来“复兴”起来的古典文化。三种文化的逐步发展,最终成长为这一时期西方文化的基本形态。

从世界范围观察,我们述及的时代东部有中国和印度两大文明中心,西部有阿拉伯和拜占庭帝国两大文化中心,再往西就是今日意义上的西方基督教世界,到了近代它将后来居上。阿拉伯文化与拜占庭文化在中世纪前期高度发展,其对西欧的影响是巨大的。相对而言,中世纪早期的欧洲文明几乎是处于半梦半醒状态,至13世纪,西方基督教世界被伊斯兰教文明与中国文明远远地甩在后边。然而在此之后,它却迅速地崛起,到16世纪文艺复兴之火将熄时,这种差距逐渐缩小了,而我们自己似乎已经没有了发展的动力。伊斯兰教文明停滞不前,甚至开始倒退;印度文明亦呈疲惫之态。西方文明却以另一种姿态活跃于近代,短短几个世纪,这种活跃与进取便有了明确的结局。

二、何谓欧洲文化?

欧洲文化本身是一个很大的概念,抑或说已是一个确定的、习惯性的但又十分笼统的语汇。不过就我们所叙述的这个时代而言,欧洲文化无论如何也难以统一起来,因为谈起亚洲地区的文明时,确切讲不能说“亚洲文化”,这一点与拉丁美洲、欧洲甚至非洲是不同的。既然“欧洲文化”或“欧洲文明”的提法已经固定,那么从生活及从学习知识的角度,我们已无法改变它;不过在讨论其具体内容之前我们仍旧可以做一个大致上的限定,在这一文明中,基督教信仰的普遍性、人种和语言的近似特征等使得欧洲文化自成体系,这些特征多属于外在形式的共通特征。对于一个东方人而言,通过学习西方历史和文化,便可得出这样的结论:欧洲文化内容自古以来一直是相互传播和扩展的,而且欧洲人在文化方面长久地相互学习和模仿。

不过,如果我们再进一步了解欧洲地区的历史,并对其古代文化进行深层的比较,便会感受到所谓的欧洲文化又是那么抽象和复杂。具体而言,从时间上看,欧洲文化历经中世纪漫长的千余年,在古典文化(希腊罗马文化)及各部族原有文化的基础上,不断汲取和留存外来文化(主要是东方文化如阿拉伯、拜占庭、波斯、印度甚至中国的文化),但是在这一切之上,基督教文化始终是其主流文化。从地域上讲,欧洲文明的发展极不平衡,文化上的差异由于民族的不同而同样显现出来,至今仍十分清晰。在中世纪,除了日耳曼人占据西欧和北欧还有中南欧,斯拉夫人占据部分南欧及广大的东欧之外,其他地区的文化显得复杂和模糊一些,当然拜占庭及穆斯林在欧洲的部分控制区的文化则又是另一种面貌。如果把“所谓的欧洲文化”集中于地理意义上的西欧、中欧和南欧(主要是亚平宁半岛)等地——这些地区至今在历史、经济、文化意义上被笼统地称为“西方”，那么，在我们述及的时代，中国、阿拉伯帝国、印度、美洲印第安某些地区的文化则应属于第一个档次，西欧中古文化次之，而欧洲的其他地区则更为薄弱一些。

何谓欧洲文化？具体而言，近代以前的欧洲文化是指古典文化与基督教文化，这当然包容了中世纪后期外来文化的不断充实。欧洲文化形成的时间远远不止1 000年，正如意大利和德意志统一为今日完整的国家就经历了千年的时间一样，欧洲文化成为具有全球意义的文化，至今还未完成其作茧进程。就西欧来讲，日耳曼人保持有自己文化、语言、宗教和神话，他们最终征服了罗马帝国，但同时也为后者的文化所征服，这恰如中国北方古代一些民族征服中原一样，有一个武力上的征服及文化上的被征服。除此之外，基督教在中世纪给他们一个在纯粹精神方面的被征服过程，于是西欧文化在中世纪成为一种宗教文化，这也是欧洲文化最为突出的特征。野蛮人突然涌进罗马境内，一阵屠杀掠夺，披上了文明的罗马大氅，正当他们犹豫着要照着哪种方式去生活时，基督教不失时机地来到克洛维及其 3 000 名亲兵(图 4-1)中间，于是一个崭新的欧洲出现了，自此世界历史开创了新的篇章。

图 4-1　法兰克国王克洛维成为第一个受洗的日耳曼部落领袖：公元 498 年圣诞节，圣雷米主教在兰斯主持了法兰克第一个国王克洛维的受洗仪式。

三、新文化与旧文明

然而崭新的欧洲及其文化最初并不完整,正如日耳曼人种各部族的杂乱无章一样。只有分离出来的独立的民族文化才具新意。意大利亚平宁半岛的清新环境、德意志北方的凝重气息、淳朴的伊比利亚文化、英伦三岛的条顿文化、法兰西人的浪漫气息以及东欧斯拉夫各族的特色文化,都有特别清新的味道;也只有把庞杂的欧洲文化化整为零,继而一统地搂抱过来仔细端详玩味,方能感受到欧洲文化与历史的深层意蕴。

如前所述,中世纪欧洲文化的形成是古典文化和基督教的逐步影响而致。具体到各地区,欧洲文化还是具有一定的民族根基的。西罗马帝国灭亡后导致的古典文明的终结不等于说是文化的消亡,在我们述及的这一时代,旧有的文明代表了先进的文化。希腊罗马文化越是到了中古后期,其复兴的热情越是高涨。希腊文明曾经为罗马所替代,然而希腊的文化财富被罗马帝国传播到各地,最终不断地为欧洲捡拾回去。时至今日,当人们提及欧洲文化时,历史学家们便把其渊源追溯到旧的文明时代亦即古希腊时代。

但是很快,中古时代的欧洲文化披上了宗教的外衣。在古典文明兴盛好几个世纪之后,基督教开始了千余年彻底的精神扫荡,古典文化光彩不再复现,幸亏教堂和修道院留存了古典文化的资料。基督教确立了它的世界性地位,拉丁文化几乎只剩下一些坚硬的“外壳”。于是,中古的欧洲形成了如此概貌:所谓新的文化似乎在停滞不前甚至倒退,而旧的文化即古典希腊罗马文化却愈显先进,以至于后来逐渐吸引人们兴奋地挖掘出来进行研究和传播,这便是文艺复兴时代的到来。这一时代的学者聪明地从学术上突破宗教桎梏,继而在意识形态领域突破教会对文化的垄断。历经两个世纪的拼争及动荡,文化上这场无声的革命以新一代人的胜利而告终,不过这种文化上的胜利是从侧面取得的,这也是民族文化成形和发展的初步成就。最后,罗马教会在文化教育上的“马奇诺”防线不攻自破。罗马大氅终将被日耳曼人的后裔们甩掉,拉丁语言的韵味只好让红衣主教及研究者们独自去品享了。

四、“中世纪”——落后的标签

轰轰烈烈的文艺复兴[①]过后,人们开始把人类文明史分为古代、中世纪、近现代之类,而“中世纪”这一名词最初诞生在欧洲,它与我们前述的“黑暗时代”长期连

① 一种观点认为文艺复兴是一场思想和文化运动;另外的观点将它看作一种文学、艺术、学术复兴和繁荣的现象。

在一起。在某个历史时期，欧洲“中世纪”这一名词臭不可闻。其缘由不过如此：中世纪所有欧洲人的精神世界为僧侣们控制，除了忏悔和祈祷，人们不会主动追求知识，而且根本不会产生类似意念，否则就像中国共产党人全都信仰耶稣以及西班牙人改信摩尼或如来天尊一样是件难以理解的事。中古时代的欧洲人，从国王到平头百姓，都是虔诚的基督徒，人人关心的是日后灵魂升入天堂。至于中世纪人们的人生哲学及信仰，它们同一切改革和科学思想是相悖逆的。总体上看，欧洲文化在这千余年没有取得长足的进步，加之与同时代先进的阿拉伯文化和繁荣的中华文化相比，它确实是落后的，所以，关于“中世纪”一词，后世便有了迟滞与落后、愚昧与黑暗这一文化标签。中世纪基督教新文化之“新意”在于其宗教精神与文化的疯狂表露和发挥——所谓的进取精神，不过是以后的表现。

文明缓慢增长的历史有如一面双层魔镜，一面映现表层的进步与华丽，另一面则隐含愚昧与落后——无论是西方千余年的中古时代，还是2 000年的中华封建社会史以及近现代基督教文明发展史，均是如此。之所以对中世纪文化的阴暗面大加贬斥，主要是因为相比较于同时代其他地区而言的。从历史发展的角度而言，欧洲文化在中世纪处于一个交替时期，同时期的阿拉伯文化曾统治着北非、西亚以及伊比里亚南部，远方中国的唐宋元文化更是高度发达，美洲印加文化和玛雅文化也相当繁荣。相比之下，欧洲文化更显落后。

五、文化年轮：欧洲文化的积淀

文明进步有一个文化累积的过程。如同树木的生长一样，树木生长久了，就会有明显的年轮，而木料质地往往取决于年轮的疏密程度，年轮越多越密集，木材质料越好。那么论及文化的生长，文化生命力也与文化年轮有关。历史上昙花一现的文明不胜枚举，而欧洲历经千余年的文化积淀，其文化年轮无疑是密度最高者之一。以宗教为核心的欧洲文化给人以强盛不衰之感；到了近代，它开始向全球辐射，19世纪末达到壮观一幕：除了冰雪覆盖无人涉足的南极洲，所有的大陆及大小的岛屿几乎均沦为欧洲人的殖民地或半殖民地，拉丁美洲在经济、文化及精神上受控于欧洲，处于半欧化状态，北美洲和大洋洲的主人是欧洲人及其孙辈们，亚非两大洲几乎完全受控于西方列强。这一结果如果不是中世纪文化的积淀及宗教精神的外在爆发，可以肯定地说欧洲文明就不会有如此威力。

在欧洲文化长期的累积过程中，宗教是联结欧洲的神经组织，其精神具有强大的内功与凝聚力，尽管它在20世纪显得力不从心，但在以往的千余年里，基督教十分自如地控制着全球基督教徒的灵魂。欧洲列强力量的爆发与外泄，仅仅出现于19世纪下半叶，而中世纪千年的积累则是欧洲文化的凝聚，在这方面它正如中华文化年轮的儒家文化与精神一样①。

实际上,中世纪欧洲文化的积淀到了中古晚期已初见成效。海外探险以及接下来的殖民征服是欧洲人口与力量倾泻与辐射的首次显现。具体而言,欧洲文化史的脉络自 11 世纪尤其是 13 世纪之后越来越清晰,此前始于 9 世纪的“加洛林文艺复兴”是一次标志。正当这一积累过程到了 13、14 世纪加快步伐之时,百年战争以及“黑死病”(The Black Dead,图 4-2)等一系列天灾人祸使之迟滞良久,直至文艺复兴及其以后又使得文化积累出现质的飞跃。

图 4-2 黑死病,别名鼠疫、瘟疫,是一种通过鼠类传播的伤寒疫病。黑死病在 1346 年到 1350 年大规模袭击欧洲,导致欧洲人口急剧下降,死亡率高达 30%。黑死病使佛罗伦萨 75% 的居民一年内命归黄泉,图为 1348 年佛罗伦萨城内尸骨遍地的惨状。

六、近代欧洲文明的发端

文艺复兴虽然贡献了不少大师及杰作,甚至在学术研究和自然科学方面也取得了突破性的成就,但这并不能说明现代欧洲文明发端于文艺复兴时代。相反,若从纵向及宏观角度分析,这一文明基础应是中古文化的长期积淀。譬如,文艺复兴时代许多学科成就诸如文学、建筑、神学、哲学思想等均与中世纪这些学科的累积有直接联系,而音乐文化发展则纯粹是中世纪教堂音乐和俗乐长期发展的结果。欧洲近代科学萌芽于中世纪,现代的立法机关以及西方的民主制度则由中古的议会所萌生,至今欧洲人还习惯于在圆形屋顶和拱门的建筑里开会,等等,不一而足。

中古后期欧洲文化的确出现了前所未有的盛景,即便黑死病和百年战争也难挡这种整体文化发展的趋势。千余年的文化积淀到了文艺复兴时代终致爆发。何以会有如此结果?简言有二:其一是中世纪庄园经济及城市商业的发展使得欧洲社会缓慢地进步;其二,基督教会的作用亦有其积极因素,如同阳光照射到植物叶子上,一面是阴,另一面则是阳,基督教的发展与昌盛也跟后期哲学、文学、学术研

① 中华文化年轮是基督教文化年轮的双倍,它积累了 5 000 年以上,其生命力永不衰竭,而旺盛之态早已为“亚洲四小龙”所映现;中国 20 世纪末经济增长将更加证实其价值。此亦为文化年轮之深层涵义。

究的发展相伴随。纵观基督教会近2 000年的发展史，处于上升期的罗马教会在最初的1 000余年具有旺盛的生命力，它在保存文化方面有着不容忽视的功绩，此亦为潜在的积极因素。

中古时代尤其是后期，城市与工商业的发展、民族意识的增长对于整个社会文化的发展起着强有力的推动作用。军事的变革、人口的再次增加使欧洲有了过剩的力量，这使得海外贸易和殖民探险成为可能，欧洲人的视野将更加开阔，那些早已从东方传入但未立即得以普及的发明如火药、印刷术、指南针和三桅帆船更使欧洲世界的面貌为之一变。另一方面，西欧内部文化开始高涨，北欧和东欧地区的民族文化同样在基督教神学的笼罩下稳步积累。这一切的结果表明：以宗教为核心、以神学为精神支柱并逐渐融为一体的西方文化，到了中世纪晚期已经是自成一体了；西方传统文化基础此时已基本牢固地建立起来，近代化欧洲的雏形业已初露端倪。

辐射全球各地的欧洲文化终于显示出强劲的生命力，世界全新文明史的帷幕率先从大西洋东岸全面拉开。

七、中世纪的遗产

显而易见，中世纪的遗产主要是宗教及其精神，其中又以基督教精神遗产为主。当然，在世界范围内，这种精神遗产也是普遍存在的。伊斯兰教也几乎统治大半个文明世界，佛教也在悄悄地征服其周边的地区和民族，即使是中国的道教，它也在不同程度地影响着当时世界上人口最多的中国。其他像索罗亚斯德教及其变种、犹太教以及各种神秘性的民族和地区宗教，都在统治着地球上所有的民族。威尔·杜兰就此认为，基督教在东、西、南、北之间分裂，成为白种人历史上最有力和最具影响力的宗教，13世纪回教的《古兰经》胜过哲学之后逐渐平静下来，据《犹太法典》记载，犹太教在18世纪还在吞并他教①。佛教不仅在中世纪对中国及其周边地区产生了强大的影响，这种影响至今还在扩展。各国都有自己的宗教，日本的神道教发挥了独特的作用，日本许多不同时期的思想家都对这一近乎可怕的宗教感到骄傲或沾沾自喜。正如威尔·杜兰所言，“中世纪的遗产包含了善，也包含了恶”②(图4-3)。

当然，中世纪的文化遗产也不只是宗教，它还包括各种文化知识成就以及导致欧洲近代腾飞的基础性的东西，譬如说中世纪后期的科学实验，这些我们将在后面进行较为详细的叙述。从文明进化和当今学习知识的角度来看，我们认为中世纪

---

① (美)威尔·杜兰的《世界文明史》卷四“信仰的时代”，第850-851页。
② 引文同上。

图 4-3　今天,欧洲各地留下了许多古城堡和大教堂建筑遗产,然而,建筑外观的宏伟掩盖不住千余年来发生在其内部的件件荒唐丑事。恰如威尔·杜兰所言,“中世纪的遗产包含了善,也包含了恶”。

城市的兴起具有深远的意义,譬如房龙认为,文艺复兴之所以在意大利率先发生,是因为意大利诸城市起了积极的作用,而“如果没有城市的存在,近 600 年的进步是完全不可能的”①。此外,大学的兴起显然对于近代西方逐步统辖全球具有潜在的影响,当然大学的发展与城市的发展是相辅相成的。其他方面的文化现象和因素还包括,民族文学和艺术的逐步发展甚至成熟,教堂和修道院对于文化遗产的保存和保护,商业、工业和贸易的发展,近现代意识的萌芽,积极进取和冒险的精神,等等。

第二节　中世纪欧洲民族国家大势:迁徙和战争

一、喧嚣与宁静:动荡征伐的时代

公元 4～10 世纪,整个欧洲历经了长时期的动荡与不安,尤其是在海岸及诸王国边缘地带。事实上几乎整个中世纪,欧洲从未间断过民族迁徙和征伐过程。匈奴人、日耳曼各主要部族、北欧海盗、十字军、阿拉伯人、蒙古人、突厥人,一批接一批,就像不知来自何处的野兽,当第一批野兽踏上新的地方狂吃一阵还未来得及喘息,另一批饿极的野兽又扑将而来,狂咬一阵后随即撤离,接下来便是来自更遥远更凶猛的野兽疯咬后迅速离开……

该历史时期尤其是前期的民族征伐具有两大特征:一是军事强盛,二是野蛮至极。不仅有汪达尔人和匈奴人的野蛮杀戮毁坏,而且后来的蒙古人和突厥人也同

① (美)房龙:《人类的故事》,齐植珩等译,湖南教育出版社 1999 年版,第 145 页。

样凶残。公元4世纪，如同中国同时期的三国两晋时期大分裂大混战的情况一样，欧洲也开始出现浪推浪式的民族大迁徙：来自于里海盆地的匈奴人大举西侵，他们翻越罗马帝国宽大的围墙——罗马人建立的“长城”，并压迫日耳曼人由中欧的森林地带向罗马帝国境内迁移，这一连锁反应使得罗马人大为恐慌，而此时的罗马像只巨大的僵虫或是一个病夫，只能任凭数不尽的哥特人征掠于帝国境内。很快，西哥特人(the West Goths)灭亡了曾经不可一世的罗马帝国，东哥特人则迅速向西南渗透；斯拉夫人不仅向北方而且还同来自于亚洲的另一支游牧部落保加尔人一道涌向巴尔干，并在那里长期定居下来，尽管他们无法占据东罗马帝国都城君士坦丁堡。

欧洲中世纪不仅是一个民族迁徙的时代，同时也是一个集体性征伐屠戮的恐怖时期。不仅有10世纪之前匈奴人、日耳曼人及斯拉夫人的征掠，而且还有14世纪前维京人(The Vikings)、阿拉伯人、蒙古人对欧洲各地的劫掠和袭击。十字军东征不啻是武力上的杀伐，突厥人以及后来的奥斯曼土耳其人在巴尔干尤其是西方古典文明发源地希腊的所作所为已是临近尾声了，不过它对欧洲的成长自有不可低估的影响。这种民族的迁移与征杀一方面导致了古典文明迅速消亡，另一方面，所谓“野蛮民族以胜利者的姿态”定居于欧洲并逐步成长将使西方世界以崭新面貌展露于世，一种潜在的精神动力及凝聚力将给中世纪阴暗的欧洲带来一丝光明。最后，整个欧洲中世纪的动荡与宁静(指修道院、教堂、封建主的庄园和城堡)终使其在以后的岁月造成以下文化发展的趋势：①西欧文化率先发展，日耳曼文化圈逐步扩展；②基督教文化势力得以影响与扩张；③多民族文化渐趋形成并定位。

二、“上帝之鞭”：匈奴人的旋兴旋灭

与同时代的秦汉文明一样，罗马文明同样位居世界前列。罗马帝国时代那些穿着高雅的贵族们，沉醉于几个世纪繁荣稳定的生活之中，他们何尝能感受到千万里之外牧游于荒郊野地里的野蛮人的生活情景，直至3、4世纪危机之时，整个罗马城还是一片歌舞升平的日子。然而，当公元372年闻所未闻的匈奴人自东方世界跨越伏尔加河突然出现在日耳曼人面前时，东哥特人率先被这批具有可怕外貌、战斗厮杀时发出各种怪叫声的匈奴人彻底击溃。令人畏惧的匈奴人犹如神兵天将从天而降，又似一阵旋风席卷而至，日耳曼各部族惊恐万状，狼奔豕突，以至于罗马人也是闻之色变。据说基督教会史上备受敬重的首位教皇利奥一世(Leo Ⅰ)也曾亲自跑到匈奴人帐下苦苦哀求，并以厚币笼络，才避免了“野蛮人”直逼罗马的惨祸。

这就是曾经在欧洲不可一世的匈奴人。他们在亚洲被汉朝大将打得落花流水，被迫西迁，游荡于蒙古高原北部及中亚大草原，并长期对中亚一些国家造成威胁。在巴尔喀什湖地区繁衍生息了几个世纪之后，其力量积蓄足够强大，进攻的本

性再次迸发。他们先是征服了顿河流域及黑海北岸大草原上的阿兰人（the Alans）和东哥特人（the East Goths），随后浩浩荡荡地西进，其可怕的外貌特征与周密的恐怖政策足令日耳曼人及罗马人吓得发抖。罗马人自己回忆说，“他们野蛮无知，比一切野蛮人还要野蛮”，因为匈奴人面目狰狞，他们躯干高大而腿短，就像“两条腿的野兽”。在死亡的恐怖气氛里，西哥特人、汪达尔人、勃艮第人、盎格鲁人、萨克森人、法兰克人等所有日耳曼部族一浪接一浪地向西、西南、西北做扇形逃窜。

公元5世纪初的匈奴人在抵达多瑙河流域并征服了当地日耳曼人及斯拉夫人之后，就在今日的匈牙利平原上建立起松散的帝国，在著名的阿提拉（Attila, the Famous，图4-4）的领导下，他们继续锐意侵略，其势如一阵飓风横扫欧洲，所过之地，寸草不留。公元450年，被罗马人称为“上帝之鞭”的50万阿提拉铁骑军越过莱茵河，经过高卢的奥尔良城，突然出现于罗马人面前，罗马人惊慌失措，赶紧联合西哥特人和法兰克人组成欧洲联军跟匈奴人展开了世界古代史上一次最大的战役——沙隆（Châlons）之战，结果双方不分胜负。罗马人惊魂未定，阿提拉亦损失惨重。一年后匈奴人再次出现在未设防的罗马城门之前，这次又是利奥一世，他最终说服了匈奴人的皇帝，罗马城幸免于灭顶之灾。令人费解的是，匈奴人自此之后掉头北上，一去不复回。关于阿提拉与利奥一世的传奇性晤见，并不足以使人信服，可信的是匈奴人挥师离去之后也就宣告了匈奴帝国昙花一现、旋兴旋灭的历史。后来他们再次退回到欧洲东部，散居于伏尔加河流域这一固有的根据地，公元

图4-4　匈奴大帝阿提拉：匈奴是一个“逐水草而居”的民族，被称为“马背上的王者”，右图是匈奴王阿提拉（中立者）征战图。

10世纪后又辗转居于多瑙河中游，现今匈牙利马札尔人(the Magyars)为其在欧洲的苗裔。

公元453年的一个早晨，阿提拉被发现死于动脉破裂，身边还躺着一天前刚娶过来的日耳曼公主。不可一世的阿提拉死后，他的帝国随之土崩瓦解，匈奴人辉煌的场面在世界历史舞台上彻底消失了。匈奴人历经半个多世纪的旋兴旋灭，虽然在欧洲没有留下任何文化，却对欧洲文明的进程产生了历史性的影响。

三、攻陷“永恒之城”：日耳曼人对欧洲的占领

接下来，欧洲人的历史便由日耳曼人来唱主角了。体质与面貌同希腊人和罗马人类似的日耳曼人于公元前后分裂出几个大的部族，他们在匈奴人的压迫下开始西迁；不久他们中的哥特部族成为摧毁罗马帝国大厦的先行生力军。公元378年，在君士坦丁堡附近的亚德里亚堡(Adrianople)，西哥特人把帝国军团打得落花流水；很快，他们凶悍的首领亚拉里克(Alaric)开始步匈奴人的后尘，甚至在野蛮方面有过之而无不及：他们先是洗掠了文明先进的希腊半岛，然后折向西北，直逼意大利，并于408年围住罗马城，在勒索巨额财富之后扬长而去。两年后他们又卷土重来，重新把罗马城围得水泄不通，410年8月，罗马城奴隶半夜打开城门，曾经先后举行过300次凯旋仪式、连高卢大军和迦太基大将汉尼拔均未曾染指的“永恒之城”罗马，顷刻为野蛮的西哥特人不费吹灰之力攻陷。据说，亚拉里克在破城后让士兵纵掠杀伐三天，上百万人口的繁华之都仅剩7 000余人。自此，欧洲古典文明江河日下，逐渐步入中世纪的千年沉闷之中。

匈奴帝国的旋灭使世人对其文化知之甚少，相对而言，人们对日耳曼文化却有更多的了解。恺撒大帝曾描绘过这个早在公元前1500年左右便生活于波罗的海西南的民族，之后的著名史学家塔西佗更有详尽记述。日耳曼人早期的文化遗产主要在法律和文学方面，如果说欧洲文化始终与日耳曼民族文化特征相关联的话，那么日耳曼人古代法律的影响在中世纪也可从几个主要国家如北欧及其他日耳曼人的国家里体现出来。其后各个王国在中古时代后期分别发展起本民族的文学。

日耳曼人的大迁徙及其对罗马帝国的占领与分割对于欧洲历史发展轨迹的影响是决定性的。同样，它对欧洲文化的影响也肯定是广泛而深刻的。日耳曼几个主要部族在罗马帝国废墟上建立起来的几个主要王国，历经几个世纪的发展，成为构成西方文明大厦的主干。

四、不甘寂寞的东欧：斯拉夫人与东欧历史

相对于日耳曼人，斯拉夫人对于欧洲历史及文化的影响集中于欧洲东部，这一

地区的文化在欧洲基本上处于次要地位。20世纪下半叶开始，东西欧文化形成两大不同阵营，其渊源部分程度上应追溯到这一时期。期间千余年的欧洲历史也说明这两个地区文化上的差异实际上是两大民族间的差异。

居住于东欧广阔领土上的斯拉夫人在大约公元1世纪时分为东西两支。民族大迁徙时期，两支斯拉夫部族大批地涌入多瑙河流域和巴尔干半岛，后来又形成了斯拉夫人的南支。西罗马帝国灭亡前后的欧洲大混乱局面波及斯拉夫人，他们亦不甘寂寞，立即攻下了多瑙河所有设防的城市并深入巴尔干半岛；他们的小型舰队沿靠近希腊的海面航行，直到地中海。西罗马帝国灭亡后，东西两支斯拉夫人由于在地域上的不同选择使得它们有了不同的未来：西斯拉夫人历经长期的战争之后逐渐定居于巴尔干半岛附近，为以后保加利亚王国的形成奠定了基础；安特人即东斯拉夫人在公元7世纪被击败之后便在历史上暂时沉寂了200多年，最终形成罗斯人，他们几乎成了全部的东斯拉夫人。以后西斯拉夫人又逐渐分化为捷克人、斯洛伐克人、波兰人，他们分别占据了不同的地区，中世纪以后亦渐露本民族特色文化。由于地理环境的影响，斯拉夫人也信奉了天主教，并使用了拉丁字母。

至于南部斯拉夫人则包括今日的斯洛文尼亚人、克罗地亚人、塞尔维亚人和保加利亚人等，其中斯族和克族接受的是罗马文化，而塞族和保加利亚人则主要受到来自于君士坦丁堡即拜占庭文化的影响。

斯拉夫人是伴随着拜占庭经济的发展与基督教的扩张逐渐接受基督教洗礼的。9世纪下半叶西里尔以及美多德两位传教士不辞辛苦、持之以恒地为所有斯拉夫人宣讲福音，为此他们还发明了斯拉夫字母(图4-5)。不久斯拉夫人全部信

图4-5　西里尔(Cyril或Kyrillos，原名君士坦丁，827-869年)是拜占庭帝国的基督教教士，斯拉夫字母的创制者。生于希腊北部，通晓拉丁、希腊、斯拉夫等多种语言。曾与其兄美多德一起将多种基督教经典译成斯拉夫方言并参照希腊字母创制了斯拉夫字母(史称“西里尔字母表”，右图)，后在保加利亚、塞尔维亚、俄罗斯等地广为使用，经后人改进流传至今。

仰了耶稣基督，基督教信仰[①]和斯拉夫语言文学成为影响这一民族文化的两大内容。东欧的文化应运而成。

五、另一种欧洲精神：北欧海盗的影响

维京人(the Vikings)被认为是在哥伦布之前曾到达格陵兰及北美洲的北欧人，他们是中世纪某段时期一只到处狂咬的疯狗，给一些尚未成形的王国造成了文明的斑斑伤痕。维京人侵略的范围很广，但它对欧洲文化的贡献却最小。任何一个民族如果纯粹是发泄海盗式的劫掠、征服，那么它只能引起被征服民族的憎恶，这种纯粹的掠夺除了造成文化上的破坏之外，对于世界历史与文化发展的进程只会起消极作用，中国明朝时的倭寇即是如此。

北欧人正是以海盗式的掠夺作为其生活的一个重要内容。这种以船代车、以舟代马的生活方式成为诺斯人[②]一种独特的文化。这些人自古熟悉水性，航海事业发达，在水上行舟如履平地。中世纪前半叶是北欧海盗的辉煌时期。他们从寒冷的北欧渡过波罗的海，沿英吉利海峡直奔伊比利亚半岛海岸，然后强行穿过直布罗陀海峡进入地中海，一路劫掠，最后再对北非海岸和意大利沿岸实施攻掠。北欧海盗多次渡过英吉利海峡，远征英国；另外还深入欧洲大陆，袭击巴黎，法国国王也曾屈服过，并且被迫割让了塞纳河河口，亦即诺曼底(诺曼人占领的地区)。法王“昏庸者查理”还忍辱将自己的女儿嫁给一个海盗头子罗洛。公元911年，丹麦海盗在诺曼底建立了诺曼底公国，诺曼底人特有的热爱冒险、喜好漫游的习惯便源于这一时代；十字军东征时代这里产生了富有朝气的骑士。诺曼底公国在1066年征服了整个英格兰并重建新一代英国。海盗们的事业达到了巅峰。

历史上说的海盗时期一般是指从公元793年挪威海盗袭击英格兰北部沿海时起，到1066年挪威首领哈拉尔德·哈德拉德征服英格兰失败时止。北欧海盗一般分为东西两支：东支以瑞典人为主，西支以挪威人和丹麦人为主，他们是当时所有入侵者中最可怕的。就当时整个欧洲而言，西欧已进入中世纪几百年，日耳曼诸部族、凯尔特人和罗马人相互融合的大家庭受到基督教的精神洗礼，几百年的定居生活使其文明开化多了。相对而言，这些好战成性、没有教养、靠单帆多桨小船掠夺为生的北欧人无疑成为新一代的野蛮人。没有掠夺，他们就会觉得生活无趣。海盗们溯河而上，深入内地，甚至劫掠神圣不可侵犯的修道院——正是这些修道院保存了海盗的全部资料，因此当年的基督教编年史家们自然免不了夸大地渲染北欧

① 绝大多数斯拉夫人信仰的是东正教而非罗马天主教，至今仍旧如此。

② 诺斯人(the Norses)即北欧人，也称诺曼人(the Normans)，为日耳曼人的支系，维京人亦属于诺斯部族。

海盗们的暴力和凶残程度。

公元1000年左右,基督教终于征服了斯堪的纳维亚世界的精神领地,北欧人接受了曾经屡受其侵害的修士们所传播的福音,从此北欧的历史纳入了西方文明的洪流。北欧海盗终于为王权统治所消融,基督教神学征服了海盗们桀骜不驯的性格。那些曾经习惯于劫掠后来更善于经商的北欧人拥有当时最优秀的航海技术,于是先进的航海与造船技术广传欧洲,他们对于西欧的影响无疑是巨大的。同样,北欧海盗式的进取精神及其所谓世界主义的野性注入到闭塞保守的基督教世界,其所造成的影响在经过中世纪千余年沉闷之后,开始大规模迸发。实际上,这种影响在十字军东征之时已初露端倪,而在新航路开辟之后愈加明显——最终征服本性代代相传,到19世纪末西欧人便左右了以后的全球历史。具体而微地分析西方文化的话,北欧海盗的精神与观念亦是其不可分割的一部分。

六、十字军东征——文化的传播与新欧洲精神的形成

十字军东征是欧洲人首次全线出击。十字军前期浩浩荡荡的大朝圣是一次象征性的军事大"迁徙",较之几百年前的大动荡,它在组织和目的方面更为明确。十字军运动更贴近于近代的殖民活动。后世人们对于这场给予塞姆族(亦即闪族)人——阿拉伯人和犹太人以沉重打击的征服感受至深,它也是中古时代西方基督教世界最大规模的征讨运动。虽然它导火于近东的政治危机,却有着深厚的宗教根源,而且这场运动最基本的原因也就在于宗教方面①。

事实表明,十字军东征并不是一次"圣战",也不是一次民族迁徙运动,它是一次真正的军事殖民活动。尽管西欧始终不能使其生活方式及宗教扎根于东方,但第一次十字军东征率先使欧洲人在地中海东岸狭长地带建立了几个十字军王国,西欧的封建庄园制及基督教会的一套制度在这里得以照搬实行。例如在第一次东征之初,教皇乌尔班二世曾发表了鼓动性的演讲:

> "因为你们居住的土地被大海和崇山峻岭所包围,不够满足你们众多的居民;而且物产并不丰富,它还填不饱庄稼人的肚子……(你们要)走上通向圣墓的征途,把圣地从邪恶的种族手里夺回来,归你们自己占有。"②

---

① 详见拙文:《试论第一次十字军东征的宗教原因》,载于《世界历史》1994年第2期,第42-48页。

② 布鲁克:《欧洲史》(*A History of Europe, From* 911 *to* 1198, by Z. N. Brodke),伦敦1938年版,第327页。

这就是说，所谓十字军的宗教热情完全为殖民占领的欲望所刺激，殖民征服的经济利益的诱惑不仅吸引着破落贵族和骑士，同时还吸引着衣衫褴褛的农民、农奴、乞丐，各个阶层的人为不同的动机所激励，人人跃跃欲试。

十字军东征作为中古时代重大的历史事件，在文化史和宗教史上都留下了深刻的印记。不过蔓延两个世纪的这次运动对于欧洲文化的影响究竟有多大，也许是一个永远争论不完的话题。但有一点可以肯定，它扩大了欧洲人的视野，使其获得了新的地理知识；同时，东方的文化传到西欧，无知的贵族和骑士大开眼界。重要的是，十字军运动刺激了欧洲人的探险精神，几个世纪以后，地理大发现和殖民探险活动无疑与这些十字军的进取冒险精神有着直接的联系。更为重要的是在宗教方面，它还完成了基督教世界精神的彻底统一，“历次十字军东征传播了文明，到12和13世纪，这一文明在整个欧洲西部得到了发扬光大”①。至于十字军运动在政治、经济和商业贸易上的影响，有些学者认为不应过分渲染，因为这一点曾为史学家们夸大过，但是接着又为另一些学者扭转，如此反复。

延续200多年的十字军运动作为中世纪一系列重大军事和宗教事件的显要部分，其地位不容抹杀。对于该事件本身的研究尤其是运动发生的原因与过程的细节描述似乎多于对它在政治、经济和文化领域里影响的分析，至于在文化方面的影响，更为细致的分析、比较研究并不多见，这点我们应强调两个方面：第一，十字军东征以后即中世纪后期欧洲社会领域的巨大变化，其直接原因并非来自于这一运动；第二，十字军运动前后，欧洲文化有了一定程度的发展，其知识进步程度大大超过了人们对“黑暗时代”文化原有的模糊认识。基于这两点，我们才有可能对十字军运动的文化意义有一个公正而清晰的评价。从文化史角度看，十字军东征虽然把撒拉逊②的哲学和科学带到西欧，但由于当时欧洲文化教育水平过低，东西方文化背景差距甚大，所以阿拉伯文化对西欧最初的影响也不应估计过高。又因为中世纪欧洲世俗文化比重少得可怜，主要的文化教育为教会所垄断，某些先进的阿拉伯科学和文学艺术除了受到很少一部分学者重视外，广大民众无法接受和认识它们，教会更不愿意吸取它们。另外，十字军运动的政治影响是微弱的，宗教方面的影响也不像人们所想象的那样使罗马教会的力量和威信得以提高，相反，随着十字军东征动机的经济化和性质的掠夺化，教皇的威信反而逐渐下降。

---

① （法）克罗德·德尔马：《欧洲文明》，上海人民出版社，1988年版，第55页。

② 撒拉逊（Sarazene，或 Saracen）人，欧洲中世纪对阿拉伯人的称呼，后泛指伊斯兰教徒。

第三节　信仰时代的文明:基督教对于欧洲文化积累的意义

一、文化的垄断与保护

中世纪的西欧基本上是一个野蛮人横行的时代,前期尤甚。西罗马帝国的遗老遗少肯定会鄙视一个个粗俗不堪的日耳曼人,因为他们的文化是如此落后:这些人目不识丁,不讲卫生;他们穿着原始人爱穿的兽皮,凶悍好斗。请看欧洲人自己的描述:

> 在中世纪,欧洲的大部分居民一生从未离开过家乡,除去附近的市场之外,对外界一无所知。只有那些教士、朝圣者、骑士、大学教授和商人,才有比较广阔的空间概念。①

描绘早期中古时代西欧文化的概貌不是一件容易的事,因为这一时代日耳曼人的文化内容少得可怜。除了他们为罗马文化渐渐俘虏之外,自己的文化毫无闪光之处;日耳曼人各部族的文化一点也不突出,他们后来也自惭形秽。当十字军东征使西欧人从东方引进来新的文化时,这些愚昧的贵族真是大开眼界,不过这已是他们征服罗马好几个世纪后的事了。在漫长的时期里,文化的垄断是西欧的突出现象,不过基督教会在对文化垄断的同时,也部分程度地保护了文化。教会对文化教育的垄断和控制是任何时代都无法与之相比的,因此中世纪欧洲文化被视为基督教文化。教堂和修道院对于古典文化及其他文化内容的保护同样是不容忽视的,这方面在意大利和西班牙较为突出。

二、文化重建的两个因素

中古时代西欧的文化将成为整个欧洲的典范,它优越的地理环境与并不优越的历史背景有利于新文化的生成。西欧的地理优势常常使之免遭来自亚洲游牧部落的毁灭性打击,匈奴人、蒙古人、阿拉伯人和突厥人给予东欧和东南欧不同程度的打击,但每次当他们到达西欧边缘时就成了强弩之末,这也是西欧在洲际间动荡征伐历史时期能够屡次免遭毁灭性打击的原因。伴随着经济和人口的稳步增长,一旦东方发生影响他们情绪的事,他们还可以组织大规模的力量远征他地,而自己

---

① (法)J. 阿尔德伯特等:《欧洲史》,蔡鸿滨等译,海南出版社 2000 年版,第 249 页。

则很难正面遭受凶悍的游牧民族的扫荡。十字军运动是一场在宗教旗帜下组织的欧洲人“过剩精力”得以不断发泄的活动，而中世纪晚期的海外探险和殖民扩张运动也是他们发泄过剩精力的集体运动，不过这一次他们充分利用了特殊的地理位置，向大西洋进军了。

如同工业化时代新兴工业国家更容易甩掉包袱以采用全新技术一样，西欧人并不优越的历史文化背景使得他们更容易吸收先进的文化——文明极度落后的日耳曼各部族接受了高度发达的罗马文化，并重建了基督教新文化。慢慢地，基督教文化及其扩张精神开始发挥作用。

三、新文化新精神

这种新文化在漫长的中世纪有一个缓慢累积的过程。这一历程花了好多个世纪才使得后世的人们认识到它的潜力以及它的新意和特殊性。在罗马帝国废墟上发展起来的日耳曼新文化不同于世界其他任何地区的文化，其突出特征有：它包裹上一层神学信仰的外壳，这种神学因素由表及里地渗透到深处，最终成为日耳曼基督教新文化。那么，它是如何在这一地区默默而稳固地生长的呢？正如我们之前所述的那样：首先，特殊的地理环境使得它免遭外族毁灭性的打击和蹂躏；其次，西欧在中世纪之初抛掉原有的本民族信仰以至文化，而逐渐且永久性地接受了基督教的洗礼，并在罗马文化基础上发展起基督教新文化。虽然基督教本身在当时还不够强大，也没有什么可以引以为荣的文化，然而这一具有强大凝聚力的宗教却能够团结所有的日耳曼人，并给予他们一种富于攻击性的精神——那种影响欧洲人千余年并且使他们长久领先于世界的坚定不移的进取精神。

也许正是日耳曼人那富于进攻性的不安定的性格配合以基督教信仰，西方的基督教才有了攻击性；日耳曼人同时因这一共同的信仰团结为一体，这在10世纪以后更集中地体现出来——十字军东征真正地反映了这种团结一致的进取精神。这样，西欧文化形成之初便具有了一定的攻击精神和特征：《罗兰之歌》与《熙德之歌》都是歌颂这种精神的；中世纪早期西欧的查理曼和阿尔弗雷德大帝就是这一精神的帝王化身；十字军东征、新航路开辟以及随后的殖民探险是这种精神的尽情挥洒；至于18～19世纪末西欧列强对全球的征服和屠戮，更是以武力和鲜血映照了这种遍照全球的精神之光。

四、隐含的创造力

狂热与兴奋更能体现西欧这个大家庭的文化特征。法国有句俗话叫“灾难有时是有益的”，说的是战争固然使国家遭殃，百姓受苦，但它犹如兴奋剂，刺激着该民族的神经。从十字军血洗君士坦丁堡到殖民者屠戮印第安人，从欧洲帝国主义列强瓜分非洲到英法联军纵火焚烧圆明园,都“干净利落”地体现了西欧文化这一特征。换言之,西欧文化同样具有某种创造力,抑或称之为活力,当然它是血腥味十足的。

正如大机器时代采用新技术一样,西欧地区并不优越的历史背景使得它能迅速地抛掉旧的东西而代之以全新的文明。这方面有一个反证:中国长久的封建制度尤其是封建传统思想和道德文化统治了几千年,使得我们到了20世纪还不愿放弃这些所谓的“美德”与“文化”;有鉴于此,从某种程度上说,只有抛弃那固有的束缚文明进化的外壳,接受先进的思想与观念,才能彻底摆脱羁绊,以全新的姿态登临起跑线,然后才能感受到活力,才能有所建树。克洛维及其三千亲兵在兰斯教堂接受洗礼,彻底甩掉了法兰克人的旧有习俗,才有了后来查理曼帝国时代的加洛林文艺复兴。恩格斯对此有过论述:“(西欧)中世纪是从野蛮的原始状态发展而来的。它把古代文明、古代哲学、古代法律一扫而光,以便一切从头做起。”

中世纪之初,日耳曼各王国之初,整个西欧文化的面貌几乎是昏暗一片,我们好像根本看不到这些野蛮混乱的地区还有什么文明的曙光。不过这是一个默默无闻的积累时代,正是在那沉闷阴暗的教堂里一天天毫无生机鸣响的钟声中,西欧文化开始了它缓慢生长的过程。伴随着法兰克农民在祈祷耶稣的同时仍然祈祷他们古老的太阳神的嘟囔声以及野蛮的德意志人的征伐杀斗,各王国从教堂到城市逐渐放射出文化的丝丝光辉,这种光辉将逐渐扩散,形成簇簇光环,这就是欧洲文化生长的最初样子。

五、语言:高尚的拉丁语与混乱的方言

在一些文化光环中,语言作为各民族文化形成的基石,无论何时都不应忽视。西欧中世纪是一个语言杂糅混乱的时代,基督教会使拉丁语国际化,但日耳曼各部族均有与拉丁语法不同的语言。出于对罗马文化的敬意,基督教会率先继承了拉丁语言,这种纯宗教的目的却使西欧文化最初在语言上得以统一起来。西罗马帝国灭亡后,古典文化日渐衰微,而拉丁语却能长久不衰,并作为一种高级语言的象征维持到近代。名著《法兰克人史》便是由这一时代图尔的主教格雷高利所撰写。书中用不合语法的拉丁文叙述了该民族残暴愚蠢的奇闻轶事,这足以说明拉丁语在教会中的使用很早就普及了。中世纪早期最为引人注目的学者可能是塞维利亚的主教伊西多尔,其著名的《语源》史料价值极高,它被视为一部百科全书,如同奥古斯丁的《忏悔录》一样,这部著作也是用拉丁文写成的。

如前所述,整个中世纪世俗社会呈现语言混乱、方言林立的状况,中古时代的文学资料亦非全是用拉丁文写成。后来一系列的英雄史诗《罗兰之歌》、《尼伯龙根之歌》、《埃达》、《萨加》以及《熙德之歌》都是以民族方言完成的。伴随着方言文学

的发展以及几个主要民族的定形和成长，方言逐渐向正规的民族语言进化，法语、德语、西班牙语、英语、爱尔兰语、意大利语及北欧各族语言各就各位。当公元8世纪，掺杂了一些日耳曼词汇的世俗拉丁语成为征服了高卢地区的日耳曼人的普通话即罗曼语时，语言的分裂也映现了查理曼帝国的分裂。842年，“秃头查理”与“日耳曼路易”联合对抗他们的长兄罗退耳，他们在斯特拉斯堡的誓词就是用罗曼语写成的；法语、意大利语、葡萄牙语和西班牙语均源自这一语系。虽然现代意义上的法语和意大利语很久以后才最终形成，但中世纪语言的大分裂与民族国家的形成和发展相并行，西欧传统文化作为一个整体生长发展，其中语言则是最基本的。

语言尤其是民族语言是西方文明大厦基石中最坚固的一块，它的形成与发展无疑是西欧文化进步的一个标志。当然，西欧民族语言的发展有一个相当长的过程，因为拉丁语一直是这一所谓“黑暗”时代西方教会及西欧各国有学问的人的通用语。

六、法律：“黑暗时期”的不懈累积

值得西方有政治偏见的当代学者骄傲的是西方的法律，它成为西方所谓民主、法律制度的保障。追溯西方法律文化发展历程，中古时代自有其重要的地位，但最大的贡献应记在查士丁尼皇帝的账上。不错，圣奥古斯丁成为坎特伯雷第一任大主教之后，不仅使当时英格兰最为强盛的肯特王国国王及其成千上万的臣民接受了洗礼，而且在他的努力下，该国国王埃塞尔伯特还颁布了第一部用盎格鲁·萨克森文字写成的成文法典。圣奥古斯丁本人也在其《上帝之城》里沿袭了圣保罗关于“法律写在人们心坎上”的观点，同时他还继承了希腊罗马法律思想家关于法律与道德不分的传统思想以及自然法高于国家法的朴实观念，反映了早期法律思想的原始朴素特征。而体现法兰克人社会制度的《萨利克法典》无疑具有这一部族的传统文化特色。该习惯法的汇编如同格雷高利主教的《法兰克人史》一样，被认为是墨洛温王朝早期最为重要的史料，其中所规定的“土地遗产无论如何也不得给妇女”①以及书中屡次出现的血亲复仇的记载足以反映出这些野蛮人落后而原始的法律文化。

不容否认，罗马法律以及中世纪西欧各国对它的研究是欧洲近现代法律制度的根基。伴随着中世纪西欧文化的日积月累，十字军东征以来对于罗马法和查士丁尼法典的研究大大促进了这一学科的研究，从此西欧法律丰富起来，后来城市与大学的发展使得法律成为系统、独立的学科。直到今天，法律仍是西方大学里主要

① 后来这一条文得到修改。

的学科，律师在社会上的地位也一直很高。这一时代的滑稽剧《包特兰律师》反映了即使在“黑暗”的中世纪，律师这门职业在西欧已相当普遍。相比之下，文化高度繁荣的唐王朝和阿拉伯帝国在这一方面却无法与之比拟。

到了中古后期，索尔兹伯里和阿奎那的法律思想使西方法律文化得到新的发展，前者在其《论政府原理》中强调了法律在国家政治生活中的作用。他说，法律不但管辖被统治者，同样也限制统治者，明君和暴君的区别在于他们遵守与悖逆法律。要注意的是，这种思想出现于12世纪的西欧，而不是在别的时候和别处。阿奎那作为中古时代最具权威的神学家和经院哲学家，其法律思想较多地同神权政治相关联。接下来马西利的法律思想和近现代欧洲社会联结得更为密切，它成为西欧议会制基础下法律思想的一种理论依据。

七、文学:民族文学基础的逐步奠定

正如描绘民族文化史的时候都把文学作为最醒目的内容来大书特书一样，在西欧中古时代，雅俗共赏的学科也是文学。当然，这一时代文学最重要的部分依然是诗歌，拉丁圣歌、行吟诗、方言史诗以及著名的法国抒情诗都是中世纪文学画卷里的浓墨重彩。作为中世纪盛期丰富多彩的文学的标志，不管是拉丁圣歌《黄金般的耶路撒冷》还是充满肉欲和“亵渎神明”的行吟诗作，均说明在中世纪乏味沉闷的欧洲知识领域，文学是不甘寂寞的。

不过，中世纪西欧文学的成就远不止于此。著名的方言文学诗体(如英雄史诗)以及雅致的骑士文学都突出地展示了那一时期的文学成果。最著名的《罗兰之歌》作为颂扬英雄精神和西欧骑士特征的战争作品，成为后来欧洲文艺创作一个重要的题材来源，“罗兰精神”和“罗兰特征”成为骑士文学的一种模式。在中世纪的文学遗产中，冰岛和法国南部普罗旺斯的文学成就令人难忘。当我们谈及中世纪欧洲文化时，这两处的文学成果如同黑夜中熠熠闪亮的两颗明星。冰岛这一时代的文化以文学成就为主，成书于13世纪前期的《老埃达》①是一部神话英雄史诗，它记述了世界之起源、毁灭和再生，为后世学术研究提供了基本的素材，这部残缺不全的著述直到1643年才为冰岛的斯文森主教发现。后来冰岛大贵族斯诺里·斯图鲁逊的《小埃达》一直是古代北欧文学和历史研究的重要资料。这两部书是盛开于冰岛文学土壤里的两朵奇葩，不过它们是由包括挪威、丹麦、瑞典在内的斯堪的纳维亚人口头文学的清泉共同浇灌出来的。除此之外，冰岛文学创作的另一巨

---

① “埃达”(Edda)一词的本意在冰岛语中是“诗”的意思。长期以来人们习惯于把产生较早的、包含神话传说内容的诗体叫做《老埃达》(The Elder Edda)，而把《老埃达》的散文体埃达叫《小埃达》(The Younger Edda)。

大成就是“萨加”①的创作。被称为“古代萨加”、“冰岛人萨加”、“斯德龙萨加”的散文体故事同样也是斯堪的纳维亚人共同的文学财富——这是欧洲文化尤其是文学成就的共同特征：北欧文化与西欧文化的日耳曼之同源性。

谈及中世纪文学遗产地，我们不能忘记普罗旺斯(Provence)。如同到了法国必去巴黎又必去瞻仰埃菲尔铁塔一样，提及中世纪欧洲文学自然不能忽略法国，而提及法国文学，则必须介绍法国南部普罗旺斯这一文学生长的温床。法国南方东邻意大利、西接西班牙的这个古州，在旖旎风光的滋养下也在这一时期创造了欧罗巴最富于传奇色彩的文化，其浪漫且带有蛊惑性的文学为后世所钦羡。普罗旺斯派诗人在中世纪产生了几位有影响的人物，到了近代，其创作风格得以发扬。描绘骑士与贵妇之间恋爱与偷情的骑士文学在 12 至 14 世纪期间逐渐发展并达到全盛，“特鲁巴杜尔”(troubadours)亦即游吟或行吟诗人即在此诞生，之后迅速扩展至其他地区，一时间行吟诗人作为一个特殊的阶层而存在于中世纪某一个时期，他们遍游欧罗巴，尽情展示歌喉。对后世产生极大影响的法国北部的“特鲁维尔”(trouvère，或 trouveur，行吟诗人，图 4-6)以及日耳曼文学的许多传统风格都是对“特鲁巴杜尔”文学传统的继承。普罗旺斯从意大利吸收了古典文化的营养，同时又从西班牙南部汲取了撒拉逊文化的精华，再加上本地区特有的文化，形成了独具特色的法国南部文化。

图 4-6　行吟诗人(左图，troubadour 和 trouvère)、女性行吟诗人(中图，trobairitz)及行吟艺人(右图 ménestrels)。

八、经院哲学：罢黜百家，独尊此学

中世纪的欧洲，哲学家也是神学家，神学与哲学在他们的理论中被巧妙地融为一体。经院哲学是中世纪后期神学哲学的主体。Scholasticism 或 Scholastic philosophy 曾被译为“学校哲学”或“烦琐哲学”，最终为大家接受的是“经院哲学”。我们今日感受到的是经院哲学那系统而教条的逻辑和推理方式；如果我们不过多指责这些经院哲人们的刻板教条，也不纠缠于其孜孜追求纯粹的逻辑推理的固执

① “萨加”(Saga)一词意为故事、传说，它也是古代北欧诗体。

态度，那么我们就可以总结出其中的巨大成就。首先是他们对于古典哲学的继承，柏拉图和亚里士多德伟大的哲学体系深深滋养了西欧中世纪的哲学权威们，尤其是13世纪以后，大量完整的古典译本从西班牙和西西里传播到其他地区。其次，早期中世纪神学家对于经院哲学家们产生了直接的影响。奥古斯丁作为柏拉图主义的倡导者，不仅使基督教神学及《圣经》权威之影响进一步深化，而且也使神学与哲学的研究领域被拓展和深化。其后知名的人物如阿尔琴、安布罗斯·哲罗姆、伊西尔多·伯达、约翰·司各脱等人都在知识创新与学术研究方面做出了贡献。此外，从伊斯兰教世界传入的哲学著作包括失而复得的希腊化时代的文化也丰富了基督教哲学。

尽管如此，中世纪的烦琐哲学也实在是烦琐得要命，其争来争去最终多集中于知识与信仰、理性与神学的对立方面：理性是否有利于信仰，有益于神？中世纪前期似乎突出了两者的矛盾，圣方济各派的雅克朋·达·托蒂曾经用诗文来表达其反对学术的立场：

柏拉图与苏格拉底争论纷纷，
绞尽脑汁，费尽心神，
进行争辩永无停顿，
与我什么相干？
只要心灵洁纯，
就能通往天国，幽径独寻，
祝贺上帝，远避哲学与哲人。

公元1000年以来，哲学强调了理想对于救赎有很大作用的观点。信仰先于理性，信仰辖制理性，但理性可以起到光大信仰的作用，如圣安瑟伦就是这一观点的倡导者，这多么类似于目前我们中学哲学教科书上“物质与意识的辩证关系”的论述。圣托马斯·阿奎那的思想体系便建立于这种理性与信仰既对立又统一的观点基础之上；此后，圣托马斯主义的影响始终贯穿于基督教会历史发展的过程之中；兴起于19世纪末的新托马斯主义之后又影响到欧美哲学和社会生活领域，成为名噪一时的哲学派别，至今仍在发挥着作用，其宗旨便是复活阿奎那的经院哲学思想，而后者是中古时代西方哲学和基督教神学的核心内容。

九、建筑风格：永远的哥特式

出于为宗教服务之目的，中古时代罗马式和哥特式的建筑也许给后世留下了枯燥呆板的印记，但作为一种艺术风格，它们则是一份珍贵的包含有基督教精

图 4-7　巴黎圣母院是欧洲乃至世界最著名的建筑之一，它坐落在塞纳河中岛，兴建于 1163 年，完成于 1250 年。虽然之前有多达 25 位国王在兰斯大教堂加冕，但自封为皇帝的拿破仑却于 1804 年在这里进行了他的加冕仪式，后来 1970 年戴高乐的国葬也在此举行。

神的文化遗产。

雄阔而稳固的罗马式教堂造就的神秘气氛恰恰映现出了早期基督教神学的封闭特征，我们从中也能感悟到后世学者何以视西欧 5～11 世纪文化为愚昧落后的缘由。不过虽然罗马式建筑显示出一种沉闷而笨拙的格调，但建筑师们却深知罗马式建筑工艺的巨大价值：它不仅具有将木结构平顶天花板改成石制拱顶以减少火灾的优点，而且还展现出整齐壮观的建筑外貌与极富宗教气息的雕刻艺术的严谨统一。随便走进康切斯的圣福瓦教堂（约 1050～1129 年建）和内维尔的圣艾蒂安教堂（1083～1097 年建）的内部，或是瞻仰一下穆瓦萨克修道院回廊的顶柱（约 1100 年建）的《崇拜东方三大博士》以及韦泽莱修道院的正门雕塑，都可感受到后世艺术家所赞叹的浓厚的罗马式风格。

革命性的哥特式建筑具有划时代的意义。与罗马式风格相比，哥特式建筑更多地给予人们视觉上的钦佩之感，千篇一律的十字图案中十字开头几乎都是朝向东方——太阳升起的地方，是为基督复活的象征。类似具有象征意义的是哥特式教堂风格：彩色玻璃的华丽辉煌象征了《圣经》中所描绘的内容，譬如光是上帝的象征，而透过彩色玻璃的微妙光线容易引发人们的宗教情感。大教堂内部的空间同样具有象征的意义。大约在 1140 年建造的巴黎附近的圣丹尼斯教堂被认为是第一座哥特式教堂，而 12 世纪末建成的巴黎圣母院（图 4-7）简直令人兴奋不已，至于 13 世纪的亚眠大教堂雕饰的西大门以及兰斯大教堂东端大天窗和飞扶壁，则可令任何一位当代建筑师感受到中古哥特式建筑的伟大与精妙！

除了宗教因素之外，中世纪盛期以来建筑风格由罗马式向哥特式的演进也是城市财富增长、经济繁荣以及文化发展的一个标志。这一时期社会经济、宗教精神乃至艺术领域均处于转化之中：沉闷的宗教生活开始转变，悲苦的农夫生活也向市民生活慢慢靠拢，文学向唯情论和浪漫风格发展或充实，音乐艺术由纯粹的圣乐向俗乐过渡从而达到并行发展。因此，如果说罗马式教堂的坚固和肃穆表达了早期基督徒理念的庄严性和十字军们的粗犷精神的话，那么哥特式建筑风格则更具有戏剧性味道：高耸云端、引人入胜的视觉特征象征了某种宇宙观念，这同时也隐含了人所憧憬的浪漫意境。著名史学家琼·盖德尔总结说:“哥特式大教堂内外都是经由一个序列等级逐级升高的巨大运动。人们从地下开始,拾级而上,经过各种水平等级标志:拱顶、走廊、壁龛和尖塔……从物质升到精神,……从自然想象到神灵——都在等级的上升中。”

十、由圣乐到俗乐:厚实的音乐文化基础

在中世纪漫长的千余年中,音乐有着特殊的位置。首先,宗教圣乐是主流,在这方面,天主教会对于保护、推动音乐艺术有着一定的贡献,中世纪大部分时间的音乐实际上都是宗教音乐。其次,世俗音乐在中世纪中后期有了长足的发展,城市复音音乐艺术使多声部音乐逐渐发展起来;民间俗乐也呈现递进式速度发展,这两个方面为世俗音乐的主要部分,它们为文艺复兴以后俗乐的发展奠定了基础。

相对于其他知识学科,音乐在中世纪得到了特殊“照顾”并在优越环境下以特有的方式发展着。被天主教神学家托马斯·达坎称为“七艺之冠”的音乐,在整个中古时代都被教会及其神学家们所重视。当天主教徒聆听那和谐、平和、肃穆的旋律时,很容易想象自己的灵魂在无垠的天国里得以净化并畅游的情景;我们还可以把宗教精神与圣咏旋律的意境联系起来。流行于天主教堂里的格雷高利圣咏(Gregory Chant)可以说是那一时代的“流行音乐”,圣咏的某些乐句和旋律正是宗教精神的体现,它优美而舒缓的曲调长期统治着天主教圣乐。直到20世纪,一些天主教堂礼仪仪式中仍使用格雷高利圣咏。除此之外,11世纪本笃修会修士归多(Guido d'Arezzo)创立了乐谱体系,15世纪五线谱的形成就基于归多乐谱体系。教堂里管风琴演奏和赞美诗的合唱以及附带的器乐演奏均为后世开了先河;十字军时代和声概念率先在意大利和法国出现;竖琴与对位法也在11世纪诞生;由巴黎扩展到整个西欧的复调音乐产生于13世纪。引人注目的是,城市与商业的发展使得中古后期世俗音乐取得了巨大发展,譬如民歌在西欧逐渐普及,从意大利牧歌到法国香颂和德国名歌手的作品都反映了民族音乐的生长。14世纪的“新艺术”(Art Nova)使得音乐可以充分表达个人感情。从此,音乐和音乐家逐渐得到解放,音乐开始冲出封闭的教堂,走向更广阔的世界。

总之,中世纪音乐家们发展了对培养作曲和演奏都需要的技能。和声与对位,记谱法与多声部合唱,还有复调音乐等基本的东西都是在中世纪出现的,可见文艺复兴的音乐艺术对中古音乐的这种继承关系是完全不同于其他学科的;中世纪音乐为后世音乐的发展打下了深厚的根基,文艺复兴时期的音乐文化基础几乎全部根植于中世纪千年耕耘起来的音乐土壤①。

---

① 详见拙文《音乐文化与欧洲文艺复兴》,《天津师范大学学报》,1993年第5期。

十一、学术的复萌与转移:欧洲后世腾飞的起因

我们可以肯定中世纪几乎是学术空白的时期,尤其是早期阶段;但到了中古后期,西欧的学术研究已经开展起来。伴随着城市的发展及基督教会对于文化教育垄断的松动,知识越来越受到重视,并且不断地得以发掘和累积,学术开始复兴——不仅是古典文化得到某种程度的复兴,而且还有一个对东西方文化吸收与研究的过程,这包括基督教新文化的成长特别是经院哲学的大发展。当然,学术复兴和发展的中心集中于大学。

1. 从修道院到大学

实际上,在中世纪早期,某个地区、某个时代文化的暂时复兴已经被后世学者视为学术的复兴,不过这一切大多是在修道院里进行的。加洛林文艺复兴的影响对后来基督教西欧世界的文化增长有着特殊意义。12、13 世纪以来西欧知识领域日渐显现活力,从冰岛到西西里,从哥德堡到波洛尼亚,都有不同风格的文化因素在逐渐成长。拉丁语成了学术研究与交流的通用语;同时用民族语言写成的文学和学术作品也逐渐增多,并得以传播;意大利重新出现了研究罗马法律的热潮。

当北欧人、阿拉伯人和马札尔人的进攻结束之后,西欧更加安定了。先进的阿拉伯文化、拜占庭文化传入拉丁语基督教世界;古典著作进入修道院,有的开始被译成民族语言;加之加洛林文艺复兴的影响,使得外界视为沉闷和愚昧的西欧有了 12 世纪以来的"觉醒"。城市与商业的不断发展最终使得文化教育的中心由修道院逐渐转移到大学。13 世纪的一首诗在盛赞大好春光的同时,也道出了时代觉醒的状况:

> 大地复苏,烘托着鲜艳的花朵,
> 田陌葱郁,树阴成幽,
> 枯木逢春,枝繁叶茂,
> 长久寂寥的大地,重又溢满欢笑,
> 生命的火花重新闪烁,猛烈挥洒,
> 生机盎然,美景从沉睡中升腾。

中世纪文化生活的扩展主要表现在大学的风起云涌,教育学术中心由教堂和修道院过渡到后来的城市与大学,学术研究冲出了教会的垄断。"大学"一词源于拉丁语 universitas,原意是一个社团或是行会。当中古时代某一学科显示出时代效用而吸引大批人去学习与研究时,大学便有了形成的条件;当渴望求知或升迁的大批贵族子弟集中到一些学者周围时,大学便应运而生。从巴黎圣母院的教堂演

变出来的巴黎大学由一群学者联手创办，牛津和剑桥大学纯粹模仿巴黎大学的样子而建，中世纪大学或大学行会的建立大多遵循这一模式。在大学的创办和发展过程中，教会和修道院为之搭建了舞台，“几百年过去了，大学走向更深更广的领域——对于神学、法学和医学的高级研究——并成为理智创造力的中心”[①]。

图 4-8　建于 1087 年的博洛尼亚大学被认为是西方也是世界上最古老的大学，再过不到 80 年，它就将举行千年校庆。

最早的大学发端于意大利(图 4-8)，它的兴起主要始自对法律的研究。随着中世纪意大利城市和商业的繁荣，罗马法的使用具有了直接而实际的意义，它一下子吸引了许多人到北部的波洛尼亚大学学习法律，这样，西欧最古老的大学在 11 世纪后期已经诞生了[②]。尽管最初西欧的大学无论是形式还是组织结构都与现代的大学大相径庭，但大学里所传授的知识譬如法律、医学、语法、修辞、几何、算术、音乐、逻辑乃至神学等课程无疑为西欧文化和学术研究的积淀打下了基础。虽说教会的神学和法律是“科学之王”，但学生们还可以阅读欧几里得的数学和托勒密天文学的拉丁语译本，也可以研究古代著名的希波克拉底以及盖伦的医学名著。

2. 大学的陋习与严谨的骑士制度

就整个西欧而言，并非所有的学校都是以法律或医学为学科专长，西欧北部的大学则有更多的学科，如神学、艺术等。当然这些学科无论是内容还是名称本身与今日都有所不同，而对于学位的要求更与今天不同，中世纪末期巴黎大学神学博士科目长达 14 年方可修完，而且明文规定：任何人最早也要到 35 岁方可取得博士学位。当然，中世纪的这些所谓“大学生们”所学课程也相当有限，一时还摆脱不掉贵族子弟的某些陋习：酗酒、赌博和斗殴恶习十分普遍，带着刀剑和六弦琴的“骑士”公然浪荡于校园，这种骑士风范被视为正常风气。

尽管如此，我们仍然要赞颂大学对西欧的深刻影响。大学不仅培养了一批批神学家和哲学家，而且还造就出大量职业书记、律师、艺术家和学者，更不用说它给近代大学留下的宝贵遗产。总之，大学传授的学问及各种知识联结了世俗文化与

① (美)丹尼尔·J·布尔斯廷：《探索者：人类寻求理解其世界的历史》，吴晓妮、陈怡译，上海译文出版社 2000 年版，第 125 页。

② 一般认为，兴起于意大利的萨勒诺大学和波洛尼亚大学是西方最早的大学。前者是位于那不勒斯的一所医学校，后者是法律学校，他们分别于 1131 年和 1158 年被德国皇帝承认。参见张广智主编的《世界文化史》(古代卷)，浙江人民出版社 1999 年版，第 399 页。

教会文化，并将这一联系纽带拉紧而不是松开甚至斩断，从而使得西方基督教文明加快了发展的步伐。同时大学发展的直接结果是：西欧世俗文化得以长足发展，文艺复兴的最终到来与中世纪大学的发展有着直接的联系。进一步讲，如果说历经千余年沉闷之后的西欧到了中世纪末出现了文化大爆炸——即文艺复兴大爆发的话，那么，这颗炸弹即是风起云涌的大学。

当然，风行一时并在文艺创作领域影响后世的骑士也要进行严格的学习和实践锻炼。如同我国商周时期就已形成完善的礼仪制度一样，中世纪西欧的骑士有着严格的教育制度，它发端于 11、12 世纪的十字军东征时代，其内容包括宗教、道德、礼仪以及所谓的“武士七艺”①：骑马、游泳、投枪、击剑、行猎、下棋和吟诗。一般而言骑士的成长历程如下：7 岁时贵族把儿子送到大领主或高一级贵族家里接受普通的教育并且做主妇的侍童；14 岁以后就开始做大领主的侍从；21 岁举行成丁礼并授予骑士称号。自然，大学校园是远离骑士的，反之亦然。

十二、科学的曙光：谁言欧洲黑暗

中世纪后期文化的发展还表现在科学方面。奥卡姆学派②神秘主义与经验主义的双重观点从两个方面鼓舞并影响了未来：虔诚不受理性的约束，科学亦不受神学的束缚。

其实早在奥卡姆时代之前，西方的科学已经有了一定的发展。当然中世纪早期的科学几乎是一片空白，但以后逐渐有所起色，到了中后期已有很多学者在默默地探索了。古典时代尤其是希腊化时代的科学思想光华在中古后期熠然生辉；一些科学巨著被译成拉丁文，其中不少还是转译自阿拉伯文。西班牙与西西里成为十字架文化与新月文化的交汇处，古典科学思想的光辉尽洒愚昧良久的西欧基督教世界。

中古时代科学发展主要表现在后期，几个著名的神学家兼学者无意间在自然科学方面获得了巨大成果。事实上天主教会并没有明文压制科学研究，因为那一时代并没有像今天这样系统而全面的学科门类，甚至连“科学”一词也不曾为人熟

① 中古时代学校教育即早期教士们所学的课程被称为“七艺”或“七科”，它们是：文法、修辞、逻辑、算术、几何、天文和音乐。

② 奥卡姆(Willianm Occam[or Ockham]，约 1285～约 1349 年)是英国著名经院哲学家和唯名论的代表，他主张哲学的对象是经验和由经验而做的推论，他把所有现实中无根据的“共相”全部“剃尽”，后世称其学说为“奥卡姆剃刀”。他还强调神学只能占据信仰领域，不能干预知识领域，因此他所主张的政教分离、教会不能干涉政治的理论最终使他于 1327 年被教皇宣布为“异端”，并被投入阿维农监狱，后越狱投奔了“神圣罗马帝国”皇帝，他对皇帝说：“你用剑保护我，我用笔来保护你。”

知。古代欧洲人的哲学概念特指智慧的学科,它包括当今一些自然科学的内容,一种传统的观念——所谓“科学即哲学”的观点长久地影响到后来的社会生活。因此在西方文化史上,哲学的概念是广义的,那时自然科学实际上是隶属于哲学范畴的。亚里士多德作为一个自然主义的哲学家,是古典哲学或自然科学的集大成者,也正是对他的研究才推动了中古后期的科学运动。

在这场运动中,我们不能不提及多明我教派的大学者阿尔伯特,他因学识渊博而被称为“大阿尔伯特”①,他有关地质、化学、动植物的科学研究无疑对其弟子、大神学家阿奎那产生了直接的影响。另外,牛津大学校长罗伯特·格鲁塞斯特(约1175～1253年)也是这一运动的杰出代表,从某种程度上讲,他对“地球是圆的”的推理、对光的折射进行实验的方法以及对科学研究的孜孜态度,使我们很容易从西欧何以会从中世纪“黑暗”时代一下子跃入科技突飞猛进的近代的迷雾中走出来。

英国僧侣兼近代实验科学的奠基人罗吉尔·培根(Roger Bacon,约1214～约1294年)的科学成就影响更是直逼近代。相对于18、19世纪,西欧千余年的自然科学成就在整体上似乎是微不足道的,但是我们无论如何也不能否认中古晚期的科学星光,对于实验科学的研究以及学者们执著追求的精神和研究方法是新时代光辉的一面,而不像中国几千年王朝历史,越是到了明清时代,越是忽视科研行为及献身科学的人。

中世纪后期西欧科学的进步还在于实验科学的兴起。对于动植物的解剖实验产生了系统的解剖学:先是解剖动物,到了14世纪末便偷偷解剖人体,这是罗马教会所明令禁止的。同时,生物学、医药学、光学同样在各种实验中起步。除了德国的阿尔伯特,英国的培根更是以科学预言和实验方法著称于世,他曾预言了飞机和不用人操作的动力船,甚至还有潜水艇——几个世纪之后,这些预言及梦想都成为了现实。

西方科技的曙光在10世纪末已初露端倪:有一个著名人物是“奥托文艺复兴”②时代来自欧里亚克的教士格伯特,他从伊斯兰世界带回了先进的阿拉伯数学和天文知识并向西方世界传播了珠算③和阿拉伯数字;13世纪的方济各会已具备了对宗教的虔诚和对大自然孜孜探索的双重精神与态度。牛津成为欧洲的科学中

---

① Albertus Magnus(约1200～1280年)是中世纪德意志著名哲学家和神学家,早年就学于意大利帕多瓦大学,曾在巴黎、科隆等地从事教学活动,提倡实在论,以亚里士多德的学说给神学做注脚;他认为科学是信仰的准备和先驱,而宗教可分为自然宗教与信仰宗教。

② 详见随后的内容——本章第四节“西欧民族文化的增长”中的“奥托时代与文艺复兴”内容。

③ 可能是一种简易的珠算而非近代(明朝以后)中国所常用的算盘。

图 4-9　1294 年 6 月 11 日，伟大的实验科学家罗吉尔·培根逝世。他通过实验证明虹是太阳光照射空气中的水珠而形成的自然现象（非上帝所为），这种认识类似于 200 年前我国宋代沈括“虹乃雨中日影也，日照雨则有之”，从而扫荡了“虹乃天地淫气”的迷信认识。

心，西方科学亦从此地萌芽。罗伯特·格鲁塞斯特融数学与实验于一体，他与罗吉尔·培根都是自牛津扬名的大家，把他们视为近现代科学先驱亦不为过，尽管其不少结论尚存谬误。格鲁塞斯特的一个实验基本上解决了彩虹现象的问题，他的弟子培根的成就更为突出（图 4-9），其所创立的一整套科学方法立即成为探索自然的利器。培根总结了整个实验科学，他说：

实验科学左右着其他一切科学的最后结论，它能揭示用一般原则永不能发现的真理，它最终将指引我们走向创造奇迹之路，从而改变世界的面貌。

到了中世纪末，西欧科学犹如嫩芽迅速成长，加之其继续汲取更多的古典科学思想营养，譬如从东方——阿拉伯、拜占庭、印度以及中国输入了更先进的科学文明，西欧科技开始了全面发展。

第四节　中世纪后期：文化加速发展

西欧民族文化的增长在这一时期得到全面的验证。每一个日耳曼国家、民族文化都有不同程度的发展。这一时期文化的表现主要是基督教文化亦即所谓的哥特式教堂文化、骑士文化、城市文化等，其中以教堂文化为主要表现，因为“在许多个世纪里，书面文化（和拉丁语混同起来）都是由教士所独占。因此，各处君王只得从教士中寻找顾问，能够起草法令、文书的人，或是撰写国王传记和王朝历史的人”①。

一、大国登场：从法兰克到法兰西

实际上，法国从墨洛温王朝时代起就由克吕尼修道院的修士们承担修撰正式编年史的任务。作为原先居住于波罗的海和北海沿岸广大地区的日耳曼人的一

① （法）J. 阿尔德伯特等：《欧洲史》，蔡鸿滨等译，海南出版社 2000 年版，第 243 页。

支，法兰克人在公元3世纪罗马帝国开始出现危机之后就丝毫不甘于寂寞，他们也在庞大"病狮"罗马帝国疆域内占据一席之地，并在这块将永久属于他们的土地上开创起灿烂的文化。不过初期极为落后的法兰克人无论如何也料想不到这块土地上以后将出现伏尔泰、拿破仑等人物，也没有料到未来的巴黎会成为国际大都市，还有那全球闻名的巴黎香水、时装和浪漫女郎。

实际上，法兰克人同其他部落一道在公元4世纪后分据着今日的法国，只是在那个"蛮族"迁徙高卢的时代，法兰克是个较为强大的部落而已，其他部落如诺曼底人在诺曼底、布里敦人[①]在布列塔尼、勃艮第人在勃艮第等都保留着自己本部族的语言、法律和风俗习惯，这些文化遗迹至今尚存。克洛维大王率领法兰克人信仰了耶稣之后，便利用基督教会这把精神铁锤先后征服了勃艮第王国(500年)、赶走了西哥特人(507年)，建立了统一的墨洛温王朝。接下来这一王朝版图又不断扩展，在查理曼时代达到顶峰，之后一分为三。大致在卡佩王朝到查理四世(亦即10～14世纪)期间，法兰克王国逐渐演变为法兰西王国，罗曼语最终细化为法语，法兰西文化日渐形成具有自己本民族特色的文化。

二、加洛林时代：法兰西民族最早的文化复兴

伴随着查理大帝统治欧洲伟业的开始，加洛林王朝[②]便开创了一个新时代。这一时代所谓的文艺复兴应主要归功于加洛林宫廷及查理大帝。不过从严格意义上讲，为后世某些学者所过分渲染的"平顶文艺复兴"的意义超出了它实际的成就，只是相对于落后的欧洲中世纪文化，加洛林时代的文化显得格外醒目和突出。统一的帝国容易在某项工程方面做出点业绩来，当查理曼感受到帝国文化教育极度落后时，他便设法改变这一状况，于是他指派大批教士在乡村推广教育并强制教堂与修道院开办学校，以保存古典文化及传播基督教神学。一个公元789年的法令诏示："每一主教教区和修道院，应注重圣诗篇、乐谱、赞歌、年与季的计算及文法等教学，所用一切书籍必须周密审订。"毋庸置疑，这些修道院与教堂播种下的知识种子，将在11、12世纪之后逐步发芽、开花和结果。

也许加洛林文艺复兴时代最大的成就还是在教育方面进行的系列而有力的改革，教育的重视和推广运动看来在欧洲大陆这块土地上率先起步了。加洛林建立的学校分为三类：最高一级的学校是宫廷学校，次一级的学校是教堂学校，最普通的是修道院学校。这些学校和由此兴起的教育推进使得加洛林王朝尽早地进入了欧洲大陆强国的行列。

---

① 布里敦人为凯尔特人的一支，其后裔即今日布列塔尼人。

② 查理曼或查理大帝的拉丁文名字为 Carolus Magnus，故此一王朝被视为加洛林王朝。

加洛林文艺复兴时代的几位著名人物将在西欧文化史上占据重要席位。艾因哈德撰写了查理皇帝的传记使得后世能够较为详细地了解查理曼帝国时代的状况。当时意大利一位副主祭兼史学家保罗为后世留下了《伦巴第人史》，毫无疑问它是极为珍贵的文献。还有一位才华横溢、来自西班牙的诗人，他的事迹后面我们还要讲到。在这几位之上，最著名的是阿尔琴，这位来自海峡对岸、英国约克郡的博学之士成为保存和传播古典、基督教文化的学术权威。当查理曼死后，加洛林文艺复兴的第二代饱学之士司各脱便成了整个加洛林时代最伟大的思想家。

毋庸置疑的是，加洛林文艺复兴对于法兰西文明的生长，甚至对于后世欧洲文化年轮的增长都具有不可估量的意义。“一种不同寻常的欧洲文明已经在加洛林王朝的文化复兴之中生根了，它融合了罗马帝国的观念、希腊—罗马的理性遗产、基督教的彼岸思想以及日耳曼的习俗，为之后中世纪的文化繁荣奠定下基础”[①]。这一评价虽然略显夸张和笼统，但毕竟，加洛林文艺复兴是中世纪前期整个欧洲文化沙漠中的一道亮丽的风景。

在此，我们尤其不能忘记加洛林文艺复兴的另一成就，那就是拉丁语的变革与纯化以及书法的改进。书法在字母体中一般而言远不如方块形汉字那样有潜力可挖。不过在那一时代，书法发展到一种艺术境界，一种清晰易读的书体——“加洛林小写字体”得到了推广。

三、现代大学的雏形：巴黎大学——典型的模式

中世纪下半期的欧洲，文化教育的发展突出表现为大学的涌现。巴黎大学不是最早的，却是最著名的，它是欧洲最典型的模式。如果要了解七八百年前大学生们的生活，最好是“去”一下巴黎大学。12世纪中叶以后，云集于巴黎的教师结成了同业公会，然后是学生们聚集在教师周围，巴黎大学形成的基本条件即已具备。那时最为出色和机智的亚历山大三世教皇首先承认了巴黎教师同业公会并且授予其某些特权。当13世纪来临时，法兰西人的奥古斯都——腓力二世正式颁发给巴黎大学特许状，这样并非是纯粹文化意义上[②]的巴黎大学正式诞生了。

如同中世纪各种行业性的组织一样，巴黎大学形成后开始壮大，这使得师生们感到有必要摆脱地方当局和教会的束缚。对于自治权的要求使得他们于1229年宣布了6年的罢课，2年后在教皇格雷高利的干预下，大学终于取得了行政和司法上的独立管辖权。巴黎大学早在1219年已开始分系，神学、法学、文艺、医学4个

---

① 李秋零、田薇：《神光沐浴下的文化再生：文明在中世纪的艰难脚步》，华夏出版社，2000年版，第144页。

② 欧洲“大学”一词正式称呼是1208年之后，不过大学本身在此前早已产生。

学科表明巴黎大学已经具备了现代意义上“大学”的某些功能。当然,作为普通学科的文艺科吸引了不少学生和老师,前期枯燥的学科不断地注入了音乐、美术和文学内容,大学校园充满了生机。在通过用拉丁文讲授的文艺学科的公开答辩后,学生们得到学士学位,然后经过两年的继续学习,在取得从事教育的资格以后,再获取硕士学位。如果再经过神学、法学、医学等学科的深造还可取得博士学位。由此可见,系的划分、学历的取得方式对后世大学具有深远影响,在此意义上,今日之大学乃中世纪大学的直接承继,两者有着渊源关系。

1. 没有女生的开放大学

中世纪欧洲的大学是开放型的,不过没有女学生。仍以巴黎大学为例,它的学生来自于西方基督教世界各王国。我们有理由认为:第一,以留学生形式存在的开放型教育很早便有了市场,巴黎大学接纳的各国学生,实际上反映了就学于国外的事实;第二,西方文化的一体性和开放性特征从其大学的形成与发展中也可以得到充分的解释。西欧基督教世界一直是信仰统一甚至种族近乎一统的地区,西欧文化的同宗同根表现处处留存,从边境贸易往来到文化交流,至今都能展现出来。

巴黎大学的学生们大多来自社会中层,包括城市商贩和乡村贵族子弟。他们住宿于教堂,甚至住在教师们的房子里,有的干脆宿于屋檐下,因食宿费用问题学生们不止一次地发生暴乱。穷人家子弟和高门显贵子弟在大学都很少见。在 16 世纪之前,皇室与上流社会看不起这种世俗的、开放型的、大呼拢式的集体教育,他们可以请最博学的教师作为家庭私人教师。此外,女学生完全被拒之门外。直到近代,牛津、剑桥大学校园里仍没有女生,即便后来美国一些私立大学的校门也不向女性敞开。

2. 上帝不愿看到的生活

如同当今中国大学生一样,巴黎大学的学生上课时也拼命地记笔记,老师则在上面宣讲。公共性的辩论常常举办。每天早晨五、六点钟当巴黎圣母院大钟敲响之时,13 世纪的大学生们便纷纷走出宿处,进入狭窄喧闹的街道,前往城市大学区的课堂。在严寒或酷暑中,他们席地而坐,膝盖上放置着蜡制书板,记录课堂笔记;老师则登上课堂一角的讲台坐下来讲授,于是开始了一整天单调无味的学校生活。午后,学生们聚集一处,开始进行某些活跃的体育活动:赛跑、游泳、球类比赛以及各种游戏活动;到了夜晚,天资聪颖且又勤奋好学的学生回到自己的住处孜孜攻读,习惯于寻欢作乐的懒汉则尽情享受青春。不过中世纪大学校园里的懒汉们或放荡不羁者并非都是真正的坏蛋,其中很多只是类似于今日大学里思想活跃的学生,不过这些都是上帝所不愿看到的,因为他们的言论和行为与教会所提倡的格格不入,是中世纪大学校园里的异端邪说和邪行。当时所谓“在巴黎学神学、在波洛尼亚学法律、在蒙彼利埃学医学”成为流行口号,无论学生在哪里,他们的生活都不会令上帝感到愉快。巴黎大学的学生们甚至在狂欢节在圣母院的祭坛上掷骰子。关于中世纪学生们的生活，我们还可以从留存下来的文献中来感受一下。一位可能是来自于乡村的学生在给他父母抑或是保护人的信中描述：

> 城市生活费用昂贵，需要措办以下诸事：我必须租赁住房，购置日用品，并准备其他事项，不能一一列举。为此请求父母看在上帝的分上，给予支援，以便完成我已经有了良好开端的事业。①

这份材料还有其他内容，一位父亲在复信中愤怒地谴责儿子：

> 我最近听说你的生活不太检点，贪图玩乐，不事攻读，别人专事攻读的时候，你却在胡乱地弹奏六弦琴。②

四、伟大的帝王们

1. 查理大帝

整个中古时代，统治于今日法兰西国土上的君主有几个人值得大书几笔，他们不仅影响了欧洲政治进程以及基督教文明的发展，而且在本民族文化史上也留下重彩，前述艾因哈德的《查理大帝传》可使我们首先了解到这笔重彩的价值。

查理曼称得上是中世纪前期最为著名的帝王。如果说具有将才的“矮子丕平”③创建了加洛林王朝从而使自己成为卓有政绩的帝王的话，那么他的儿子查理大帝则使其事业达到巅峰。身高 6 英尺 4 英寸的查理曼无论是在外貌形象还是在能力上都能获得今日“超人”的称誉。这位粗脖大肚的法兰克帝王仪表堂堂，加之其一生丰富的经历和伟绩，使之在艾因哈德的传记里显得如此丰满高大且有血有肉。作为欧洲历史上最为显赫的帝王之一，查理曼给西欧曾带来一时的和平与繁荣(图 4-10)。政治上的统一使得帝国在语言和宗教方面得到基本的统一，他也投身于频繁的立法工作，这一工作深入到刑法、民法、政治、宗教及社会生活各个领域，例如他奖掖文化的政策导致了 9 世纪的加洛林文艺复兴。公元 800 年耶稣诞

---

① (美)C. 沃伦·霍莱斯特(C. W. Hollister)：《欧洲中世纪简史》，陶松寿译，商务印书馆 1988 年版，第 301 页。

② 引文同上。

③ 查理·马特(“马特”意为铁锤)之子，查理曼之父；742～751 年任法兰克墨洛温王朝宫相(宰相)，751～768 年间任国王，加洛林王朝的开创者。

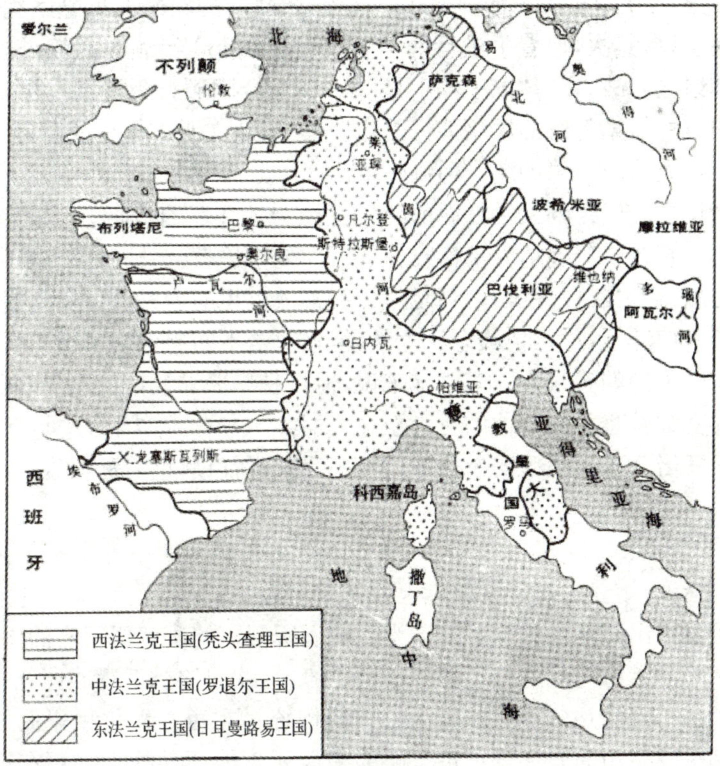

分裂的查理曼帝国

图 4-10　查理曼帝国盛极而衰，三分天下，成就三个民族国家的雏形。

辰之日，查理大帝在罗马圣彼得大教堂里参与了庆祝活动：他跪在圣彼得墓旁，刚要起立，曾经被罗马贵族揍得屁滚尿流、后来又逃到查理曼那里请求保护而最终得以复职的昏懦教皇利奥三世立即将一顶皇冠扣到查理头上，于是法兰克国王成了"罗马人"的皇帝，法兰克王国也变成了查理曼帝国。这位被称为"上帝加冕和虔诚的奥古斯都，伟大的爱好和平的皇帝"在位 40 多年，发动了 50 余次战争，其中有一半由他亲自率领和指挥，一系列的战役在军事史上留下浓墨重彩，如同亚历山大大帝一样，战争在他的铁骑之下成为艺术。

2. 圣路易与美男子腓力

在查理曼之后的法兰西故土上，路易七世有才华的儿子——奥古斯都腓力二世(1180～1223 年在位)统治之时，法兰西已成为当时基督教世界的大国，期间英国君王也无法与腓力二世相比拟。国势日盛的法国已超过了遭到削弱的英格兰和风雨飘摇的"神圣罗马帝国"。

当路易八世过早地去世之后，年幼的路易九世(1226～1270 年在位)继位了，

1234年他成人后立即显示出治国之才。首先，亲政后的路易九世毫不犹豫地把司法大权攥在手里；其次，他着手进行两项重要改革，1258年颁布的敕令规定：王室领地内严禁诸侯私战，实行"国王四十日"①。该法令的颁行无疑具有深刻的影响，西欧蛮族固有的血亲复仇的原始遗俗被明令禁止，从文明进化角度而言，其影响超过了另一项重大改革——即统一币制改革。

路易九世之所以得到后世如此的评价是因为他还具有满腔热忱的道德观念，他圣洁的心一直在苦苦地追寻信仰目标。对内他佑护教会，扶济孤寡贫弱，这些慈善措施使之赢得了当时法兰西人乃至整个基督教世界的赞誉。他极力规劝犹太臣民及其孩子改信耶稣，虽然他厌恶犹太教，但这丝毫不妨碍他竭尽全力保护那些受到暴力迫害的可怜的犹太人。对于他来说，他只是痛恨异教信仰本身，而对信仰异教的男男女女却心慈手软。他的行为至今为犹太人所歌颂，因为这与近700年之后希特勒疯狂屠杀犹太民族的暴行形成强烈反差，所以后世尊称这位君主为"圣路易"。

圣路易统治法国44年，期间法兰西文化的发展亦达到一个小高潮：巴黎大学成为西欧的楷模；雄伟的哥特式教堂巴黎圣母院建成；城市生活欣欣向荣，法兰西民族越来越显示出文化上的自尊与荣光。他们所创立的法兰西特有的文化传统和宫廷气质到路易十四时代达到了登峰造极之势，全欧洲的君王贵族们竞相追随，以至于形成了一种模仿凡尔赛宫廷生活习惯的传统。在西方文化积累的历程中，法国显示了越来越亮丽的光环。不过圣路易最后死于他领导的十字军东征途中，反映了他对犹太人的同情并未阻止其为宗教信仰而进行的讨伐征杀。

接下来的王位由圣路易的儿子、庸碌的腓力三世所继承，经过他那15年的无为统治，另一位著名君王重新调治了法兰西社会，使之又昂然跨入下一世纪，这位君王便是"美男子"腓力四世(1285～1314年在位)。

这一时期的西欧已是民族和王权相对平稳发展的时期，腓力具备了后世马基雅弗利所言的狮子般凶残之性。为了筹措经费，他曾经采用一切手段进行搜括，海峡对岸的英王爱德华一世为了同样的目的正在残酷虐待犹太人，腓力同样用极端的手段对付富有的圣殿骑士团，为达目的他曾将其中的50人处以火刑，而此时宗教裁判所尚未正式建立；后来腓力还逮捕并污辱了年迈高傲的教皇卜尼法斯八世。

选择残酷的腓力四世作为我们文化史描述的一个角度，是因为这位君主有一套为后世所效法的治世哲学。在政治改革中，腓力跳过豪绅领主，简化封建等级制

① 此令规定：在法国王室区内，当一方诸侯受到另一方攻击时，前者在40天之内不得有报复行为，期间可向王室法庭申诉，以获仲裁。

度,要求老百姓直接向他宣誓效忠,正如中国的皇帝所长期做到的那样。于是法国国王成了教俗两界的合法统治者,并且成为西欧专制君主的典型形象。腓力四世沉默寡言且性格乖戾,但在选才方面却独具慧眼。他的统治哲学为后来的黎世留、路易十四甚至拿破仑所承继。腓力时代的另一文化遗产是民主制度的萌芽——1302年开始的三级会议是中古时代政治制度文化的精彩插曲,西欧所谓的议会制度形成的基础除了英国的两院制外,另一重要基础性内容便是腓力召集的这种全国性代表大会制度。

3. 阿尔弗雷德大帝

自1066年诺曼底公爵威廉征服了英吉利之后,英国人的历史就有了一个明确的分野。

现代英国人的祖先,从某种程度上讲主要是日耳曼人种的盎格鲁-萨克森人①。这一部族是何时到达英伦三岛的,至今尚存争议,不过可以肯定他们至迟在公元5世纪中叶已来到不列颠。考古学证明盎格鲁-萨克森文化早在4世纪已传入不列颠,在埃塞克斯发现的长6厘米、带有动物装饰的腰带扣钩是典型的日耳曼式制品,在肯特郡同样有日耳曼风格的制品,说明日耳曼部落很早就到达过英国,他们中不仅有盎格鲁人、萨克森人,还有朱特人、斯瓦本人。

成书于7世纪的英雄史诗《贝奥武甫》(Beowuff)可以说明那一时代盎格鲁-萨克森人的军事民主制生活。这一时期法兰克人已经建立了国家,英格兰地区的文化犹如当时分散的民族一样,尚处于初级发展阶段。9～10世纪北欧海盗使西欧饱受侵扰,英国更是首当其冲;丹麦人长期盘踞于英格兰东北部,以至于有了一段丹麦和英国习俗同化的历史。当丹麦大王克努特建立了"丹麦—挪威—英格兰"帝国后,古老的英国文化也曾稳步发展。伴随着不列颠的统一和发展,盎格鲁-萨克森时代的历史便宣告结束。公元10世纪,真正统一的英吉利民族文化开始发展起来。

阿尔弗雷德大帝改变了愚昧落后的英格兰,他是中世纪英国一位伟大的君王。作为英吉利的民族英雄,他是英国迈入一个伟大时代的关键性人物,历史学家称之为"英国的查理曼",尽管其军事业绩远逊于查理曼大帝。在西欧早期,如果说除了加洛林文艺复兴之外还有什么文化业绩的话,那么阿尔弗雷德大帝时代的"英国文

① Anglo-Saxons严格意义上说是指古日耳曼人中的盎格鲁、萨克森、斯瓦本等部落集团,大致分布在北欧日德兰半岛、丹麦诸岛和德国西北沿海一带,后盎格鲁与萨克森两部合二为一,并跟不列颠岛上的凯尔特人以及后来的丹麦人、诺曼人等部族逐渐融合为英吉利民族。不过后来广义上的"盎格鲁-萨克森人"则包括英吉利人、苏格兰人及其在北美、南非、澳洲等地的移民。

化复兴"①则可以大书一笔。

生活于现代文明社会里的青年人无论如何也想象不出当时英吉利的文化环境是多么的糟糕。在愚昧落后的西欧，查理曼时代的加洛林文艺复兴光彩夺目，同时代的英国则几乎对古典文明一无所知，于是阿尔弗雷德大帝仿效查理曼，在对丹麦人战争期间就着手于文化教育的普及工作，他从英格兰、威尔士和欧洲大陆召集大批学者，建立了宫廷学校。他本人更是以身作则，先是学习拉丁语，又亲自把教皇格雷高利一世的作品《司牧训话》译成盎格鲁-萨克森语。他还翻译了史学家比尔德的《英吉利人民教会史》、哲学家博提乌斯的《哲学的慰藉》以及圣奥古斯丁的作品。在位期间，他还组织编写了影响后世的《盎格鲁-萨克森编年史》以及重要的法律文献《阿尔弗雷德法典》，令人感受到一生戎马倥偬、在世 51 年的阿尔弗雷德大帝（卒于 899 年 10 月 26 日）是多么勤奋。

阿尔弗雷德时代的"文化复兴"和查理曼时代的加洛林文艺复兴均是帝王一人作用而致。其相同点是帝王本人在这一时代繁荣文化方面均起到了组织与促进作用，而且两个帝王都勤奋好学，以身作则。不同之处则是：查理大帝不是一个学者，他最初目不识丁，只是到了晚年才疯狂学习，但"为时已晚"；阿尔弗雷德则充分发挥了一个帝王学者的作用。除了上面述及的业绩之外，他还对自己所做的文化事业有意识地进行评价，他说，自己是为子孙后代营建文化教育大厦，而他本人只是在广大森林中搜集了木材而已，这是多么生动而谦虚的评论和比喻！在为《司牧训话》所作的译序中，这位大帝真挚地流露出他对"遭受焚烧洗劫前英国教堂财力雄厚、藏书丰富"的公元 6～8 世纪即各个王国经济与文化逐渐发展时代的怀念之情。

4. 腓特烈大帝们

由萨克森王朝经过萨利安王朝（1024～1125 年）时期不断与教皇斗争百来年后，德意志霍亨斯陶芬家族最强有力的代表腓特烈·巴巴洛萨（1152～1190 年在位）一世成为新君主。这位才华超群的皇帝以重建德意志王朝为己命，他宣称：他的德国是一个由上帝直接创建的统一大帝国，其地位应在罗马教廷之上。腓特烈一世最初与出身贫贱的教皇阿德里安四世合作，两人联手镇压了以阿尔多诺为首的罗马人起义。当 1155 年阿尔多诺及其随从被绞死且被抛尸于台伯河之后，教皇与腓特烈在罗马举行了首次晤面。不料，初次接触便显示二人不易合作：阿德里安

① 此处英国文艺或文化复兴有两种含义：一是相对于查理曼时代的"加洛林文艺复兴"，故英国这一时代亦可称为文艺复兴或文化复兴；二是发展古典文化。

四世坚持要皇帝遵循古制——为教皇牵驴[①],腓特烈一世最初力拒,但后来为了能加冕称帝不得不忍气吞声地接受了这一屈辱的仪式[②]。这将预示着皇帝为建立丰功伟业而将历尽艰难与坎坷:阿德里安四世死后,饱学多才的亚历山大三世(1159～1181年在位)成了"红胡子"巴巴洛萨[③]最可畏的对手。当时皇帝重新卷入意大利北部的事务,教皇与皇帝为了达到各自的目的而挥泪拥抱。巴巴洛萨再次为教皇牵了毛驴从而得到加冕,并宣称愿意作为教廷的儿子而效忠,接下来的日子则是皇帝的巧取豪夺,并且最终占据了上风。可悲的是,红胡子大帝却在第三次十字军东征之时溺水而亡于途中。

如果说腓特烈一世的作为纯粹表现在政治和军事方面,那么他的孙子、曾在西西里度过了童年的腓特烈二世(1212～1250年在位)则是一个文化帝王的形象,如同我国唐太宗与唐玄宗的一对组合。犹如其祖父在政治、外交上的机智和创新一样,腓特烈二世也是一位大胆革新的皇帝,他也企图建立一个统一的大帝国,也有征服意大利全境的所谓"狂妄野心",但事实证明他在这方面无法成功,到了1268年"神圣罗马帝国皇帝"在意大利全境的权力竟然丧失殆尽,因为这位君主自己是属于科学和艺术而非献身于征杀讨伐的。也许他本人过于依恋哺育过他的故土——风景秀丽的西西里,而对于荒凉野蛮的德意志毫无感觉,他坚信必须在意大利南部和西西里建立一个强大的国家,然后以此为根据地向北发展。事实证明这是一个十分愚蠢的设想,但腓特烈二世固执己见,为达目的甚至不惜放弃德意志的领土和王权。他还为后世的独裁者提供了纯化种族的先例,这指的是他非常热爱西西里故土,厌恶北方昏暗的森林和阴森的城堡,他宣称:"如果西西里男子和异国的女子通婚,种族的纯洁性就会被玷污。"这无疑说明他已经忘记了他的国民早已不是纯粹的意大利人,而他自己一半的血统还属于日耳曼-德意志民族。这是他政治军事上不成功的一面。

其次,腓特烈二世实际上是一个反对上帝的基督徒。也许是受萨拉逊文明熏

---

① 传统的牵驴仪式,可能来源于8世纪君士坦丁堡赠礼伪件,以示教俗有别,俗界受制于上帝。

② 这一加冕仪式的结果,便是在962年2月奥托一世所建立的"罗马帝国"前面加上了"神圣"二字,自此也就宣告了"神圣罗马帝国"的成立,这个伏尔泰所言的"既非神圣,又非罗马,更非帝国"的帝国于1806年为拿破仑所灭亡。

③ "巴巴洛萨"(Barbarossa),意为红胡子。腓特烈一世多次攻打意大利,1159年围攻克里马城时,他曾以其中大多数是儿童的50名克里马俘虏置于德意志军队前面,为的是遮挡箭石,从此意大利人给了他这一绰号,意思是这位皇帝的胡子是用鲜血染成的(参见朱寰主编的《世界中古史》,吉林文史出版社1986年版,第112页)。第二次世界大战时期,希特勒攻击苏联的计划,代号即为"巴巴洛萨"行动。

陶过重之故，他在宗教上宽容的、模棱两可的态度引起了罗马教廷的愤怒。当他被迫率领十字军与穆斯林开战时，他不是用刀枪而是以和平与之相见，双方进行了谈判。他所率领的十字军所表现的友好精神令异教徒也感到吃惊，罗马教会认为他这是在亵渎神灵，对他的胜利也表示轻蔑的愤怒。最终他斗不过精明过人、法学家出身的格雷高利九世以及强硬的英诺森四世这些教皇们，加上意大利伦巴第同盟和本土哈布斯堡家族的反对，他的领地逐渐缩小，在重压之下，可怜的腓特烈二世突然死去。

正如我们前面所言，作为皇帝，在政治和军事方面，腓特烈二世远不如他的祖父那样成功，然而，作为一个以文艺见长的开明君主，他在文化上的贡献却是有目共睹的：他制订了统一的法典，从而为振兴农工商免除了苛捐杂税；他在那不勒斯建立的宏伟的大学成为当时欧洲最好的学校。腓特烈二世还被誉为中世纪最坚决的大科学家。尽管是业余科学家，但在其统治的13世纪上半叶，他大胆的怀疑和叛教精神被当时勇敢的人称为“世间奇才”。譬如，他拒绝相信灵魂不灭的理论，为此他写了一篇《耶稣、摩西和穆罕默德：三个大骗子》，因此遭到基督教、犹太教和伊斯兰教的共同谴责和迫害。腓特烈二世还是实验科学的具体实施者，这位皇帝对于外界的嘲讽和谴责不屑一顾，为了满足无穷的好奇心，他亲自进行各种动植物实验，如他试验人工孵化鸡蛋；还把秃鹫的眼睛缝上，以弄清楚它觅食靠的是嗅觉还是视觉，等等。

腓特烈二世在科学和文化事业方面的贡献远不止于此，他主要是以学问的赞助者有功于世的。他从巴勒莫请来了著名学者，把阿拉伯著作译成拉丁文，因为这位连自己的母语德语都说不好的皇帝通晓拉丁文。他还资助一些大数学家如13世纪西欧最知名的比萨的利奥纳特。尤其令人难忘和钦佩的是，早在13世纪上半叶腓特烈二世就曾使解剖合法化，这自然是教会所无法容忍的，因为即便到了文艺复兴后期，解剖也是被天主教会所明令禁止的，达·芬奇只是在夜间偷尸才得以进行解剖实验。

更令当今环保专家所赞美的是，腓特烈二世早在1231年就颁布了欧洲历史上第一道环境保护法令，其内容大致如下：“为力求保护天赐空气的纯洁，兹特下令：任何人均不得在村落300米内河流湖泊中冲洗亚麻或大麻，以免空气变坏。”

五、英国：文化阔步发展

12世纪之前，英国与其欧洲大陆上的其他国家一样，文化水准远远落后于拜占庭和阿拉伯。除了英雄史诗、宗教圣歌及不太引人注目的行吟诗之外，其文学谈不上有什么突出成就；建筑艺术也是维京式；唯一闻名欧洲的是其刺绣工艺，它在中世纪一直享有盛名。

在这一切之上，中古前期英国的史学尚有闪光之点，公元 547 年之前凯尔特僧人吉尔斯写成的《不列颠的陷落》虽有传说和错漏，不过还是保留了相当多的史料。相比较而言，著名史学家圣·维诺拉伯尔·比尔德用拉丁文写就的《英吉利人民教会史》则是早期最早最详细的史学专著，阿尔弗雷德大帝曾把它译成古英语，并在此基础上又组织编写了《盎格鲁-萨克森编年史》。

1. 学术活动中心：牛津与剑桥

在中古时代的西欧，上大学意味着去受苦，上层贵族们生活奢华而倨傲，他们舍不得把自己的孩子送到学校，于是村夫、教士、骑士和商人子弟成为当时大学生的主体。在 1167 年左右，由于亨利二世与法王路易七世争吵，在贝克特主教的号召下，一批英国学者从巴黎回到牛津，创立了牛津大学，第一位校长是格里姆(J. Grim)。13 世纪初，牛津成为英国的学术中心。

当时英国的大学里掺杂了大批商人，大学曾成为不法市民掠夺的牺牲品。英语 university(大学)一词，最初还有“为保护师生免遭投机倒把市民袭扰的团体”之意。牛津大学成立后发生过一件惊人之事：在一次大学与市民的争斗中，一个妇女据说遭一位僧侣所杀，市民们报复的办法是将一些大学生逮捕，其中两名被绞死。于是牛津大学师生便作鸟兽散，一部分又逃回巴黎，一部分则到了剑桥，英国另一个学术活动中心——剑桥大学应运而生。牛津大学在停顿 5 年后由罗马教皇出面重新授予了特许权，这可以说是教会对文化的一大贡献。罗伯特·格罗斯泰斯特是教皇庇护下的校长，也是英国早期的科学家。

牛津与剑桥(图 4-11)相距 50 英里，13 世纪两所大学建立了为贫穷学生提供

图 4-11　剑桥大学(Cambridge)成立于 1209 年，其 800 年校庆即临。剑桥大学一直保持着获诺贝尔奖人数最多的荣誉(1904～2006 年共 81 位)，强势专业多集中于科学、哲学(人文学科)、医学、法律等，各类名人中包括牛顿、达尔文、罗斯福、霍金等。

方便的一些书院，这两地也成了英国经院哲学的中心。被称为"最后一个教父和第一个经院哲学家"的坎特伯雷大主教圣安瑟伦，其神学和哲学思想的形成均与这两所大学的学术环境有密切联系。

2. 罗吉尔·培根与邓斯·司各脱

如果说圣安瑟伦代表了英国唯实论一派的话，那么，唯名论经院哲学的代表便是我们前面谈到的罗吉尔·培根和约翰·邓斯·司各脱(J. Duns Scotus，1270～1308)，他们两位均曾在牛津大学求学与工作，也都是新学派的代表。

作为格罗斯泰斯特的学生和朋友，培根是中世纪英国最著名的科学家、哲学家。在信仰并研究神学的同时，他坚持实验科学。他既是方济各会的修道僧，同时也大胆投身于各种学术研究。培根从求知的角度入手，考察了所谓知识的三大源流：权威、理性和经验。他首先否定了第一个，在1266～1268年3年内他写的《大著作》、《小著作》和《第三著作》均把权威视为束缚人们获取知识的绳索。他断言，数学(其意包括现代物理学及其他自然学科)和实践才是真正的学科，为此他曾当众进行实验。教会对此举惊恐万状，宣称培根准备把魔鬼解放出来，因此对他进行长期迫害：他被称为"魔法师"及"穆罕默德的门徒"而被遣送到巴黎的修道院，禁止其讲课及进行学术研究，为此培根受了10年的折磨。但他并不屈服，始终不向教会的权威低头，结果又一次作为"有巫术嫌疑"的罪人被送进修道院监狱，在里边一呆就是14年。

然而，活了80岁的培根，其科学成就在他死后得以证实。除了代表他哲学和科学思想的《哲学研究纲要》和《艺术与自然的秘密》等著作外，他在科学研究方面可谓是集大成者，这些首屈一指的成就包括：对光的折射与反射的研究；对于眼镜、放大镜、望远镜、显微镜的预测；对机动船和飞行器的预言；提出修改罗马历法的倡议等等。除此之外，培根还从事了化学实验，是欧洲第一位研制出火药配方的科学家。

相对于培根，邓斯·司各脱的主要贡献似乎仅仅在于哲学思想方面。这位方济各会的教士率先提出了"上帝是含蓄而不可理解"的概念，为此他写有一篇详尽批判阿奎那神学体系的文章。一般而言，圣托马斯被称为"天使学家"，而司各脱被称为"微妙的神学家"，因为他是用逻辑去理解神学，其思想的复杂性人们亦难以理解，故他又被戏称为"笨伯"①。这方面与早期生活于加洛林宫廷里的大才子、也是英吉利人的另一位约翰·司各脱·埃里金纳形成鲜明对比。后者出生于英格兰，

① "dunce"(笨伯，蠢汉)与"Duns"同音。

被后世称为具有独创精神的思想家和才华超群的学者[①]。

然而"笨伯"这个诨号显然不适合邓斯·司各脱。他能够巧妙地迫使教会神学宣扬唯物主义，其后继者们形成了影响很大的司各脱派，这本身就说明了邓斯·司各脱思想的地位，该派与圣托马斯·阿奎那派的斗争为启蒙思想以及近代科学思想的发展做好了准备。

3. 法律文化的基础

中世纪的英国法律文化包含两方面内容：一是法律作为一门学问的发展，二是作为一种制度即法律思想和制度逐渐形成、发展的过程。就法律本身而言，更本质的法文化包括立法活动自始至终的完善过程以及作为一门学科的发展过程。在整个中古时代，英国的议会制作为西方具有典型意义的所谓民主制度，它与其整个中世纪法律文化的不断发展有直接关系。

在英格兰国家统一进程中，普通法[②]（common law）的发展具有特殊意义。传统的法律包括：古老的盎格鲁-萨克森法律、诺曼人从法国引进的法律、教会法律、城市商业法律等。其中有一些曾经是统一道路上的障碍，经过亨利一世、二世的司法改革，全国范围内开始普遍使用共同的法律，从而取代了地区性的习惯法。时至今日，这种普通法（又称习惯法）仍然是英国法律体系的基础。亨利二世成了英国的习惯法之父，而"失地者约翰"时代的大宪章则被视为英国君主立宪政体的起源：约翰虽然失去了不少土地，却贡献出了丰富的法律文化。

总的来看，英国人是造就西方议会民主制的头号功臣。英国历史上很早便有了通过贵族、主教及行政官员组成皇家会议来决策的习俗，像盎格鲁-萨克森时代的"贤人会议"，它在1066年以后被称为"大会议"。虽然这种组织在君主专制时代徒有虚名，不过它们都是坚实完好的种子，一旦遇到良好的土壤和适宜的温度，就会萌芽生长，因此后世学者对于由俗人、教会来协商制订王室政策的传统评价极高。1258年，亨利三世接受了限制王权的"牛津条例"；几年后包括各阶层参加的具有近代议会制性质的会议在英国首次召开；接下来的爱德华一世经常性地召集议会，议会由临时性的组织变为永久性的机构。14世纪以后，议会分为上、下两个议院，它成为连接中古与近代民主政体的桥梁。

① 曾在查理曼之孙秃头查理宫廷里供职多年的约翰·司各脱·埃里金纳与查理有过一段闻名后世的对话。据说，国王有意戏弄这位大学者，于是故意向他提出了一个词韵方面的问题，他问："是什么把'Scot'（苏格兰人）和'Scit'（酒鬼）隔开了？"约翰·司各脱面对桌子对面的查理，立即回答说："就是这张桌子。"

② 近现代西方或世界法律体系有二：一是源于罗马法律的大陆法系；二是海洋法系，它实际上是普通法即英美法系。

法学在英国的发展同样惹人注目。阿尔弗雷德大帝把愚昧无知的英国带入一个新的时代，使英国人感受到了文化与法的价值；他颁布了《阿尔弗雷德法典》，在此基础上历代相继推出法典著作，并加强法学研究。12 世纪对教会法的编纂、对罗马私法的注释以及格兰维尔《法学教本》的出现都是这方面成就的体现。

六、被拼凑起来的意大利：民族羸弱与备受欺凌的历史

1. “人为刀俎，我为鱼肉”：羸弱的意大利

从严格意义上讲，中世纪（包括近代大部分时间）的意大利既不是一个统一的国家，也不是一个完整的民族；作为民族统一、国家完整的意大利，事实上仅有百余年的时间。若非特殊的地理位置尤其是阿尔卑斯山脉屡屡阻挡来自北方的入侵的话，很难讲意大利能否成为今天这样完整的统一体。正如大自然造就的生态平衡和全息生物机体一样，地理位置甚至可以决定古代国家或民族的生存：当某一个民族缺乏生存下去的必要因素时，某些自然因素或者是历史赐予的条件却可以被巧妙利用，该民族就有可能得以发展下去。意大利有繁荣的海上贸易，但各地区的长期分裂及军事上的羸弱使之不能统一，它长期遭到外族攻击，然而，横断亚平宁半岛与北方的阿尔卑斯山脉又使得它最终免遭为法兰西或德意志吞并的命运。当然，这只是一个显著的原因。

当罗马帝国几个世纪的极度繁荣在亚平宁半岛最终荡然无存之后，基督教会开始成为该半岛的精神力量。若非控制整个欧洲精神的天主教会在罗马安营扎寨，意大利要么成为某一日耳曼国家的领土，要么成为几个分裂的王国，或许也像法兰克和英格兰一样，出现一两位大帝和短暂的文化复兴。不过中世纪西欧有了法兰克和英吉利，有了德意志及后来的西班牙，却始终没有出现一个完整的意大利。就连西方学者也承认，意大利历史的基本问题在 19 世纪之前是不存在的[①]。尽管我们前述有阿尔卑斯山脉天险阻挡了来自北方的寒风和入侵者，但仍有一个地方即山脉北坡的一个平缓地带成了入侵者的通道，侵略者就把它当作跳板。历史上看，自罗马帝国以后，意大利半岛各地不仅很难组织起强有力的力量去征服四邻，甚至很难抵御来自外部的入侵。世界历史上，除了曾经伴随着西欧列强在征服

---

① （英）丹尼斯·哈伊：《意大利文艺复兴的背景》，三联书店 1988 年版，第 43 页：“如果从这个观点出发，历史学家们按照法国人和英国人写自己的历史的方式来描写从 1870 年开始的意大利统一问题，即使这种方式不完全符合实际情况，那也是无可非议的。（但是）要用法国或英国的方式来写 1870 年以前的意大利历史，不歪曲事实的真相是不可能的。”

世界其他地区期间趁火打劫[1]外，意大利在历史上大部分时期是一个松散的联盟。虽有一面环山三面环海的天然有利地形，但意大利人始终不能阻挡外族经常性的侵入和洗掠，从汉尼拔到查士丁尼，从查理曼到拿破仑，还有希特勒闪电般的占领[2]。至于中世纪，"神圣罗马帝国"皇帝"奥托"们和"腓特烈"们却能经常地光顾该地，并把翻越冰雪覆盖的阿尔卑斯山视为易如反掌，就连法兰西君主以及后来逞强一时的西班牙也能在亚平宁半岛上占据大块领地。

2. 分裂的国土与一统的文化

尽管如此，意大利也有着它自己的优势。如前所述，历史的发展总是伴随着一种维系平衡的规律：当一个民族有着生存下去的生命力但又时时遭到外来的毁灭性打击时，它的另一种优势反而会被衬托出来，并在军事压力之下"突然地"显现且得以充分发挥。意大利半岛有着生存发展的自然条件和历史背景，统一的意大利国家在 19 世纪下半叶才形成，但意大利民族文化却早在中古时代或是远古就已经存在。因此谈及全球文化发展史，无疑意大利文艺复兴有着极为璀璨夺目的一页，这一文化的形成背景自然与意大利这块沃土有着直接的联系——其中城市与商业的繁荣是这一联系纽带中最为坚实的基本因素。

意大利半岛在整个中古时代给人以深刻印象：缺乏统一的集权统治却有发达的商业贸易文明；领土分割导致民族甚至语言上的混乱，但并不影响一统性文化的积累。意大利地区为山脉和海洋所包围，但生活于中世纪的人们一点也不闭塞，他们的商船在地中海通行无阻，仅威尼斯就拥有商船 3 000 艘，意大利商人往来于亚非欧三大洲，马可·波罗父辈三人到过广州和北京。这一切似乎应验了中世纪意大利文明的大踏步向前迈进。总之，意大利的地理环境对于其商业活动具有历史性的影响。阿尔卑斯山隔断了它与欧洲大陆内部的交流与贸易，亚平宁山的峭壁更成了天然的防线，南北狭长的地势更容易形成持续割据的状态，然而，这一切反而使其海上贸易愈加发达。意大利作为完整的民族和统一的国家直到 1870 年才得以形成，这与当今第三世界一些弱小国家的统一历程是完全不同的。

伴随着蛮族的入侵和西罗马帝国的灭亡，有两样东西从罗马帝国废墟里被发掘、恢复并留存下来：其一是罗马法律，其二是城市。罗马法的存在将成为中古意大利地区文化成就的一个显要标志；城市则将成为整个意大利乃至西欧政治、商

---

① 这些"打劫"与强占活动和事件包括：十字军东征、海外探险与殖民征服、帝国主义列强瓜分世界、八国联军横行北京等，这些都有意大利人的参与。在 19 世纪意大利统一后，他们更是不甘落后，第二次世界大战时墨索里尼疲弱而丢人地攻占过有限的几个国家。

② 当时希特勒占领墨索里尼小兄弟的领土是因为盟军已逼近德国大门口而墨索里尼已经完蛋。

业、学术、文学艺术的中心，它们的发展和繁荣是西欧其他国家所无可比拟的。

3. 城市与城市文化：欧洲城市的模范

中古时代，意大利城市的兴旺发达简直可以让人感受到千年前帝国时代城市的复兴。从横向角度讲，意大利城市不属于英、法、德三国那种纯粹封建领主城堡的模式，它们是新时代社会生活的中心——集政治中心、商业中心和文化中心于一体，那里有宽阔的广场，但不是作为领主生活和防御的堡垒。

查理曼帝国一分为三后，意大利长期陷于经常性的纷争之中，即便在繁荣的意大利文艺复兴期间，亚平宁半岛仍处于动荡之中。中世纪意大利的城市作为分裂的国家更多地是玩弄权力平衡术，但这种权力平衡最终难以实现；更要命的是它刻意追求并恪守这种平衡法则，这就使得该地区长期分裂并招致外来入侵。“引狼入室”在意大利司空见惯：当1494年法国入侵意大利后，这一平衡法则立即被打破；不久西班牙人又毫不犹豫地介入，此前此后欧洲列强从未停止过对这一地区的干预、争夺及蹂躏。

尽管如此，处于动荡纷争时期的意大利城市与商业却持续发展，各城市共和国的经济水平远远超过欧洲其他地区。城市世俗文化的倾向极为明显，即便有罗马教廷这一统辖欧洲人精神世界的权威中心在其旁监守，也挡不住商业进取精神和人文主义精神的发挥。同时也是在意大利出现了中世纪最早的大学，随即大学的发展如雨后春笋。除了罗马大学之外，其他大学主要教授法律和医学，只有少数大学才注重神学，而基督教会的主要堡垒和中心就在亚平宁半岛的中部——罗马，这实在是一个奇怪而令人振奋的现象。11世纪首先在博洛尼亚开始研究教会法和民法，它旋即成为研究法律的中心，这种“法律热”还传到西欧其他大学。《教会集》的编纂工作反映了中世纪欧洲行政与司法的研究在意大利齐头并进。

相对于欧洲其他地区，意大利更容易接受来自拜占庭和阿拉伯的影响，这又是地理位置因素所致。意大利城市在与东方的交流中成为主角，城市的崛起和商业的繁荣是意大利文化在中世纪迅速崛起的基础。同时，这些城市成为那一时代欧洲城市的模范，也是近现代城市的缩影。城市是欧洲文艺复兴的发祥地，由此地发展起来的城市文化则是文艺复兴的主体内容。

4. 嫁接的文化——诺曼·西西里文化

意大利地区除了北方发达的工商业城市外，最南方地区如地中海的岛屿在中世纪是相对独立的，西西里岛就是当时的文化中心。不过由于来自北欧的海盗诺曼人的入侵，这一文化呈现出独特的嫁接特色，它存在兼容的风格，这些风格分别来自于亚平宁半岛、拜占庭、阿拉伯、北欧以及当地的共同作用。

由于西西里地理位置优越但并不险要，北欧海盗很容易登陆该岛，诺曼人首领罗伯特·古斯卡尔在这里建立了曾经是中世纪欧洲最为富足、管理最好的国度，其文化与文明的高度发展亦不难想象①。诺曼·西西里王国的多重文化同时也体现了中世纪意大利半岛城市文化的侧面,它把不同语言、不同历史和不同文化的民族统一到一个王国里,进而形成高度发达的混合式文化。12世纪巴勒莫王宫小礼堂的外观属于基督教堂的典型风格,但殿内拱顶上装饰了象征穆斯林天国的乐园,上面饰有伊斯兰教的使者而非基督教的天使。虽然那一时代意大利地区的人们始终保持着一种信念,即他们是罗马人的后代,殊不知就像诺曼·西西里王国一样,他们的血液一再地为拜占庭人、诺曼人、犹太人、阿拉伯人、日耳曼伦巴第人所淡化,更何况远古时期土生土长的意大利人已所剩无几,所谓的罗马人也是由多种民族历经多个世纪融合而成。中古时代意大利民族的不纯正导致了文化上的多元特征,这也成了中世纪后期文艺复兴生成的潜在因素。诺曼·西西里王国成为翻译阿拉伯及古典文献的中心,从这里翻译的著作传播到西班牙和欧洲各地,构成了13世纪文化成就的重要内容,犹如中世纪早期西班牙南部穆斯林国家的作用一样。著名的穆斯林学者伊德里亚的《罗哲尔之书》充分借鉴了古典文献和阿拉伯资料,为编撰综合性的地理学著作打下了基础。

5. 透过西西里这一窗口张望世界

这种混合型王国的混合式文化无疑是中世纪欧洲同类国家中最具代表性的。当1130年教皇批准吉斯卡尔之侄罗哲尔大帝加冕从而成为西西里及南意大利王国大帝时,新建的诺曼人的国家正式称为"西西里王国",巴勒莫作为王国首都很快就成为当时整个南意大利地区商业和学术的中心。拉丁文化、拜占庭文化、阿拉伯文化及各种相杂糅的文化得以发扬光大。卒于1154年的罗哲尔大帝及其后继者们努力使这一地区的文化成为欧洲南部的一座灯塔,照亮地中海。丰富多彩、充满活力的西西里文化生活显示出该地区乃12世纪欧洲最有趣味也最富于成就的"边疆国家"。透过西西里王国的窗口张望世界,闭关自守、愚昧落后的中世纪的欧洲即将成为历史;再过几个世纪,一个积极向上、富于扩张性的新欧洲将展露于世界的舞台。

七、中世纪所谓德国的文化

对于中世纪德国的认识,即便是有一定知识的东方人,也只能是略知一二。中国学者如今也越来越注重对德国的历史和文化加以研究,少许有点历史知识的青年人对日耳曼种族更是充满了兴趣。几乎与马可·波罗同时,科隆的传教士布鲁德·阿诺德(Bruder Arnold)在1303年也来华传道;20多年后的李泽民绘制了一

① 参见前述"腓特烈大帝们"(本章第4节"帝王们")中的腓特烈二世的西西里情结之内容。

幅新世界地图，隶属日耳曼语系的德意志这个国家首次出现在中国人绘制的地图上，不过当时它的名称是"阿拉曼尼亚"[①]。日耳曼语作为民族语言，它有许多分支语系。伴随着民族大迁徙的终结，这些分支语系在新的地区与当地原有语言尤其是拉丁语相互影响，逐渐发展并完善，"德语"一词就是到了8～10世纪才出现的。到了中世纪后期，德意志地区的民族意识越来越浓，这是意大利所难以企及的。中世纪德国文化，则是古老的日耳曼文化的延续，这首先也需从地理环境因素加以分析。

1. 地理优势的浪费

德意志地区地处中欧，从理论上讲这一地理位置既可以作为拉丁民族国家[②]与东欧联络的中介，又可以汲取南欧文化并且同北欧直接交流。然而对于上述优势，德国人在中世纪几乎丝毫未能利用；就像后世乃至今日一样，德国人主要是在自己民族文化原有的根基上（加上基督教文化的影响）顽强而顽固地创造着一种新奇、独特的文化。从近代哲学到浪漫的音乐、那凝重浑厚的思想、文学和艺术，这一切基本上不是接触外界的产物，而是由他们独自创造出来的。不过中古时代的德意志人毕竟比较愚昧而顽固，他们乐此不疲地争斗、扩张，对于文化教育则很少关心，这是那一时期德意志文化环境和历史背景的一个缩影。

然而此种文化背景的另一面又是一种什么状况呢？虽然德国人对于外来的先进文化表现得十分冷漠，但某些热衷于文化艺术的神圣罗马帝国皇帝们，有时却对具有丰富艺术情调的古典的或东方的文化产生了浓厚的兴趣。通过意大利或德意志宫廷以及某些学者的努力，那些新鲜的文化芬芳同时也飘到了德国的城市和教堂：异族异教风格的文化自然成为为数不多的学者、皇帝和贵族们研究或享受的奢侈品；基督教本身同样地给中世纪德国社会以广泛的影响，其宗教文化的色彩涂满了德国人当时的生活画卷。中世纪尤其是后期大学的发展显示出中世纪德国文化的新旧双重风格：其一是古老的日耳曼文化；其二则是在日耳曼文化的基础上逐渐汲取罗马文化和希腊文化的零星营养，但主要是在神学大面积包围与渗透下而形成的一种基督教因素深深扎根于日耳曼文化土壤里的新文化。不过总的来看，日耳曼文化特征在德国更具代表性，它将在近代充分地显示出来。

2. 民族精神

较之西欧日耳曼其他国家，德国文化似乎过早地具有了民族风格。这不仅是因为德意志这块土地上更早地有日耳曼人生息与繁衍，更有着中世纪长达千余年

---

① 德语 Alemannen 意为"古老的日耳曼人。"

② 这里自然是指意大利、法国、西班牙和葡萄牙等国家。

的深层原因。

从完整的日耳曼民族文化角度看，德国人似乎更有信心认为他们的文化才是正统的日耳曼文化。当公元9年舍罗斯克人的首领赫尔曼·阿米纽斯（Hermann Arminius，公元前16年～公元21年）在萨克森地区的推陀堡战役中首次战胜罗马元帅瓦鲁斯（P·Q·Varus）的军队之后，日耳曼人作为一个大民族的地位已经确立下来。这次胜仗增强了日耳曼人与罗马帝国开战的信心，甚至成为他们生存下去的转折点。马克思的忠实朋友恩格斯认为，这次会战是历史上最具有决定意义的转折点。日耳曼人开始脱离为所欲为的罗马人，实际上成为独立的民族，他们将在这块土地上稳固地发展；几个世纪后，其各部族还将席卷西欧；再过十几个世纪，他们将试图统治全球。

上述对于这场战争的评价是传统学者的观点，若从文化史角度去认识这次具有历史意义的事件，我们可以这样评价推陀堡森林战役的影响：战役表现出了日耳曼人固有的精神，这一精神特质将逐渐地发展并完善。日耳曼舍罗斯克人的首领赫尔曼成了后世德国人的民族英雄，而且他们有意识地对此加以渲染张扬，德国人一直对这位英雄加以纪念——1871年他们完成统一后不久战胜强大的法国之时，便在推陀堡森林的格罗登堡山丘上建立起一座庄严的赫尔曼纪念碑。历史上很多民族都为民族骄子们树碑立传，德国人在这方面也毫不含糊，他们实际上把英国人、荷兰人、比利时人及北欧人等日耳曼兄弟共同的民族英雄揽在自己一家怀里，成为其私有“财产”。这实在是德国民族文化与精神纯正的一面，也是其突出的特征。

当然，德国文化浓郁的民族风格远非如此。我们可以用下列词汇概括其精神：忠于名声，捍卫荣誉，尊敬妇女，勇敢而富于进取精神，执著与顽强，等等。不过我们切不可简单地从字面上来理解德国人的精神。我们从其自我评价中更能感受其民族特性。歌德用发自肺腑的话慨叹：

> 一想到德国人民，我常常不免黯然神伤，作为个人，他们个个可贵，但作为整体，却又那么可怜。

恩格斯则继续评价道：

> 日耳曼人的全部历史，实际上几乎纯粹是一长串的民族不幸事件（这大部分要由他们自己负责），因而最可靠的成绩几乎每次都变成了人民的灾难。

如果说歌德的慨叹集中反映了从中古到近代尤其是德意志国家统一之前千余

年状况的话，那么恩格斯的话除了有对这千余年的评价外，还可能不自觉地预言了两次世界大战给德国人带来的沉重灾难。另外，歌德评述的另一面则反映了德国历史和文化的闪光点，许多著名的英雄、政客与文化名人均在德意志历史上登场亮相，但是，作为一个理论上完整而实际上处于分裂的民族，德意志在整个中古时代与意大利相比，事实上并没有好多少，他们更加处于四分五裂、凶杀纷争之中。因此，简单地或从字面上去认识整个德意志民族及其文化，是容易造成偏差的；要想了解其内涵，还必须系统地了解其民族发展史，尤其是中世纪的历史，进而再了解他们的文化。唯有如此，才能真正理解歌德及恩格斯的感叹与评价并做出较为正确的判断。

3. 奥托时代与文化复兴

如果不对公元5～10世纪西欧的愚昧落后同拜占庭等东方地区的文明进步形成的鲜明对比有一个大致了解的话，那么我们就没有足够的知识与理解力来判断德意志地区文化成长的轨迹。才智出众的萨克森第二代国王奥托一世使得极度落后贫穷的德意志有了至少是名义上的统一。查理曼帝国分裂后，东法兰克王国实际上处于分裂状态，而且那里的民族几乎是刚从原始末期状态之下“脱胎”出来。作为一个局外人，若以文明发展的眼光来看德意志地区的话，以士瓦本、萨克森、巴伐利亚为中心的各个王国是互相独立的，也许它有一点类似于我国春秋战国时代的鲁国、卫国、燕国、中山等国一样，前者有“神圣罗马帝国”名义上的统辖权，后者也有对周天子的名义上的依附关系①。

令德国人颇感荣幸的是，奥托一世的雄才大略得以施展，他逐渐完成了三大战略目标：第一，击退真正的外来威胁即来自于匈牙利人的侵扰；第二，建立统治其他公国的王权；第三，扩张领土。当奥托完成了第一个目标后，他也就打通了东部的边界，德意志的“日耳曼-基督教文化”也逐渐向外渗透。与此同时，这位查理曼时代以来最具权威的统治者还开创了他们文化上的一次小复兴。

当然这一复兴只是文化的发现或觉醒，它也是德国民族文化的初步发展。以历史的眼光分析，在丰富多彩、独具创造力的德国文化积淀层中，这一时代的文化成就无疑是底层的基础部分。许多德意志民族文化的先驱无意中为此耕耘着，最著名的要属后来成为教皇西尔维特二世的格伯特：他曾遍访西班牙，带回丰富的伊斯兰科学知识，使阿拉伯文化开始渗透这块闭塞之地；还曾广泛涉猎古典文学、逻辑、数学及其他学科，这对德国乃至西欧都产生了极大影响；又曾因讲解希腊、阿拉伯人的地圆说而轰动一时，为此他被谣传是与魔鬼沟通的巫者。当他做了教皇后便不再宣讲这些科学理论，但科学本身的价值已经深入他的内心，它不久也将在

① 然而从文化角度而言，前者的文化水平与后者相比，是不可同日而语的。

10世纪以后的德意志渐露曙光。

总体来看,奥托时代有限的文化成就及其传播,与其说是文化上的复兴,倒不如说是德意志文化的启蒙和曙光。那一时代所谓的文化复兴似乎并没有给广大的日耳曼人带来接受知识教育的机会,不过一些著名的政教人物却成为即将到来的欧洲知识觉醒时代的文化先驱。

4. *后劲勃发的德意志文化*

总体来看,中世纪前期的德意志无论是经济还是文化,都显得十分落后。伴随着这一地区城市的发展和对外联系的加强,德国文化也逐渐发展,一些著名人物做出了贡献,这在中世纪后期表现得尤为突出。当然就整个中世纪而言,德意志地区的文化水平还比不上法国、意大利甚至英国,德国文化某些方面在后期显示出的只是正待全面发展的迹象,但这一后劲十足的态势将越来越明显。

具体而言,骑士文化表现得十分突出。尽管骑士文化和制度在西欧普遍盛行,如法国及西班牙地区都有生动资料反映了骑士们的生活,但德国骑士文学所体现出的民族风格更加典型,给后世留下的印象也最为生动,我们将在专门章节中探讨。另外,哲学及神秘主义倾向同样也在这一时期发展起来,德国人的哲学思想初露锋芒,近代以后将达到高峰。

如前所述,德国城市与商业的逐渐发展最终使其文化后劲勃发,城市文学内容日渐丰富,德意志地区的大学将成为担负起文化积淀使命的主要机构。虽然欧洲的活字印刷在1430年率先出现于荷兰,不过20年后德国古登堡(Johannes Gutenberg,1397~1468年)发明的活字印刷却是闻名全欧洲的,古登堡《圣经》版本迅速传遍基督教世界,如同中世纪哥特式建筑一样,它成为德国文化一项令人瞩目的成就。

八、西班牙人与撒拉逊文明:一般状况

如同德、意两国一样,在中世纪大部分时间里,西班牙还没有自己完整的历史,更没有统一的国家,它甚至还不如近邻葡萄牙,后者在12世纪便建立了独立的王国。但是中世纪的西班牙表现出一种独特的文化风格——频繁的战争产生了数不清的城堡和要塞,今日卡斯蒂里亚等地依然存有巨大的宫墙及其他中世纪风格的建筑,如今这些地方已成为旅游热点;还有古代名城巴塞罗那,等等。中世纪末的1492年,当阿拉伯人最后一个据点格林纳达被伊比利亚人占领后,西班牙最终有了完整的国土:1992年巴塞罗那奥运会那年,西班牙举行了隆重的庆祝仪式,这一年还是哥伦布到达美洲、发现新大陆500周年,当时这一纪念活动为全世界所瞩目。

1. *“穆斯林伊比利亚”的辉煌*

西班牙古代的文化早已存在,这种文化风格显然也不是单一性的,因为西班牙

地区曾经是一个多民族生活的地区，日耳曼人中的西哥特人、早期的罗马人、阿拉伯人、摩尔人（柏柏尔人）、犹太吉卜赛人等都曾光顾或生活于此地，整个中世纪的西班牙都在为国家的统一而忙碌。自从罗马帝国灭亡后，西哥特人建立的王国在公元8世纪就被阿拉伯人所灭亡，虽然后者在进攻法兰克王国时为查理·马特（“锤子”）①所击败，不过西班牙仍旧成为阿拉伯帝国在欧洲的一个行省。在以后的“收复失地运动”中，卡斯提尔王国起了领导作用，国王托莱多率领泛伊比利亚盟军不断取得胜利，1236年科尔多瓦落入卡斯提尔王国手里，强盛一时的科尔多瓦哈里发帝国即“白衣大食”宣告灭亡。在以后的岁月里，整个伊比利亚半岛便由卡斯提尔、阿拉贡、葡萄牙3个基督教王国共同统治。穆斯林摩尔人的势力范围逐渐缩小，最后仅偏安于最南部的格林纳达一隅，当1492年这块最后的据点被刚刚合并的西班牙王国夺走后，穆斯林在伊比利亚半岛的统治就到此为止了。

不过中世纪西班牙地区文化最为繁荣的时代当属穆斯林统治的时期。在阿拔斯哈里发王朝统治期间，著名的阿卜杜勒·拉赫曼二世（822～855年在位）开创了政治和文化上光辉灿烂的篇章，该地区的风俗习惯也开始阿拉伯化，这是欧洲基督教世界所不能够容忍的。拥有地中海最为强大舰队的拉赫曼三世继续使文化得以繁荣昌盛，他建立了科尔多瓦大帝国，欲与本土的阿拔斯王朝分庭抗礼。事实上这一时期科尔多瓦帝国的文化并不亚于阿拉伯人的本土文化，文化昌盛的科尔多瓦在欧洲各国鹤立鸡群：科尔多瓦的居民有50万，为世界最大的城市之一；耗时20年修建的宰海拉宫殿是当时全欧洲最为豪华的宫殿；科尔多瓦大学有来自欧、非、亚三大洲的学生，这里的图书馆是当时世界上最大的图书馆。在愚昧落后的欧洲中古时代，这个图书馆藏书量达到40万册，这简直有点难以置信。值得大书特书的是，拉赫曼三世为了一位他所宠爱的女奴建立的那座巨大而雄伟的宰海拉宫殿，是中世纪罕见的建筑杰作，其中仅仅一个后宫便有400幢房子、300个浴池；里面住着6300名妃嫒，还有15000名太监与侍从。公元1010年，来自北非同样信仰伊斯兰教的柏柏尔人（即摩尔人）将这座豪华的宫殿及城池夷为平地，如今这里满目疮痍，它的命运恰似秦始皇的阿房宫和号称“万园之园”的圆明园。

2. 前期文化上的空白

但是在科尔多瓦帝国之前的世纪里，西班牙地区在文化教育方面几乎是一片空白。就整个中古时代而言，西班牙大大落后于西欧其他国家。西罗马帝国灭亡后西哥特人建立的王国是极其贫穷落后的，当时占这一地区人口仅1/5的西哥特人统治了西班牙长达4个世纪，国王们掠夺成性又愚昧无知，完全未脱离他们居住在北中欧时期原始的习性，因此其文化状况可想而知。对于阿拉伯人先进的东方

① 法兰克墨洛温王朝的最后一个国王，“矮子丕平”之父，参见本小节“查理大帝”部分。

文化突然降临到这块落后的土地上,野蛮的西哥特人几乎是措手不及,不料还未等撒拉逊文明的甘霖滋润野蛮人的心田,专横的罗马教会和愚昧的西欧王国君主们便开始了疯狂的精神征服和武力争斗,最后愚昧无知的骑士们的铁蹄践踏着美丽而先进的伊斯兰城市,阿拉伯人连带其先进的文化几乎统统被驱逐出伊比利亚。

造成西班牙地区文化落后的原因无疑就是日耳曼人与罗马教会的征杀和愚昧。基督教会毫不宽容的专横态度造就了沉闷压抑的环境,宗教史上卑鄙丑恶的宗教裁判所给西班牙社会带来了恐怖。当阿拉伯文明的果园为西欧骑士的铁蹄肆意践踏之后,西班牙文化的愚昧落后的景况就更为明朗了。历史上看,西班牙中古时代的政治背景和宗教氛围决定了其文化事业上的无所作为,1500年之前,其文化的发展既无系统,更谈不上规模。当公元10世纪欧洲第一家纸坊出现在西班牙之时,我们不能忘记它是由穆斯林建立起来的事实。

3. 中世纪末的"辉煌"

这一辉煌仍然不是表现在文化方面。到了中世纪之末尤其是进入16世纪,西班牙成了这一时期的日不落帝国。尽管这一铁杆天主教国家始终不遗余力地主张精神统一和彻底服从的宗教观念,他们却毫不宽容地赶走了曾给他们带来文明的穆斯林,并驱逐了带给他们商业利益的犹太人,为此造成了商业的衰退和文化知识的枯竭。后来,由于西班牙王国的统一,狂热的好奇心和贪婪欲相交织的海外冒险事业却使这一半岛(包括葡萄牙)成了西欧国家海外扩张的急先锋。西班牙的海上力量称雄于欧洲,"无敌舰队"曾横行一时,整个美洲、非洲甚至亚洲最重要的海岸均为这些伊比利亚的拉丁基督徒们所垄断,"日不落帝国"的冠冕可以加之于这一时代的西班牙。但不到一个世纪,接替西班牙并称雄欧洲的有路易十四(后又有拿破仑)的法国、近现代的英国,再往后便是德意志帝国乃至20世纪的美国,它们先后登上世界最强国宝座,这正好应验了我们"风水轮流转"的俗语。

九、爱尔兰:独到的贡献

值得一提的还有中古时期的爱尔兰,它所起到的保护与传播古典文化之作用,也是令后世所不能忘怀的,这是爱尔兰对中古欧洲文化的一大贡献。

由于地处欧洲最西端,爱尔兰距离罗马帝国极为遥远,当时罗马帝国军队对它鞭长莫及,因此爱尔兰本来就不属于罗马帝国的领土。伴随着帝国的衰亡及蛮族的入侵,许多学问家纷纷逃到这个安全的避难岛。圣·帕特里克首先把宗教带给爱尔兰人,人们纷纷皈依基督教,随后寺院大增,这些寺院、修道院保存了大量的拉丁文化。仅仅在保存古典文化方面,爱尔兰就是其他西欧地区所无法比拟的;因为与其他地区相比,爱尔兰偏于一隅,非常安全。

最著名的还是爱尔兰的传教士，他们把基督教传遍这一小岛之后又重返英国及欧洲大陆，当时大陆上日耳曼各族仍为异教徒，而正是爱尔兰人才使得他们纷纷皈依基督教。于是各地寺院亦纷纷建立，爱尔兰人成了新的功臣。现今留存于欧洲大陆许多图书馆里的中世纪最早的稿本大多是这些爱尔兰僧侣的著作，不少是他们的学生和再传弟子的著作。因此，爱尔兰僧侣在当时的欧洲可谓是真正的文化人，他们能讲会写，知识渊博，这是当时的日耳曼人所望尘莫及的。古代爱尔兰流传下来的文学作品充溢了宗教情调，加洛林文艺复兴时代他们就建立了西方唯一的一所学校——“黎明学校”：这块从未属于罗马帝国的土地对于保存及恢复昔日文化并使之再次传播到各地，实在是有着巨大的贡献。

第五节 文艺复兴：文艺之花绽放

西方人的传统观念上，文艺复兴往往与宗教改革、商业革命以及伴随而来的殖民探险相提并论，它的发生既是一种历史的总结，也是古典文化与精神的复兴；尤其是后者，如果把它的意义张扬一下，那么这种复兴又是新时代精神的开端，当然它是在复兴旧文化的基础上以及在中世纪结束后的历史背景下新的开始，这一历史背景我们离不开宗教改革以及拜占庭帝国灭亡后导致的国际形势的骤变。

传统上欧洲文艺复兴及其以后的历史叙述要么集中于政治史，要么集中于文艺及思想方面。20世纪大部分时间我们的历史教科书中绝大部分是政治和农民起义内容，90年代以后发生了巨变——无论是世界史还是地区国别史，著述者已经把精力越来越多地集中于经济、文化、科学及各类娱乐内容。就像西方历史一样，文化史占据的内容逐步增多，而且越来越细化，这是其一；其二，我们以往的记述同样是把政治、经济同文化、宗教、哲学等内容要么割裂开来，要么把前者的影响强加于后者，实际上上述诸多方面是有机联系的，并且是相互影响和推动着的。

论及文艺复兴，首先必须将它与伟大的宗教改革紧密联系在一起，正如威尔·杜兰所言，文艺复兴解放了人的心智，也美化了人生，而宗教改革则鼓舞了宗教信仰及人们的道德意识①。其次，微分学也不能离开欧洲中古后期的思想变迁与政治进程；再次，无论是我们还是西方人，对文艺复兴的宏观纵论实际上就是对其繁荣的文化尤其是艺术与文学成就的总结，而且这些成就的辉煌程度几乎令每一个时代的人们景仰不已。

---

① 原文为：“人会由于好恶及传承而互相分化，会感激文艺复兴之解放人的心智及美化人生，或者会感谢宗教改革鼓舞了宗教信仰及道德意识。”参见(美)威尔·杜兰的《世界文明史》卷六“宗教改革”，第711页。

一、思想领域里的重大变迁：文艺复兴与时代精神

文艺复兴在思想方面是一个转折点，是新时代的开端；就人文主义精神而言，文艺复兴乃是对希腊罗马文化的复兴或重新认识。当然，这一时期欧洲人包括教士与贵族、农民与城市市民，他们同时还受到其他各种思想的影响。

1. 基督教神学压抑下的萌动

这种萌动、骚动以至于反抗首先发轫于教会内部和其他知识界，从早期所谓的“异端”到马丁·路德的宗教改革，从来自于东方的观念到但丁和薄迦丘的新思想，更不用说民族国家的兴起、王权力量的加强以及市民阶级的扩大及其在文化方面的消费需求了。当然这几个因素在13世纪以后是相辅相成、并行发展的。天主教会威信的降低跟世俗力量的增长也正是所谓此消彼长的结果，尤其是后一方面，它们包括：民族意识的增强，城市生活内容的丰富，知识的扩展，来自外界的影响以及世俗享乐机会的增加，这一切都对教会的统治极为不利，其固有的权威越来越受到挑战。

来自于教会内部的压力也越来越大，即便有试图从内部进行改革的严肃的思想家如伊拉斯谟也不能挽回这种颓势。更何况所谓的异端邪说自12世纪以来未曾间断，从沃尔多到约翰·威克里夫再到约翰·胡司，均为后世改革者铺就了以后的成功之路，胡司运动仅过了100多年，马丁·路德就在教会内部掀起了一场革命性的暴动并最终获得了胜利。

来自于外部的挑战是世俗生活及世俗社会对于权力的要求。在中古时期，王权与教权的斗争是贯穿这千余年历史的主线，在相当长时期内教会在这场旷日持久的斗争中占据优势，一直到第四次十字军东征时代还是如此。不过自从“阿维农之囚”[①]以后，王权力量的强大和民族国家的兴起已是势不可挡。

但丁在其《神曲》中委婉地谴责了尘世间上帝的仆人们为追逐权力与财富而暴露的丑行，他甚至把当时的三位教皇早早地打入了地狱；薄伽丘的《十日谈》、彼特拉克的《没有收信人的信》更为严厉地揭露了教会的种种罪恶。

---

① 14世纪初，罗马教皇卜尼法斯八世在与法国国王腓力四世即“美男子腓力”的争权失败后死去，不久受法王支持的法国人贝尔托朗·特哥继任教皇，称克莱芒五世（Clement Ⅴ）。但因惧怕罗马贵族的反对而把教皇驻地迁至法国南部的阿维农（Avígnon，又译亚维农）。自此之后的其他6位教皇都是法国人并受法王控制。罗马教会史称这段历史为“阿维农之囚”。1377年教皇格雷高利十一世将教廷迁至梵帝冈，但乌尔班六世即位后又出现了2位教皇，甚至在1409年后还曾出现3位教皇鼎立而治的局面。1414年神圣罗马帝国皇帝西吉斯孟主持了康斯坦茨会议，从而结束了天主教会长达近40年的分裂局面，但是自此之后教会再也不能随意控制世俗社会了。

2. 时代精神

文艺复兴时代精神的核心是人文主义。这种精神在广大民众中间甚至在愚昧无知的西欧贵族身上几乎是不存在的，但今天当我们回过头来总结文艺复兴时，仍然应当把它视为最具时代意义的精神。人文主义倡导以人为中心，强调人的尊严和价值，追求现世幸福，注重尘世欢乐，探索自然和寻求知识，这一切逐步地唤醒了人的灵性和潜力，最终也使得文艺复兴成为世界文化史上最令人瞩目的运动之一。这个时代精神极为丰富：既有《神曲》和《十日谈》的个性自由与思想解放，也有《巨人传》里享受肉体和精神快乐的完整人生以及蒙田所嘲讽的"人的伟大"①，又有莎士比亚所歌颂的人的高贵以及爱情的美妙。

不可否认的是，19 世纪以前的人类历史，文明实际上只有少数人在享受，而不只是文艺复兴时期才如此。绝大多数人——文盲或百姓们一般不会理解文明的内涵，也不愿意去理解它，所谓"文明只是少数人所有、所治和所享"，"一般所谓世俗人，只知耕作和挖掘，拉车和挑担，日出而作，日落而息，到了晚上，已是精疲力竭，哪有余力去思考"②。然而在文艺复兴时代的意大利，那里的人们却有着充沛而旺盛的精力，他们"生活在暴乱、通奸、迷信及战争之中，竟仍然急于追求美及艺术的各种形式，而且还倾泻——整个意大利俨若一座火山——他们的感情及他们的艺术、他们的建筑及他们的暗杀、他们的雕刻及通奸、他们的绘画及抢劫、他们的圣母(Madonna)及荒诞不经的行为、他们的颂歌及歪诗、他们的秽行及虔诚、他们的亵渎及祈祷等等火烫的岩浆！还有什么地方有这么浓厚的豪迈生活？……直到今天，我们的博物馆里仍然泛溢着那一个充满灵性且又疯狂的时代的剩余物"③。这就是令当今意大利人骄傲和自豪的时代，这也是为什么在他们的国家会产生这样一个伟大的时代，时代精神和民族气质使然！

文艺复兴时代精神的另一内容是欧洲人一统精神的世俗化。这种精神由原来的纯宗教性逐渐向世俗性方面转化，它使得人们对于知识的追求逐渐超越对于纯粹神学信仰的追求。虽说两个世纪之前的十字军东征极大地"促进了欧洲精神上的统一"④，不过文艺复兴之后的时代精神已经完全超越了那种纯粹的宗教意义，除了我们刚刚谈及的人文主义精神之外，原有的那种精神首先在教会内部发生越

---

① 蒙田的本意是：人应该主宰自身的命运，人应承认自己的无知从而努力地学习。实际上蒙田是从批判的角度把人类自我的地位加以提升，批判的对象是专制君主和教会；同时他喜欢苏格拉底，因为他是第一个承认自己无知的人，他宣称：宁愿多了解自己，也不愿了解西塞罗，因为最重要的还是自己的生命。

② (美)威尔·杜兰：《世界文明史》，卷五"文艺复兴"，第 373 页。

③ (美)威尔·杜兰：《世界文明史》，卷五"文艺复兴"，第 510 页。

④ (法)克洛德·德尔马：《欧洲文明》，第 55 页。

来越严重的分裂,人们开始怀疑和反抗譬如宗教精神中的禁欲主义、对人类情感与世俗权力的蔑视以及对科学探索精神的压制。但即便是在这一时代,像布鲁诺这样的科学家的遭遇也令当今社会无法忍受,哥白尼不敢发表他的学说,达·芬奇只能偷偷地解剖尸体,曾提出了“知识就是力量”的口号并被马克思、恩格斯誉为“整个现代实验科学的真正始祖”[①]的弗兰西斯·培根,最后也因“道德”方面的问题被指控受贿且被判处罚款和监禁。然而,知识的时代即将来临,伴随着宗教改革影响的扩大,世俗生活的精神意义越来越明确,再过不到一个世纪的时间,欧洲人的精神世界就将发生巨变。

3. 巫术与现世、神秘主义与怀疑主义

这一时代还存在着间断性的流行思潮。巫术观念与意识在欧洲人中间具有根深蒂固的、甚至是普遍性的影响(图4-12),与之相关的神秘主义思想也曾盛行一时。自中古时期以来流行的巫术观念跟基督教会的宣传有关。譬如,西欧的女巫观念在中世纪长期盛行,人们认为女巫的出现将导致以下可怕景象:夜间飞行于空中并役使恶魔向人和牲畜传播瘟疫,变化隐身与远距离杀人,驱动魔鬼作怪或半夜聚会以及与之相关的撒旦横空于世等等。事实上,“中世纪的女巫所以闻名正由于她们会引起旱灾、雹灾、瘟疫、不育,说到底,引起死亡”[②]。像异教徒及其思想一样,女巫和部分神秘者在这一历史时期均遭到罗马教会及其宗教裁判所的严厉镇压,包括酷刑及毫无人性的辱没。不过巫术与神秘主义思想在现实社会尤其是民间的影响一直持续着;东方包括西亚的占星术等各种神秘思潮甚至在罗马帝国之前就已经传入,以后又有东方的神智学及其技巧、点金术、炼丹禅、瑜珈、密宗、招魂驱鬼、萨满跳神,南亚次大陆的行人祭、食人肉、食粪便、食令人恶心的动物及人的尸体以及同族性交等很多迷信或罪恶的

图4-12　源于中古时代的死灵法师:Necromancy(死灵术)源于希腊文,意即死亡和超自然的神力。死灵术包括两派,召唤和支配鬼魂的“死灵派”(通常以开坛和符咒来作法),以及掌握死尸回魂大法的“死尸派”(通过掘尸和盗墓从而获得所需要的恐怖黑色魔力)。

① 《马克思恩格斯全集》第2卷,人民出版社1957年版,第163页。

② (美)米尔希·埃利亚德:《神秘主义、巫术与文化风尚》,光明日报出版社1990年版,第100页。

内容传入，并在某些时候产生了极大的影响。到了文艺复兴后期尤其是16、17世纪，部分地区的人们及某些教派甚至对神秘术及其操作者趋之若鹜，这也同时反映了罗马教会权威地位在西方基督教世界的下降，伟大的宗教改革以及由此诞生的新兴教派所提倡的一些新思想再加上怀疑主义思潮——怀疑基督教权威的正统思想——也随之风起云涌。

另外，对于现世享乐的追求及对人的尊严与价值的逐渐重视，同样也使越来越多的市民阶级尤其是知识阶层（更不用说那些人文主义思想家和文艺家了）不再像以往那样醉心于来世，人们越来越强调和注重享受现世生活及个人幸福。这在中古时代后期已经初露端倪，到了文艺复兴及以后，人们已不再是仅仅停留于以文学艺术作品形式进行情感的发泄，而是将其付诸实践。

二、文学再发现：从来世走向尘世

近代的人本文学发轫于文艺复兴时代。虽说初期充满着教会主题和神学内容，毕竟新时代的气息与精神越来越浓。文艺复兴最早也是通过文学来逐渐张扬人文主义精神的。也许最有价值的是：文艺复兴使得西欧的民族语言最终形成，一些地区性方言诸如意大利的托斯坎尼语、西班牙的卡斯提利亚语、伦敦方言、曾作为国会及外交语言的法兰西语、后经马丁·路德进一步丰富的萨克森语等最终都演变为全国性的语言。

1. 意大利文艺复兴与“文学三杰”[①]

出生于佛罗伦萨没落贵族之家的但丁·阿里基耶里（Dante Alighieri，1265～1321年）早年可谓是“不幸”涉足政治，他曾当选为佛罗伦萨共和国的行政官，后因得罪罗马教廷而被终身放逐，至死未得重返故乡。由于受过良好的教育，通晓神学与古典文学，加上在流放期间接触了广阔的社会，因此他为后世留下了大量不朽名著。他早年的抒情诗集《新生》记述了年轻时他对少女碧雅特丽丝的恋慕，歌颂了他理想中的爱人。对于罗马诗人维吉尔的崇拜使但丁花费了20年的时间成就其伟大的《神曲》，该著采用典型的中古梦幻文学形式，叙述了自1300年即但丁35岁时开始神游的历程：“当人生的中途，我迷失在一个黑暗的森林之中。”[②]这部用托斯坎尼方言写成的100首1400行的诗歌巨著分为“地狱”、“炼狱”、“天堂”三部分。《神曲》原意是“神圣的喜剧”，对其含义的争论也莫衷一是，但丁本人曾在一封致亲王的信中说：“必须注意这部作品，它的意义不是简单的而是含有多种的。第一是字面上的意义，另一种是象征或道德的意义。这部作品的主题，单就字面上讲，是

---

① 亦称为意大利文艺复兴“前三杰”；“后三杰”即艺术三杰：达·芬奇、拉斐尔、米开朗基罗。

② （意）但丁：《神曲》，人民文学出版社1980年版，第3页。

人类死亡后灵魂的状态;就象征意义来说,它的主题是人,他理所应得的奖励与惩罚。"(图 4-13)但丁还有其他重要作品,如《帝制论》、《论俗语》、《飨宴》、《牧歌》、《书信集》。

图 4-13 《神曲》里的保罗和弗兰切斯卡:拉文纳的贵族基多出于政治动机,将女儿弗兰切丝卡许配给领主之子——丑陋、跛足的乔万尼·马拉泰斯塔。马氏自知丑陋,派弟弟保罗前往与弗兰切丝卡见面(另一说是由保罗代行婚礼)。弗兰切丝卡以为自己的未婚夫就是保罗,深深爱上了他。婚后,她与乔凡尼毫无感情,暗中仍与保罗幽会。乔凡尼在妒恨中将妻子与保罗杀死。油画是法国 19 世纪最著名的版画家古斯塔夫·多雷(Gustave Doré, 1832～1883 年)的一幅对后世画家影响很大的作品。在《神曲》的插图方面,多雷是任何一位插图画家几乎都难以逾越的高峰。

同样是佛罗伦萨诗人的弗朗西斯科·彼特拉克(Francesco Petrarca,1304～1374 年)亦长期漫游于欧洲各国并搜研希腊罗马作品。他首先指出"人学"是与"神学"相对立的,并以优秀的十四行诗体即"彼特拉克体"充分表述这一思想,如用拉丁文写的《没有收信人的信》、叙事诗《阿非利加》以及忏悔录式的作品《我的秘密》。彼特拉克被称为"桂冠诗人",这主要是由于他写下了献给心爱恋人劳拉的那部不朽名作《歌集》(又名《抒情诗集》),他曾试图以长篇史诗《阿非利加》使自己"不朽",但真正使之扬名后世的却是那部抒情诗集。

乔万尼·薄伽丘(Giovanni Boccàccio,1313～1375 年)出生于商人家庭,早年曾在那不勒斯经商,后到佛罗伦萨大学任教,讲授《神曲》。虽然经常出入宫廷,但政治上他反对封建专制,拥护共和政体。他那家喻户晓的《十日谈》用托斯坎尼语写成,这使他同前两杰共同开创了近代意大利语并使之成为亚平宁半岛的民族语言;《十日谈》也同时开欧洲近代短篇小说创作之先河,更为意大利小说和散文的发展奠定了基础。

继文学三杰之后的是一大批追随者,该时期最后一位著名诗人是后来被关入疯人院的托卡多·塔索(1544～1595 年),他的十字军颂诗《被解放的耶路撒冷》几乎预示着文学新时代即新古典主义和浪漫主义文学时代的来临(图 4-14)。在塔索之前还有诗人兼喜剧家卢多维科·阿里奥斯托,其《疯狂的奥兰多》以其特有的风格与天赋重现了伊壁鸠鲁主义的人生观,对欧洲文学同样产生了很大的影响。

2. 西班牙:两位大师

西班牙文艺复兴期间最有成就的两位文学大师是塞万提斯和维加。米盖尔·德·塞万提斯(Miguel de Cervantes,1547～1616 年)出生于没落的贵族家庭,参加

图 4-14　塔索及其《被解放的耶路撒冷》里的《里纳尔多与阿尔米达》(法国画家普桑的作品)。

过与土耳其的战争，在战争中失去了左臂，回国途中被海盗掳到北非做苦工，5 年后才赎得自由，回国后即在穷困潦倒中从事写作并曾数次被诬入狱。提及西班牙文学史，立即令人想到《堂吉诃德》，这部优秀的欧洲早期现实主义小说对后世该类长篇小说创作的影响无疑是巨大的。据说自从《堂吉诃德》出版后，西班牙的骑士小说就销声匿迹了。塞万提斯还有许多作品问世，包括悲剧《奴曼西亚》、田园小说《加拉黛亚》、长诗《巴尔纳斯游记》以及《惩恶扬善故事集》、《八个新的喜剧和八个新的幕间闹剧》。

洛普·德·维加(Lope Félix de Vega，1562～1635 年)被认为是西班牙民族戏剧的奠基人，据说他一生写下了 2000 部左右的剧本，流传后世的就有 400 部以上。同样出身于没落贵族的维加曾经在西班牙"无敌舰队"服过役，后在教会供职；他当过宗教裁判所的审判官，因此他的剧作与其神学精神并未发生矛盾，它们批判等级偏见和封建道德，但决不违抗君权。其最有名的《羊泉村》揭示的是西班牙民族的命运，并从另一个角度歌颂人文主义精神。其他代表作有《最好的法官是国王》、《看守菜园的狗》、《奥尔梅多骑士》等，所著《现代喜剧创作艺术》对后世影响极大。

3. 法国：人文主义精神的杰出代表拉伯雷

法国人文主义文学精神的集中代表是弗朗索瓦·拉伯雷(François Rabelais，约 1494～1553 年)，他实际上是一个医学家，曾在蒙彼里埃大学学习，是法国最早研究解剖学的医生之一。他早年受到严格的修道院教育，但因学习希腊文、拉丁文和哲学而被教会视为异端，并倍遭迫害。拉伯雷以其渊博的知识——精研医学、天文、数学、地理、哲学、神学、文学、音乐等，被恩格斯誉为"多才多艺和学问渊博的巨人时代的巨人”。那花费20年写就的5卷本长篇小说《巨人传》[①]以民间故事为蓝本,用夸张的手法塑造了理想君主形象,同时抨击了教会的黑暗和中世纪教育的腐朽。拉伯雷提出了“做你愿意做的事”的信条,他在小说中设计了一个被万里追寻的“神壶”,其理想象征十分明确:“Trink(‘饮’)……请你们畅饮,到知识的源泉去畅饮……请你们研究知识、畅饮真理、畅饮爱情。”[②]

另一位文艺复兴运动的代表人物是米歇尔·德·蒙田(Michel Eyquem de Montaigne,1533～1592年,又译蒙台涅)。蒙田出身于有贵族称号的商人家庭,曾经在波尔多学院受过人文主义教育,并于1581～1585年间做过波尔多市市长。他的拉丁文极为出色,加上阅读了大量古典作品,因而他喜欢的作家全是古人,其早期的散文几乎是古代作家名言的镶嵌。作为思想家和哲学家,蒙田有名闻后世的三卷《散文集》[③]传世,他的散文对于英国的弗兰西斯·培根、莎士比亚以及17、18世纪法国的思想家、人文学者产生了很大影响,不过他的哲学思想对于后世的影响似乎更大。

4. 英国:伟大的莎士比亚

英国文艺复兴虽姗姗来迟,但其文学成就却是最高的,这一切自然归功于莎士比亚。威廉·莎士比亚(William Shakespeare,1564～1616年)出生于英国中部一个小镇的商人家庭,如同我国伟大的戏剧家关汉卿一样,其一生经历不详,但亦痴迷于戏剧,据说他还是一个“瘾君子”[④]。他曾在伦敦剧院干过各种杂活,跑过龙套,最后成为剧作家。现存剧本37部,长诗2首,十四行诗154首。西方人几乎家喻户晓的伟大作品包括:悲剧《罗密欧与朱丽叶》、《哈姆雷特》、《奥塞罗》、《李尔王》、《麦克白》、《雅典的泰门》;喜剧《仲夏夜之梦》、《威尼斯商人》;历史剧《理查三世》、《亨利四世》;两首长诗是《维纳斯与阿冬尼斯》、《卢克丽丝受辱记》。莎士比亚的作品同荷马、但丁、歌德的文学成果被列为世界文学四大宝藏,他的业绩与成就早已被载入史册。如同法国的伏尔泰一样,他不属于一个时代,而是属于全人类。

---

① 又译《卡冈都亚与庞大固埃》(旧译《高康大与胖大官儿》)。

② (法)拉伯雷:《巨人传》,人民文学出版社1983年版,第10页。

③ 又译《尝试集》或《试笔集》。

④ 一些科学家认为,服用幻觉剂可能激发了莎士比亚的灵感。莎士比亚故居托管委员会允许研究人员对莎士比亚纪念馆收藏的24片烟斗碎片进行化验,它们来自莎士比亚故居及其附近的地方。研究人员在埃文河畔的斯特拉夫莎士比亚故居的烟斗碎片中,发现了海洛因及其他幻觉剂的痕迹。虽然没有足够证据证明莎士比亚自己吸毒,但是有证据表明“他和他那个时代的人可以得到麻醉品和大麻脂”(《参考消息》2001年3月3日第6版,据德新社2001年3月1日伦敦电)。

图 4-15 莎士比亚的故事取材于这所闻名海外的大教堂:距伦敦东南约 85 公里的坎特伯雷是英国国教——安立甘教的总部,坎特伯雷大教堂闻名欧洲,它是典型的哥特式建筑,14 世纪英国著名诗人乔叟的《坎特伯雷故事集》取材于当时络绎不绝的朝圣者的故事。

实际上早在莎士比亚之前,英国人文主义文学创作已经非常活跃,除了大量翻译古典文学和意大利等国的作品外,1611 年《圣经》英译本最终完成。最有成就的还是戏剧,莎士比亚之前就出现了一批剧作家。早在 14 世纪诞生了他们最早的人文主义作家、英国诗人乔叟(Geoffrey Chaucer,约 1340~1400 年),其代表作《坎特伯雷故事集》(图 4-15)具有明确的反封建意识和人文主义思想。此外,他的长诗《声誉之堂》、《善良女子的故事》等一改贵族们通用的法语而用伦敦方言创作,这对于英国民族语言的形成具有不可磨灭的贡献。

5. 德国:民族语言文学的萌芽

在德意志地区,最有成就者应是生于尼德兰即今日荷兰鹿特丹的伊拉斯莫(D. Erasmus,约 1466~1536 年),他 30 岁之前在修道院混事,并于 1494 年被授予神职,之后进入巴黎大学神学院,但最终却受到人文主义思想的影响并成为北欧人文主义运动的领袖。其丰厚的成果包括:将希腊文本的《新约全书》译成拉丁文,讽刺作品《愚人颂》和《西塞罗主义对话》以及描写中世纪欧洲生活习俗的作品《家常谈》。其中最有名的就是受莫尔《乌托邦》影响而完成的《愚人颂》。这部作品赞美了市民阶级的个性自由与人性解放,抨击了教会的禁欲主义及繁文缛节;他要求实行世俗政治,反对神权独裁。随即而来的宗教改革家即以《愚人颂》作为反抗罗马教会的思想武器。伊拉斯莫跟后来的拿破仑和尼采一样,从骨子里鄙视人民大众,并把他们视为多头兽。

此外,德意志地区还有曾获得"桂冠诗人"称号的胡登(1488~1523 年),这位英年早逝的人文主义者同另一位希腊语和犹太语语言学家勒克林合著了《愚人书简》,它以嬉笑怒骂的语言讥讽了教士们的放荡行为和经院哲学的烦琐无聊。勒克林的代表作《罗马的三位一体》也体现了他的时代思想。他指出,罗马教会靠三种东西使人匍匐在其脚下,这三样东西是:强权、狡猾和伪善。不过,为德国语言文学奠定基础的应属于马丁·路德及托马斯·闵采尔等人,他们的政论性文章特别是路德用德语译就的《圣经》对德国语言文学贡献甚巨。

三、艺术的顶峰:艺术巨擘们的登场

如果把文艺复兴作为一场运动或者是一个文化发展阶段,那么最为显赫耀眼的成就即是美术领域里的持续成果。以地区而言自然以意大利最为突出。

1. 巨人辈出的时代:空前绝后的意大利艺术

在意大利,这一时期实在是一个令人惊异的时代,它产生了如此多的艺术大师和如此丰硕的珍品,以我们如此小的篇幅是无法尽情叙述的,为此只好集中地把绘画内容分为三个流派加以简述。

佛罗伦萨画派　15 世纪后期的佛罗伦萨日渐衰弱,已经失去了往日政治、经济、文化领域里的优势地位,教皇取而代之并网罗各地学者名流,不过无论是早期还是盛期,佛罗伦萨在绘画方面的成就依旧是突出的。该画派更多的是以地区而不是以风格来划分的,其代表人物首先是乔托·迪·波多涅(Giotto di Bondone,1267～1337 年)。这位牧童出身的佛罗伦萨人是文艺复兴初期的画家、雕刻家和建筑师,但丁在《神曲》里就赞颂过他的绘画,他的作品也像但丁的著作一样既带有中世纪的遗风,同时亦展现了新时代的精神。他率先突破了拜占庭美术创作定式的束缚,那具有近代精神、世俗生活气息的宗教作品宣告了旧时代的终结,因而乔托被尊为近代绘画的先驱。留传后世的名作包括帕多瓦阿里纳教堂内 36 幅关于基督生平的壁画以及《逃出埃及》、《犹大之吻》、《受胎告知》、《圣母、圣徒和天使》等,还有连续浮雕《人民生活图景》,他还为佛罗伦萨大教堂设计了塔钟。

另一位是桑德罗·波提切利(Sandro Botticelli,1444～1510 年),他善于使用微颤的线条,使得人的形体造成运动的空间感,给人以幽怨而轻灵的印象,这令人想起我国唐代的飞天。波提切利的作品人物精致明净,带有沉思般的忧郁并流露出一种神秘的渴望;虽然作品多以宗教、神话和历史为题材,但极富诗意与世俗气息。其代表作包括:《春》(图 4-16)、《维纳斯的诞生》(见彩页)、《哀悼基督》、《圣母像》、《诽谤》、《博士来拜》以及为但丁的《神曲》所作的插图。

把达·芬奇归于佛罗伦萨画派主要是由于他的出生与活动地均在该城之故。作为文艺复兴时期的巨人,出生于佛罗伦萨附近的列奥那多·达·芬奇(Leonardo da Vinci,1452～1519 年)在自然科学如数学、物理学、建筑、生物学以及各类工程学等方面均有独到的贡献或创见 ,同时在文学与哲学领域亦有很深的造诣,而在美术方面,用“前无古人,后无来者”来形容他也毫不为过。关于他的两部伟大作品《蒙娜丽莎》和《最后的晚餐》对于欧洲及世界的影响,我们在此也不用耗墨评价了;他的不少圣母像如《岩间圣母》、《持画圣母》、《圣母子与圣安娜》等完全可以跟拉斐尔的同类画作媲美;在绘画理论上他把解剖与构图、明暗与透视等零散知识整理成

图 4-16 波提切利的《春》：这幅画描绘了大地回春、欢乐愉快的主题。画面中间女神维纳斯的头顶处飞翔着手执爱情之箭的小爱神丘比特；右上方是风神，他拥抱着春神，春神扶着花神，被鲜花装点的花神向大地撒着鲜花；左边的美惠三女神手拉手翩翩起舞，她们分别象征"华美"、"贞淑"和"欢悦"，给人间带来生命的欢乐；画面的左下方是主神宙斯的特使墨丘利，他有一双飞毛腿，手执伏着双蛇的和平之杖，他的手势所到，即刻驱散冬天的阴霾，春天降临大地，百花齐放，万木争荣。

为系统的理论，这对欧洲美术的影响是革命性的。在他之后，"意大利以及其他各国的任何一位杰出的美术家，都曾仔细研究过列奥那多的作品。对以后几个世纪来说，列奥那多的艺术始终是人类天才的最高成就之一"[①]。从时间上看，达·芬奇不属于一个时代；从地区上讲，他也不只属于佛罗伦萨及意大利，而是属于全人类(图 4-17、图 4-18)。

威尼斯画派 威尼斯在意大利北部长期保持着独立的政治地位，该画派的特点有：人物形象丰满，注重色彩，其鲜艳的色彩具有浓浓的诗意。代表人物首推提香·维切里奥(Tiziano Vecellio，1490～1576 年)，他是该画派最杰出的艺术家，其艺术高度映示了威尼斯画派的顶峰(图 4-19)。提香同米开朗基罗一样长寿，这使其创作活动形成明显的两个阶段：早期继承了乔万尼·贝里尼和乔尔乔涅的风格，具有粗犷奔放、生机勃勃的色彩和俗丽；晚期的作品则显示了复杂的性格甚至悲剧式的表现力。其佳作包括：《人间的爱和天上的爱》、《圣母升天》、《浴后的维纳斯》、

① (苏)罗坦别尔格：《文艺复兴欧洲艺术》(上)，人民美术出版社 1985 年版，第 226 页。

图 4-17　《正在哺乳的圣母》。

图 4-18　达·芬奇的《丽达与天鹅》。

提　香

图 4-19　提香及其《乌尔比诺的维纳斯》：充满肉欲的构图和饱满的色彩描绘出的肌肤丰润的女人体，正是提香作品华美丰丽的标签，同时也是他富贵尊荣和贪得无厌的人生象征。

《纳税银》（又称《基督与伪君子》）、《彼得之死》、《教皇保罗三世》、《圣赛·巴斯蒂安》、《哀悼基督》。

早于提香且与之同拜乔万尼·贝里尼为师的乔尔乔涅（Giorgione，1477～1510 年）既是架上绘画的先驱，也是一个抒情诗人。其作品构图清新，造型柔和，色彩明暗对比层次性强，尤其是人物与风景背景的衬托恰到好处。名作有《暴风雨》、《弗兰西斯圣母》、《卧睡的维纳斯》等。尤其是《卧睡的维纳斯》(图 4-20)，那优雅高洁的裸体简直是美不胜收，作品把那“富于肉感的裸体同崇高的圣洁稀有而美妙地融合起来了”[①]，后世艺术家对此赞不绝口。乔尔乔涅的艺术风格对提香及后代画家的影响是直接而明显的。

乔尔乔涅

图 4-20　乔尔乔涅及其《卧睡的维纳斯》。

另一位威尼斯画派的重要代表是丁托列托(J. R. Tintoretto，1518～1594 年)，他的真名叫雅各布·罗波斯蒂[②]。作为提香的弟子，他受到米开朗基罗的深刻影响；身材矮小的丁托列托多以神话和历史为题材，宣扬对宗教的虔诚，其宏阔的构图和豪放的笔法也为巴罗克艺术风格开辟了蹊径，代表作亦有《最后的晚餐》。重要作品还有：《圣马可的奇迹》(图 4-21)、《上帝最后的审判》等。

其他重要代表画家还有委罗内塞(P. Veronese，1528～1588 年)，他受提香影响并多采用奢华宴乐生活场景来处理宗教题材，其充斥欢乐甚至享乐的世俗情调还受到教会的指责，代表作有《迦那的婚宴》、《利未家的宴会》及壁画《威尼斯的胜利》。

罗马画派　15～16 世纪的罗马画派主要以艺术家拉斐尔、米开朗基罗为代表。拉斐尔·桑齐奥(Raffaèllo Sanzio，1483～1520 年)和莫扎特、舒伯特类似，只活了 30 多岁，却是一位多产的画家。作为一代绘画大师及建筑师，生于乌尔比诺的拉斐尔家学渊博，父亲亦为小有名气的画家。拉斐尔后来到佛罗伦萨深造，逐步形成了自己特有的圆润柔和的艺术风格。他以世俗化方式处理宗教题材，并使自己的“圣母”成为今日人们心目中温柔慈爱的母亲形象。他的代表作是梵蒂冈教皇

---

① (苏)阿尔巴托夫：《文艺复兴时期的艺术》，朝花美术出版社，1957 年版，第 105 页。

② “丁托列托”(Tintoretto)意为染匠，雅各布·罗波斯蒂生于威尼斯一家染工家庭，丁托列托是其艺名。

图 4-21 丁托列托的《圣马可的奇迹》,作于 1548 年,是画家早期的代表作品。

宫中的四幅壁画——其主题刻画的是人类精神活动的四大领域:《圣礼之辩》(神学)、《雅典学派》(哲学,见彩页)、《诗坛》(文艺)和《智慧、温厚与毅力》(法学),其中以《雅典学派》最为著名。那些蜚声后世的圣母像包括:《西斯廷圣母》(见彩页)、《田野圣母》、《金莺与圣母》和《美丽的女园丁》(图 4-22)(圣母与耶稣合像)等;其他代表作还有《教皇利奥十世像》、《自画像》、《卡斯蒂里宾奈像》以及未完成的作品《基督变容》(这一点又同后世的舒伯特一样,后者有未完成的著名交响曲《未完成交响曲》)。

除了拉斐尔,罗马画派另一位擎天柱式的人物就是米开朗基罗·波那洛第(Michelangelo Buonarroti,1475～1564 年)。米开朗基罗生于佛罗伦萨,是意大利文艺复兴盛期的伟大雕塑家、画家、建筑师和诗人,后来由于才华出众(13 岁师从基兰达约,因进步神速而受到老师的嫉妒)而被红衣主教召至罗马教廷作画。他曾在西斯廷教堂 800 平方米的天花板上连续工作 4 年,独立完成了巨型天顶壁画——《创世纪》,这足以使之名垂千古。不过这位怪才尚有为教皇保罗三世在西斯廷教堂大祭坛背面墙壁上创作的壁画《上帝最后的审判》,人们认为它是一幅完美的作品。但米开朗基罗的成就远不止于此,他那气势磅礴、强劲有力的创作天赋除了为罗马画派树立起一座座丰碑,其惊世骇俗的雕塑有《哀悼基督》(图 4-23)、《摩西》(见彩图)、《大卫》、《奴隶》,这些极富生命力的人物形象均为裸体,他们逼真、健壮、坚忍不拔。米开朗基罗作为一个典型的双重人格的艺术家,其晚年陷入极度的悲观主义境地，所作美第奇陵墓群雕像《晨》、《暮》、《昼》、《夜》极具象征意义，是艺术心理学作品的典范(图 4-24)。在致友人的信中，他对《夜》的解释是：

图 4-22　拉斐尔以流畅的线条把圣母、耶稣和圣约翰的形象和谐地组合起来，创造出充满人间气息的、亲切的神的世界。

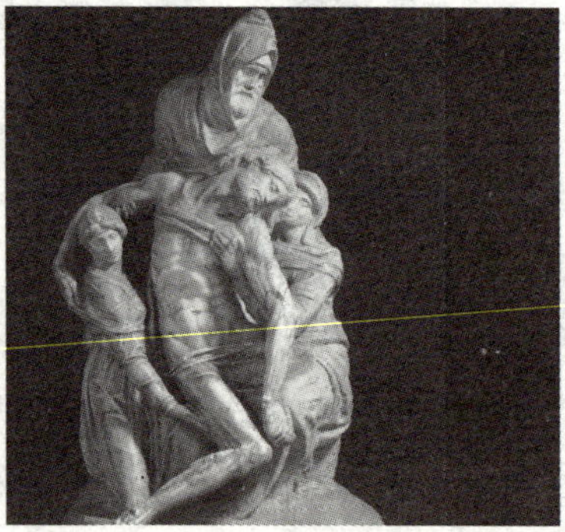

图 4-23　《哀悼基督》曾经深深触动了多少基督徒的心灵。

睡眠是甜蜜的，
成为顽石更是幸福，
只要世界上还有罪恶与耻辱的时候，
不见不闻、无知无觉，于我是最大的快乐，
因此不要惊醒我吧！①

其他艺术内容：建筑、音乐、芭蕾　意大利建筑在这一时期也是闻名全欧洲的。佛罗伦萨最早出现了革新的倾向，接下来是罗马。新思潮的开拓者首先有费里·布卢奈列斯齐，莱昂·阿尔伯蒂等人继之。不过到 16 世纪初，新建筑式样就在罗马兴盛，多那托·布拉曼德首先完成了他那第一座具有新式风格的建筑物即办公

① (法)罗曼·罗兰:《弥盖朗琪罗传》，商务印书馆，1950 年版，第 88～89 页。

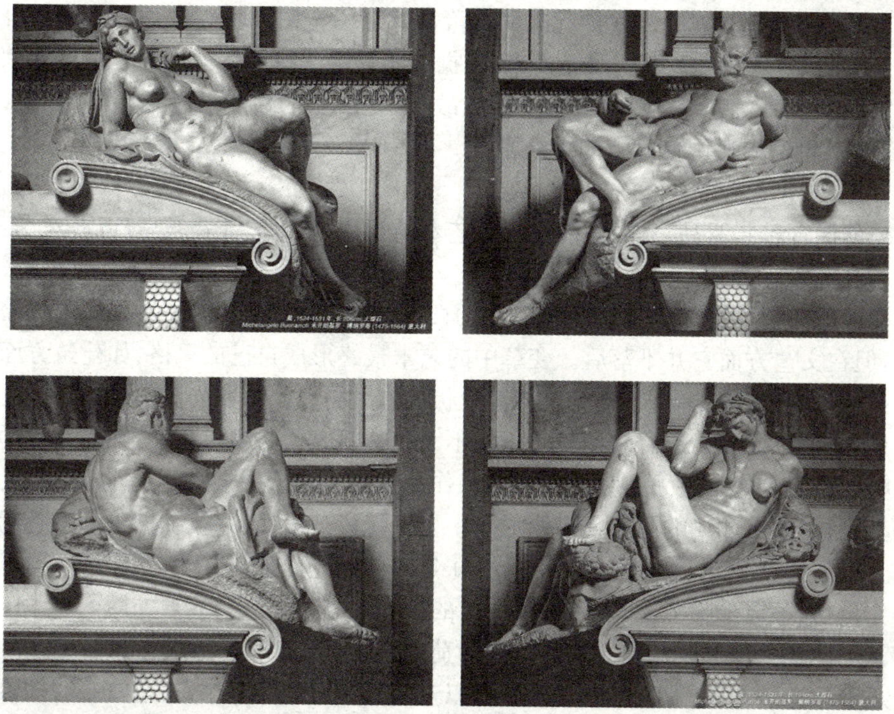

图 4-24 按顺时针方向依次是《晨》、《暮》、《夜》、《昼》:《昼》与《暮》可以并列;《晨》与《夜》(具有双性人特征)亦相互呼应,四幅作品为一系列,均具有非凡的象征意义。

大厦,接着他又受其同乡、教皇朱利奥二世之邀规划设计罗马最杰出的作品——梵蒂冈圣彼得大教堂。可惜布拉曼德生前只是局部地完成了奠基和甬道的拱门,接下来的工作就由拉斐尔、帕鲁齐、小莎迦罗进行,后来再由米开朗基罗任总建筑师,他建起了巨大的圆顶和半圆形的后殿,但工程尚未结束米开朗基罗便去世了。新一代建筑师们又修改了布拉曼德的方案,把教堂改为拉丁十字架形结构,最后洛伦佐·贝尼尼完成了系列雕像,设计了圣彼得广场并于 1663 年建成梵蒂冈的"皇梯"。

整个文艺复兴时代的音乐为后世(巴罗克以及古典时期)的音乐发展奠定下更为扎实的基础①;而从地区上讲,欧洲乐坛则是意大利领航。1600 年歌剧诞生,它是从意大利牧歌中派生出来的;1637 年革新家蒙特·威尔第建成第一座歌剧院,他首创以管弦乐队为歌剧伴奏。被誉为"乐坛宗匠"的帕利斯特里纳(约 1525～1594 年)以及巴罗克音乐的奠基者拉索(1532～1592 年)都是名闻遐迩的音乐大师。

① 拙文:《音乐文化与欧洲文艺复兴》,载于《天津师范大学学报》1993 年第 5 期,第 47 页。

13、14世纪在意大利发展起来的芭蕾舞综合了音乐、戏剧、舞蹈表演以及舞台布景等内容，从宫廷芭蕾中脱胎而来；依据希腊神话编排的《奥尔菲》、《皇后喜剧芭蕾》(取材于荷马史诗《奥德赛》里女妖的故事)是最早的作品。以后芭蕾传到欧洲各地，17世纪后法国使之走向大众剧场。

2. 艺术之花在其他地区的绽放

就像古希腊罗马一样，文艺复兴是艺术的时代，艺术之花在被压抑淹没千余年之后注定要怒放。

西班牙 文艺复兴时期乃至以后的西班牙长期处于天主教会的精神统治之下，但在文艺方面它并不落后。变革中的艺术最终形成自己的风格，如建筑方面有伊莎贝尔式、文艺复兴式、具有复杂花叶状装饰风格以及希斯内罗斯的建筑与装饰风格；雕刻方面多采用意大利技巧但却不太表达新时代思想，另外它纯粹是借助于花哨的技法创作一些无实际内容的彩饰作品。如同雕塑一样，绘画一般都是反映宗教题材，最有才华的画家是多明尼科·塞奥托科普洛斯，以及我们更为熟悉的埃尔·格列科(El Greco，约1541～约1614年)，他到过威尼斯并随提香学习绘画，代表作包括《圣灵降临节》、《奥尔加斯伯爵的葬礼》、《启示的幻觉》。

尼德兰 该地区在独立成为今日的荷兰之前，长期处于德意志和西班牙的统治之下。这一地区的工商业、海外贸易以及艺术早就发展起来，文艺复兴时期绘画艺术的开创者是扬·凡·爱克(1385～1441年)。很明显，他的作品虽说是宗教题材，但无时不充满着新时代的精神和市民生活气息，如教堂祭坛画《羊的崇敬》。随着民族运动的兴起以及新兴市民阶级力量的壮大，尼德兰艺术家越来越关心世俗化的题材，其代表人物是彼得·勃鲁盖尔(1525～1569年)。他的作品多以民谚为题材，其画风具有尼德兰民间绘画特征，其素描、油画、铜版画都在西方绘画史上占有一席之地，代表作包括《盲人》、《收获》、《冬猎》、《农民婚礼》、《大鱼吃小鱼》、《虐杀婴儿》。

德国 步意大利“新艺术”(Art Nova)之后尘，德国出现了新形式的木刻与铜雕；在绘画方面，丢勒与荷尔拜因体现了这一时期艺术的最高成就。阿尔伯莱西特·丢勒(1471～1528年，图4-25)出生于纽伦堡一个金匠家庭，初随父学习金工，后从事木刻与绘画。作为著名的油画家、版画家、雕塑家和建筑师，丢勒的作品充满了人文主义自然观念，在艺术上他提出了“真正的艺术包含在自然之中，谁能发掘它谁就能掌握它”的思想，其代表作是油画《四圣徒》、木刻组画《启示录》、铜版画《骑士、死神和魔鬼》、《苦闷》以及多幅肖像画，著有《人体比例研究》四卷。他的建筑学思想对近代德国筑城学有很大影响。汉斯·荷尔拜因(1497～1545年)被认为是文艺复兴时代最优秀的肖像画家之一，著名作品有《伊拉斯莫》、《亨利八世》(图4-26)，那富有深意的心理刻画及生动的写实技巧为西方绘画领域开辟了新的局面。

图 4-25　57 岁死于黑死病、"为自我意识和生与死而困扰的绅士"丢勒及其作品《四圣徒》。

法国　主要成就在雕刻与建筑方面。彼尔勒斯克与菲里普德罗姆是这一时期的著名建筑师，前者在巴黎一座古城堡的基础上建立起雄伟的卢浮宫，后者建有安妮城堡。文艺复兴晚期又诞生了一位杰出的雕刻家和建筑师古戎，其代表作是巴黎的"纯洁之泉"浮雕——《山泽仙女》:刻在 6 块石碑上的 6 位正在用水罐冲洗的少女美丽动人，姿态各异；艺术家以鬼斧神工将她们塑造得栩栩如生。另外，巴黎的日耳曼人皮隆亦有《三美神》、《基督复活》以及浮雕《埋葬基督》等名作。

图 4-26　荷尔拜因的《亨利八世》(1509-1547 年在位)。

第五章 近代:西方文化向世界扩张

这一时代最伟大的人物是:伏尔泰、歌德、莫扎特和贝多芬。我们这里述及的欧洲近代文化发展史,主要是指文艺复兴以后大约 17 至 18 世纪末近 200 年左右的历史,该时期被西方人称为“知识革命的时代”①。在这一时期欧洲文化进入了一个关键性的阶段:它历经中世纪和文艺复兴长时期的积累、酝酿和萌动之后,如火山爆发般最终释放出来。

然而,在欧洲以外的世界,却是另外一种景象。传统强势民族和国家正在走下坡路,处于蒙昧状态下的地区始终在缓慢地爬行。中国、印度、阿拉伯世界江河日下,非洲、澳洲、美洲大部分地区的民族仍然在文明的黑暗中摸索、挣扎。

第一节 行将爆发的西方文明

如果将文艺复兴作为一个历史时代的话,那么在这个时代,发生的事件主要包括:人文精神的复苏和影响、文学艺术的创新和繁荣;马丁·路德领导的宗教改革的成功;经济领域中一系列改革如银行业的革命;地理大发现及新航路的开辟(图 5-1)等等。在这一切之上,宗教改革的成功是导致西方文明机器运行的发动机。

一、文艺复兴迅即传播:深厚的积累和深远的影响

从地区上讲,欧洲文艺复兴发端于意大利,没有意大利,文艺复兴就会大大推迟。就整个欧洲而言,罗马教会威信的衰萎和世俗文化的提升是文艺复兴兴起的动因,尤其是后者,它反映了诸种因素的影响:城市的兴起及市民生活的新要求,大学的增加及知识范围的扩大,民族国家力量增长与世俗王权的加强等;来自东方的思想影响以及科技的传播如中国印刷术的引入,这些都促进了文艺复兴在欧洲的发展与繁荣。

文艺复兴率先在意大利爆发自有其特殊的原因,不过一旦兴起就迅速影响到

---

① (美)爱德华·麦克诺尔·伯恩斯、菲利普·李·拉尔夫著:《世界文明史》(卷三),商务印书馆 1987 年版,第 281 页。

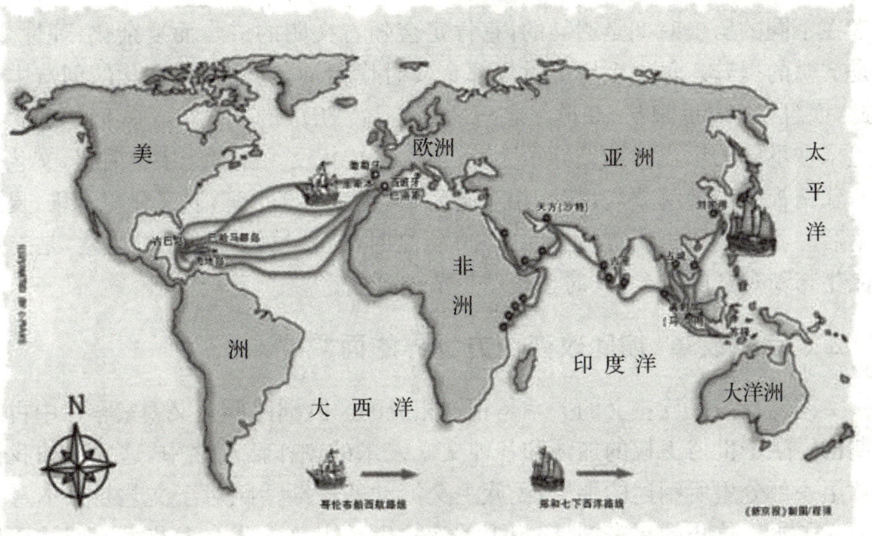

图 5-1　郑和、哥伦布对于自己在世界历史进程和文明进化方面的作用也许毫无知觉,与郑和相比,哥伦布无疑改变了世界历史的进程,从这一角度而言,前者则几无意义。

周边地区,这种情势完全不像封闭的东方。在中国或印度,类似的情况很难发生,毕竟欧洲虽非今天这样高度“统一”和交融,但也已经在人种、宗教及地理等方面相对紧密地联系在一起,至少完全被基督教神学拴在了一起。所以,文艺复兴的新时代精神、新思想、新风格、“新艺术”迅速传遍几乎整个欧洲,先是法兰西、尼德兰、德意志,随后又有西班牙、英吉利以及东欧和北欧等地,“基督教人文主义运动的最大成果,是‘人间天国’这个概念被广泛传播”①。

我们当然不能过分地渲染文艺复兴本身,我们强调的是它的时代精神;我们也不应过分地夸大其对科学的直接作用,而是要特别指出它的文化意义。传统上而言,文艺复兴所起的作用是巨大的,它对价值观、人性尊严及世俗生活的重视方面具有革命性的影响,这一点当然是从整个欧洲思想发展史来看的。希腊罗马时期的文化和精神环境到了中世纪之后便不复存在,这种长时期的封闭和神学垄断的情况,与中国数千年的封建社会相类。禁欲主义、悲观主义、个性的压抑、对于世俗的藐视只会在中古时期长久盛行,所以从中世纪欧洲人观念的封闭和精神的压抑到 17、18 世纪的理性主义与启蒙运动的变迁,我们自然不能忽视文艺复兴的伟大意义。

①　朱孝远:《近代欧洲的兴起》,学林出版社 1997 年版,第 91 页。

然而我们在此更强调的是文艺复兴在时代精神上的启蒙与创造。时代精神与思潮在不同的历史时期是迥异的,它肯定会随着文明的进步而复杂化、理性化,这才是文明的提升。每一个历史时代都有其时代精神,它在西方文化的创造中更是如此,而且在"15世纪与19世纪之间发生了一个极大的变化"[①]。人们的观念和生活追求在不同的历史时期差异很大,甚至会完全相反。相对于中古时代,文艺复兴的时代精神是一种解放与提升;相对于启蒙时代及19世纪,它又显得幼稚、畏缩甚至落后。不过当我们回首逝去的1500年之时,这种精神则是一种启蒙,是新思潮的滋生与新观念的觉醒,同时也是新生活的开始。

二、宗教改革:彻底改变西方世界的面貌

文艺复兴与民族主义的关系是相辅相成的。欧洲民族主义因素早在中古时代后期已经融于世俗王权的加强和各种文学艺术的创作活动之中,这又正如我们在本章第一部分里所阐述的那样,民族主义活动的逐渐活跃对于文艺复兴本身就像是注入了永无休止的兴奋剂,渴望尘世幸福生活也复苏了众多艺术家们被压抑的灵感。

相对而言,宗教改革对整个欧洲基督教世界的震动和作用更为强大有力。因为在此之前,罗马教会对于世俗社会的影响是全方位和细致入微的,它向所有的人宣讲且人们也都相信教会所讲的一切;但是到了后来,随着民族国家的兴起和世俗权力的增长,天主教会威信下降,不仅政治地位降低,其经济来源也逐渐减少,于是罗马教会竟然发展到出卖所谓的赎罪券和"圣物"以骗取大量钱财,那些所谓的"圣物"包括"耶稣被钉上十字架时流下的汗珠,童贞女圣玛利亚的奶汁,耶稣基督十二门徒进行最后晚餐时所用的餐桌木板,甚至据说还有人收藏着上帝造人类始祖亚当时所用的泥块"[②],最终,教会的谎言与骗术为马丁·路德等人所戳穿。自此以后,罗马教会的威望不仅在知识界而且在民众心目中也一落千丈,天主教会神学及其基督教世界最终走上了彻底分裂之路。

三、新航路开辟:西方人的冒险精神

这是寻宝热与世界主义倾向实践的时代。如果说文艺复兴是一次西方人寻找精神宝藏的运动的话,那么随后掀起的真正的寻宝热引发了西方人对于全球处女地探险的热潮。欧洲真正世界主义理论实践化的历程开始了。

从某种程度上讲,文艺复兴是一次对古希腊罗马文化的精神寻宝历程,期间和

① (法)丹纳:《艺术哲学》,傅雷译,人民文学出版社1986年,第96~97页。

② 张绥:《中世纪"上帝"的文化》,浙江人民出版社1987年,第189页。

以后的地理探索、寻找财富及黄金的驱动既是一次真正物质上的寻宝,同时又是一次"精神寻宝"的历程,因为那些朝圣者、传教士、商人、航海家以及哥伦布、亚美利哥、迪亚斯、达伽马逐步发现和打通了全世界,这不仅开阔了世人的眼界,更重要的是这种对物质世界的追求和探索引发了对于自然科学的研究,最终将导致近现代科学的勃兴。前有达·芬奇,中有哥白尼、布鲁诺,后有伽利略、牛顿,欧洲的科学时代忽然间已经来到人们面前。

欧洲人的世界主义观念也就是从这一时期之后愈加显现出来,它们包括:地理意义上的全球观,军事和宗教精神方面的征服欲(图 5-2),科学技术方面的创新意识;相对而言,东方包括中国和印度则逐步走向衰落。

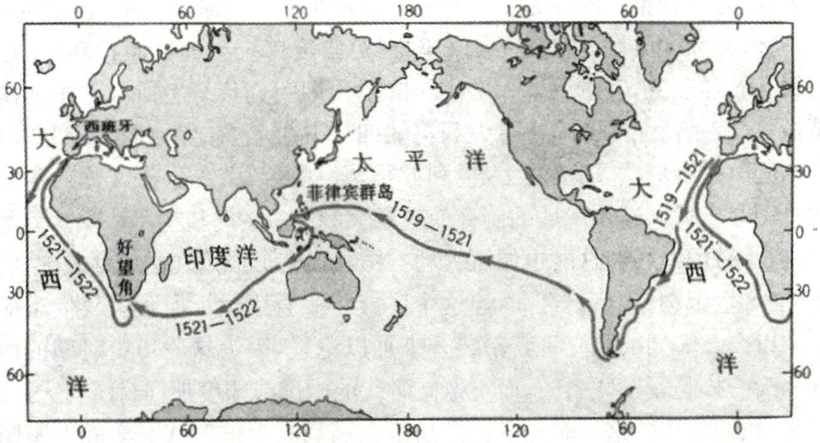

图 5-2　麦哲伦环球探险航线示意图。麦哲伦 1480 年生于葡萄牙北部破落的骑士家庭,少时为王后侍从,16 岁进入国家航海事务厅,1505 年参加海外远征队。1519 年 9 月,他率领一支 200 多人、5 艘船只的大船队,从西班牙塞维利亚港出发,开始环球探险。次年底穿越后来以他名字命名的海峡,进入他们命名的太平洋,船队于 1521 年 3 月底来到菲律宾群岛。不久麦哲伦死于与当地部族的冲突,其助手带领仅存的两条船满载香料越过马六甲海峡,经印度洋、过好望角,于 1522 年 9 月回到西班牙,这时整个船队仅剩下一条船与 18 名船员。历经整 3 年,终成人类的第一次环球航行。

第二节　17、18 世纪的欧洲:蓄势待发

17、18 世纪是西欧历史上一个伟大的转折时期,这一时期欧洲的政治和经济制度、思想观念可以说发生了革命性的变化。如果说该时期的文化开始全面发展,那么其发展繁荣的基础则是政治经济革命性的变迁和进步。在国际形势方面,法国的地位日渐提高,它逐步取代了英国、西班牙以及更早的神圣罗马帝国,并且在

整个欧洲建立起几乎是老大的地位，这种状况一直持续到拿破仑时代的滑铁卢战役。

一、法国的黄金时代：法国人高唱主角

1. 路易十四时代：法国人傲视群雄

如果说17世纪中叶前，西欧列强在欧洲是一种“多极体制”[①]的话，那么18世纪后半叶的欧洲基本成了法国人的天下，这在政治、经济及文化诸方面均可映现出来。

英国这时退出了对欧洲大陆的觊觎和占领，不再像百年战争时期那样可以随意侵入大陆，它将在整个欧洲起着一种永远是不可缺少的制衡作用，就如同今天一样。西班牙、葡萄牙分别是已经走上和刚刚走向王权统一的民族，前者正逐渐强大。尼德兰已经独立，它进行了一次成功的革命即我们传统上所称的第一次资产阶级革命，这就是荷兰的诞生。意大利仍然四分五裂，它在保持经济、商业以及文化发达的同时仍被周边国家随意入侵和奴役，各地区政治、经济、文化的不平衡特别是教皇国在意大利这块飞地的制衡使得意大利统一的时机尚不成熟。德意志亦即“神圣罗马帝国”[②]，在这时也像意大利一样并没有形成现在的完整统一，它的统一要等到18世纪70年代，自那时起这个民族将一直强大。实际上我们不应该把这些国家以今日大国的眼光将其割裂开来加以论述，因为这段历史时期的西方有时也同今天一样是紧密联系的，而不像同时代的中国或印度那样封闭与大一统。

但是，我们叙述的这一时期毕竟是法国人高高在上的时代。实际上断断续续达半个多世纪的“意大利战争”(1494～1559年)可以说是法国首次称霸欧洲野心的实践和尝试，而“三亨利之战”[③]后亨利四世颁布了宗教宽容的《南特赦令》，之后

---

① (美)保罗·肯尼迪:《大国的兴衰》，北京求实出版社1988年版，第87页。

② 962年为德意志王奥托一世由罗马教皇加冕后所建，其统治者以罗马帝国与查理曼帝国的继承者自居；10世纪以后多次入侵意大利并东扩至斯拉夫人领地，先后同罗马教皇争夺主教续任权，并逐渐分裂为诸封建领地；1356年查理四世颁《黄金诏书》从而确立皇帝由7个封建领地的选帝侯推选，不能世袭；16世纪哈布斯堡王朝企图恢复帝国昔日的辉煌，但未成功；欧洲“三十年战争”后趋衰，至1806年为拿破仑所推翻。

③ 宗教改革以后，法国的新教胡格诺派集中于法国西南部，但信奉天主教的王室对之采取高压政策，1547年亨利二世曾在巴黎高等法院设“火焰法庭”迫害之；自1562年开始的30余年的法兰西宗教战争最初双方宗教领袖均死于非命，经过1572年8月24日夜晚大批新教徒被屠戮的“圣巴托罗缪惨案”，新旧教派之间的对抗更趋猛烈；1574年查理九世死后其弟亨利三世即位，他同大贵族、介斯家族的亨利展开争夺，结果二人先后被谋刺，新教领袖安东尼之子、曾与查理九世的公主联姻的那瓦尔王子亨利即亨利四世最终取得王位。

在其任命的财政大臣苏利公爵任职期间以及路易十三时期黎世留任首相期间,法国逐步走上蒸蒸日上的发展之路,尤其是黎世留,他的一系列政治、经济与外交政策为路易十四所效法,这位身体羸弱但性情刚烈的实际统治者成为法国专制主义的总设计师,他政绩斐然但对民众百姓的鄙视可谓直言不讳,他说:"如果人民太舒适了,就不可能安守本分……所以应当把他们当作骡子加以重负,安逸会把他们宠坏。"

1661年,黎世留的接班人马扎然去世,路易十四亲政,此后55年不再委任首相,王权得到空前强化,其专制主义形式为全欧洲所效仿。路易十四自称"太阳王","朕即国家"是其至理名言;在经济上推行财政大臣柯尔伯的重商主义政策;思想文化达到空前繁荣,巴黎成为名人荟萃之地。

2. 观念的继续进化:由理性到启蒙

如果说17世纪是新古典主义占据了文艺生活主流地位的话,那么18世纪的西欧科学与哲学领域则是理性主义的天下。文艺复兴后期的科学探索精神使得欧洲产生了一大批科学巨人,伽利略和牛顿的科学理论为近代科学思想奠定了坚实的根基,牛顿的《自然科学的数学原理》被认为是划时代的巨著,之前的培根和笛卡儿则是科学理性的代言人。

作为近代归纳法的创始人和英国经验主义哲学的始祖,弗兰西斯·培根(Francis Bacon,1561～1626年)为后世科学研究提供了先进的理论方法。他在其《新工具》里阐述了以下思想:科学研究必须清除固有的偏见与幻想,传统逻辑三段论中的大前提与小前提基本是建立在错误与模糊的经验之上的,这样推断出来的结论往往是谬误;只有通过归纳法即对通过观察而来的详细资料加以系统整理,才能发现事物的真相并得出科学的结论。

不过西方理性主义思想的开创者、近代唯理论哲学的鼻祖则是勒奈·笛卡儿(René Descartes,1596～1650年),他也是这一时期怀疑主义的代表。作为物理学家、数学家、生理学家及解析几何的创始人,笛卡儿不仅在科学史上、而且也在哲学思想史甚至在艺术方面[①]都对欧洲产生了广泛的影响,他的影响甚至"并不亚于培根",其"对欧洲大陆科学的影响直到18世纪中叶以前一直盛行不衰"[②]。尽管该思想具有两重性,如他主张抛弃经院哲学但又重推理轻经验,他试图建立其无所不包的"实践哲学体系"但又坚持明晰的概念就是真理(亦即"天赋观念"思想)。笛

① 笛卡儿的音乐造诣极深,他所著的《音乐提要》对18世纪作曲家拉莫的影响是直接性的。

② (美)埃伦·G. 杜布斯:《文艺复兴时期的人与自然》,浙江人民出版社1988年版,第139、143页。

卡儿继承了蒙田怀疑一切的传统，他提出了“普遍怀疑”的理论以及精神实体与物质实体同时存在且互不关联的世界观，为此提出了那著名的“我思故我在”的原则：我有，我能够思维，我所认识的一切事物都是真实的，我也能够寻找到自明的真理。他在《形而上学的沉思》中指出，形而上学就是研究超自然、超经验的上帝和心灵的学说。笛卡儿的名作还有《哲学原理》、《论世界》。这位对启蒙运动产生直接影响的人物一生历经坎坷，最后神秘地客死他乡：1649年，笛卡儿在荷兰定居20年后应瑞典克丽斯蒂娜女王之邀迁居瑞典，不料次年猝死，据说是被人毒死的。

接下来的启蒙运动从兴起到延续长达一个世纪之久，其影响涉及宗教、哲学、伦理学、历史学、美学、文学艺术以及政治、经济和教育各个领域，也出现了大批著名人物，从早期的先驱比埃尔·贝尔（1647～1706年）到较晚时期俄国的别林斯基与赫尔岑，启蒙运动时期的著名人物发挥着巨大（可以说是决定性）的作用，正如西方学者所指出的那样，“概括起来说，作为一个阶层，启蒙思想家不可否认侧身于当时最具实践头脑、最有影响的知识分子之林”①。这场伟大的运动在全欧洲轰轰烈烈地展开了，不过它的中心是在法国。

3. 工商业与海外贸易

这一时期工商业及海外贸易的发展显然是相辅相成的。我们传统上认为，资本主义的原始积累是建立于两种掠夺之上的：一是对农民土地的掠夺（如英国的“圈地运动”），二是殖民掠夺，如今我们教科书上的相关论调语气温和多了。西方人向来认为，无论如何17世纪末和18世纪初兴起的一场金融或是说价格革命对于其经济的腾飞起了关键性的作用。这场革命是因支付战争的巨大花费而导致银行及其信贷发生一系列复杂的变化（图5-3）。另外，1693年在葡属巴西发现的金

图5-3　经济史上最著名的国有银行——英格兰银行（成立于1694年）。

① （美）爱德华·麦克诺尔·伯恩斯、菲利普·李·拉尔夫著：《世界文明史》（下卷），商务印书馆1999年，第140页。

矿使得硬币普遍贬值,加之西欧的大城市如伦敦、里昂、法兰克福和阿姆斯特丹等地越来越多地使用汇票和信用票证,放款人以及证券和联合股份公司的经纪人日渐活跃,近代早期国际信贷体制逐渐建立起来,这使得海外贸易愈加发达,所谓商业革命就这样开展起来。中产阶级等新兴阶层力量迅速增加,工业革命即将拉开序幕。

但上述所反映出来的最重要的变化则是经济制度或体制的变化,以及人们观念上的巨大转变。

4. 大革命前的欧洲社会

这里的大革命指的是1789年的法国革命,它同样具有代表性,可以视为新的历史时期的典范。正如我们前面所讲到的那样,这一时期的欧洲政治上纷纷效法法兰西的君主专制,同时君主们也宣扬民族主义、爱国主义或英雄主义,显然这一切都有利于他们的统治。在军事上,欧洲各国建立起自己的常备军,并使用新式武器即火枪火炮,这几乎成为西方列强不久迅速称霸全球的基础。新的经济体制已经或正在建立,殖民贸易与进一步的扩张促进了工商业的飞速发展,只是旧的君主专制制度以及经济政策越来越不合时宜,于是大革命就最终把新的制度和观念带给所有的人们,即使其中部分人排斥它们,新制度、新观念仍然适应于新的时代。

二、科技的腾飞——“东方不亮西方亮”

17、18世纪的欧洲可谓是一个科学革命和技术腾飞的时代。所有研究这段历史的人都给予该历史时期以高度评价,威尔·杜兰认为,“拿全部历史来讲,17世纪是科学史上成就最高的时期之一”①。事实的确如此,无论是科学思想的发展和深化,还是技术的发明和应用,这一时期标志着一个新时代的来临。

1. 科学思想总攻上帝

科学思想的变化主要是由于宗教改革等思想领域里的巨大变迁,这些变化到启蒙运动时达到新的阶段。早在文艺复兴时期,哥白尼就已指出地球不是宇宙的中心。这一震惊当时思想界的观点动摇了西方基督教世界的信仰根基,从此越来越多的人们开始探索被罗马教会视为禁区的自然科学领域。文艺复兴时期新思想的出现可以说是一个信号、一种基础,哥白尼、布鲁诺等科学家的成就使得更多的人越来越注重研究自然现象。神学对人们的支配力日渐减弱,英国

① (美)威尔·杜兰:《世界文明史》卷八“路易十四时代”,幼狮文化公司译,北京东方出版社1998年,第416页。

自然神论者、切尔伯利的赫伯特男爵更是扩大了科学思想的影响，他认为上帝只是第一推动力而非威力无穷，上帝仅仅是创造了自然与宇宙的规律，而非万能的奇迹创造者；因此人们在服从上帝所定规律的前提之下可以自己掌握其命运，为此人们应该研究自然，为的是更好地崇拜上帝。基督教教义有的时候符合理性，其内容也符合生活理性的某些部分，然而圣灵使玛利亚感孕、基督的神性与复活等所谓“奇迹”、“异兆”之类在以前被视为自然而神圣的事实，而今则被先进的思想家所唾弃。

这就是新时代思想的巨大冲击力，它到了启蒙时期更是以摧枯拉朽之势扫荡了旧有的神学思想。

2. 新学科基础的逐步奠定——科学思想与宗教教义的分野

17、18 世纪科学的新发现才刚刚开始，但它们已大大超越前人的成就，这些内容包括：英国人哈维对于血液循环的发现(1628 年)；波尔的气体膨胀定律(1660 年)；牛顿的万有引力定律(1687 年)。在数学领域里有孜孜耕耘的贝努利家族、欧拉以及哥德巴赫；甚至在北美也有发明避雷针的富兰克林。

天文学

如同古代中国，这时期的欧洲科学成就也以天文学最为突出。自从哥白尼发表《天体运行论》从而推翻了托勒密统治欧洲千余年的“地球中心说”以后，西方对于该学科的研究一发而不可收。开普勒、伽利略、牛顿使天文学率先成为近代领先的学科。1600 年德国天文学家开普勒(Johannes Kepler，1571 ～1630 年)作为杜宾根大学的文学硕士，应丹麦著名天文学家第谷·布拉赫的邀请到布拉格天文台工作，后来又继承了布拉赫的事业并总结其观测资料，提出了著名的“行星运行三定律”：第一，行星以太阳为中心沿椭圆形轨道运行；第二，行星运行速度存在着差异，离太阳越近，运动速度就越快；第三，行星公转周期的平方与该行星跟太阳之间的平均距离成正比。开普勒的系列著述《宇宙的神秘》、《光学》、《宇宙和谐论》为后世开辟了新的局面，他的学说同时也为牛顿发现万有引力奠定了基础。

近代实验科学的奠基人之一伽利略(Galileo Galilei，1564 ～1642 年)被认为是经典力学和实验物理学的先驱，他首次用望远镜观测天体而取得大量的成果。他的发现进一步证实了哥白尼的日心说，其著名的《两种新科学的对话》对牛顿同样产生了巨大影响。但勇敢的伽利略因公开反对托勒密地心说惹怒了罗马教廷，1616 年他被宗教裁判所秘密判罪，17 年后又被公开审判。这桩科学史上的大

图 5-4　“每一质点对于另一质点的引力,与两点的质量的乘积成正比并与其间的距离的平方成反比”——牛顿的万有引力定律,以寥寥数语揭示了整个宇宙的根本奥秘。不过作为虔诚的基督徒,终身未婚的牛顿晚年走向神秘主义,2007 年夏公布的牛顿秘密手稿显示,他认为,世界末日将于 2060 年来临。

冤案[①]直到 1984 年才得到教廷的昭雪,这位伟大的科学家在牢狱中度过 9 年后最终被折磨致死。但科学事业总是后继有人的,伊萨克・牛顿(Isaac Newton,1642～1727 年,图 5-4)的成就教会再也无法撼动了。毕业于剑桥大学后任该校教授的牛顿曾长期担任英国皇家学会会长,他在天文学、物理学、数学、光学诸领域都做出了卓越贡献。牛顿的天文学成果对后世产生的影响是毋庸置疑的,例如他在经典力学基础上建立了伟大的宇宙天文体系,这一体系又给德国的康德带来了灵感,后者由此提出“潮汐假说”与“星云说”。潮汐说的理论是:地球与月亮由于引力作用产生的潮汐摩擦阻碍了地球的自转,与地球本身自转的巨大速度相比,虽然那种阻碍作用非常之小,但久而久之终将使地球步入毁灭。康德强调了在万有引力下原始星云的作用,他否认超自然神灵对自然的控制,强调天体演化的自然规律,他道出了“给我物质,我就用它造出一个宇宙来”[②]的呼声。康德的《宇宙发展史概要》对法兰西科学院士拉普拉斯有直接影响,后者于 1796 年提出了星云假说。

18 世纪的天文学开始向更广阔的领域拓展。德国的赫舍尔取得了公认的成就:发现了太阳的自动现象;提出恒星不变的新理论;发现天王星及一系列卫星;提出太阳光谱中的不可见红外辐射。其中天王星的发现是那一世纪天文学领域的热点,此前人们一直以为太阳系里只有地球、水、金、火、木、土 6 颗行星。

物理学与化学

17、18 世纪这两门学科也取得了开创性的成就,牛顿的贡献使得欧洲在这些方面的研究有了坚实的基础,更早的伽利略在物理学尤其是动力学上的成就要高

---

① 伽利略与罗马天主教教义的冲突被视为 17 世纪至今科学和宗教的分野,但是今日人们所认为(特别是我国传统教科书上所描述)的——伽利略是一个天主教的叛逆者(由于他对《圣经》嗤之以鼻而遭到天主教会的迫害以至于死亡)——实际上是不符合史实的,真正的史料表明伽利略仍然是一个虔诚的天主教徒,他相信“祈祷的力量,并始终努力恪守一个灵魂已有归宿的科学家的职责”。详细参见(美)达・索贝尔著《伽利略的女儿——科学、信仰和爱的历史回忆》(谢延光译,上海译文出版社 2001 年版)。

② 童鹰:《世界近代科学技术发展史》(下册),上海人民出版社 1990 年版,第 15 页。

于天文学方面的成果，“要知道，在此之前，除了阿基米德、列奥那多·达·芬奇和其他几个人在这方面的贡献以外，就没有什么人了”①，其成果包括加速度理论、摆的振动、抛物体运动规律。牛顿的运动三定律是在开普勒、伽利略成果的基础上获得的，只是他在众多分支学科上都有独到的、系统的贡献才使之成为当时乃至后世科学界的“超人”。

化学方面也有不少人分别做出了贡献，被誉为“现代化学之父”的英国化学家罗伯特·波义耳(Robert Boyle，1627 ～1691 年)是整个 17 世纪最著名的化学家。波义耳 8 岁入伊顿公学就读，后留学于法国、德国，17 岁就致力于科学研究，1680 年当选为英国皇家学会会长后却因宣誓问题而拒绝就职。波义耳在 32 岁时就用实验阐明了气压升降的原理并由此建立了气体定律即“波义耳-马略特定律”；他还开创了化学分析研究，这些都是化学领域的革命性成就。

医学与生物学

医学成就的取得首推哈维(William Harvey，1578 ～1657 年)，他早年在著名的帕多瓦求学，后成为英王查理一世的御医；作为 17 世纪上半叶最著名的医生，哈维最大的贡献在于生理学和胚胎学方面，他 1628 年发表《动物心血运动的解剖研究》，1651 年发表《论动物的生殖》，他的理论推翻了罗马医学家盖伦关于血液是由肝脏和心脏两个中心输出的医学观点。18 世纪，医学的突出成就是：为预防天花的疫苗接种得以普及，同时医学家还区分了过去混在一起的猩红热、天花和麻疹。1796 年，詹纳从动物身上提取制造了疫苗。

生物学也是引人注目且具有系统性的学科，该学科到了 20 世纪末前后又一次成为自然科学领域里的显学。首先是教皇英诺森十二世的御医、显微解剖学和胚胎学的鼻祖马尔比基，他利用显微镜的直接成果包括：描绘了蛙肺的毛细血管，发表了肺的解剖学观察，描述了毛细血管的循环等，节肢动物的马尔比基氏管即以其名字命名。其次是英国人罗伯特·胡克，他发现了植物的细胞结构，并首次使用“细胞”这一术语。到 17 世纪末植物学家又发现雄雌花蕊，植物的性生殖形态被认识。在柏拉图、亚里士多德等人观点的基础上，18 世纪瑞典的林奈(Carl von Linńe，1707 ～1778 年)把过去紊乱的植物名称归于统一，这就是“林奈二名法”亦即“双名命名制”，不过林奈的分类法现在看来有很大缺点，他分出了“纲”但未设“科”；他认为“种”是永恒不变的，最终他还是发现了自己的错误并做了修改。

数学

近代数学取得了全面的发展。牛顿与后来的莱布尼茨被并称为微积分的创始人；大哲学家笛卡儿是解析几何的奠基人；投影几何学方面以德扎尔格最为突出；

---

① 庄锡昌：《世界文化史通论》，浙江人民出版社 1996 年，第 250 页。

数论的开创者则是法国的培德罗·费尔马。18世纪既有牛顿和莱布尼茨的微积分及牛顿的二项式定律等成就,也有贝努利家族的11位著名数学家的出现。该家族的两代贝氏兄弟都有杰出的贡献,第一代数学家兄弟即"大贝氏兄弟"亚科和约翰在积分学、概率论方面做出了显著贡献;约翰的两个儿子尼古拉和丹尼尔兄弟即"小贝氏兄弟"在这一世纪继续着前辈的研究。

3. 器物的发明与科技的应用

理论学科的建立与发展还需要累积,其研究需要先进的仪器,不过自文艺复兴以来科技发明与应用已经是层出不穷了,到了17世纪各种科技发明数不胜数,6项科学仪器——抽气机、钟摆、显微镜、望远镜、温度计、气压计业已诞生①。先进的仪器、科学实验、理论科学的研究就在相互推动中飞快地发展起来。伽利略在光学领域发明了一架著名的望远镜。意大利传教士托里切利发明了水银气压计,并在改进望远镜的基础上制成了一架显微镜。德国的华兰海特发明了新型湿度表及气体比重计,尤其是在1724年制作了以其名字命名的比例尺,他还设计了"华氏温度计",并首次在温度计内加入水银,至今如此。英国的胡克设计了有刻度盘的气压表。

在这一切之上,有关电的发明无疑最为重要。德国格里凯的磨电机、意大利伏特的电池、英国格雷首先使用的铜导线以及马森布洛克制作的莱顿瓶都是可圈可点的,美国富兰克林发明的避雷针具有巨大的实用价值。欧洲工业革命前后一系列的发明和应用预示着新时代的来临:纺织机、收割机、脱粒机、抽水机、蒸汽机等的出现为19世纪欧洲的全面腾飞奠定了科技应用方面的基础。

三、哲学与理性:理性主义与启蒙运动

论及欧洲的17、18世纪,思想的解放与文化的繁荣对于政治和经济的影响是决定性的;同时,之前的商业革命、新航路的开辟以及宗教改革对于欧洲社会的进步所起的作用要比政治经济制度本身的作用大得多。众多哲学家、思想家的影响更是超出了我们传统上的估计与评价,从弗兰西斯·培根到笛卡儿、洛克、伏尔泰再到19世纪的达尔文、赫胥黎,这些巨人的出现在今日看来,其作用是异乎寻常的。

1. 理性主义时代的来临

被笛卡儿称作"唯理主义"的理性主义运动实际上反映了西方基督教世界的思想转折。哲学家们要人们相信知识与自我判断,判断的前提是用客观和理智的态

① (英)亚·沃尔夫:《十六、十七世纪的科学、技术和哲学史》,商务印书馆1985年版,"科学仪器"部分。

度来解释自然、社会和人事，以理智的分析代替盲目的信仰。西方有些学者把理性主义时代局限于18世纪，实际上理性主义思潮早在文艺复兴时期已经出现，在经历了17世纪新古典主义的复兴与短暂的影响后，西方很快就进入了思想解放的启蒙运动时代。

笛卡儿革命性的思想及大胆的怀疑主义理论无疑对后世产生了广泛的影响，伏尔泰对他评价极高，认为“笛卡儿给盲人恢复了光明；这些人从而看见了古代和笛卡儿自己的那些错误。在他以后，他所开辟的道路已经成为广阔无垠的了”[①]。洛克、斯宾诺莎、伏尔泰、卢梭将充分发扬光大那些思想，并从新的角度认识社会，把抨击的剑直刺政治尤其是宗教领域。

我们必须指出，西方各国之间的思想交流及相互影响（也包括艺术与科学领域）在当时的基督教世界具有普遍性和传承性。西欧之间哲学思想的传播是非常快的，从前述笛卡儿的影响到英国人洛克对法国启蒙运动的巨大作用，伟大思想家的影响是极为突出的，以后的世纪更是如此。

2. 法国的主导地位：鹤立鸡群的伏尔泰

法国17世纪上半叶除笛卡儿外，著名人物还有伽桑狄（1592～1655年），这位与笛卡儿同时代的思想家却在诸多方面与之相异：他反对笛卡儿的二元论和天赋概念说，但赞同社会契约论与自然权利说。伽桑狄认为，国家是通过社会契约产生的，人民一旦把权力交给君主就应当拥护其君主的统治，但是如果君主专横暴虐，滥用法律，人民也有权撤换他。这些思想见诸于他的《对笛卡儿〈沉思〉的诘难》、《形而上学的探讨》、《伊壁鸠鲁哲学体系》等著述里。

不过，在我们论述的时期，最具有代表性的人物，一是伏尔泰，二是卢梭。作为思想家和哲学家，伏尔泰在西方文化史上占据着显赫位置，他的影响无论是当时还是以后都是如此之大，难怪维克多·雨果曾说，伏尔泰的名字所代表的不只是一个人，而是一个时代。

出生于第三等级的伏尔泰（Voltaire，1694～1778年）原名弗朗索瓦·玛丽·阿鲁埃（François Marie Arouet），他很早就涉足于上流社会的沙龙（图5-5），并以敏锐的思想及犀利的谈锋而享有盛名。1717年他因写诗讽刺贵族遭到逮捕，在狱中用笔名创作了悲剧《哀狄普斯》，后屡被驱逐，流亡到英国。以后他的思想及名声风靡全欧洲，特别是在他晚年，就连他原来的对手们都拜倒于他的脚下，至少是承认或适应了他那巨大的影响：腓特烈大帝在认识伏尔泰30年之久后深知他的重要性，俄国女皇叶卡捷琳娜二世与瑞典国王古斯塔夫斯三世也同声称赞伏尔泰，神圣罗马帝国皇帝约瑟夫二世的改革精神亦是“受到伏氏的启迪”，而在伏氏的祖国，他

① （法）伏尔泰：《哲学通信》，高达观等译，上海人民出版社1986年版，第62页。

的敌人——"国王及王后也一起称颂伏尔泰,并得意地自命为他的信徒"[①]。

图 5-5　18 世纪欧洲启蒙运动的主战场在法国,当时主要出现在巴黎的沙龙里,乔芙兰夫人(Mme Geoffrin)创立了这种沙龙。

作为一个小说家、剧作家、诗人、历史学家和哲学家,伏尔泰知识渊博,多才饱学,尤其是对当时西方社会的现实产生了巨大影响。就其哲学与思想而论,可以作如下归纳:第一,在哲学上反对笛卡儿的"天赋观念"[②]说及莱布尼茨的"前定和谐"[③]论,认为宇宙乃是一架巨大的机器,人的一切观念均来自于感觉。第二,在政治思想方面他主张自由、民主、君主立宪与天赋人权,他在流放英国期间备受其政治制度的影响,他的《论英国书简》(即《哲学通信》)成为"投向旧制度的第一颗炸弹",法国王权专制政府为此曾下令焚烧该书。第三,伏尔泰最具有影响力也是最为彻底的思想表现是他对于宗教的态度,他整个一生都在反对天主教会及其所散布的迷信和偏见。他从"自然道德"出发,运用理性和正义的武器去感化愚昧的大众。他认为宗教是理性的天敌,罗马教会是"文明罪恶之根源",是"两足禽兽","小偷懒汉窃取了你的钱财,而宗教裁判官却剥夺了你所有的一切"——你的思想、灵

---

① (美)威尔·杜兰:《世界文明史》卷九"伏尔泰时代",幼狮文化公司译,北京东方出版社1998 年,第 596～597 页。

② 是指人类生来就有的观念。它最初源于柏拉图的理念论,后笛卡儿正式提出,认为诸如上帝、心灵的观念以及数学、逻辑学的原理都是在人出世之前上帝已经把它们置入人的心灵或理性之中。后莱布尼茨对其加以发展,洛克、伏尔泰等人对此进行了批判。

③ 亦称"先定和谐"或"预定和谐"。它认为万物由单子(参见本章莱布尼茨的"单子论")组成,每一单子同其他单子都协调一致地变化与发展,独立和封闭的单子不能相互作用与影响,单子的变化、内容及其之间的和谐与秩序是上帝在创始时就已经做好的安排。

魂和整个躯体。1755年他喊出了“踩死败类”[①]的口号，以后经常使用。伏尔泰一生著述甚丰，重要哲学著作除了《哲学通信》外，还有《牛顿哲学原理》、《形而上学论》、《哲学辞典》。其他方面的著述还包括：《路易十四时代》、《风俗论》即《论世界各国的风俗和精神》、《查理十二史》、《彼得大帝统治下的俄罗斯》以及《中国孤儿》[②]。

另一位是著名的让·雅克·卢梭(Jean Jacques Rousseau，1712～1778年)。他出生于日内瓦一个贫困的钟表匠家庭，少年时和父亲一道入迷地阅读普罗塔克的《希腊罗马名人传》，13岁起四处流浪，做过学徒、仆役、家庭教师及乐谱抄写员(为此还发明了简谱，见《忏悔录》)。卢梭在社会、政治思想方面提出的思想有：人类是生而自由和平等的；私有制是人类不平等的根源；自然赋予所有的人以权利。也像伏尔泰一样，卢梭一生有大量著作问世，它们主要包括：《社会契约论》、《论人类不平等的起源和基础》、《论科学和艺术》以及《爱弥儿》、《新爱洛伊丝》、《音乐辞典》等。

18世纪的法国风云人物又何止伏尔泰和卢梭。孟德斯鸠(1689～1755年)与上述两位并称为西方启蒙运动三大思想家，他的法律思想及政治上的三权分立说对于欧美国家有着直接的意义，他认为“专制政体既无法律又无规章，由单独一个人按照一己的意志与反复无常的性情领导一切”[③]，今日看来在当时提出这种思想是多么的勇敢而有魄力！孟德斯鸠有三大力作，即：《波斯人信札》(对当时的习俗、教会和宫廷进行辛辣讽刺)、《罗马盛衰原因论》(批判了君权神授论但夸大了地理环境对于政治制度的作用)、《论法的精神》(对法国大革命的《人权宣言》、美国的《独立宣言》及19世纪我国的思想家[④]均有直接的影响)。狄德罗(1713～1784年)的头衔更多，他既是哲学家、启蒙思想家及无神论者，又是文学家和美学家。和伏尔泰的命运一样，年轻时他因抨击专制制度和宗教神学而被捕入狱。狄德罗最大的贡献在于主持编纂了影响后世的《百科全书》，它的编纂历时20余年，期间众多大儒包括伏尔泰和卢梭以及达朗贝尔、拉美特利、爱尔维修、霍尔巴赫、孔多塞等人均参与编写。全书于1772年问世，初版就有1万部之多，3年后被翻译成4种

---

① Ecrasezl'infame! 伏尔泰指的“败类”是宗教，其矛头直指与其不共戴天的罗马天主教会。

② 《中国孤儿》(Orphelin de la Chine)系伏尔泰1752年58岁时完成，该剧以我国战国时期赵氏孤儿故事为主题并穿插了一些爱情故事；1755年该剧在巴黎上演并获成功。它在我国的名称是《赵氏孤儿》，系元代纪君祥所创作的杂剧《冤报冤赵氏孤儿》(又名《赵氏孤儿大报仇》)。

③ (法)孟德斯鸠：《论法的精神》，(上)，商务印书馆1961年版，第8页。

④ 该著是最早被翻译过来的西方近代法律思想著述之一，1913年由严复译出，时名《法意》。

文字,此后这种编纂体例流遍世界。狄德罗在该著中讲的最后一句话是:“怀疑是向哲学迈出的第一步。”霍尔巴赫(1723～1789年)作为哲学家与无神论者,早年生于德国,后移居巴黎,并加入法国籍。他具有典型的唯物主义思想,认为运动是物质的“存在形式”,但他否认偶然性,认为运动只是物体在空间的位置移动。在宗教信仰上他既反对泛神论又反对自然神论,他认为宗教乃万恶之根源,要坚决打倒神权,其思想主要体现在《自然体系》和《被揭穿了的基督教》里面。爱尔维修(1715～1771年)则认为生命的原则是“肉体感受性”,从而把快乐与幸福视为一切社会的根本目的;主张人是环境和教育的产物,强调“教育万能”论;在社会思想上继承了英国的经验论。作为一个无神论者,他也坚决否认上帝的存在,但他并没有如伏尔泰那样提出“再造一个上帝”的口号。孔多塞(1743～1794年)是一位对概率论颇有研究的哲学家,他的《提纲》即《人类智力进步的历史概观》代表了他先进的启蒙思想;作为一个自然神论者,孔多塞亦将宗教看成是对人的欺骗,因此他主张政教分离。

3. 英国和德国:不甘示弱的发挥

在17、18世纪的哲学与思想领域,如果说法国是出尽风头的话,那么英国也是毫不示弱的,它在哲学思想和民主制度的实践方面甚至对法国的影响更大一些,譬如对伏尔泰本人的影响,在纯粹哲学领域里的影响。

首先是毕业于牛津大学并做过弗兰西斯·培根秘书的汤姆·霍布斯(Thomas Hobbes,1588～1679年)。在近代思想史上,霍布斯的影响是显而易见的。值得注意的是,虽然霍布斯猛烈抨击超乎国家之上的教会,但他提倡“自然状态”和国家起源说,坚决主张君主专制,因此在英国革命即“光荣革命”前夕他流亡国外并与保王党密切联系。作为西方近代机械唯物主义体系的建立者,霍布斯在同经院哲学及“双重真理”学说斗争的基础上,强调哲学的目的在于认识和征服自然以及造福于人类,其主要著作有《利维坦》、《论人性》、《论社会》,他还曾把《荷马史诗》翻译成英文。

对法国启蒙运动影响最大的哲学家是约翰·洛克(John Locke,1632～1704年)。他早年继承了培根及霍布斯的思想,其一系列观点——如“知识起源于感觉”的唯物主义经验论、反对“君权神授”和提倡君主立宪及分权说等——对于贝克莱①、伏尔泰及许多西欧思想家都具有强烈的影响。洛克对伏尔泰的影响不是一

① 乔治·贝克莱(George Berkeley,1685～1753年)是生于爱尔兰的英国哲学家,主观唯心主义及唯心主义经验论的重要代表。他继承和发展了洛克第二性的质与感觉的相对性学说,认为“物质”只是一个虚构的词,实际并不存在;他还提出了系列的命题,譬如“存在就是被感知”、“物是概念的集合”、“对象与感觉原是一种东西”等;主要著作有《视觉新论》、《人类知识原理》、《海拉与菲伦诺的三篇对话》。贝克莱的哲学思想对后世哲学家具有重要影响。

般性的，后者在其《无知的哲学家》一文里、在《论风俗》第153章里、在《谈洛克》篇里都有详细描述，伏尔泰曾说，“我跑了很多不幸的弯路，疲惫困顿，寻求了许多真理，所找到的却是许多空想，深觉惭愧，我又回到洛克这里来了，就像一个浪子回到他父亲那里一样；我投入一个谦虚的人的怀抱里，他从来不强不知以为知；他，认真说来，并没拥有渊博的知识，但是他的基础巩固；他享有最坚实的知识而丝毫不夸耀”。在哲学观上伏尔泰也反驳过洛克，但涉及到政治思想方面，他对洛克十分崇拜，他说英国在北美殖民地的“最大光荣就是曾经获得哲学家洛克为它立法”[①]。

洛克坚决反对笛卡儿等人的天赋观念说，他主张心灵如初生婴儿般本是一张白纸，后天获得的经验才是知识的源泉。这些思想反映在他的《人类理解力论》、《教育漫话》等著述里。在其《政府论》中，洛克假定人类社会在任何政治制度未形成之前存在一个所谓的“自然状态”：人们那时大多按照理性去生活而没有受到权威的干涉，但是总是有部分人不去按照理性法则生活，因此自然法则的处置就是必不可少的了，“凡流人血的，他的血也必被人所流”，洛克相信《圣经》里的内容非常符合那种自然法则，所以就像后来法国那些著名哲学家、思想家所借用的那样，洛克借用了《圣经》及基督教神学里面的一些思想，进而为他那划时代的社会与政治思想提供旁证材料和理论依据。他关于国家起源、国家组织以及国家职能的新理论尤其是他主张的立法、行政和司法相分离的学说对于随后的哲学家们以及欧美的革命实践，都具有直接的作用，尤其对于美国更是具有伟大意义。

这一时期英国还有一位著名哲学家大卫·休谟(David Hume，1711～1776年)，他的认识论对康德有着直接的影响，其哲学学说也成为康德的实证哲学及逻辑实证主义的理论源泉。就读于爱丁堡大学的休谟曾长期在法国任职，后担任副国务大臣。他认为哲学是关于“人性”(知性、情感与道德)的科学，并主张知识来源于包括两种“知觉”即印象和观念的经验；人们不可能知道如何获得知觉，也不会知道知觉之外是否有客观事物存在，这就是他的“怀疑论”亦即哲学史上的不可知论。休谟还是著名的经济学家、美学家及历史学家，如在美学上认为快感与痛感是美与丑的本质，由此主张同情说，强调快感的产生是因为它能满足人的同情心。主要论著包括《人性论》、《道德与政治论文集》、《人类理解力研究》、《道德原则研究》、《论审美趣味的标准》、《英国史》(6卷)。

德国哲学自17世纪开始便如同脱缰野马一样驰骋于西方哲学的思想疆场。这一时期德国著名哲学家是莱布尼茨和康德。作为大思想家和哲学家，莱布尼茨(Welhelm von Leibniz，1646～1716年)在科学领域里的贡献似乎同样辉煌：同牛顿并称为微积分的创始人；创立数理逻辑；建立了影响到计算机技术的二进制(图

① 参见伏尔泰《哲学通信》第208、209以及第49～56页的有关叙述。

5-6);创办了柏林科学院并担任第一任院长。这位还做过图书馆馆长、外交官及宫廷顾问的哲学家开创了客观唯心主义的单子论和神正论(即上帝正义论)。在《单子论》中他认为:单子乃万物之本原,按照人的知觉能力,单子分为四个等级,第一是构成上帝的单子,是知觉能力最强、最高等级的单子;第二是“精神单子”或称“理性单子”,是具有理性与意识的人的单子;第三等级的是“灵魂单子”亦即“普通单子”,它属于动物的灵魂的单子,具有较清晰的知觉和记忆力但不具有意识;第四是构成植物和无机物的单子,只对他物有模糊的知觉(微知觉),属于最低等级。1710年,他在其《神正论》中认为,现存世界是一切可能的世界中最完善的世界,其中的罪恶和不公正都是必然的,这无损于创始主的“全能”和“至善”,上帝在任何时候都是公正的。莱布尼茨的其他代表作有《形而上学谈话》及《人类理智新论》。

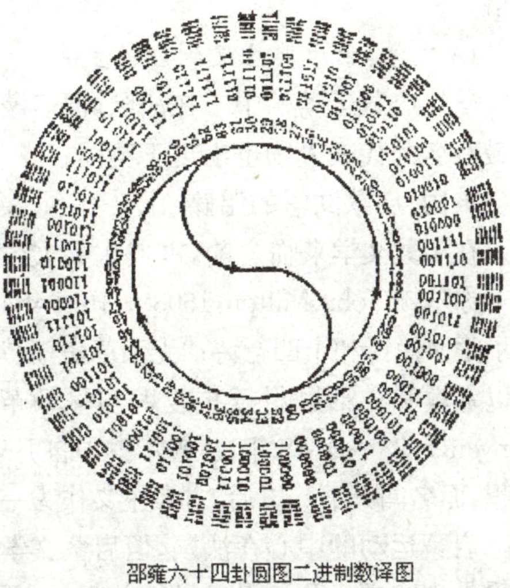

邵雍六十四卦圆图二进制数译图

图 5-6 作为近代欧洲最伟大的科学家和哲学家之一、百科全书式的大学者,莱布尼茨是“为了照亮我们这个时代的历史”而生的“千古绝伦的大智者”。他还是第一批研究中国文化的西方学者,《中国近事》于 1697 年出版。当代法国著名学者艾田蒲说:“在 1700 年前后关注中国的人之中,莱布尼茨无疑是最了解实情、最公平合理的一个,他的著作也是唯一一部我们今天还可以阅读的著作。”(右图:据说中国的八卦是莱布尼茨发明二进制的灵感源泉。)

在我国学人眼里,德国自近代以来就可谓是盛产哲学果实的国度,这方面除了较早的莱布尼茨外,更容易令人忆起的就是康德。伊曼纽尔·康德(Immanuel Kant,1724 ～1804 年)作为古典唯心主义哲学的开创者,适逢德国启蒙运动高潮期。康德把世界分为“现象世界”和“自在之物”世界,而人的认识则包括感性、知性和理性三个环节,并由此提出了“先天综合判断”概念——时间与空间乃感性的先天认识形式,因果性等十二范畴是知性固有的先天形式,而理性则要求对于本体即自在之物加以认识，这就超出了人的认识极限而必然会陷入难以自拔的自相矛盾亦即所谓的“二律背反”①。他的《纯理性批判》和《实际理性批判》等系列哲学著述对后世产生了巨大影响，其思想无论是对黑格尔还是对马克思都产生了不可低估的影响。当然，那些在我们看来是处于二流地位的哲学家如切尔恩豪斯、狄帕尔等人也不容我们忽视。不久，一大批著名的德国哲学家即将登上西方思想史的大舞台。

四、文学与艺术：持续积累和强劲迸发

17、18 世纪的文学和艺术，如果相对于 19、20 世纪的巨大成就，它只是前期的累积；但相对于文艺复兴及其以前，它可谓是强劲的迸发。西欧各国文学的果园开始全面开花、结果，古典音乐大师闪亮登场，还有那新诞生的巴罗克和洛可可艺术风格。

1. 文学：由古典主义到理性主义

虽然启蒙运动的中心在法国，但启蒙文学却滥觞于英国，而且之前古典主义文学最有名的代表人物也出现于英国。

英国：启蒙文学的滥觞

在启蒙文学来临之前，古典主义文学最杰出的代表就是毕业于剑桥大学的约翰·弥尔顿(John Milton，1608 ～1674 年)，他早期受人文主义和清教徒精神影响，创作了很多短诗和十四行诗；“光荣革命”后写下了《失乐园》、《复乐园》及《力士参孙》，均以宗教和神话题材反抗复辟与喻颂革命。另外，著名散文家约翰·班扬(John Bunyan，1628 ～1688 年)也曾承继了自乔叟以来的文学传统，他因在狱中写成《天路历程》而名闻天下。以后，古典主义作为一个流派由复辟王朝流入法兰西。

启蒙运动的中心在法国，但启蒙文学却萌芽于英国。不过 18 世纪的英国文学几乎是现实主义和浪漫主义的并起，主要代表人物是笛福、斯威夫特以及菲尔丁。丹尼尔·笛福(Daniel Defoe，约 1660 ～1731 年)以自己经商期间亲身游历欧洲的体会写下了传世名作《鲁滨逊漂流记》，从此“鲁滨逊”的形象在全球可谓家喻户晓。作为冒险小说、流浪汉小说及历史小说的代表，笛福还有《辛克顿船长》(亦即《海盗船长》)、《大疫年日记》等佳作。乔纳森·斯威夫特(Jonathan Swift，1667 ～1745 年)出生于爱尔兰，毕业于三一学院(都柏林大学)。作为一个神学博士，他早期曾

---

① 该词源出希腊文 antinomia，意即规律中的矛盾，康德借用该词特指两个相互排斥但同时又可论证的命题之间的矛盾，他为此举出了 4 组例证：Ⅰ、世界或宇宙在时间和空间上是有限的，但同时也是无限的；Ⅱ、世界上的一切是由单一(亦即完整的一体)构成的，但世界上的一切都是复杂的、可分割的；Ⅲ、世界上存在着自由，世界上不存在自由，而这一切又都是必然的；Ⅳ、世界有始因与世界无始因。

以《一个木桶的故事》来讽刺教会的内部纷争与腐朽的仪式,后有著名长篇《格列佛游记》,书中他留恋原始淳朴的生活,对现实社会以及科学大加讽刺和批判。亨利·菲尔丁(Henry Fielding,1707 ~1754 年)是英国 18 世纪最著名的小说家,对于欧洲小说的发展产生了很大的影响。菲尔丁的《堂吉诃德在英国》、《大伟人江奈生·魏尔德传》尖刻讽刺了英国的社会道德与司法制度,代表作《汤姆·琼斯》被誉为"小说中的《伊利亚特》"。

这一时期感伤主义作家有劳伦斯·斯泰恩、萨缪尔·理查逊等人,他们对以后的浪漫主义文学产生了一定的影响。

法国:由古典主义文学到启蒙文学

17 世纪的法国文学可以说有三种松散的流派:人文主义文学、沙龙文学、古典主义文学,不过大部分时期以后者为主,它在整个 17 世纪经历了一个发展、繁荣、衰落的过程。到 18 世纪,古典主义文学虽还有不小的势力,但启蒙文学已成为主流,甚至从卢梭开始,浪漫主义也逐渐发展起来。

17 世纪的法国仍然是欧洲古典主义文学的中心,其思想的来源是人文主义精神影响的持续。这一时期,古典主义文学创作的哲学思想与文艺理论基础分别是笛卡儿的唯理论以及布瓦罗(1636 ~1711 年)的文艺创作思想。

古典主义文学的代表人物皮埃尔·高乃依(Pierre Corneille,1606 ~1684 年)生活于专制统治的强盛期,其在政治观点上自然与 18 世纪的伏尔泰、卢梭完全不同,爱国忠君和克制欲望是其作品所强调的。高乃依留下了《熙德》(法国第一部古典主义悲剧)、《贺拉斯》、《西拿》等 30 余部剧本。不过对于欧洲喜剧艺术具有深远影响的人物是莫里哀(Molière,1622 ~1673 年)。作为当时最伟大的喜剧作家,莫里哀一生著有近 30 部喜剧,仅 1664~1669 年间就有《伪君子》、《唐璜》、《愤世嫉俗》、《吝啬鬼》问世。其中当属《伪君子》即《达尔杜弗》最有名:主人公达尔杜弗看起来是一个善良虔诚的天主教徒,心慈得就连一只跳蚤也不愿掐死,但实际上他是一位狡猾狠毒、贪财好色的骗子,就是这样一个人却要勾引对他崇拜得五体投地的朋友的妻子。像莎士比亚的夏洛克、巴尔扎克的葛朗台等形象一样,"达尔杜弗"成为西方语言中伪君子的同义语。古典主义文学后期的著名悲剧家还有让·巴狄斯特·拉辛(Jean Baptiste Racine,1639 ~1699 年)。他做过路易十四的宫廷史官,在 25~38 岁期间已完成《戴巴依特》、《亚历山大大帝》、《安德洛玛利》、《费德尔》等多部悲剧,后因遭到宫廷贵族攻击而辍笔多年,不过最后又写下了《爱丝黛》和《阿利达》。其中《安德洛玛利》(又译《昂朵马格》)取材于希腊史诗,剧中除了安德洛玛利这个希腊人的俘虏——一个弱女子外,所有人都丧失了理性,都被情感所吞噬,作品凝结着理性屈从于情感、善良纯洁让位于纵欲专横的悲剧情绪,给读者以深刻印象。此外,17 世纪还有著名寓言诗人拉·封丹(Jean de La Fontaine,1621 ~

1695 年），他的 239 首寓言诗对欧洲寓言创作影响甚大。

到 18 世纪启蒙文学时代，先是有戏剧家勒萨日（1668 ～1747 年）的讽刺喜剧《杜卡雷》和著名长篇小说《吉尔・布拉斯》，不久，孟德斯鸠的《波斯人信札》，伏尔泰的《老实人》、《天真汉》、《查第格》，狄德罗的《修女》、《拉摩的侄儿》，以及卢梭的《新爱洛绮丝》、《爱弥儿》和那著名的自传体小说《忏悔录》均名扬后世。当然 18 世纪后期最著名的喜剧家则是博马舍（Beaumarchais，1732 ～1799 年），他的代表作包括《欧仁妮》、《塞维利亚的理发师》、《费加罗的婚礼》，后两部作品已透出现实主义的时代精神。

德国："狂飙突进"

这一时期德国的文学成就已是非常明朗，18 世纪的文学"三巨头"不仅傲立于德国，也傲立于整个欧洲文坛。

首先是著名文艺理论家与剧作家莱辛（G. E. Lessing，1729～1781 年）。作为德国民族现实主义文学的奠基人，他的作品包括美学论著《拉奥孔，论绘画与诗的界限》和《汉堡剧评》，第一部市民悲剧《萨拉・萨姆逊小姐》和最著名的悲剧作品《爱米丽亚・迦洛蒂》。前两部评论著作给德国美学及现实主义文艺理论评论奠定了基础，歌德曾称《拉奥孔》"这部著作把我们从一个幽暗的静观境界中拖出来，拖到一个爽朗自由的境界"①。悲剧《爱米丽亚・迦洛蒂》以 15 世纪的意大利为背景，描述了一个小公国的统治者赫托勒千方百计引诱少女爱米丽亚，为达目的，赫托勒雇佣强盗杀死爱米丽亚的未婚夫并将她骗入宫内，爱米丽亚的父亲为保全女儿的贞洁只好将她杀死。该剧鞭挞了封建暴君的荒淫无耻，具有强烈的反抗精神：父亲忍痛杀死亲生女儿，保全了她的贞操，从而取得了道义上的胜利。

其次是席勒（von Schiller，1759～1805 年），作为德国民族文学运动——"狂飙突进运动"的主要代表人物，席勒早期的作品有《强盗》，著名剧作是《阴谋与爱情》；1794 年起跟歌德交往并在其赞助下完成历史剧《华伦斯坦》三部曲；又有著名历史剧《奥尔良姑娘》和《威廉・退尔》；主要诗作包括《希腊的神》、《欢乐颂》、《钟之歌》。席勒一生只活了 46 岁，他在如此短暂的时间内创作的极富战斗性、民族性的作品在西方文艺领域产生了深刻影响，如仅仅在音乐方面，他的《欢乐颂》、《威廉・退尔》等作品就分别被贝多芬、罗西尼改编为伟大的交响曲和著名的歌剧。

在西方文学史上，也许只有英国的莎士比亚才和歌德一样在本民族文坛拥有巨人般的位置。约翰・沃尔夫冈・冯・歌德（J. W. von Goethe，1749～1832 年）出生于法兰克福一个市民家庭，后获得法国斯特拉斯堡大学法学博士学位，曾深受莱辛、卢梭和斯宾诺莎的影响。像伏尔泰一样，歌德代表了一个时代，其两部力作《少

① （德）莱辛：《拉奥孔》，人民文学出版社 1984 年版，第 220 页。

年维特之烦恼》和《浮士德》几乎是家喻户晓，其中诗剧《浮士德》依据16世纪民间传说写成，长达12000余行，积69年而就，对德国乃至欧洲现实主义与浪漫主义文学产生了广泛影响，它与《荷马史诗》、《神曲》、《哈姆雷特》并称为欧洲四大名著。作为德国文学史上的一位巨人，歌德还在自然科学方面卓有成就，除了著有关于植物形态学和颜色学方面的论文外，他还发现了人类颚间骨。

2. 艺术：即将拉开辉煌的序幕

17、18世纪欧洲的艺术特别是音乐艺术进入了一个前所未有的繁荣局面，综观整个欧洲艺术史，西方文化逐渐占据世界主流舞台的基础就是在这一时期奠定下来的。

音乐的古典时代

因为有了海顿、莫扎特、贝多芬及更早一点的巴赫、亨德尔，这一时期的音乐艺术在整个艺术领域已经提前一个世纪走向了辉煌。

17世纪歌剧的主要发展地仍在意大利。歌剧兴起于佛罗伦萨，到17世纪末形成两大乐派，亦即威尼斯乐派和拿波里乐派，它们分别由蒙特·威尔第及斯卡拉蒂推动。被称为法国歌剧之父的吕利也是意大利人，他巧妙地把意大利艺术手法跟法国古典悲剧相结合，成为以后法国歌剧的特色。除了歌剧之外，17、18世纪还有属于宗教剧的清唱剧以及新的合唱形式康塔塔。威尼斯乐派率先尝试了器乐合奏，"奏鸣曲"及"交响曲"这些名词也是其最早倡用的。整个18世纪还有德国歌剧作曲家格鲁克对拿波里歌剧的改革，他主张音乐必须与戏剧相统一，歌剧须有深刻的内容，格鲁克还创造了标题性序曲。

奥地利是古典音乐的集中地，"'维也纳乐派'后来几乎成为欧洲古典主义音乐的代名词"①，它诞生了海顿和莫扎特两位交响音乐大师。海顿(Franz Joseph Haydn，1732～1809年)出生于奥匈边界一个贫苦车匠家庭，8岁起在教堂唱诗班充当歌童，因嗓败被解雇，后刻苦自学成材，被誉为"交响乐之父"，他首创了弦乐四重奏及交响曲形式。海顿受亨德尔启发创作了清唱剧《创世纪》和《四季》，又曾两度赴伦敦演出，从而创作12部《伦敦交响曲》。他一共写下100多部作品，主要交响曲还包括《告别》、《惊愕》、《时钟》等，如著名的《惊愕交响曲》还有一段在慢板中使用打击乐令正在打瞌睡的贵夫人们惊愕猛醒的佳话。

最令世人称奇的当属奥地利大作曲家莫扎特(Wolfgang Amadeus Mozart，1756～1791年)，这位伟大作曲家和歌剧作曲家在其短短35年的人生历程中为后世留下了600多部作品，包括49部交响曲、19部歌剧、32部协奏曲、22部弦乐四重奏及66部奏鸣曲。莫扎特是欧洲音乐史上"音乐神童"中的佼佼者，他好像是为

① 前引庄锡昌的《世界文化史通论》，第268页。

音乐而生：4 岁开始作曲，6 岁即以一首"相当悦耳"的小步舞曲令其父亲欣喜不已，10 岁时就创作了第一部清唱剧，不久就写下了第一部歌剧《愚蠢的伪善者》[①]，以后就在欧洲巡回演出。莫扎特似乎被上帝赋予了汲取各地音乐营养的罕见才华，他愉快地创作，作曲对他而言几乎是得心应手，又是那么的随心所欲。但是莫扎特的一生似乎并不走运，他的外表、性格、气质使他不像李斯特那样风光。他的外貌并不吸引人，他个子矮小，鼻子过长，上嘴唇几乎盖过了下唇，"丛生的眉毛盖住了无神的眼睛，只有一头闪亮的金发还留人些许印象"，于是他只好用华丽的衣衫掩盖自身的缺陷，然而一旦他坐在琴边弹奏时，外表的不足立即被人遗忘，"这时他的双眼闪烁着内在凝聚的光芒，全身每条肌肉受着手脑表演的支配"[②]。

图 5-7　令人心醉神迷、感动不已的莫扎特，他的死亡甚至成了谜团。

在歌剧创作中，他的观点是，必须让音乐居于主宰地位，作曲家首先是一个音乐家然后才是戏剧家。莫扎特的音乐风格是：明朗、欢快、光辉灿烂，永远给人以纯净和轻快的享受（图 5-7），有时又是宏阔壮观。他的主要作品包括：歌剧《费加罗的婚礼》、《魔笛》、《唐璜》、《后宫诱逃》、《女人心》等；第 35 到 41 部交响曲均是音乐会上经常演奏的曲目，尤其是第 39、40、41 部交响曲更是交响乐中的精品；还有他那临死都未完成的著名的《安魂曲》。作为欧洲乃至世界音乐史上一颗罕见的巨星，英年早逝的莫扎特为西方音乐文化作出了不可磨灭的贡献，他的作品至今仍显示出无穷的魅力。

德国自 17 世纪起也是产生音乐大师的国度，德国所谓的"三 B"[③]中有两位生活于我们述及的历史时期里。巴赫、亨德尔、贝多芬均在欧洲乐坛占据显赫地位，前两位的音乐风格标志着一个时代的总结，贝多芬则代表了两个时代。

亨德尔（Georg Friedrich Händel，1685～1759 年）的作品备受意大利风格的影响，1726 年他加入了英国国籍。他创作了众多作品，仅仅上演过的歌剧就有 40 多部，它们大都取材于历史或神话，唱词采用意大利文，而结构则因袭那不勒斯乐派

---

① （法）保罗・朗多米尔：《西方音乐史》，人民音乐出版社 1989 年版，第 156-157 页。

② （美）威尔・杜兰：《世界文明史》，卷十"卢梭与大革命"，第 358 页。

③ 指巴赫（Johnna Sebastian Bach）、贝多芬（Ludwig van Beethoven）、勃拉姆斯（Johnnes Brahms），这三位大作曲家名字首字母均为 B。

的程式；其作品大多取材于《圣经》故事，唱词则用英文。重要作品包括清唱剧《以色列人在埃及》、《弥赛亚》、《参孙》、《犹大·马可白》以及管弦乐曲《水上音乐》。跟亨德尔同属于一个时代但从未与之晤面的塞巴斯蒂安·巴赫(1685～1750)的生活经历则完全异于亨德尔。他在自己的祖国老老实实地呆了一辈子，也把自己的一生全部奉献给了德国。不过巴赫的音乐也主要是宗教与神话题材，除歌剧外，作品囊括了各种体裁，且多以复调写就，主要声乐作品有《b 小调弥撒曲》、《马太：受难曲》、《约翰：受难曲》以及大量的康塔塔、组曲、奏鸣曲。晚年又写下了《赋格的艺术》及《音乐的奉献》。巴赫的先辈均为乐师，他本人对西方近代音乐的发展有着深远影响，他的儿子 C. P. E. 巴赫也是近代奏鸣曲的奠基者，并且对海顿、贝多芬有着直接影响。

贝多芬(1770～1827，图 5-8)的音乐成就也许再无人可以超越了。同海顿、莫扎特一样，他也属于维也纳古典乐派，并且继承了他两位前辈的传统。虽然贝多芬堪称集古典乐派之大成者，但他同时也开创了一种新风格即浪漫乐派，这方面他又像勃拉姆斯一样。贝多芬的音乐成就和特点是：在思想上追求“自由、平等、博爱”，突出了适应时代的革命精神和理想，强调个性、人性及英雄主义性格；创作手法上进行了大胆的革新，如运用可发展的对比性主题和富于动力的和声，在奏鸣曲和管弦乐曲方面都有独到贡献，等等。留存下来的伟大作品除了人们熟悉的 9 部交响曲外，还有歌剧《菲岱里奥》、歌德悲剧《哀格蒙特》的配乐、32 首钢琴奏鸣曲(其中以《春天》、《热情》、《悲怆》最为著名)、5 部钢琴协奏曲、16 部弦乐四重奏、1 部小提琴协奏曲(世界五大小提琴协奏曲之一)以及《庄严弥撒曲》。

图 5-8　路德维希·范·贝多芬 1770 年 12 月 16 日出生在德国波恩，他的父亲和爷爷都是音乐家。他被认为是有史以来最伟大的作曲家，其音乐深深感动了一代代的听众。

巴罗克建筑

文艺复兴时期及以后的建筑风格基本上模仿古希腊罗马，是强调内容与形式保持平衡、表现人文主义的所谓“古典风格”。就像我国的骈文一样，最初它具有积极意义，但后来就逐渐变得空洞、僵化，随即而来的新风格——巴罗克[①]艺术也就

① “巴罗克”一词来源有二：(1)西班牙文 barrueco 和葡萄牙文 barrcco，意为“不圆的珠”；(2)中古时期的拉丁语 baroco，意为“荒谬的思想”。该词系 18 世纪末新古典主义者在嘲笑 17 世纪意大利的这种艺术时率先使用的。

应运而生了。这种新风格的艺术时间跨度大约为16～18世纪，作为一种艺术和文学风格，它被后世学者视为背弃了原有的古典传统，它始于意大利，后影响波及西欧各国。就建筑而论，18世纪之前的风格通常是指那些力图摆脱古典式的、不合常规且稀奇古怪的特征，因此明显具有贬义；就绘画而论，17世纪堪称热情而富有动感的巴罗克时代。

与文艺复兴时期古典主义艺术的严肃、含蓄和平衡风格相比，巴罗克艺术风格的最大特征是：自由壮观，气势雄伟，气氛紧张而富动感，也注重光与色彩效果。古典主义风格以静态的造型来协调绘画、建筑和雕塑，而巴罗克艺术则是用无穷的动感将三者融为一体，它在教堂和宫殿中将建筑（使用断檐、重叠柱和波浪型墙面）、形象夸张的雕塑以及透视深远的壁画这三者融为一体。巴罗克艺术的代表人物有著名的意大利雕塑家贝尼尼和荷兰大画家鲁本斯，还有波罗米尼、考尔杜那、马德那、委拉斯凯兹、普桑、伦勃朗等人。代表性的建筑有：意大利圣彼得大教堂前的广场和大柱廊、德国德累斯顿的茨威格庭院以及路易十四时代的凡尔赛宫及其豪华的镜厅。

洛可可艺术

如果说巴罗克艺术风格起源于意大利的话，那么洛可可艺术①则是源于法国。当时法国凡尔赛宫廷风尚与奢华生活方式成为欧洲宫廷及上流社会争相效仿的典范，贵族们终日居于室内追求享受，因此洛可可建筑艺术完全不像中世纪哥特式建筑那样追求外部的宏阔及美观，而是对内部精雕细琢。精美的壁画，纤细、轻巧、华丽和复杂的装饰极尽奢华和精巧，并较多地采用螺旋形曲线和贝壳形线条即使用S形和C形或漩涡形的曲线以及轻淡柔和的色彩。因此它完全不同于巴罗克建筑中注重墙、柱的厚重有力以及强调光线的变化。洛可可艺术风格滥觞于法国，18世纪上半叶流行于法、英、德、奥等国的建筑和室内装潢领域，代表性的建筑有：法国尚蒂雷城堡的亲王沙龙、巴黎苏比斯府第、德国波茨坦无愁宫。法国的鲍特端为该建筑风格的开创者，法国的布歇及华托·让·安东尼在绘画方面是该艺术的代表人物。

值得注意的是，洛可可艺术在形成过程期间明显地受到中国工艺美术风格的影响，这同法国启蒙时期广泛吸取外来文化有直接关系。譬如我国对于法国尤其是伏尔泰的影响有时是那么的突出，伏尔泰曾热切地博览有关中国的各种资料，在其著名的《论风俗》和《哲学辞典》中他竟然用了三章篇幅来论述中华文明，并称中

① 洛可可艺术（Rococo Art）是继巴罗克风格而兴起于法国的一种新艺术风格，亦称“路易十五式”，即路易十五时期（1715～1774年）崇尚的艺术。“洛可可”初意为贝壳形，意思是七扭八歪，源于法语“rocaille”。

国是“地球上最优美、最古老、最广阔、最多人口、最上轨道的王国”,“当中国当代皇帝乾隆(于1736～1796年在位)的两首诗被译成法文时,伏尔泰便以诗句回应中国皇帝送给他的一尊瓷花瓶”[①]。在洛可可建筑中,庭园布置和室内装饰方面大量采用中国的一些内容,这其中又以园林、丝织品、瓷器、漆器等艺术风格造成的影响为最,英国的莱赫怀恩曾评价到:“洛可可的精神和中国的老子最接近,潜伏在中国瓷器、丝绸美丽之下的,有一个老子的灵魂。”西方人的评价已经道出了西方艺术精神跟中国文化在近代的结合与联系。

绘画

这一时期的绘画艺术在西欧已是遍地开花。17世纪最著名者当属委拉斯凯兹和伦勃朗。作为对19世纪欧洲现实主义画派产生巨大影响的西班牙著名画家,委拉斯凯兹(Velázquez,1599～1660年)同样也不断地汲取意大利同行及前辈的艺术营养,他一生创作了大量肖像画、历史画、风俗画,代表作有《酒神》、《火神的锻铁工场》[②]、《腓力四世之家》、《教皇英诺森十世肖像》、《纺织女》。作为荷兰这一时期最杰出的代表,伦勃朗(Rembrandt,1606～1669年)发展了意大利卡拉瓦乔明暗对比的方法,其作品多取材于希腊神话和《圣经》故事,但一般将它们世俗化。伦勃朗体裁包括油画和腐蚀版画,他是肖像画、历史画及风景画大师,主要作品有:《夜巡》(图5-9)、《杜普教授的解剖学课》(图5-10)、《磨房》、《浪子回家》、《丹娜伊》、《扬·西克斯像》、《三棵树》。此外,这一时期法国普桑的作品更具有巴罗克风格,不过他主要是以古典主义绘画的奠基人而闻名于世的,其作品题材广泛,画风严谨,精工细雕,代表作有《酒神祭》、《亚卡第亚的牧人》、《天使》、《诗人的灵感》。

18世纪著名画家,首先是洛可可艺术风格的代表华托(Watteau,1684～1721年)和布歇(Boucher,1703～1770年),前者有大型油画《热尔桑画店》以及《惜别爱情岛》、《秋》;后者则有《维纳斯之胜利》、《早餐》、《蓬巴杜夫人像》。另外,法国还有擅长静物画和风俗画的让·夏尔丹(1699～1779年),其作品《勤劳的母亲》、《烟斗与茶具》和《鹞鱼》对于后来的印象派产生了一定的影响;格瑞兹(1725～1805年)同样是像狄德罗所宣传的那样,认为艺术应面向大众,要重视伦理规范,其《父亲的诅咒》与《受罚的儿子》曾经深深打动了人民的心,当然他那复制在无数美术史教材上的代表作《破壶》更是令人赞叹(图5-11)。这一时期英国绘画也不甘落后,雷诺兹(Joshua Reynolds,1723～1792年)与康斯波罗(1727～1788年)是英国画派的奠基人,其中雷诺兹取法于提香、梵·戴克、伦勃朗,曾创建英国皇家美术学院并担任第一任院长,其人物肖像画闻名于世,著名作品有《西斯菲尔德勋爵像》、《西顿夫

---

① (美)威尔·杜兰:《伏尔泰时代》,《世界文明史》卷九,第395页。

② 又译称《宫娥图》。

图 5-9 《夜巡》:关注其色彩和人物表情！伦勃朗是个多才多艺的画家,在所有类别中——肖像、人物群像、风景、腐蚀法铜版等,他都是荷兰最重要的人物,他也是影响世界绘画发展的大师之一。后来的梵·高曾面对伦勃朗的画说:“我只要啃着硬面包在这幅画的前面坐上两个星期,那么即使少活十年也甘心。”

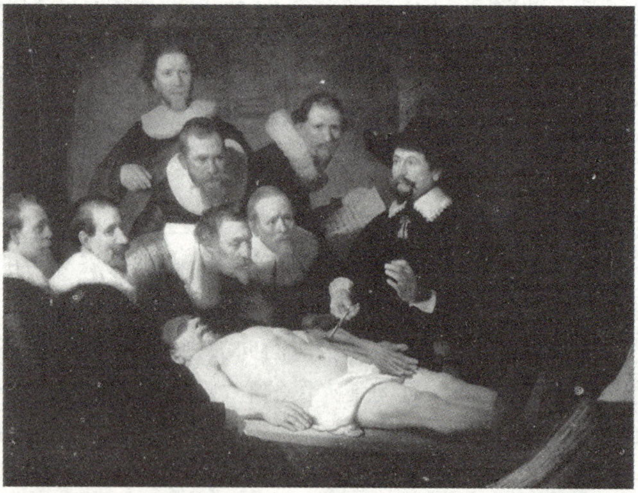

图 5-10 《杜普教授的解剖学课》——仍然要注意色彩和人物表情！作品中的人物全部是真实的(画家将每个人的名字写在一张纸上,由一听课者拿在手上),主讲人是医学博士杜普医生,所有人物神态专注,有变化地穿插安排在一个有深度的平面上,使每个人物所处的位置互不遮挡,并且不受透视影响。画家采用卡拉瓦乔式的聚光画法,使人物形象受光且突出,是一幅艺术性很高的群体肖像画。

人像》、《约翰逊博士像》。

更早时期且比较有名的佛兰德斯画家有鲁本斯、梵·戴克等人。鲁本斯(Peter Paul Rubens,1577～1640 年)对欧洲绘画有着重大影响,他将尼德兰和意大利艺术传统与风格融为一体,并且复兴了佛兰德斯画派,所创作的宗教、神话、历史、肖像、风景及风俗画作品可谓富丽堂皇,且充满了肉欲,其构图极有气势。代表作包括:《农民的舞蹈》、《智者朝圣图》、《劫夺列齐普的女儿》(图 5-12)、《戴帽子的女人》、《亚马孙之战》等。梵·戴克(Anton von Dyck,1599～1641 年)作为鲁本斯的助手,在其短短 40 多年的人生历程中创作了不少贵族肖像画,其体裁和风格对于英国 18 世纪的肖像画具有示范作用,《查理一世像》和《G. B. 卡塔尼欧侯爵夫人像》均被纳入世界美术宝库。

图 5-11　《破壶》:格瑞兹这幅油画本意是训诲,以训诫人们在道德上的堕落,画出后却适得其反。"破壶"即少女失去童贞的象征,画中人物原本是被谴责、受唾弃的形象,然而作者笔下展现的少女是如此纯洁而自然,其训诫寓意似与创作意图悖逆了。类似的文艺创作现象所造就的影响并不少见。

图 5-12　作为一名极不平凡的画家、"巴罗克时代的第一人",鲁本斯的《劫夺列齐普的女儿》取材于希腊神话:宙斯和丽达所生的孪生兄弟卡斯托耳和波吕克斯,一个善骑,一个善战,英勇无敌,他们共同爱上了迈锡尼王的两个孪生女儿。画中所描绘的是传统"抢婚"情节,是力与美的和谐统一。画家通过丰满强健的人体,构图复杂而激烈的人物动作,表达了不可抗拒的爱情力量。整个画面充满热情、运动和生命力,表明鲁本斯善于把巴罗克艺术的运动激情、装饰性的夸张、富有想像力的构思融为一体,体现了人文主义、反禁欲主义思想。

第三节　19世纪的统辖与征服：西方文化推向全球

对于欧洲人而言，19世纪是他们逐步征服全球的100年。在亚洲、非洲、美洲以及大洋洲几乎各个角落，到处都是西方列强的踪迹；在欧洲本土，经济的继续腾飞和现代工业的飞速发展使得文化艺术诸领域的变革是那么的引人注目。宗教与哲学、文学与艺术、科学技术与社会科学更为系统而全方位地发展乃至腾飞起来，这一时期的巨人真可谓数不胜数，包括达尔文、马尔萨斯、雨果、巴尔扎克、托尔斯泰、尼采、叔本华、黑格尔、马克思等等。

一、浪漫主义与民族主义：文学艺术的辉煌

整个19世纪，文学艺术流派和风格多种多样，突出的当属浪漫主义、现实主义及民族主义。

1. 文学：由浪漫主义到现实主义

实际上，针对于古典主义的浪漫主义文学早在18世纪晚期已经出现，如卢梭、席勒、格雷、彭斯等人可谓是早期的代表。它在整个西方是一种具有普遍意义的流派，不过到了19世纪30年代以后，一种新的文学潮流即现实主义逐步取而代之。

英国

19世纪初有所谓"湖畔派诗人"华兹华斯、柯尔利支及骚塞；但最具代表性的是拜伦、雪莱和济慈。拜伦爵士(George Gordon Byron，1788～1824年)曾做过议员，后因观点激进而被迫离开自己的祖国，先是定居在意大利并参加过无数革命斗争，后又到处游历，最终客死他乡。拜伦在其短短36年的人生中表现出特有的天才，20多岁就写就长诗《恰尔德·哈罗德游记》，该诗前两章出版后立即引起轰动，连他自己也颇感意外，"一夜醒来，发现自己已经成了名人。"①拜伦最著名的作品是《唐璜》和《青铜时代》，另有诗剧《曼弗雷德》，这些作品都表现出强烈的叛逆性格和个人主义情绪(图5-13)。同样出身贵族的雪莱(Percy Bysshe Shelley，1792～1822年)19岁时因发表《无神论的必然性》一文而被牛津大学开除，他也像拜伦一样离开英国并定居意大利(1818年)，从此不断地参加革命；1822年雪莱溺死海中，年仅30岁。他的著名诗剧包括《解放了的普罗米修斯》、《钦契》，不过最有名的是抒情诗如《西风颂》、《云雀颂》。同时代的约翰·济慈(John Keats，1795～1821年)生命更为短暂，他在26年的人生历程中完成了《夜莺颂》、《秋颂》、《希腊古瓮颂》等佳作。

---

① 《拜伦诗选》，查良铮译，上海译文出版社1982年版，第3～4页。

图 5-13　拜伦像及其《唐璜》中文本。

英国的现实主义文学成就同样显赫。首先是萨克雷(W. M. Thackeray，1811～1863年)，他喜欢揭露那些自命不凡的上流人士的阴暗面，并以取笑他们为快，代表作有长篇小说《名利场》。如果说萨克雷多是描写上层社会的话，那么狄更斯则是下层百姓的代言人。查尔斯·狄更斯(Charles Dickens，1812～1870年)名作甚众，包括早期的《匹克威克外传》、《奥利弗·退斯特》、《尼古拉斯·尼可贝》、《老古玩店》，中期的《董贝父子》、《马丁·朱述尔维特》，晚期的《大卫·科波菲尔》、《艰难时世》、《荒凉山庄》、《小杜丽》；另有《双城记》、《远大前程》等名作。英国维多利亚时代后期最著名的现实主义作家是托马斯·哈代(Thomas Hardy，1840～1928年)，他一共写了14部长篇小说，前期有《绿荫下》、《远离尘嚣》，另有《还乡》、《卡斯特乔市长》、《林中居民》及诗剧《列王》(又名《统治者》)。在所有作品中，最著名的要属《德伯家的苔丝》和《无名的裘德》。处处表达宿命论思想的哈代相信：人类只是命运无情的玩物，他们同自然界的斗争是一场几乎无法打赢的官司。19世纪70年代以后的名家名篇有：梅瑞狄斯的《利己主义者》，威尔斯的《托诺·班格》、《包里先生的经历》；约翰·高尔斯华绥(John Galsworthy，1867～1933年)应是三人中最著名的，他于1932年获诺贝尔文学奖，代表作包括《岛国的法里赛人》、三部曲《福尔赛世家》以及《银匣》、《斗争》、《法网》等20余部剧本。

值得注意的是这一时期英国出现了一批批判现实主义女作家，她们是简·奥斯汀、勃朗特三姐妹、盖斯凯尔夫人、乔治·艾略特。简·奥斯汀(Jane Austen，1775～1817年)是英国早期现实主义女作家，她的《傲慢与偏见》可谓永垂青史，奥斯汀作品结构谨严，文笔细腻委婉，她对爱情和婚姻有着独特的观点与敏锐的感受，她本人却终身未嫁。勃朗特姐妹们在诗歌方面成就最大，她们联合用笔名发表诗作；夏洛蒂·勃朗特（Sharlotte Brontë，1816～1855年）的《简·爱》、《雪莉》与其妹妹艾米丽·勃朗特（Emily Brontë，1818～1848年）的《呼啸山庄》尤为著名。盖斯凯尔夫人（1810～1865年）和乔治·艾略特（1819～1880年）均享誉英国文坛。

法国

法国文学在欧洲向来地位显赫，19世纪更加辉煌。不过浪漫主义与现实主义文学在这里几乎是并行不悖的。就前者而言，维克多·雨果（Victor Hugo，1802～1885年）代表着法国甚至整个欧洲浪漫主义文学的最高成就。雨果出生于军官家庭，早期作品《短歌集》把中世纪理想化，后思想巨变，1827年发表剧本《克伦威尔》，该剧本在序言中公开反对古典主义，成为浪漫主义的宣言；接着又写出剧本《欧那尼》①、《国王寻乐》。长篇小说《巴黎圣母院》、《悲惨世界》、《笑面人》、《九三年》在思想上及艺术上均达到至高水平。在雨果的作品中，人道主义是其主要思想内容，这在《悲惨世界》中有着突出的反映。作为世界文学名著中的精品，《悲惨世界》几乎再现了19世纪前半期的法国社会。在序言中，作家提出了三个问题并指出："贫穷使男子潦倒，饥饿使妇女堕落，黑暗使儿童羸弱。"这是对那三个问题的最好回答，也是理解雨果作品的金钥匙②。

浪漫主义文学的其他著名代表有：乔治·桑（George Sand，1804～1876年），法国著名女作家，是第一批把下层百姓作为小说主人公的作家之一。像雨果一样，浪漫主义和人道主义是她作品的主要思想特征，她还主张妇女具有不受婚姻习俗束缚的爱的权力，她自己的一生也表现了这一思想，譬如她与音乐家肖邦的浪漫爱情及其20卷的回忆录《我的一生》均有明确的体现（图5-14）。梅里美（Prosper Mréimée，1803～1870年）是浪漫主义剧作家与小说家，代表作有很多，其中《嘉尔曼》（即《卡门》）由比才改编成歌剧后几乎家喻户晓。大仲马（Alexandre Dumas père，1802～1870年）几乎与梅里美同时间生死，他以浪漫主义的历史小说《三个火枪手》（又名《三剑客》）和《基度山伯爵》（又名《基度山恩仇记》）以曲折的情节和惊险的场面取胜。与雨果的高贵、激动、热情的浪漫主义特点不同，大仲马的作品具有浮夸、洒脱及骑士般的疯狂和热烈，这恰好与其放浪的私生活有直接关系，他的儿子小仲马（Alexandre Dumas fils，1824～1895年）是一位过渡性的剧作家、小说家，著有《茶花女》、《私生子》等20余部作品。

法国也是欧洲批判现实主义文学的滥觞地，第一部批判现实主义的杰作是《红

① 该剧于1830年雨果28岁时发表并上演，曾引起了浪漫主义与古典主义的论战，在这场决战中，以雨果为代表的浪漫主义思潮取得胜利而告终。

② （法）维克多·雨果：《悲惨世界》（卷一），人民文学出版社1978年版，第1页。

图 5-14　乔治·桑与肖邦 8 年的恋爱故事成为欧美文艺史上的佳话。

与黑》,作者为批判现实主义文学主要的奠基人司汤达(Stendhal,1783~1842 年),他还著有《巴马修道院》、《吕西安·娄凡》(又名《红与白》)等。不过在所有代表中,最著名的当属巴尔扎克(Honor de Balzac,1799~1850 年),在其 51 年的人生历程中,他一共完成收入《人间喜剧》的 91 部小说,而他原来计划要写 137 部。这些著述中包括《高老头》、《欧也妮·葛朗台》、《幻灭》、《贝姨》、《邦斯舅舅》、《农民》,它们所展现的是当时法国整个社会生活的缩影,也是欧洲文学史上规模空前、内容丰富的社会通俗史的集大成系列著述。

中期代表人物有:古斯塔夫·福楼拜(1821~1880 年),作品《包法利夫人》对于人类的堕落进行了一次冷酷的剖析,其精炼的语言成为法国散文的典范。莫泊桑(1850~1893 年)被称为短篇小说大王,在其 43 年的人生历程中完成了近 300 篇中短篇小说(不包括 6 部长篇),著名的有《羊脂球》、《项链》、《菲菲小姐》。左拉(1840~1902 年)既是一个现实主义作家,同时也是一位新风格即自然主义的倡导者,他一共写了数十部长篇小说,对世俗社会和教会进行了无情的揭露。

后期代表人物首先是法朗士(1844~1924 年),他在 1921 年 77 岁时加入了共产党并获得了诺贝尔文学奖,其著名作品包括《波纳尔之罪》、《企鹅岛》、《天使的叛变》、《伊壁鸠鲁花园》。这一时期最杰出的批判现实主义代表是罗曼·罗兰(Romain Rolland,1866~1944 年),他一生涉猎广泛,著述甚丰,其中以贝多芬为原型的长篇巨著《约翰·克里斯朵夫》足以奠定其世界超一流作家的地位,他也因此于 1915 年 49 岁时获得诺贝尔文学奖,其重要作品还有:《信仰悲剧》三部曲、《七月十四日》、《丹东》、《罗伯斯庇尔》。

德国、北欧及美国

德国的浪漫主义文学成就远不如近邻法国,即便有一位著名的海涅。他是一位犹太人，他的《歌集》表现出忧郁和温情，长篇政治讽刺诗《德国——一个冬天的童话》又充分表达了爱国豪情。海涅的作品很快就被翻译成多种文字，不少还被著名音乐家们谱成歌曲。这一时期北欧日耳曼国家也出现了享誉世界的作家，突出的是安徒生和易卜生。出生于丹麦一个鞋匠家庭的安徒生(1805～1875年)，就像他笔下"卖火柴的小女孩"一样，长期饱受贫困煎熬，他那156篇童话故事(包括《丑小鸭》、《皇帝的新装》、《卖火柴的小女孩》、《夜莺》、《海的女儿》等)使其成为近代第一个走向世界的北欧文学家。第二位是挪威批判现实主义剧作家、问题剧的代表易卜生(1828～1906年)，其创作可分为三个时期，早期作品有《觊觎王位的人》、《埃斯特罗的英格夫人》，中期有《布朗德》、《培尔·金特》、《社会栋梁》、《玩偶之家》、《国民公敌》，晚期又有《野鸭》、《建筑师》。

美国在确立一个国家的独立地位以后，浪漫主义文学也随即产生。早期代表人物首先是华盛顿·欧文(1783～1859年)。作为美国文学的开创者之一，他的《睡觉的传说》、《瑞普·凡·温克尔》被列为最受美国人欢迎的短篇小说。费尼莫·库珀(1789～1851年)是美国边疆小说、海洋冒险小说以及革命历史小说的创始人，代表作有《拓荒者》、《间谍》以及《皮袜子故事集》。埃德加·爱伦·坡(Edgar Allan Poe，1809～1849年)是侦探小说的先驱，其长篇小说《毕姆历险记》、短篇小说《黑猫》、《毛格街血案》等离奇而怪诞；当西欧各种思潮不断涌向美国时，爱伦·坡的作品思想又反哺西欧并对法国颓废派和象征主义产生了直接影响。到19世纪后期，美国浪漫主义文学代表还有霍桑、梭罗、惠特曼等人。

不过给美国带来巨大荣誉的是其批判现实主义文学成就，它续接西欧衰微之势，由此拉开美国文学发展之路。首先是赫尔曼·梅尔维尔(1819～1891年)，他的《莫比·迪克》已经把描绘自然界的奇迹与恐怖揉进对人类现世奥秘的深入探索之中。接下来就是著名的马克·吐温(Mark Twain，1835～1910年)，他以诙谐、幽默的笔调来表现严峻凝重的主题，风格虽与莫泊桑迥异，但在西方文坛上其短篇小说的地位完全可与之并立。代表作包括小说《败坏了赫德莱堡的人》、《竞选州长》，另有长篇《镀金时代》、《汤姆·索亚历险记》、《哈克贝利·芬历险记》以及历史小说《王子与贫儿》、《亚瑟王宫廷中的美国佬》。继马克·吐温后，一大批著名作家纷纷登场：斯蒂芬·克兰(1871～1900年)仅仅度过了29年的人生，著有《妓女玛琪》、《红色的英勇奖章》。活了32岁的弗兰克·诺里斯(1870～1902年)创作三部曲《小麦史诗》，前两部是《章鱼》和《深渊》，第三部《狼》还未动笔即撒手西归。欧·亨利(1862～1910年)风格与马克·吐温相近，著有《麦琪的礼物》、《警察与赞美诗》近300部短篇及长篇《白菜与皇帝》。杰克·伦敦(1876～1916年)比活了48岁的欧·亨利的寿命还要短暂，在其40年的人生历程中完成了短篇《热爱生命》以及长篇《海狼》、《铁蹄》等诸多佳作。

美国最著名的批判现实主义作家是西奥多·德莱塞(Theodore Dreiser，1871～1945年)。他的早期作品带有明显的自然主义色彩，第一部小说《嘉莉妹妹》问世以后又有两部风格近似的名作《珍妮姑娘》和《天才》发表。1925年，具有浓郁而典型宿命论特征的《美国的悲剧》问世，这一切牢固地奠定了德莱塞在西方文学史上的地位。

浪漫主义的残余

19世纪尤其是下半叶，浪漫主义在文坛仍旧持续影响着，这在诗歌领域尤为突出。罗伯特·勃朗宁(1812～1889年)创立了"戏剧独白"的诗歌新形式，主要作品有：诗剧《巴拉塞尔士》，长诗《指环与书》，诗集《男男女女》。1846年34岁的勃朗宁娶了比他大6岁、长期卧病的女诗人伊丽莎白·芭蕾特·勃朗宁(1806～1861年)，后者著有《孩子们的哭声》等诗作。另一位浪漫主义文学的后继者是阿尔弗雷德·丁尼生(1809～1892年)，他在世之时就已经为荣誉的光环所笼罩：1850年被授予"桂冠诗人"称号，1884年他又成了丁尼生勋爵，其作品包括《公主》、《毛黛》。其他具有浪漫主义风格的英国作家有托马斯·卡莱尔、约翰·罗斯金、吉卜林。出生于印度的吉卜林(1865～1936年)1907年在其42岁之时获得诺贝尔文学奖，他颂扬殖民制度、鼓吹种族主义但是同时也对19世纪的文化进行犀利抨击，所谓"工业主义、民主主义、唯物主义、科学和功利主义是他恨之入骨的对象"①，其代表作有长篇小说《吉姆》、诗歌《营房歌谣》及儿童故事《林莽之书》。

2. 艺术：浪漫主义与法国人唱主角

启蒙运动之后的西方基督教世界发生了天翻地覆的变化，这一切对于艺术领域的影响是直接的。追求自由、平等、博爱和个性解放的浪漫主义风格占据了主导地位。

新古典主义的短暂复兴

不过在19世纪初浪漫主义运动还没有到来之前，西方艺术的洛可可风格起着主要的作用。尤其是在法国，纯粹的古典主义比较符合拿破仑大帝的口味，他自以为是新时代的恺撒或亚历山大大帝，并把罗马帝国的一套照搬过来，譬如把罗马帝国的鹰徽作为自己的纹章、在巴黎建造凯旋门和记功柱及圣殿，授予其子"罗马帝国国王"称号，在这种形势下，法国浪漫主义艺术自然不可能形成势力，而古典主义则取得暂时的复兴，而且也的确诞生了几位大师：雅克·路易·大卫(Jacques Louis David，1748～1825年)被认为是画风严谨、技法精湛的古典主义画家，1793年他完成著名的《马拉之死》(图5-15)，拿破仑执政后成为宫廷画师并创作了歌颂

① (美)爱德华·麦克诺尔·伯恩斯、菲利普·李·拉尔夫著：《世界文明史》(卷三)，商务印书馆1987年，第310页。

图 5-15　达维特的《马拉之死》：马拉（Jean-Paul Marat，1743-1793 年），雅各宾派领导人之一，法国大革命期间为躲避迫害，长期在地窖里工作，染上了严重的湿病。他每天不得不泡在带有药液的浴缸里工作。1793 年 7 月 13 日马拉被刺身亡，终年 50 岁。画面表现的是马拉刚刚被刺的惨状：鲜血染红了浴巾和浴缸里的药液，握着鹅毛笔的手垂落在浴缸之外，另一只手紧紧地握着凶手递给他的字条，上写："请把这 5 法郎的纸币交给一个 5 个孩子的母亲，她的丈夫为祖国献出了生命。"马拉工作的木台有如纪念碑一般，使画面产生了一种凝重、庄严的气氛；尤其是木台的立面画家精心安排的法文："献给马拉　达维特"，有如石碑上的铭文，表达了达维特对马拉的无比敬重之情。

皇帝的《加冕式》和《授旗式》。大卫是一个一帆风顺的画家，其艺术成就与其弟子安格尔一起代表了这一时期古典主义艺术的高峰。让·奥古斯都·安格尔（D. Ingres，1780～1867 年）作为古典主义画派最后的著名人物，古典艺术、15 世纪意大利艺术尤其是拉斐尔的风格是他汲取的营养之源，其肖像画名闻后世，代表作有《爱蒙夫人像》、《泉》、《土耳其浴》（图 5-16）。

此外，古典主义在德国的表现主要是蒂施拜因（1781～1829 年），其代表作有《歌德在坎帕尼亚》。

浪漫主义美术的辉煌

很快，浪漫主义艺术席卷而来，一举占据了优势地位。浪漫主义画派兴起于法国，其先驱是戴奥多·席里科（1791～1824 年），他的画风具有浪漫主义的悲壮激情。1814 年他创作了《离开战场的负伤的军官》，1818 年创作了被认为是浪漫主义先导的《梅杜萨之筏》——它以震惊法国的现实事件即"梅杜萨号"远洋帆船在西非布朗海遇难事件为题材，展现了人们挣扎求救的悲壮情形。1824 年 11 月，席里科坠马而亡，年仅 33 岁。席里科对他的同学德拉克罗瓦产生了巨大影响，据说当后者首次看到《梅杜萨之筏》时"发疯一样地跑回家里"，从此浪漫主义绘画逐渐占据上风。

欧仁·德拉克罗瓦（Eugne Delacroix，1798～1863 年）最终使浪漫主义艺术在法国巩固地发展起来。他继承了提香、伦勃朗及鲁本斯的风格并在席里科的直接影响下进一步发展和完善了浪漫主义艺术。这位被视为"浪漫主义狮子"的画家一生完成各类作品 9 000 余件，代表作包括《希洛岛上的屠杀》、《阿尔及尔妇女》、《自由领导法国人民》（又名《1830 年 7 月 27 日》）、《猎狮》、《相斗的马》、《十字军攻入

图 5-16 名扬后世的安格尔的古典主义作品——《泉》、《土耳其浴》。

君士坦丁堡》、《但丁和维吉尔在地狱里》等著名油画。浪漫主义风景画的代表是法国的卡米耶·科罗(1796～1875 年),作为巴比松(巴黎近郊村庄)派的领袖,他也被视为由传统历史风景画向现实主义风景画过渡的人物,其代表作有《林中仙女》、《沙特尔大教堂》,他与英国的特纳都沉醉于对大自然或幻想或写实的描绘之中。威廉·特纳(1775～1851 年)在世时曾遭到抨击,但其成就颇丰,临终前把 2 万多幅作品捐献给国家,名作包括《战舰无畏号》、《纳尔逊之死》。他晚年探索光与色的表现效果,对于法国的印象派产生了直接的影响。

另外,还有一些可称为浪漫主义画家但存在一定争议的人物。让·弗·米勒(1814～1875 年)是巴比松画派代表,也被称为"伟大的农民画家",他自己曾说:"我生来是一个农民,我愿意到死也是一个农民。我要描绘我所感受到的东西。"到了晚年他的作品才引起人们的重视。米勒并未一味地遵循他所代表的巴比松画派中的浪漫主义传统风格,在其著名的《拾穗者》(图 5-17)、《播种者》及《扶锄的人》中表现出了浓郁的现实主义风格;其他著名作品还有《晚钟》、《牧羊女》、《死神与樵夫》。巴比松派另一代表西奥多·卢梭(Théodore Rousseau,1812～1867 年)

图 5-17 米勒的《拾穗者》。

在艺术上坚决反对因袭古典传统，曾长期被官方垄断的沙龙排斥在外，于是就到大自然中描绘各种田园景色，主要作品有《阳光中的橡树》、《走下侏罗山的奶牛群》。稍晚的另一位卢梭即亨利·卢梭(1844～1910 年)去世后作品为世界各大博物馆收藏，不过他被称为"原始派画家"或"天真画家"(naïvety painter)，因为他完全凭想象作画，多表现幻觉，如作品《梦》。

图 5-18　罗塞蒂的学生、出生于伯明翰的爱德华·伯恩·琼斯的《皮格马利翁和形象——神性燃烧》：作品取材于希腊故事，青年皮格马利翁爱上了自己创造的象牙雕塑。维纳斯给雕像注入生命，使他们终成眷属。此作品属于四幅取自同一故事插图中的第三幅，其余三幅分别为："心灵欲求"、"手控制"和"灵魂获得"。

在西欧其他国家，浪漫主义绘画艺术有不同程度的发展，其中以英国为主。威廉·布莱克(1757～1827 年)对英国整个画坛产生了很大影响，代表作有《雅各布之梦》、《基督的埋葬》。与前述威廉·特纳齐名的约翰·康斯特布尔(1776～1837 年)，他那丰富生动的自然风景画对欧洲艺术界产生了不小的影响，其作品《麦田》、《干草车》等均为珍品。19 世纪下半期英国三位青年艺术家组成的"拉斐尔前派"①的理想主义创作无疑也是浪漫主义在英国的高度发展(图 5-18)，该派代表人物包括：罗塞蒂，作有《白昼之梦》、《圣母领报》；亨特，作有《世界之光》、《信徒避难》；米莱斯，作有《盲女》、《基督家庭》。德国早期浪漫主义绘画代表是弗里德里希(1774～1840 年)。西班牙这一时期有闻名后世的戈雅(F. J. de Goya，1746～1828 年)，他虽然算不上纯粹的浪漫主义的代表，但他的作品体现出的思想与那种风格接近，戈雅对 19 世纪欧洲绘画曾产生了深刻的影响，著名作品包括铜板组画《奇想集》、版画集《战争的灾难》、油画《1808 年 5 月 2 日》和《1808 年 5 月 3 日》等等。

① 1848 年威廉·霍尔曼·亨特(1827～1910 年)、丹特·加布里埃尔·罗塞蒂(1828～1882 年)、约翰·罗维列特·米莱斯(1829～1896 年)三位青年画家在意大利比萨大教堂欣赏 14 世纪的一幅壁画《死的胜利》的复制品后，认为拉斐尔以前的作品乃"真正而淳朴"的艺术，于是立即成立了"拉斐尔前派协会"，以示对古典主义画派的不满。他们吸引了一批诗人、雕塑家并一致决定在他们的作品上冠以"P. R. B."即"拉斐尔前派"的英文缩写，标志该艺术流派的诞生，实际上它反映了浪漫主义风格在英国的形成。

现实主义的微响

19 世纪的现实主义绘画主要表现在法、德等国家。在法国，杜米埃（1808～1879 年）被我们传统上视为“进步的现实主义画家”，他因不断讽刺当局和国王而受到迫害，作品有包括讽刺国王路易·菲力普的《高康大》等漫画 4 000 余幅、雕塑成品 36 件、油画和水彩《起义》、《三等车厢》、《堂·吉诃德》等。这位 19 世纪法国最有名的批判现实主义画家晚年双目失明，最后悲惨地死于贫困之中。库尔贝（1819～1877 年）坚持以真实生活为创作原则（图 5-19），曾担任“巴黎公社”艺术家协会主席，后被捕入狱，成名后又曾因不屑一顾地拒绝接受拿破仑三世给他的荣誉勋章而声誉大振。他的作品如《碎石工》、《筛谷的妇女》、《画师》对于现实主义绘画产生了较大影响。

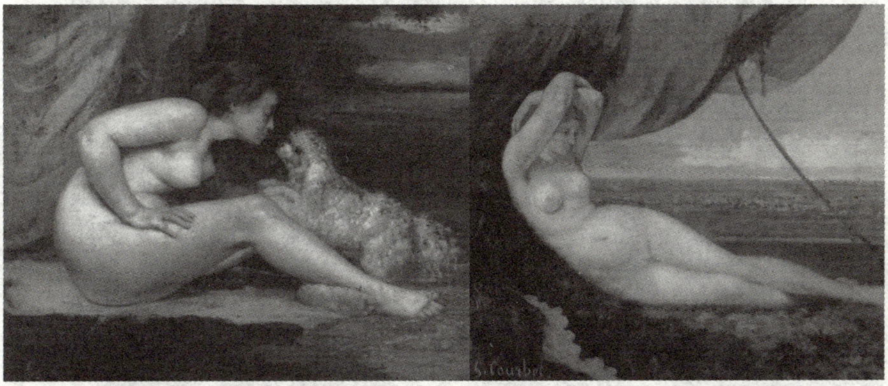

图 5-19　库尔贝生于法国南部小镇奥南，他自信坚定，喜论辩，而且带着法国外省农民特有的强悍、直率和真诚。在西方艺术史中，也许再也找不到敢像他那样大喊大叫的到处“招惹是非”的艺术家了（图为他的《裸女和狗》及《裸妇》）。

德国现实主义绘画的代表是门采尔（1815～1905 年），在其影响下，德国出现了大批现实主义画家，其中最著名者为女画家珂勒惠支（1867～1945 年），她被视为 19 世纪伟大的现实主义代表，其所创作的反映被压迫者和下层劳动者真实生活的作品与她所持的政治主张相一致，代表作包括《织工起义》、《暴动》、《面包》、《饥饿》。英国现实主义绘画代表是庚斯伯罗（1727～1788 年），不过他的风格融合了尼德兰画派的现实主义风格和法国牧歌式的浪漫情调，作品有《蓝衣少年》、《西顿夫人像》、《清晨漫步》等。在荷兰，该画派最杰出的代表是约瑟夫·伊兹拉亚斯和扬·巴尔多德·琼康。

印象派：现代主义艺术的滥觞

19 世纪后期影响较大的画派是法国的印象派，该派由马奈走出第一步，莫奈、雷诺阿使之走向高峰。印象派是否属于现实主义画派，这一点尚存争议。早在

1867 年马奈就公开称其绘画的意图是表达某种"印象"；不久作家路易·勒洛瓦公开发表文章并借莫奈油画《日出的印象》题名，宣告了"印象主义"艺术诞生。该画派的产生又与科学发展紧紧相连，原来固有的原色——红、黄、蓝三种颜色发展为七种，即在原有的三种基础上又加上绿、紫、橙、青四种，这使得绘画在色彩的处理方面发生了一场革命。

早期印象派代表当属爱德华·马奈(Edouayd Manet，1832～1883 年)，他的一幅被拿破仑三世与皇后视为不合礼法的绘画——《草地上的午餐》(图 5-20)曾在 1863 年"落选沙龙"①上展出，它被认为是第一幅著名的印象派作品。作为印象画

图 5-20　经典之作——《草地上的午餐》：画中主角是维多琳·默兰，她作为马奈的模特，也许是 19 世纪最著名的面孔和身体。在马奈的许多画作中，默兰或裸躺在床上，或裸坐于两个男人之间，目光坚毅、淡定还夹杂着些许傲慢，俨然不是被看者，而是一个以反维纳斯的姿态注视着观看者的色情故事的女主角。

派的开创者，马奈运用明亮的色彩和简练的笔法，减少中间色调，增强了明暗对比，代表作品还有《一杯啤酒》、《酒肆》、《奥林匹亚》、《枪决马克西米连皇帝》、《左拉像》。接下来的代表人物还有：卡米耶·毕沙罗(1830～1903 年)，作品有《推着独轮车的农妇》、《红屋顶》。艾德加·德加(1834～1917 年)，代表作包括《洗衣妇》、《芭蕾舞排练场》、《巴黎歌剧院乐队》。阿尔弗雷德·西斯莱(1839～1899 年)是印象派风景画的代表，作品包括《塞纳河岸的乡村》、《六月的早晨》、《枫丹白露的森

① 这里的沙龙特指美展，"落选沙龙"即没有获得入选的作品的展览。拿破仑三世及皇后当时极为恼火，下令不准再办"落选沙龙"。

林》。另外,女性印象派画家摩丽娑(1841～1895 年)作有《摇篮》、《在客厅中》。

图 5-21 《日出·印象》。

前期法国印象派画家中最著名的两位当属莫奈和雷诺阿。克劳狄·莫奈(Claude Monet,1840～1926 年)作为印象派的创始人之一,他的《日出·印象》曾引起传统画家们的非议。莫奈从马奈和特纳的作品中受到启迪,在对光色和空气的探索及运用中产生了灵感。1874 年,一批青年人在巴黎举办了一次"无名画家展览会",其中莫奈的《日出·印象》(图 5-21)引人注目:辉煌的太阳冲破朝雾,河面上波光闪烁,河对岸是一排模糊的房屋,这种对光、色彩大加渲染的笔法使传统人士借用莫奈这幅作品的题目把参展的画家们戏称为"印象派"。最初这些画家们还对此称谓不甚满意,但不久即发现该名称与其主张正好吻合,于是这一名称从此传开。莫奈的代表作还有:《睡莲》、《鲁昂大教堂》、《帆船》、《花园里的女人们》。出身贫寒的比埃尔·奥古斯特·雷诺阿(P. A. Renoir,1841～1919 年)把传统绘画与印象派技巧结合起来,并以亮丽透明的色彩表现阳光和空气的颤动,他描绘的对象多为女性尤其是裸女,主要作品包括:《浴女》、《包厢》(图 5-22)、《舞会》、《裸女》、《秋千》、《小玛高脱像》、《浴后》。

图 5-22　雷诺阿在《包厢》中仍然展现他关心阳光下的女性,在巴黎歌剧院这一典型的中产阶级的包厢里,男人们喜欢拿着望远镜偷窥其他包厢的女人,而画面的主角则是一个非常艳丽的女人。

印象派的创新是在色彩上突破了"固有色"(蓝色的水、绿色的枝叶及黑灰色的背影)的传统,强调色彩由光的变化而决定。所以早期印象派认为,只要借助光线来表现自己对于事物的感受就足够了,而不必突出思想内涵;但是到了 19 世纪末,后期印象派则突出思想内涵与个性表现,三位大家的出现使得印象派艺术的发展达到顶峰。

首先是被称为“现代绘画之父”的保罗·塞尚(Paul Cézanne,1839～1906年)。在艺术上，塞尚认为绘画的目的在于对形、色、节奏、空间的探索，主张借用色彩造型进行创意。塞尚的“视觉感受”使得“眼见为实”的传统观念被动摇，其代表作《果盘》、《女浴者》、《玩纸牌者》等均成为奠定后期印象派艺术的名作。保罗·高更(Paul Gauguin,1848～1903年)是具有半秘鲁血统的法国人，早年做过海员及股票经纪人，习画只是业余爱好；1883年才专攻绘画，曾三次去布列塔尼的古老乡村进行创作；1891年又到南太平洋塔希提岛(时为法国殖民地)体验当地风土民情以及岛民早已忘怀的神话故事。他用线条及强烈的色块绘出具有东方色彩和装饰风味的图画，著名作品有《两个塔希提妇女》(图5-23)、《雅各及天使》等，对法国的象征派及野兽派有很大的影响。荷兰画家梵·高(Vincent van Gogh,1853～1890年)同样靠自学作画，早期作品如《吃马铃薯的人》用色较暗；1886年到巴黎后受到印象派及日本浮世绘的影响，创作了色调明亮、色块凸起、线条跃动的作品以表达主观情绪，作品《向日葵》、《吸烟斗的人》(图5-24)、《囚徒放风》成为20世纪艺术拍卖行价格昂贵的画品，这位年仅37岁、因患精神病而自杀的艺术家对于野兽派及表现派都产生了直接的影响。

图5-23 《两位塔希提妇女》被视为“赞美感官之美的简短赞美诗”。在从黄色到各种深浅不同的绿色的色彩结构中，现出两位塔希提当地妇女的轮廓，像浅浮雕一样出现在背景上。

图5-24 《吸烟斗的人》，也是梵·高的自画像，他的情绪非常强烈，经常以特殊的笔触表现苦闷的情绪，他用一种特殊的眼光和态度来表现主题。这幅作品中梵·高的耳朵上包了一层布——这也是他曾经到法国南部约了高更进行讨论，尔后两人无休止争论，最后他精神失常，拿剃须刀把自己的耳朵割下来，把高更也吓跑了的惊人故事。

建筑与雕塑

19世纪的建筑风格仍然是古典主义式的，巴罗克的各种风格的变异是继续流行的风格，浪漫主义运动对建筑艺术的影响不像在文学、音乐和美术领域那么突出。当19世纪末那种赞美中世纪一切都好的浪漫主义短暂出现之时，实用主义建筑风格又将统治下一个世纪的建筑。这种"现代建筑"或"国际建筑"使用全新的建筑材料譬如钢筋混凝土、铬、玻璃，其影响持续到整个20世纪，看来21世纪还不可能发明取代上述材料的主体建筑物质，至少百年以内仍然是以这一现代化的风格为主。

19世纪的雕塑艺术远不如绘画的成就那么辉煌，绝大部分作品只是为了爱国主义的目的而发展着，它们是巴罗克风格的翻版——华丽而笨重。法国是世界级雕塑家的集中地，继18世纪的乌东（图5-25）、法尔孔奈后又有浪漫主义雕塑家吕德及其学生卡尔波，前者有《马赛曲》、《纳伊元帅》、《永垂的拿破仑》等名作，后者亦有《神圣的人民同盟》、《花神》、《四方》。作为罗丹的老师，巴里是一位著名的动物雕塑家，其《雄师斗蛇》、《吞食兔子的豹》亦名闻后世。

图5-25　《女猎神狄安娜》（云石像），乌东于1776年创作了石膏像，又分别在1780、1790年创作了云石像和铜像。在制作云石像时，因材料性脆易碎而在单足着地的左腿侧加上了一丛芦苇，并在左胯添加了箭袋。石膏像和铜像则没有。此作品既有古代雅趣，又有刻意塑造真实肉体的时髦风尚。云石像因有芦苇和箭袋，雕饰华美，显出较多的洛可可趣味。奔跑的狄安娜铜像体形修长，动作轻盈如飞，显然是从枫丹白露派演化出来的情致。

19世纪下半叶终于诞生了一位伟大的雕塑家，他就是现实主义大师奥古斯特·罗丹（Auguste Rodin，1840～1917年）。可以说，从古希腊罗马经文艺复兴再到19世纪甚至整个20世纪，也只有罗丹、米开朗基罗等少数雕塑家的成就堪与古希腊时代的雕塑成就相媲美。当然，罗丹本身就备受米开朗基罗的影响，对心理分析极感兴趣。他那精雕细琢、包含186件塑品的《地狱之门》是在但丁《神曲》的启迪下创作的，虽然由于官方阻挠而未完成，但其中部分如《思想者》、《吻》(图5-26)、《夏娃》等均成为传世精品，其他如《青铜时代》、《雨果》、《巴尔扎克》亦名垂后世。百年来，罗丹的名字与雕塑艺术紧紧联系在一起，他的成就迄今无人能及。而且，罗丹还为法国培养了一大批颇有建树的雕塑家，他们是：布尔德尔，作有《贝多芬像》等；马约尔，著名作品包括《地中海》、《源泉》、《花神》、《洗濯女》，以及德斯比奥等人。

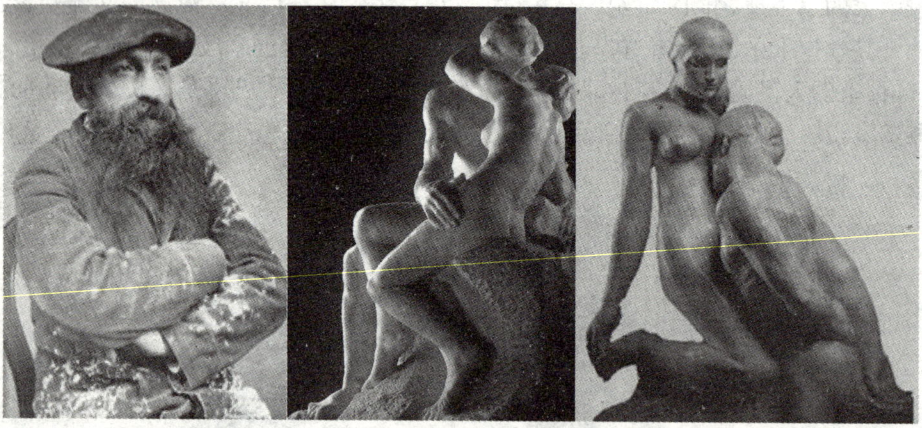

图5-26　罗丹及其著名的《吻》和《永恒的偶像》。

3. 音乐艺术的全盛时期

19世纪是音乐艺术的辉煌时代，浪漫主义音乐风格占据主流，它们在这一民主主义的历史时期取得了全面的成就，其中以德、奥为中心，意大利、法国继续繁荣，北欧、东欧国家民族乐派迅速兴起以至于繁荣。

德国：名家荟萃

这一世纪德国音乐艺术接续贝多芬开创的浪漫主义风格，音乐创作闸门突然被打开而不可收，一大批音乐大师纷纷登上世界级的大舞台。

从小身体孱弱且是瘸子的韦伯(C. M. von Weber，1786～1826年)是莫扎特妻子康斯坦丝·韦伯的堂兄弟，他被认为是德国浪漫乐派歌剧的创始人，他的《自由射手》(又称《魔弹射手》)被视为德国第一部浪漫主义歌剧，开欧洲浪漫派歌剧的先河。其作品还有《优兰蒂》、《奥伯龙》，另外《音乐会曲》、《邀舞》均名传后世。另一歌剧作曲家罗尔津(1801～1851年)师法韦伯，创作有《二射手》、《水仙》等13部歌剧，均自撰脚本。

门德尔松与舒曼两位大家(同时也是至交)是代表德国前期浪漫派音乐最高成

就的伟大作曲家,他们像韦伯一样均可以算是短命的大音乐家。菲利克斯·门德尔松(Felix Mendelssohn,1809～1847年)是一个犹太银行家的儿子(他的祖父是著名犹太哲学家摩西·门德尔松)。他毕生推崇巴赫的作品,在其有限的38年人生历程中创作了不少名曲,他的《e小调小提琴协奏曲》名列世界十大著名小提琴协奏曲前列;为莎士比亚喜剧《仲夏夜之梦》所作组曲在音乐会上经常演奏,其中的《婚礼进行曲》传遍以后的世界。与贝多芬、莫扎特、韦伯及舒伯特相比,门德尔松在爱情、婚姻和家庭生活方面是幸运的,其作品的优雅和抒情也再现了他那幸福的生活,他的名作还包括5部交响曲、7部乐队序曲及钢琴曲集《无词歌》。

罗伯特·舒曼(Robert Schumann,1810～1856年)被视为最有才华、最浪漫的音乐家之一,这位年仅46岁的音乐家在其生命的最后两年受到精神错乱的折磨,这使得他那漂亮聪慧的妻子、钢琴家克拉拉·舒曼极为痛苦,最后那两年也给人以特别悲惨之感。舒曼自青年时代就受到海涅、霍夫曼的影响,并显示出极强的个性。他的钢琴曲《蝴蝶》、《狂欢节》、《童年即景》及声乐套曲《诗人之恋》、《妇女的爱情与生活》具有典型的浪漫主义风格,另有《a小调钢琴协奏曲》、交响曲《春》、《莱茵河》、为拜伦《曼弗雷德》所作的序曲和插曲以及200多首歌曲。此外,舒曼还是著名的音乐评论家。

理查·瓦格纳(Richard Wagner,1813～1883年)是后期的代表,他在歌剧方面是一个革新派。作为文学家与歌剧大师,瓦格纳早年受韦伯影响,进而转向叔本华、尼采的哲学,如歌剧《特里斯坦与伊索尔德》歌颂死亡与黑暗,反映了强烈的悲观主义情绪;《尼伯龙根的指环》、《帕西伐尔》主张宗教神秘和"超人"思想。其他著名歌剧作品包括:《罗恩格林》、《黎恩济》、《漂泊的荷兰人》、《唐霍塞》、《民歌手》。

约翰内斯·勃拉姆斯(Johannes Brahms,1833～1897年)也是一个倾向于古典乐派的浪漫主义作曲家,虽与舒曼夫妇交好,但很少创作浪漫派的标题音乐。他对贝多芬极为崇拜,认为他的音乐已经达到了无人可及的境地;同样,像雨果和贝多芬一样,他那精雕细刻的《第一交响曲》竟然花了15年的时间,再现了当时流行的人道主义思想。其代表作有交响曲、协奏曲各4部,此外还有管弦乐《匈牙利舞曲》及室内乐、钢琴曲等。

具有后期浪漫派风格的著名作曲家还有理查·施特劳斯(Richard Strauss,1864～1949年)。其作品多标题,配器多取法于柏辽兹、瓦格纳,其音乐风格规模宏大、色彩富丽,如交响诗《查拉图斯特拉如是说》、《英雄的生涯》,是思想上追逐尼采超人哲学的体现;而同样是交响诗的《死与净化》和《家庭交响曲》就具有自然主义倾向。另有歌剧《莎乐美》和《蔷薇骑士》,交响幻想曲《自意大利》、交响变奏曲《堂吉诃德》等著名作品。

奥地利：由舒伯特到马勒

奥地利继海顿、莫扎特以后，19世纪又产生了著名作曲家。年仅31岁、一生在贫困和疾病中度过的弗朗兹·舒伯特（Franz Schubert，1797～1828年）创作了600多首歌曲，其多产在音乐史上罕见，他18岁那年就写下137首歌曲、5部歌剧、2首交响曲、2首弥撒曲、4首奏鸣曲及1首四重奏。舒伯特的歌曲多取材于歌德、席勒、海涅等人的诗作，代表作还有声乐套曲《冬之旅》，重奏《死神与少女》和《鳟鱼》；所作10部交响曲以《b小调交响曲》（《未完成交响曲》）和《C大调交响曲》最为著名。

稍晚一些的是布鲁克纳（Anton Bruckner，1824～1896年）和约翰·施特劳斯（J. Strauss，1825～1899年），前者受瓦格纳影响，创作了大量宗教乐曲、管风琴曲和9部交响曲；后者被称为“华尔兹之王”，以欢快旋转的《维也纳圆舞曲》闻名于世，在这方面他的父亲、兄长也均有不少佳作。约翰·施特劳斯的代表作有《蓝色的多瑙河》、《春之声》，他还创作了《蝙蝠》、《吉卜赛男爵》等16部轻歌剧及大量波尔卡舞曲。其他名家还有：苏佩（1819～1895年），以序曲《诗人与农夫》及《轻骑兵》序曲最为流行，亦是维也纳轻歌剧的代表人物；汉斯立克（1825～1904年），是著名音乐评论家；雨果·沃尔夫（1860～1903年），创作有270余首歌曲及交响诗、四重奏；另外还有表现主义大师勋伯格和小提琴演奏家克莱斯勒。

奥地利浪漫乐派后期的代表是古斯塔夫·马勒（Gustav Mahler，1860～1911年）。这位出生于波西米亚的犹太人最早在维也纳大学学习哲学，后在维也纳音乐学院学习作曲，其10部交响曲多反映市民阶级对现实的不满与苦闷及对理想乐园的憧憬，另有结构庞大的《大地之歌》（独唱与乐队），里面的歌词以李白、王维、孟浩然的诗句谱成。

法国：浪漫主义音乐为主

19世纪的法国出现了许多著名作曲家包括歌剧作曲家，柏辽兹（Hector Berlioz，1803～1869年）是这一世纪上半叶法国最有名的音乐家，也是欧洲浪漫主义音乐的代表人物。他出身于医生之家，由于家庭的反对，20岁之前还没有踏入音乐界大门。以后长期从事标题音乐创作，并以此作为其作曲的美学原则，27岁时完成了最成功的《幻想交响曲》，这也是他的第一部交响曲，它的副标题为《一个艺术家生涯中的插曲》。其他还有：交响曲《罗密欧与朱丽叶》（独唱、合唱与乐队）、《哈罗尔德在意大利》（中提琴与乐队）、传奇剧《浮士德的沉沦》（包括《拉科齐进行曲》的改编曲）。

法国19世纪音乐最重要的成就在于歌剧与轻歌剧方面。几乎与宗教始终相连的古诺（C. F. Gounod，1818～1893年）精心钻研意大利中古时代帕勒斯特里纳的作品，他在1846年为罗马教皇庇护九世加冕而作了《教皇进行曲》，百余年后的

1949年被梵蒂冈教廷定为"国歌"。他著有《浮士德》、《罗密欧与朱丽叶》等12部歌剧,它们是法国抒情歌剧的代表作。原为德国籍的奥芬巴赫(J. Offenbach,1819～1890年一生大都在巴黎度过,作为轻歌剧的创始人之一,奥芬巴赫曾为巴黎各个剧院编写了大约100部情节滑稽、通俗而欢快的轻歌剧,包括《地狱中的奥菲欧》、《美丽的海伦》以及浪漫歌剧遗作《霍夫曼的故事》。卡米耶·圣-桑(Camille Saint-Saëns,1835～1921年)的著名歌剧作品是《参孙与大利拉》,不过作为一个反对现代主义、维护古典传统的音乐家,圣-桑的作品具有均衡、华丽、洗练与澄澈的特点,著名管弦乐作品包括:小提琴与乐队《引子与回旋随想曲》、组曲《动物狂欢节》、交响诗《奥姆法尔的纺车》。

对后世似乎最具影响的歌剧是仅仅度过了37年人生历程的比才(Georges Bizet,1838～1875年)创作的《卡门》,该剧生动刻画了卡门这位性格泼辣、酷爱自由的吉卜赛姑娘,音乐多用舞蹈歌曲和分节歌,具有强烈的西班牙风味。此外,比才还有著名管弦乐组曲《阿莱城的姑娘》、歌剧《波尔图的美丽姑娘》和《采珍珠者》以及《C大调交响曲》。另外,加布里埃尔(1841～1894年)与马斯奈(1842～1912年)也是法国著名作曲家,前者有歌剧《飞来的王位》、管弦乐《西班牙狂想曲》等;后者的歌剧《曼侬》、《维特》分别取材于普列沃和歌德的小说,均是代表性的抒情剧。

法国19世纪后期还有德彪西(Claude Debussy,1862～1918年),他在印象画派及象征派诗歌的影响下创立了音乐的印象派,如管弦乐《牧神午后前奏曲》与《意象》、组曲《夜曲》和《大海》均发挥了音乐"色彩"的表现力,以平行和弦及泛音效果来造成朦胧、飘忽、空幻和幽静的意境。其他作品还有:歌剧《佩里亚斯与梅里桑德》及钢琴曲《欢乐岛》、《儿童乐园》。另一位印象派音乐的代表是拉威尔(M. Ravel,1875～1937年),他曾先后受到萨蒂、加布里埃尔、德彪西等人的影响,又吸收西班牙、俄罗斯民间乐调,使得作品同样具有色彩性效果,作品有管弦乐《西班牙狂想曲》、《波莱罗》、《鹅妈妈组曲》,还有舞剧、钢琴组曲多部。这一时期的作曲家还有戈塞克、奥柏、克鲁采尔、拉罗、弗兰克、德立勃、丹第、托玛。

意大利:歌剧继续高唱主角

意大利仍然是欧洲歌剧的中心。除了演奏家帕格尼尼(Niccolo Paganini,1782～1840年)的作品外,其他世界级作品几乎全是歌剧。

一流作曲家是罗西尼、威尔第、普契尼。罗西尼(G. Rossini,1792～1868年)14岁时就开始创作歌剧,其《塞维利亚的理发师》乃喜歌剧的典型;40岁前又创作了《威廉·退尔》,此后近40年未发表其他歌剧,但这足以奠定他世界一流歌剧作曲家的地位。接下来的威尔第(G. Verdi,1813～1901年)的30余部歌剧把意大利歌剧发展推向高峰,他的众多歌剧至今仍是音乐会上经常演奏的曲目。威尔第创作的著名歌剧包括:19世纪40年代的《纳布科》、《伦巴第人》、《欧那尼》;50～60年代的《弄臣》、《行吟诗人》、《茶花女》;70～90年代的《阿依达》、《奥赛罗》。威尔第后期的歌剧具有革新意义,同时他的作品对于意大利的统一起到了鼓舞人心的作用。荣誉加之于这位音乐家的生前卒后,他的葬礼以民族英雄的仪式举行,数十万人自动肃立街道两旁,这种隆重的礼仪是罗西尼难以奢望的。普契尼(G. Puccini,1858～1924年)同样在歌剧创作方面有着杰出贡献,他一生有12部歌剧问世,《托斯卡》、《艺术家的生涯》、《蝴蝶夫人》、《曼侬·列斯科》等均成为后世乐坛经常演奏的曲目,普契尼追求"有趣、惊人、动人"的效果和情节,内容多为下层百姓悲欢离合的爱情故事,其歌剧咏叹调旋律明媚流畅,堪称一绝。

其他著名意大利作曲家及歌剧作曲家还有:凯鲁比尼(1760～1842年),作有歌剧《阿那克立昂》;唐尼采蒂(1797～1848年),创作了17部歌剧;仅活了34岁的贝里尼(1801～1835年),作有《诺尔玛》、《清教徒》(图5-27),对肖邦、威尔第均有很大影响;列昂卡瓦罗(1858～1919年),著有真实主义歌剧《丑角》,它常常与玛斯卡尼(1863～1945年)的《乡村骑士》相并称。稍后一些的作曲家雷斯庇基(1879～1936年)的交响诗《罗马四名泉》、《罗马的松树》、《罗马的节日》均为经典之作。

图5-27　穿白领黑衣、表情冷漠、不苟言笑的清教徒以及载着清教徒到达美国、象征一个时代乃至世界文明史变迁的"五月花号"帆船。

其他国家:民族乐派纷起

英国在文学甚至美术领域还可以与欧洲大陆一比高下,但在音乐方面则应甘拜下风了。自亨德尔(亦为德裔)以后,它几乎没有产生过一流音乐大师。17世纪仅有普塞尔创作了英国第一部民族歌剧《狄朵与伊尼阿斯》,19世纪又有二三流的沙利文(1842～1900年)的少量歌剧及小歌剧,直至20世纪也只有威廉斯、布里顿。

北欧出现了世界级的作曲家。19世纪下半叶的挪威作曲家格里格(E. Grieg,

1843～1907年)的作品具有民主主义思想倾向及民族主义风格，他为易卜生戏剧《培尔金特》作的插曲后改编成乐队组曲，成为音乐会上经常演奏的曲目。芬兰的西贝柳斯(Jean Sibelius，1865～1957年)也是世界级的大师，他对于芬兰近现代音乐发展影响巨大。另外，比利时有乐器制造家萨克斯(Adolphe Sax，1814～1894年)，他创制了萨克斯管及萨克斯号，这些如今已经成了流行的乐器。

东欧诞生的那些著名音乐家一般均在西欧尤其是巴黎度过了宝贵的时光：肖邦从20岁起就离开祖国，不久即定居巴黎；李斯特成名后也未在匈牙利久留，他基本上在西欧如德国魏玛、巴黎、罗马云游；只有捷克的斯美塔那、德沃夏克在自己的国家长期地生活和创作。在这一时代，俄罗斯民族音乐的成就就像其文学成就一样令整个欧洲乃至世界瞩目。

二、思想巨人的时代

其实，在19世纪的欧洲，占统治地位的思想仍然是基督教神学与欧洲中心论[①]。不过，神话传说与纯宗教思想在知识界已经失去了立足之地，它们的价值大都只是反映在学术研究领域。神学的道德说教虽然在西方大多数人当中继续施加着影响，但人们对于它们的理解已是今非昔比。西方文明进化到了这一时代，人们的思想观念发生着前所未有的变化。

1. 功利主义哲学：全新的思想观念

“功利主义”或“功用主义”[②]思潮来自于自然科学的发展及社会生活的变迁，它是指以实际利益或功效作为衡量道德标准的学说。历史上多次出现此类观点，但发展成为系统的理论则是我们叙述的这一时期，其创始者是英国人边沁。

毕业于牛津大学的杰雷米·边沁(J. Bentham，1748～1832年)是著名的哲学家、法学家及伦理学家。他认为人最基本的行为与动机是快乐或痛苦，而个人利益的满足是保证“最大多数人的最大幸福”的前提，因此“避苦求乐”也就成了个人行为的基础以及区别善恶是非的准则，同样它也是政府活动的原则。总之，人的全部活动、社会道德与立法活动以及政府行为都只能有一个原则——功利。在其《政府片论》、《道德与立法原理导论》中，边沁批判了卢梭的社会契约论等民主思想，从而提出了社会生活的基础和道德之首要原则是“效用原则”或功利主义。他还主张自由竞争，反对政府干预经济。其代表作还有《刑罚与补偿理论》、《为高利贷辩》。

功利主义哲学的继承和发展者是约翰·斯图亚特·穆勒(John Stuart Mill，

① 甚至到了20世纪，为了保持和教会神学相一致，新思想还不能走上课堂。1925年美国田纳西州一中学生物教师约翰·托马斯·斯科普斯因讲授达尔文进化论而被指控犯下渎神罪。

② 源于拉丁文utilitas，意即“效用”。

1806～1873年)，他是著名经济学家、经济学“四分法”[1]创立者詹姆斯·穆勒(1773～1836年)之子，后者也是功利主义的倡导者。约翰·S·穆勒在哲学思想上接近休谟的经验论和康德的实证论，他在道德、伦理及政治学说方面进一步发展了边沁的思想。1863年他发表了具有系统功利主义思想的《功利主义》，在书中他抛弃了边沁不加区别的追求“快乐”的思想，认为快乐有质与量的差别，有感官、物质上的，也有道德精神方面的，重要的则是后者。穆勒进一步认为，人在追求幸福之时要平等地顾及他人的利益，功利的标准不仅仅是自己获得幸福，还要使相关的人幸福。于是穆勒从人道主义理想出发，充分考虑到公众与社会福利，从而提出了社会利益标准及人类道德行为之目的在于使所有人获得幸福。除了《功利主义》之外，穆勒的主要著述还包括《论自由》[2]、《政治经济学原理》。

2. 实证主义：现代西方哲学理论的中坚

作为西方现代哲学重要的学说及流派，“实证主义”或曰“实在论”产生于19世纪三四十年代的法、英两国，法国的康德被认为是创立者。奥古斯特·康德(Auguste Comte，1798～1857年)曾做过圣西门的秘书，他宣称自己发现了“一条伟大的根本规律”即人类智力的发展规律。他认为：人类历史的发展实质上是人类智力的发展，它经历了三大阶段即公元1300年之前的神学阶段，1300～1800年的形而上学阶段，1800年以后的科学阶段，认识了人类智力发展的基本规律，就可以掌握改造社会的原则和方法。他还创立了社会学，并把它划分为社会静力学和社会动力学，为此提出进步和秩序两个基本概念。在伦理学上他最早提出“利他主义”一词，显然这对于约翰·穆勒具有直接的影响。晚年康德还曾致力于人道教的建立工作，主要著述有《实证哲学教程》、《实证政治体系》、《实证宗教教义问答》。

康德的继承者们都宣称自己是“科学的哲学家”，他们强调：科学只是对“实证的事实”亦即经验和事实的描写和记录，而不反映事物的本质与客观规律；事物的本质超乎感觉经验之外，是不可知也没有必要去认识的——这显然受到休谟认识论的影响。

3. 进化论哲学：社会达尔文主义思潮

社会达尔文主义如果不是被普遍地应用于战争和殖民扩张，那么把达尔文学说引入社会学领域无疑具有更为积极的意义。

进化论的社会意义　达尔文的学说给知识界带来的影响是革命性的，因为它几乎彻底剥夺了上帝创造万物的特权。难怪西方神学界对进化论极为仇恨，且不

---

① 所谓“四分法”，就是不分主次地把产品经济分为生产、分配、交换、消费，这一划分方法为一般西方经济学家广泛采用。

② 这两部著作严复曾分别翻译为《穆勒名学》、《群已权界论》。

说赫胥黎、马克思等人被恶意地讥讽为“猴子”，英国牛津大主教威尔伯福斯甚至向进化论者们抛出恶意的问题与指责：“您是通过祖父还是通过祖母接受猴子的血统的？”[①]“可见，进化论思想对宗教的威胁使教会大为光火”[②]，这也说明该思想在当时并不占有优势地位。

然而，进化论毕竟公之于世，且很快融进社会学领域。英国人赫伯特·斯宾塞(Herbert Spencer，1820～1903年)较早地用它来解释社会现象。他说，不仅物种与人依照进化论原理发展，社会风俗习惯、机构制度、宗教信仰及道德观念也按照该原则进化。这一被后世称为“社会达尔文主义”或“普遍进化论”的学说无疑引起了更加广泛的争论。斯宾塞发表了《社会静力学》，可以说是理论社会学的创始人之一，后又完成了三卷《综合哲学体系》，另外他还著有《社会学研究》(严复曾摘译为《群学肄言》)以及《自传》。

与斯宾塞思想相一致的还有两位哲学家——赫胥黎和海克尔。相隔15年、几乎与达尔文有着差不多经历的英国博物学家托马斯·亨利·赫胥黎(T. H. Huxley，1825～1895年)在海洋生物学、比较解剖学、古生物学及人类形态学等方面都有着重大贡献。在哲学领域他也是一个“热衷于论战的硬汉”，且以成为“达尔文的炮筒”颇感自豪。他指出，社会制度、宗教信仰、道德伦理等等不是由神明制定而是生物遗传与进化的结果，神灵与“上帝”只是神学家们人为创造。不过赫胥黎继承了休谟、康德以来的不可知论，认为物质实体和上帝、灵魂一样都是不可知的，并率先提出了“不可知论”一词。他的《人在自然界中的地位》具有开创性的意义，《论有机界的起因》和《进化论与伦理学》都在当时产生了极大的影响，它们对于东方也具有启蒙意义[③]。

进化论哲学在欧洲大陆的代表是德国博物学家、曾创立“一元者协会”的恩斯特·海克尔(E. H. Haeckel，1834～1919年)，他被视为欧洲大陆“第一个诚心诚意地赞成达尔文主义的杰出科学家”[④]，而且在某些方面要比前面两位走得更远，因为海克尔彻底否定了精神之物的存在。他在65岁时发表了《宇宙之谜》，连同《人

① 1859年达尔文发表《物种起源》后在西方社会立刻引起一场大规模的争论，1860年6月30日英国牛津的大辩论分别以赫胥黎和大主教威尔伯福斯为代表，当时赫胥黎面对大主教的质问，立即郑重起立做了如下回答：“我不认为以猴子为我们的祖先是可耻的；但与一个用天赋来混淆真理的人有关系才是可耻的。”

② 马世力主编：《世界通史》(下册)，上海人民出版社1999年版，第416页。

③ 其中《进化论与伦理学》曾被严复翻译成《天演论》中文本，连同相关西方思想论著，它们对我国19世纪末20世纪初这一新旧交替时代思想的转变产生了深刻的影响。

④ 前引爱德华·麦克诺尔·伯恩斯、菲利普·李·拉尔夫合著的《世界文明史》，第3卷，第296页。

类发展史》、《生命的奇迹》、《作为宗教和科学之间的纽带的一元论》均把达尔文的生存竞争规律较彻底地引入到社会领域。

4. 唯意志论与进化论：从叔本华到尼采再到皮尔逊

唯意志论在19世纪后期的发展体现了达尔文主义的影响，它的创立者是25岁即获耶拿大学哲学博士的叔本华(Arthur Schopenhauer，1788～1860年)。他曾经致力于柏拉图、康德的研究，接受了先验唯心主义，但反对黑格尔的绝对唯心主义，在汲取了东方佛教及印度哲学思想后创立唯意志论哲学体系，主要作品包括《作为表象和意志的世界》、《论处于自然界中的意志》、《论视觉与色彩》。叔本华认为，物质现象只是"摩耶"(幻觉)和观念，唯有意志才是宇宙的本质；他首创并使用"生活意志"一词，认为所有的人都是利己主义者，只是这种生活意志在现实世界中永远也无法获得满足，于是人生充满了痛苦，为此就必须断绝"我执"，从根本上否定那"生活意志"，这样才能获得解脱，达到涅槃。叔本华还把唯意志论纳入艺术领域，认为艺术是摒弃一切欲望或实用利益的"冥想"，艺术创造来源于纯粹的直觉亦即毫无意志的直觉。这些思想对于尼采及后来的柏格森有着直接的影响。

唯意志论的继承者和发扬光大者是尼采(Friedrich Nietzsche，1844～1900年)，他本来是一个浪漫派诗人，25岁时就在巴塞尔大学担任语言学教授。就像贝多芬、司马迁一样，尼采若非受疾病的痛苦折磨，也许不能够产生他那些深刻的思想，而只是老老实实地做一个语言学教授。但一年当中据说有200天的疾病煎熬最终使他晚年精神失常(像舒曼一样)，也正是在这病苦折磨的逆境中，他那"超人"的思想是如此地震撼人心。关于唯意志论，他认为自然界和社会中的决定力量是意志，历史的进程就是强力意志发挥和实现的过程；就人生来说，人生之目的也在于发挥强力，"扩张自我"。关于进化论哲学，尼采在其《查拉图士特拉如是说》、《道德的世系》、《强力意志》中强调，自然选择和竞争机制应如同适用于生物界那样毫无保留地适用于人类，经过不断地淘汰，那些低能者、胆小鬼、意志薄弱者将被摒除，于是超人应运而生。不过在此之前，宗教上的障碍也得清除，故而尼采提出要推翻基督教和犹太教，因为它们颂扬了奴隶的德行，为此他高呼"上帝死了"的口号。尼采进一步认为，卑躬屈膝、不抵抗主义、肉体的苦行、软弱无能等等均是"邪恶的德行"，对于它们的颂扬不利于自然选择与淘汰。所谓的"善"，就是强力和权力，而"恶"则源出于软弱，这些思想在其《善恶的彼岸》中被详加阐述。

上述的直觉论及英雄主义哲学观念也为英国的卡尔·皮尔逊(1857～1936年)所发扬，他把达尔文的进化论思想发展到极端，在《进化论的数学研讨》及《从科学观点看民族生活》中，皮尔逊强调每一个民族和国家都在进行着一场生存斗争，只有最适合于这种竞争环境者方可生存与发展下去。他说,“进步之路为各民族的残骸所覆盖,到处都可以看到劣等种族祭献的痕迹以及那些无法跻身于通往至善境界狭路牺牲者的踪迹。然而,事实上这些死者充当了垫脚石,人类通过他们已经上升到今天这种具有更高理智和更深情感的生活”。这种学说对于当时西方社会产生了深刻的影响,从帝国主义到军国主义、从俾斯麦到希特勒,它的理论几乎是十分“畅销”地被付诸于实践。

5. 新康德主义和新唯心主义

新康德主义

新康德主义产生于德国,奥托·李普曼(1840～1912年)是早期新康德主义的代表人物,他最早提出了“回到康德去”的口号,并批判所有的唯物主义。弗·阿·朗格(1828～1875年)开新康德主义者之先河,并彻底否定了康德“自在之物”中的唯物主义因素,以生理学理论论证康德的哲学学说。他认为,康德的“自在之物”并非实在的东西,而是认识的“极限概念”。新康德主义后来形成许多流派,他们均否定唯物主义,尤其是马克思的新唯物主义,如柯亨主张以康德的绝对命令为基础建立“伦理社会主义”,以取代科学社会主义的阶级斗争和无产阶级专政的学说;李凯尔特则指责历史唯物主义是抹杀社会精神生活的庸俗经济学。上述思想在第二国际期间被伯恩施坦用来“修正”马克思主义,因此产生了在20世纪共产主义运动中影响很大的修正主义。

新黑格尔主义

一直流传至20世纪的现代哲学流派新唯心主义亦即新黑格尔主义发端于英国,随后蔓延至美国、德国、法国等西方国家。J. H. 斯特林(1820～1909年)和T. H. 格林(1836～1882年)是该派最早的代表,前者的《黑格尔的秘密》(1865年)被视为第一部系统阐述新黑格尔主义观点的著述,格林则被认为是英国该流派的奠基人,如他主张范畴和关系属于理性的东西,它们构成的世界是“绝对理性”(亦称绝对意识)的体现,绝对理性就是“绝对的我”或“无限的我”。在英国,新唯心主义的代表还有布雷德利、鲍桑葵。F. H. 布雷德利(1846～1924年)著有《逻辑原理》、《现象与实在》,他与意大利的克罗齐、美国的罗伊斯、德国的克罗纳都是新黑格尔主义的头面人物。

相对于自己的艺术以及英、德的哲学成就,意大利的哲学一向处于沉默之状。不过就新黑格尔主义哲学而言,意大利也有了一流的哲学家,克罗齐、秦梯利就是这方面的代言人。G. 秦梯利(1875～1944年)是行动哲学的提倡者,他主张教育是实现极权的工具,强调国家利益高于一切。作为比萨大学的名教授,他著有《精神即纯粹行动论》、《现代意大利哲学的起源》,后做过墨索里尼的教育部长,于1944年在二战行将结束时被游击队枪决。不过秦梯利似乎是克罗齐理论的“刀下鬼”和牺牲品，因为秦梯利就是对后者的哲学思想加以发展，并使之成为法西斯主义的重要理论来源。作为意大利著名美学家、哲学家，克罗齐(B. Croce，1866～1952 年)倡导所谓的"精神哲学"亦即纯粹精神哲学，提出了直觉即抒情的表现、直觉即艺术即美学等论点，也成为表现主义的理论依据之一。克罗齐的主要著作包括《论黑格尔》、《黑格尔哲学中的活东西与死东西》。

美国人自 19 世纪末在哲学研究方面开始发力。譬如克莱顿(1861～1924 年)自 1895 年 34 岁起担任康奈尔大学教授，后成为美国第一任哲学学会会长及《哲学杂志》主编。但最著名者应属罗伊斯(Josiah Royce，1855～1916 年)，他进一步发展了新黑格尔主义思想，著有《现代哲学的精神》、《世界和个人》。

生命哲学的跨世纪影响

20 世纪特别是第二次世界大战以后，新黑格尔主义与现代主义思潮合流，法国出现了以华尔为代表的存在主义的新唯心主义哲学。不过 19 世纪末 20 世纪初的另一现代哲学流派是对存在主义具有直接影响的生命哲学。它被认为有两大派：一派以德国狄尔泰为代表，该派最大代表则是齐美尔和施本格勒；二是以法国柏格森为代表的一派。就学于海德堡大学和柏林大学的 W. 狄尔泰(1833～1911 年)最初拥护新康德主义，后转向生命哲学，他认为哲学的中心问题是生命，通过个人的"生活体验"及对生命同情的"理解"就可以认知文化或历史，这些思想反映在其《精神科学导言》、《哲学的本质》等著述中。德国哲学家、社会学家、形式社会学的创始人 G. 齐美尔(1858～1918 年)同狄尔泰一样由新康德主义转向生命哲学，他认为生命是世界的本原，是不断的"自我超越"，只有拥有直觉和本能性预见的生命哲学家才能把握生命的整体性，进而领悟世界的真谛。

另一位大哲学家及历史学家是施本格勒(Oswald Spengler，1880～1936)，他认为历史是若干各自独立的文化形态的循环交替过程，任何一种文化形态就如同生物有机体一样经历着青年期、壮年期、老年期和死亡期。在其《西方的没落》中，他把一战后德国的战败及西方经济危机视为"西方的没落"，拯救危机的唯一途径是建立一种由"社会主义"与军国主义相结合的"新文化"。施本格勒的其他重要著作还有《抉择时刻》、《普鲁士人民与社会主义》。

生命哲学的集大成者是法国的亨利·柏格森(Henri Bergson，1859～1941 年)，他也是创造进化论的提出者、直觉主义的主要代表。柏格森创用"生命冲动"和"绵延"两个词解释生命现象，认为生命冲动就是绵延——亦即"真正的时间"，它是只能靠直觉把握的唯一的实在；直觉就是创造，直觉的境界也就是与上帝合而为一的境界。他进一步将社会划分为"封闭社会"和"自由社会"，其分别具有"暴力统治"和"个性自由"特征。柏格森于 1928 年获诺贝尔文学奖，在文艺理论方面他主张作家要追寻着人物的"意识流"去刻画，这对于"意识流小说"及其技巧的采用具有发轫作用，其著名作品包括《试论意识的直接材料》[1]、《物质与记忆》、《形而上学导论》、《创造进化论》、《笑》等。

6. 由经验批判主义到实用主义

经验批判主义：马赫与阿芬纳留斯

19世纪后半期的实证主义还演变为经验批判主义，它在西方哲学思潮中被称为第二种演变形态。经验批判主义也被称为"马赫主义"，其创始人就是奥地利物理学家、哲学家恩斯特·马赫(Ernst Mach，1838～1916年)，他创立了一种"超乎唯物主义与唯心主义之上"的新哲学，在《感觉的分析》、《认识与谬误》等著述里，他认为物体是"要素的组合"，要素即感觉，是唯一之实在；而时间、空间及因果性均是先天的，也是人主观意识的产物。马赫的理论对后世影响很大，20世纪所谓"修正主义"者亦用以反对马克思主义。

毕业于莱比锡大学、被列宁说成"没有头脑的哲学家"的理查·阿芬纳留斯(1843～1896年)也是经验批判主义的创始人，他自34岁起在苏黎世大学任教授，直至去世。他主张要彻底清除经验中的客观物质成分，并提出"原则同格论"亦即客观世界离开意识主体就不可能存在，唯物主义反映论则硬是把外部世界"嵌入"了人的大脑。

实用主义

19世纪末的哲学领域发生了更为深刻的变化，科学的发展尤其是物理学的变革使许多思想家对斯宾塞的乐观主义、对海克尔的机械论、对唯物主义均失去了信心，一种新的观念——由美国人倡导的实用主义开始影响欧洲大陆。它产生后于20世纪初在西方国家盛行，并影响到世界各地包括我们中国。其创立者是皮尔斯，奠基人是詹姆斯[2]，发扬者是杜威，以后的代表有美国的胡克，英国的席勒。二战以后实用主义同逻辑实证主义、语义哲学开始合流，主要代表人物有20世纪的刘易斯、莫里斯等人。

皮尔斯(C. S. Peirce，1839～1914年)是美国哲学家、逻辑学家、美国数理逻辑的最早研究者，毕业于哈佛大学，1878年首次表述实用主义原则，亦即任何一个概念的内容和意义就在于其达到的效果；他所制定的实用主义四种方法——固执的方法、权威的方法、科学的方法、先天的方法构成了所谓的"皮尔斯原则"。主要著述有《什么是实用主义？》、《逻辑学研究》。威廉·詹姆斯(W. James，1842～1910年)作为哲学家和心理学家，他也是机能心理学的创始人之一。詹姆斯将皮尔斯创立的实用主义理论系统化，并称它为"彻底经验论"，又创用"信仰意志"一词。实用

---

① 今中译本改名为《时间与自由意志》。

② pragmatism 即"实用主义"一词由詹姆斯率先创用。

主义的另一重要代表人物是给予中国知识界不小影响的约翰·杜威(J. Dewey, 1859～1952 年),他自称其哲学是“经验自然论”和“工具主义”,经验是人跟他们所创造的环境的“交涉”,而一切科学理论只是人们整理经验及适应环境的手段或工具,在此基础上他还提出了“教育即生活”、“学校即社会”的思想,这些都产生了深远的影响。杜威的著作也很早被翻译到中国,其代表作包括《经验和自然》、《哲学的改造》、《民主主义与教育》、《学校与社会》。

同样产生于 19 世纪末、20 世纪初的新实在论也主要流行于英美两国,其代表是奥地利的迈农,英国的穆尔、怀特海、亚历山大,美国的培里、霍尔特、蒙塔古等人。

三、耕耘与收获:自然科学与社会科学

19 世纪自然科学成就的取得建立在前两个世纪的基础之上,18 世纪下半叶工业革命的发生刺激了自然科学的发展。三大显赫成就赫然诞生,它们是:进化论、能量守恒与转化定律、细胞学说。

1. 数学与天文学:传统理论的动摇

如同中国一样,数学和天文学也是早期西方自然科学中的显学。不过在这一时期,相对于其他自然学科,数学和天文学方面的成就并非那么绚烂。

数学在 19 世纪的突破主要是由于 20 年代俄国的尼·伊·洛巴切夫斯基的贡献。19 世纪 20 年代以前,西方从古希腊欧几里德那里承继的几何概念几乎是无法动摇的,洛巴切夫斯基创立了以公理为基础的非欧几里德的新体系,约定过一点可引两条直线与已知直线平行,这引发了一场数学革命。当然,这一世纪未像以前那样产生牛顿、笛卡儿、莱布尼茨等显赫的大数学家,尽管也有很多知名数学家一直在孜孜耕耘着。

19 世纪科技的进步为天文学的发展提供了更好的条件,利用光谱分析研究宇宙物质的成分和性质是一个突破,而之前康德和拉普拉斯关于太阳系起源说即星云假说已经动摇了以往人们把自然界视为某种永恒不变的东西的观念,尤其是法国数学家拉普拉斯的《宇宙体系论》更是有力地打击了上一世纪形而上学的宇宙观。德国人在光谱分析方面成绩斐然,一些新的星球如天王星、海王星被先后发现,银河的构造及恒星的空间分布都得到了比较深入的研究。

2. 物理学的突破

19 世纪物理学的最大发现就是能量守恒定律,它的贡献者是德国的海尔曼、迈尔和英国的业余物理学家焦耳,后者以著名的“焦耳定律”进行实验证明。自 1820 年丹麦的奥斯特发现电流效应后,很快在电的理论研究和电磁学方面就有了重大突破,法国的安培在 1826 年提出了“安培定律”,创立了电磁理论;同年,德国

的欧姆确立了电流、电动势及电阻的概念，并通过实验建立了“欧姆定律”；而以法国三大科学家命名的“毕奥-萨伐尔-拉普拉斯定律”奠定了电动力学数学理论的基础，这些都是电磁学的基础性工作。

电磁理论的最大贡献者应是英国的法拉第，他在1831年创立电磁感应定律，该定律至今仍是大中学校教材里最基本的理论知识。法拉第的这一创见使得制造永磁式发电机和电动机成为可能，从此人类走向开始利用电力的新时代。1833年德国的楞次创立“楞次定律”；不久，英国的麦克斯韦尔又集诸多科学家的成就，建立了较为完整的电磁学理论体系，他的巨著《电学与磁学论》不但为赫兹发现电磁波奠定了基础，而且也成了爱因斯坦相对论的起点。世纪之末，发电站及无线电通讯逐步建立起来；意大利的马可尼为无线电通讯、美国爱迪生的相关发明均贡献极大。

3. 化学：新发现

化学同样有着为20世纪奠定基础的重大创见。18世纪末法国化学家拉瓦锡就已经提出了元素的概念，不久化学家们发展了定量的化学分析。1803年9月6日，英国化学家道尔顿在其37岁生日那天把系统的原子理论写在日记里，五年后就出版了他的代表作《化学哲学新体系》，虽说里面还有很多结论明显错误，如他的原子不可再分且不可改变的思想，但它毕竟标志着科学原子论的确立，可以说为化学这门学科的发展开辟了一个新纪元。与此同时，法国的吕萨克也提出一个假说，那就是在相同的温度和压力之下，相同体积的不同气体中所含的原子数相同；道尔顿对此持不同意见。1811年，意大利的阿伏伽德罗提出了分子的概念并解释了吕萨克与道尔顿的意见分歧的原因，并提出“阿伏伽德罗定律”，但该定律被冷落了半个世纪之久，直到1860年在德国卡尔斯鲁厄国际化学会议上，意大利的坎尼查罗呼吁重视这一定律之后，近代“原子-分子学说”才得以建立。

该世纪最重要的成就应属俄国人德·伊·门捷列夫，他在前人成果的基础上推出了著名的化学元素周期律，起初他的周期律只是一些预言，当一些新的元素被发现且与门捷列夫所预言的性质完全一样时，整个西方科学界都为之震惊。到19世纪下半叶，物理化学形成，至今它仍是化学重要的分支学科。19世纪末伦琴发现了X射线，铀元素也被发现，不久居里夫人发现了镭元素。英国的拉瑟福得和丹麦的玻尔提出了原子结构行星图，该图里已经有了原子核、质子等粒子。化学实验和发明的成就归属于瑞典的诺贝尔家族，其中阿尔夫雷德·诺贝尔是人造丝绸及各种炸药的发明家，只可惜他的发明及其制造工厂不断地服务于战争，他发明的水雷率先被俄国人用于克里米亚战争。令人欣慰的是，诺贝尔临死前立下的遗嘱使得后世有了以他名字命名的奖项，如今它被全世界视为智力成就的最高荣誉。

4. 医学与生物学：人类寿命的延续

19 世纪特别是下半叶生命科学领域的成就也许是最为突出的。生物学中有细胞学说的建立，而医学领域的诸多发现使得人类的寿命逐步延长。

达尔文的作用

我们当然不能把这方面所有的成就归于达尔文一人，但必须承认，进化论学说对于知识领域的影响是划时代的。我们还必须提及达尔文之前的法国博物学家让·拉马克(1744～1829 年)的贡献，1809 年出版的《动物学哲学》说明他是第一个系统提出进化论思想的人，他的器官进化学说统治了生物学领域长达半个世纪之久，且对达尔文具有直接的影响。1859 年出版的《物种起源》[①]标志着进化论的最终确立，1871 年出版的《人类起源与性选择》向全世界宣布以自然选择为基础的生物进化论，并指出人是由猿猴演化而来，这些科学学说对于当时仍然占统治地位的神学的打击无疑是致命的 。以后又有不少科学家对达尔文的学说加以发展和完善，如德国的博物学家奥古斯都·魏斯曼、荷兰植物学家雨果·德福里斯、奥地利神父格雷戈·孟德尔。

生命科学的突破

早在 17 世纪，英国科学家罗伯特·胡克利用显微镜发现了细胞[②]，不过当时还不知道它的结构、功能及作用。到了 19 世纪 30 年代，德国施莱登提出了植物结构的细胞学说，德国特奥多尔·施旺指出动物也是由细胞组成，不久穆赫尔发现了细胞质。另一项重要成就是胚胎学的发展，它是由俄国生物学家冯贝尔创立的，大约在 1830 年，他提出了著名的“贝尔法则”，这一法则由我们前面述及的海克尔加以发展。

到了 50 年代，德国的雷马克与瑞士的寇力克将细胞学和胚胎学加以结合研究，发现卵子和精子也是由简单的细胞组成，胚胎发育的过程是细胞分裂分化的过程。很快法国化学家、近代微生物学的奠基人路易·巴斯德对生物自然发生理论进行了划时代的批驳，那一理论认为微生物及其他微观有机体是在水里或腐烂的蔬菜及牲畜肉里自然产生的，巴斯德则成功地使人们相信，一切已知生命形式均来自于早先存在的生命，这就是巴斯德的“生源论”。1879 年，德国的弗莱明又发现了细胞核内的遗传物质载体即染色体，至此，生物学中统一而完善的细胞学说建立起来了。

---

① 1859 年 11 月 24 日，巨著《论经过自然选择或生存斗争中适者生存的物种起源》即《物种起源》在科学界引起轰动，当天初版的 1250 本被抢购一空，“洛阳为之纸贵”，这种景况即便在 20 世纪也极为罕见。

② 英文 cell 即“细胞”由胡克定名，沿用至今。

医学实践的诸多发现

医学的发展与生物学领域的进步是分不开的。早在18世纪末,詹纳发现了天花疫苗;以后又有了乙醚,这几乎是现代医学发展的里程碑,因为乙醚作为麻醉剂使得外科大夫可以从容地进行手术。到了19世纪60年代,英国的约瑟夫·李斯特把匈牙利外科医师伊格纳兹·塞迈尔维斯的消毒剂加以推广,因为塞迈尔维斯发现在施行妇产科手术时,如果把手用消毒剂洗干净就能使死亡率降低高达4/5。利斯特的创见还有:用石炭酸溶液对伤口及器械消毒,采用经过酚处理过的羊肠线进行外科缝合,为此他被英国政府授予爵位并获贵族称号。

巴斯德和德国的罗伯特·科赫的研究使病源微生物学建立起来,这使得医学实践的成就突飞猛进。80年代科赫发现了肺结核杆菌及亚洲型霍乱弧菌,随后几年,白喉、淋巴腺鼠疫、破伤风、昏睡病等病菌也被分离出来。1885年,巴斯德发现了治疗狂犬病的方法,这使得当时那种极为可怕疾病的死亡率降低到小于百分之一。19世纪末,医学家们又发现疟疾、黄热病是由蚊子传播的,不久梅毒病菌也被发现,治疗一、二期梅毒的砷凡纳明即“六零六”已被研制出来。

5. 技术与发明:电的革命及其他成就

电磁学的发展使得电的威力被认识。1832年法国的皮克西兄弟制造出第一台手摇永磁式交流和直流发电机,两年后英国的克拉克研制出第一台商用直流发电机。1867年德国的西门子利用自激原理制造了自激式直流发电机,它在技术上被认为是具有像瓦特发明蒸汽机那样的划时代意义,后来以西门子命名的公司成立,到了20世纪以后该公司成为跨国公司。与此同时,交流电的应用也随着变压器的出现而迅速扩展,1878年俄国人研制了一台多相交流发电机,1885年意大利的法拉里提出了旋转磁场理论,制造了二相异步电动机模型,很快,三相变压器、三相异步电动机先后诞生。

内燃机在19世纪引发了一场交通运输革命。1801年法国的德安贝尔森获得以“灯用煤气”为燃料的内燃机专利权。第一台实用的内燃机由法国的里诺研制成功。德国的奥托等人制造出更有效率的内燃机及汽油机,并把它用于汽车。1892年德国的狄塞尔发明了柴油机并将它广泛用于各种交通工具。

法国的达盖尔是第一位发明阳光照相法的人。19世纪30年代,伸缩式照相机设计成功并投产,它被60年代的折叠式相机所取代;80年代末胶卷开始使用,它预示着电影业行将兴起;1895年,德国的斯克拉达诺夫斯基兄弟与法国的卢米埃尔兄弟在相差不到两个月的时间里先后放映了他们所拍摄的短片,这标志着电影的开端。此外,1878年美国第一家电话局正式对外营业,1892年第一套空调设备在德国国会大厦安装,但电视的发明则要等到下一个世纪。

6. 社会科学：新学科的诞生

如今我们所熟悉的自然科学、社会科学诸学科完全是按照西方的模式建立起来的。我们可以作出一种假设，如同近代西方逐步统治全球一样，如果中国或东方民族自中古时代后能够逐渐统治全世界，并把它们先进的文化加诸于所有被统治民族，那么，如今的西方世界也会在许多方面走上中国或东方文明之路，在一些学科方面自然就会采用诸如经、史、子、集、历算等分类方法，而不是现在的哲学、化学、物理之类的学科名称了。时移事易，一切都按照我们已知的近代历史发展轨迹而行进。

20 世纪以后的一些重要学科就是在这一时期创立的，它们是：(1)社会学，初由奥古斯特·康德创立，后赫伯特·斯宾塞加以发展，19 世纪末传入我国。(2)人类学，最初只是研究人类的体质特征、类型及其发展的规律，如从猿到人的演化历程、人体的发育等；它开始属于自然科学，后与社会科学密切相连，分化出人体形态学、古人类学、人种学等，而英美学派的人类学后来分化出体质人类学、文化人类学、史前人类学(主要研究史前人类的体质和文化内容)。(3)心理学，它从哲学领域中独立出来，在威廉·冯特指导下创立于德国，初亦属于自然学科范畴，在俄国伊凡·巴甫洛夫所谓"条件反射"的实验后引起科学家们的瞩目。实际上古代许多哲学家的思想都包含了大量的心理学问题，如亚里士多德、我国先秦道家与兵家都注重心理学方面的研究，20 世纪以后该学科又细分为许多分支学科，并且逐渐被纳入社会科学领域。

第四节　刚刚逝去的世纪：美国的影响及民族文化重新弘扬

在刚刚逝去的世纪里，前后半个世纪是两个截然不同的 50 年，1900～1950 年间全球爆发了两次可怕的世界大战，它们造成的人口伤亡和财产损失至今想来仍令人惊魂难定。相对而言，接下来的 50 年还算比较稳定，局部的、短暂的战争除外。总体来看，文化艺术与科学技术的发展在 1950 年前后也有着不同的状况，西方国家在前面 50 年仍然呈现出技术和文化的一定程度的发展，其他几乎所有国家和地区面对的是民族独立、内战、饥荒、贫困诸问题；后面的 50 年则相对稳定，无论是发达国家还是许多获得民族解放的国家，各种文化逐渐发展。如果说 19 世纪是西方人在军事或经济方面(17、18 世纪在宗教领域)逐渐征服全球的时期，那么，20 世纪尤其是后半期则是在文化尤其是科技方面逐步统领世界的世纪。

美国在那刚刚逝去的一个世纪(尤其是后 50 年)里发挥着统领西方世界的作用，无论是在经济、军事领域还是在文化方面，愈是到了后期愈是如此。

一、上下 50 年：两次世界大战及其影响下的文明发展格局

1. 战争的年代

对于人类而言，20 世纪最初的 50 年是一个灾难重重的时期。在远东，中国经过了划时代的巨变即推翻了最后的封建王朝后又迎来了军阀的践踏，但不久，无序、野蛮的军阀混战被先进政党领导的内战所取代，在这场赌博式的争权斗争中，蒋介石夺取了政权。随后日本的侵略和屠杀所带来的灾难令当今中国人没齿难忘；而赶走了可恨的日本鬼子后，在中国共产党的领导下，中国人民经过三年多解放战争，进入了社会主义新时代。与此同时，整个世界何止中国饱受战争的创伤，印度、非洲、阿拉伯世界、欧洲大陆甚至英国本土，均经历着血与火的洗礼。这其中自然是两次世界大战的空前影响。

两次世界大战对于西方特别是西欧列强的影响是沉重的。譬如在欧洲，战争造成的创伤是难以修复、也不可能愈合的，仅仅是第二次世界大战就制造了前所未有的惨重伤亡——5 000 万受害者（图 5-28）。1945 年，这场史无前例的世界大战结束，“它切断了历史”，更切断了欧洲的历史，“欧洲最初挑动暴力，后来又承受暴力”[①]。战争的毁灭性打击几乎使欧洲一蹶不振，这也从另一侧面突兀地显现出美国统领西方世界的必然地位；同时欧洲的衰落使得苏联在二战期间经历巨大代价后也取得了政治与军事方面的胜利，于是苏联及东欧社会主义国家取得的巨大成功以及随后中华人民共和国的诞生成为 20 世纪最令人惊异的事件。军事和政治两大对抗阵营一下子界线分明，接下来的冷战持续了近 40 年。

图 5-28　战争狂人——二战期间的法西斯分子：希特勒和墨索里尼，他们和其他军国主义者是造成数倍于一战死亡数字的无数平民百姓死亡的罪魁祸首。在德国纳粹集中营里，希特勒带来的尸横遍野的景象惨不忍睹！

① （法）J. 阿尔德伯特等：《欧洲史》，蔡鸿滨等译，海南出版社 2000 年版，第 563 页。

整个20世纪若以战争的结局和影响而论，重大的历史事件除了两次世界大战之外，我们必须立即想到马克思主义的伟大胜利——这就是1917年苏联的建立以及二战后社会主义阵营包括中华人民共和国的出现。当然，还有那许许多多通过民族流血战争而获得独立的亚非拉各个民族国家的独立事件。所有这一切国家的建立或独立都对世界历史的进程产生了极大的影响，同时也改变了西方人的自以为是以及他们企图主宰全球命运的历史轨迹。

2. 冷战与热点

没有美国就没有冷战。因为当时除了美国之外，所谓的西方资本主义国家大多数均处于衰落状态。传统观点是，冷战是二次大战以后西方国家对于社会主义国家推行的除了军事行动之外一切敌对活动的总称。事实的确如此。1946年，英国首相丘吉尔在富尔顿以一篇《和平砥柱》演说亦即“铁幕演说”引起轰动，这次演说被认为是“英、美联合反苏的重要信号”①；次年初美国总统杜鲁门的国情咨文标志着杜鲁门主义形成，同时也宣告了冷战的开始。

冷战毕竟不是战争，实际上它几乎排除了一切军事行动的可能；然而这并不能说明20世纪的后50年就是一个真正和平共处的世界。实际上，全球战争的热点有时候是触目惊心的，而且几乎所有的热点都是在美国人的直接参与或间接干预之下造成的。他们似乎总是以维护和平、公正为借口，到处挥舞大棒或抛洒美元，期望最终获得他们自己所要的结局。但事情往往是另外一种结果，那就是热点更热，而这一切都是美国人高唱主角所造就的局面。

在亚洲，美国的政策要强硬得多，它先后发动了对朝鲜和越南的战争，这些已经构成了20世纪后50年的热点。其他热点还有：中东战争、印巴战争、两伊战争、海湾战争以及非洲和亚洲的民族独立运动及种族间的冲突。特别是20世纪90年代初期和后期，以美国为首的多国部队先后对伊拉克、南斯拉夫进行猛烈的军事行动，这些都给当地造成极大的经济损失和人员伤亡。

这些仍旧历历在目的快速战争(局部性与短期性)对于文化的影响到底有多大，似乎还有待于深入探究。但有一点可以肯定，在这一历史时期，战争已经不是国际关系的主流。当今社会，全球绝大多数人只会厌恶、鄙视战争贩子及战争本身，人类基本上摆脱了野蛮的、愚昧的、像野兽一样的生活状态，社会文明已经进化到公元21世纪，恐怕也只有少数疯子才会时时将国际争端诉诸武力。

总之，20世纪50年代之后的战争没有给美国造成多大的损失，特别是在60、70年代后，它的技术、科学、文化艺术仍然稳步发展，它对世界的影响到了20世纪后期愈加明显。

---

① 马世力主编：《世界通史》(下册)，上海人民出版社1999年版，第620页。

二、一个过渡性的世纪:文明的增长与毁坏

在20世纪,西方的经济与文化、物质的丰足与精神享受都是发展中国家所难以企及的。另外,自二战以后,美国登上了西方世界"文明大厦"的最高层,逐渐成为西方与世界的领头羊;特别是到了20世纪末,无论是经济和军事,还是科技与文艺,美国人已经走在了所有国家的前列。

1. 经济与文化:前后50年的统辖和征服

就整个20世纪而言,前后50年全球经济与文化都有比较大的发展。具体来说,由于19世纪科学技术的发展及工业革命的完成,使得世界特别是西欧、美国、日本的经济实力逐渐占据了全球大部分份额。到了20世纪上半叶,这种情况仍然继续着,加上像德国、日本、意大利等法西斯国家军事工业对经济的巨大刺激,使得它们的综合国力迅速膨胀。二战以后,多数西方国家国力猛衰,甚至是满目疮痍,但不到20年的时间,这些国家的经济重新得到了高速增长,西德、日本、意大利、英国、法国等国家继续遥遥领先于世界其他国家,而新独立的民族国家、被西方经济干预和控制的拉美地区在经济方面大大落后于这为数有限的几个老牌强国。

在这一切之上,美国堪称强中之强,无论是经济还是文化,它都远远领先于世界甚至西方诸强,虽然苏联在军事方面尚能与之抗衡而使之不敢轻举妄动,但在经济方面,双方差距甚远,起初我们对此还不相信或是一无所知,当世纪之末苏联解体后俄罗斯出现十年困境时,我们清楚地看到双方在物质及文化生活上的巨大差距。如果说第一次世界大战美国是有意识地赚足了交战国双方金钱的话,那么第二次世界大战期间美国的参战包括珍珠港事件给它带来的打击也根本没有动摇它的经济基础,相反,战争的刺激还使它的经济稳步增长,以至于到1945年就达到了战时发展的高峰。

这就是20世纪的美国,它的经济规模令所有国家难望其项背;美国已经把世界远远甩在后面,任何一个国家要在经济上赶超它简直是不可能的,它的统辖地位将持续到21世纪甚至更久。

在文化的舞台上依然是美国高唱主角。当然20世纪文化领域的进展和繁荣又不同于经济,即使是在那战火连天的日子里,文学艺术成果一直在被挖掘与创造,美国作为当时最理想的"避难地",引得大批艺术家前往,西方文艺之花以美利坚最为灿烂。到了20世纪后50年,美国人的生活模式迅速影响全球,连它的西方伙伴们也在世纪之末高喊要捍卫民族文化以抵御外来(除了美国还有谁呢!)文化侵入。事实的确如此,伴随着东欧和苏联的解体,美国统治集团自冷战以来在西方世界甚至全球培植起来的"恐红症结"也随之消散,"但是另一类的狭隘民族主义

意识，或者狭隘种族主义意识，也许会滋长”[1]。难怪今日越来越多的人们愈加不满于美国对一些国家喋喋不休的过分指责以及违背公理的干涉，更不用说印度人在2001年初一些党派和地区对“情人节”进行的轰动全球的抵制行为以及以法国为首的欧洲国家对美国精神文化侵入的反抗了。

2. 独领风骚数十年：文化的创造

我们刚刚述及了美国文化对于全球的影响，那么它的哪些内容影响了世界，而且又是怎样发生作用的呢？

图5-29　自由女神雕像位于纽约哈得逊河口的自由岛上，它由美法两国共同设计建造，基座为美国所建，女神为法国所建。自基座到火炬处高达93米，乘电梯及螺旋梯可达女神皇冠处，女神左手拿的是《独立宣言》。自由女神雕像曾经是美法友好的象征，如今成为美国历史文化及其民族精神的象征。

首先我们必须清醒地认识到美国文化的基本特征即多元化特征（图5-29）。美国早已成为一个种族的“大熔炉”，这是不争的事实。20世纪以前，美国文化的主要因素实际上是西欧的文化——亦即我们前述19世纪以前的西方文化因素，然而20世纪以后所谓越来越“美国化”的文化逐渐丰富起来，这在二战以后愈加明显。那么，这些所谓的美国化的文化又究竟包含哪些内容呢？除了各种物质文化基础及醒目的文艺成就之外，还有产生了极大影响的社会思潮，包括20世纪下半叶的女权运动以及各种社会进步运动；既有突出的种族歧视，也有后来激烈的反种族歧视运动；既有发达的学术和思想成就，也有各类反主流文化，譬如曾经影响一时的“沉默的一代”和“迷惘的一代”。另外20世纪的禁酒运动、反进化论运动、“新左派”思潮，以及牛仔服和T恤衫、可口可乐和矿泉水、嬉皮士或“花之子”[2]等等也给美国的社会造成相当大的影响。

在这一切之上，美国人的生活方式（图5-30）对世界的影响也许是最突出的，它给当代青年人带来的影响令我们想起了两个时代：一是古典时代的希腊对罗马

① 庄锡昌：《二十世纪的美国文化》，浙江人民出版社1993年版，第264页。

② 嬉皮士们自称“花之子”（flowerchildren），“嬉皮士”（Hippies）一词，源于20世纪50年代“垮掉的一代”派作家诺曼梅勒的小说《白色的黑人》中存在主义的二流英雄、充满着对社会反叛的自我意识的人物——“嬉皮斯特”，人们以“嬉皮士”称呼60年代的反叛青年。

的深远影响,二是路易十四时代法国文化对于欧洲的全方位影响。

图 5-30　20 世纪下半叶以来,美国服饰、餐饮等文化产业大军对于全球的进攻,简直是横扫千军如卷席。

科学技术

美国在 20 世纪独领风骚,不过这在 50 年代以后更加突出。1903 年,莱特兄弟制作的飞机使人类第一次成功飞上天空;1913 年,福特汽车公司第一条组装生产线建立; 1943 年,芝加哥地铁开始运营;1945 年,第一颗原子弹(图 5-31)在新墨西哥州试爆成功。以核能、计算机和空间技术为主要标志的第三次技术革命率先从美国兴起,其深远影响完全可以与 90 年代总统克林顿的"信息高速公路"计划相媲美。美国对于宇宙空间的研究一直处于领先地位,直至克林顿停止了里根那耗资巨大的"星球大战"计划。1946 年,美国研制出第一台计算机;1972 年,微型计算机进入市场,计算机开始为寻常百姓使用。到 1990 年,美国第三产业产值占国民生产总值的 71.2%。20 世纪特别是 50 年代以后,诺贝尔奖项获得者大多数是美国人,据我们从 1901 年到 1982 年统计,美国人(包括美籍外裔)获取诺贝尔奖人数为 170 人以上,每年平均达到两人多,几乎占据总数的一半,这方面任何国家无可匹敌。

文学与造型艺术

20 世纪的西方文艺往往被称为"欧美"文艺,因为美国已占据显要位置。一些艺术流派和思潮虽然产生于西欧,但在美国发挥了更大的作用。属于存在主义范畴的"新小说"派、"垮掉的一代"、"黑色幽默"等在美国的成就最为突出。虽然美国较难造就造型艺术大师,但是流行艺术即"波普艺术"的影响就如它们的影视艺术一样。20 世纪初期被称为"垃圾箱画派"、"军械库画展"的现代艺术加强了美国现代派的地位;只活了 44 岁的美术家杰克逊·波洛克的抽象图案使他成为抽象表现主义流派的创始人。

我们前已述及一批著名作家诸如德莱塞、诺里斯等人,而后来的大批文学界的精英更是引人注目。1918 年欧·亨利文学纪念奖设立;《快邮报》及普利策奖金的创立者约瑟夫·普利策与其对手赫斯特在新闻报道方面做出了巨大贡献,尤金·奥尼尔在 1920 年获得普利策奖(1936 年获诺贝尔文学奖);同年辛克莱·刘易斯的代表作《天边外》出版,两年后他的《巴比特》出版,数年后他拒绝接受给予其小说

图 5-31　第一颗原子弹于 1945 年 7 月在新墨西哥沙漠中引爆(左)与 1964 年我国第一颗原子弹试爆成功(右)。

《阿罗史密斯》的普利策奖金，他声称此类奖金对创作有害，但他在 1930 年接受了诺贝尔文学奖，成为第一个获此殊荣的美国人。此后，赛珍珠、威廉·福克纳、约翰·斯坦贝克先后于 1938 年、1948 年、1962 年获得诺贝尔文学奖。其他著名作家还有海明威、加德纳、约翰·多斯·帕索斯、海勒等。

大众传媒与娱乐业

早在 1903 年，美国纽约就上演了第一部故事片《火车大劫案》；1926 年，第一部配乐影片《唐璜》(约翰·巴里莫尔导演)诞生；次年第一部全本有声电影《爵士乐歌手》放映；到 1929 年，奥斯卡电影金像奖创设。1922 年，《读者文摘》在纽约创刊；1933 年，《每周新闻》杂志创刊。1939 年美国开始播放电视节目；1942 年，"美国之音"向全球播音，第二年美国广播公司建立。60 年代已经利用通讯卫星进行电视转播，转播期间插入广告逐渐成为盈利的主要手段，之后美国人在大众传媒方面遥遥领先于世界。

音乐舞蹈方面，美国有蜚声海外的现代舞蹈家伊莎多拉·邓肯。爱德华·麦克道尔是第一位获得国际承认的美国作曲家。源于新奥尔良的爵士乐传到芝加哥并由此传遍美国，1920 年，爵士乐《疯狂的伤感乐》灌制成唱片后畅销美国，此后爵士乐影响全球，至今它就像美国其他的通俗文化一样流遍世界。格什温的爵士交响乐《蓝色狂想曲》已成为音乐会上经常演奏的曲目。各种风格的音乐舞蹈团队在美国长盛不衰，50 年代后世界十大管弦乐团美国占据半数以上。

生活方式

美国人的文化生活以流行、通俗、大众化、绝对自由甚至放任为特征。1969

年,30多万青年人聚集纽约州的卡茨基山村,举行了“伍德斯托克音乐艺术赛会”,在极为恶劣的环境下以其所赞美的“生活方式”度过了难忘的4天。他们随心所欲地歌唱、跳舞、吸大麻、随意穿着打扮甚至赤身裸体,该集会表现出来的友好和欢乐精神获得普遍称赞,以至于成了当代传奇故事——它被称为“伍德斯托克精神”。类似的社会现象在整个20世纪下半叶几乎司空见惯。又如,早在1970年,美国人就在纽约成立了同性恋者自由阵线;1973年7月,约60万人聚集在纽约,进行了长达12小时的摇滚音乐会。

3. 新世纪的持续

刚刚逝去的百年是一个具有过渡性质的世纪。总体上看,文明在这个世纪里的确有了巨大的进步,人们的物质生活水平以及科学、文学、艺术、意识和观念都有了飞速的发展。同样,由于战争的因素及愚昧意识、传统伦理思想仍旧具有强大的影响,文明在某些地区只是降落到少数人的头上。

19世纪的世界经济地图是:只有屈指可数的几个西方发达国家遥遥领先于世界,全球绝大多数民族相对是比较落后的。动武的想法似乎十分普遍,战争的云雾随时会弥漫在人们的头顶之上,发达的资本主义国家磨刀霍霍、随时准备迎接新的军事行动。20世纪上半叶的两次世界大战可以说是人类战争的极端,设想假如21世纪的今天,全球爆发一次大规模的世界战争,将会给人类带来多么大的灾难。虽然20世纪的前50年经济与文化也在不同程度地发展,但相对于后50年,这种增长也许是微不足道的,因为那时经济的增长主要是为了战争服务,文化也部分地为了战争或政治服务。

总之,从世界范围内来看,20世纪的文化建设可以说是在一片混乱、贫穷、饥饿及战争的环境里进行的。虽然后50年也曾面临着战争的威胁,实际上也的确发生了局部的冲突和短时期的猛烈战争或战斗,但那些毕竟是局部性的或“闪电式”①的冲突,而且当时多数西方发达国家正在复苏经济,获得民族独立的国家也在抓紧建设,复兴民族文化是很多民族国家的口号。同样,虽然冷战持续了30多年,但毕竟没有发动新的世界性的大战,而且冷战以后各国都意识到战争的爆发是对自己本民族的毁灭;20世纪最后的10年虽然有美国指挥和直接参与海湾战争、残酷轰炸南斯拉夫,不过这些都极为短暂,海湾战争仅仅持续了43天,萨达姆宣布无条件认输后战争也就立即终止,而北约对南斯拉夫的开战也未进行真正意义上

① 由于美国在越南战争中深陷进去的惨痛教训以及技术的进步,20世纪下半叶的战争似乎越来越短暂,从中东战争到苏联入侵阿富汗再到我们刚刚述及的美国人发动的战争,战争时间逐渐缩短,而且陆军参与的地面战争以后似乎很难出现,不过这种“闪电式”的战争造成的经济损失同样是极为惨重的。

的地面战争。

鉴于此，我们当然还不能否认来自于新世纪战争的威胁及战争爆发的可能，但是从文明进化的角度来看，战争的威胁也许能够被消减。因为动武的念头只是那些野蛮的疯子般的意识。未来人类期望的是经济的增长、物质的富足以及文明的提升。在科技增长的年代里，实现人类生活的富足是所有民族和国家共同追求的目标，最近的50年世界各国已经在为此而努力，接下来21世纪的百年，人类及全球会更加努力地实现这一目标。

三、美国文化的影响：扩张性与渗透力

就像中华文化、印度文化以及埃及文化一样，西方文化累积了5000年后，其文化年轮愈加浓密和厚重。纵观整个西方文化发展史，考虑到其每个组成部分在不同历史时期的影响，我们可以把西方文化归纳为三个主要内容：一是西方古典文化亦即古希腊罗马文化，二是宗教文化，也就是基督教文化（我们还可以称之为"信仰耶稣的文化"），三是当代西方文化，在此主要是指20世纪美国的文化。比较下来，当代美国文化虽然影响的时间比较短，但其发展和影响势头似乎还在持续，甚至扩大着。

我们在此并非有意地夸大美国的影响，特别是美国通俗文化的巨大影响，但是，实事求是地讲，20世纪的确是美国人的世纪，美国人在经济、军事、文化方面逐渐占据优势，许多方面是绝对的优势。

1. 美帝国主义的成长：由经济、军事帝国主义到文化帝国主义

日本著名专栏作家船桥洋一撰文指出，文化反美主义是20世纪的课题①。具体来说，冷战时期，世界出现的反美主义是在意识形态和地缘政治学上的反美，是抨击"美帝国主义"，而今后，世界极有可能爆发文化上的反美主义。因为越是推进旨在统一经济标准的一体化，越会激起世界各国对文化多样化和个性化的渴求。

英国记者麦克雷在其《2000年的世界》一书中阐述到："美国的优势和大国之尊，既不表现在天然资源的丰富，也不表现在经济规模的强大，甚至也不表现在政治影响的广泛，美国强权最为隐秘、而且最具杀伤力的表现还在于文化上的扩张和渗透能力。"与世界许多大国相比，美国是历史最短、文化积淀相对较少的国家，可以说是一个极为年轻的国家。中华文化有5000余年的积累，埃及文明甚至有近7000年的历史，英国也曾在19世纪独霸全球，建立了"日不落帝国"。然而，这一切都已经成为历史。历史演进到20世纪以后，在全球一枝独秀的不是这些历史悠久的文明古国及近代西欧列强，而是美国。虽然这一世纪的苏联

① 参见日本《朝日新闻》2001年2月1日文，转引自《参考消息》2001年2月10日第3版。

曾经在军事上与之抗衡，但最终还是美国人占据了绝对的上风。特别是20世纪后期，美国文化的影响凸现出来。从一定程度上讲，真正深入人心的影响力量，不是美国人的经济和军事力量，而是他们的文化。美国文化被称为“强势文化”，这在20世纪后半期尤其如此，就连法国等西欧老牌文化大国也为此出台了抵制美国文化侵略的政策甚至法律。“文化殖民”、“归化主义”等词汇似乎也为美国20世纪的文化“侵略”而诞生。

2. 超一流大国：造就“日不落帝国”及文化

美国文化何以至此境地？首先，美国造就的“日不落帝国文化”的基础是它的强大的经济实力和发达的科技教育。20世纪上半叶的两次世界大战不仅没有在经济上削弱美国，反而极大地刺激了其经济的发展，使它一跃成为世界经济实力最为强盛的“超一流”大国。二战以来，美国经济基本保持平稳发展，其国民生产总值一直高居世界之首——在20世纪80年代以前，美国一直是世界经济的“巨无霸”。今天，美国的综合实力无与伦比，2002年，美国占世界经济总量的27%，约相当于日本、德国和法国经济总产值的总和。全球100家最大的公司中就有59家在美国，世界10家最大的软件销售商有7家在美国。在军事实力方面，在苏联解体后美国已是鹤立鸡群，美国的军事实力大大超过了排在其后的8国军事实力的总和，它是拥有全球最大射程的核武器和常规武器的唯一国家①。

造就美国强大经济和军事实力的传统优势主要是其促进竞争的市场、稳定的外汇和金融体系。在此基础上，美国文化以其经济实力为坚强后盾而得以迅速向外扩展。美国是全球最大的影视产品出口国，每年吸引外国留学生的数量最多。在这一切之上，科技与教育在美国的发达、普及程度也是我们所望尘莫及的。美国强调人人接受教育的重要性，20世纪末将近有600万人在各种高校里就读，其他数百万人则参加成人教育课程，几乎所有的孩子都接受至少8年的教育，高中毕业的有75%，从四年制的学院及大学里获得文凭的有25%，广大的教育工程使得美国成为世界上受教育人数最多的国家之一。此外，整个20世纪美国科技的投入与产出也是其他任何国家所无法比拟的，美国获得诺贝尔奖的科学家远比其他国家多得多；至20世纪末，已有超过200个美国人（包括美籍外裔者）获得或分享诺贝尔奖，而其中4/5是属于科学方面的。

其次，美国短暂的文明史特别是其民族杂糅的现实铸就了它那海纳百川、兼收并蓄的精神和情怀，这种精神和情怀有时演变为政府部门狭隘的、同时也是可理解的网罗人才的计划和政策。美国曾一度限制移民，但美国人依然为它自己成为受压迫者的避难所而骄傲不已，这种宽容使它得到一笔无形的财富。第二次世界大

① 哥伦比亚《一周》周刊2002年7月17日，转引自《参考消息》2002年7月30日。

战期间，大批科研领头人纷纷逃亡到这里，他们中包括德国的阿尔伯特·爱因斯坦、意大利的恩里·费米、丹麦的尼尔斯·玻尔，以后的半个世纪，更多来自于亚洲、拉丁美洲以及非洲的移民通过各种合法或非法的途径移居那里。要注意的是：美国政府是严格限制普通移民入境的，而对他们渴望的各类人才尤其是科技精英却张开了他们的大网。

这就是美国科学技术发展的人才战略思想。近百年来，美国科学技术迅猛发展，他们十分重视"借用"世界各国优秀的"人脑"。试看，20 世纪以来美国诺贝尔获奖者有多少是土生土长的美国人呢？70 年代以来大批发展中国家移民或由于各种原因留居美国的人们，有不少是留学生及卓有成就的外国人。我国自 20 世纪 80 年代以后定居美国以及源源不断去美国读书的人，绝大多数是一些高学历的或已经掌握了高科技的人才，更不用说像钱学森、吴楚雄、杨振宁、李政道、丁肇中等一大批在科技方面有着特殊贡献的精英了，他们都曾经就读于美国的各个大学。

第三，美国人的确有着那种生机盎然和锲而不舍的进取精神。他们敢于冒险、喜欢探索且孜孜以求；他们崇尚领先、追求第一，这些在体育竞技中也可映现其性格，譬如，美国人的球队或运动员在比赛前高呼要拿冠军，失败后则"耿耿于怀"，发誓下次要力争扳回。在这方面，我们的队伍或队员则是另一种情况，比赛前一般不言第一，而是非常保留地、也是千篇一律地说"争取好成绩"（即便完全有实力赢得冠军）；当赛后拿了冠军之后，又往往谦虚地说幸运之类。美国人这种进取性的、"适者生存"的野性在杰克·伦敦的《热爱生命》中得到充分体现，他们那种控制自然、征服太空、驯服荒漠的精神几乎一次次地成为现实；我们"文革"期间所高呼的"不怕做不到，就怕想不到"的口号似乎被美国人付诸实践了。

这些积极向上的鼓励方式在美国人的儿童教育方面亦得以体现。譬如，美国人要他们的孩子独立地完成某种工作，学校的作业或设计所使用的材料要孩子自己去查找，作文题目如"论金本位"、"亨利八世"、"秘鲁艺术"等等实际上是要孩子们发现新的结论，找寻新的思想，亦即培养他们的独立精神和创新意识。与之形成对照的是我们教育方式，古代几千年的中国人在孔孟"三纲五常"、舍生取义理念的指导下，在老庄淡泊避世、不求利禄的境界中，再加上几千年等级制度的尊卑之别，人的思维早已固化于中庸礼合的伦理框架之内，后来被视为中华精英的仁人志士、英雄俊杰总会发出类似于"忠孝不能两全"的慨叹，而奉行仁义礼智信的最高境界为其一生的追求，这同上述美国人的那些精神有着很大的不同。当然，当今我们的价值取向及教育战略正在发生一定程度的变化，也同时正在汲取积极的因素。

第四，我们还不可忽略美国人讲究实用主义且毫不掩饰其功利性的价值观。

这一点我们毋庸赘言了。

总之,20 世纪末的美国人有资格、有理由自豪地高喊:数风流国家,还看美国。美国是一个年轻的国度,20 世纪的美国文化的确有一种“指点江山”的神气,因为它影响到全球的每个角落。我们不敢妄断 21 世纪的世界文化仍然是为美国文化统辖的时代,但有理由相信,美国人在文化方面的影响将依然强大。

结束语　文化的征服及未可知的发展：中西文化比较和反思

一、文化年轮

文化的发展是一个缓慢积淀的过程，如同树木的年轮，生长于严寒地带的树木往往经过数十年到数百年才能成材，其木材质地是极为优良的；而有些生长于热带及温带地区的树木如梧桐之类几年就可成材，其木质当然无法与前者相比。民族文化的累积也是如此，文化积累久了，同样也有浓密而明显的年轮，我们称之为"文化年轮"。一些民族文化历经几百年或数千年一直得以延续，其文化年轮非常厚密，这本身就映现出民族文化的生命力；相反，有些昙花一现的民族文化在以往的文明发展史上亦可谓屡见不鲜，这种文化年轮显得极为疏松。西方文化历经古希腊、罗马以及中世纪数千年的积累，尤其是千余年的中古时代，过去曾把它称为"黑暗时代"，由于基督教会对于文化教育的垄断，经院哲学压制了科学的进取精神，该时代也的确成为西方文明史上相对落后的时期，于是"中世纪"一词曾经是愚昧、落后的代名词。然而进一步的研究证明，上述认识存在着极大的偏差。如果说在西罗马帝国灭亡后最初的几个世纪里，欧洲文化处于迟滞不前状态的话，那么到了中世纪后期，它的文化积累已经达到一定的高度；即便是在中古时代前期，公元10世纪查理曼帝国时代的"卡洛林文艺复兴"、德意志的奥托大帝们以及英国的阿尔弗雷德大帝时期所谓的文艺复兴，以及更早时期的穆斯林文化在伊比利亚半岛的传播，这些都是文化积淀的表现。中世纪后期，商业和城市的发展、人口的增长、宗教改革等等都促使了文化全面发展，即使有百年战争和"黑死病"这样的天灾人祸也不能阻挡它最终的进步。文化的积淀就是如此，欧洲正是有了这千余年的文化累积，才有了近代的腾飞以及对世界的最终征服，如今的世界实际上是西方人起着极大作用的世界，西方诸强的影响仍然是主导性的；西欧各国仍属经济最强国，这是最近几个世纪发展和扩张的结果，而追溯其源，我们认为，其辉煌之因在于整个中世纪千余年的文化积累，尤其是基督教信仰的传播。

自古希腊时期至今，西方文化前后一共有数千年的积累，而中华文化同样累积五六千年，只是自近代以来中华文明逐渐落后于西方文明，特别是自鸦片战争以后，这种经济、军事甚至于文化上的差距愈加显现出来。当1949年中华人民共和国成立之后我们最终站起来之时，西方世界又从意识形态领域对我国（还有以苏联为首的东欧社会主义国家）进行各种敌视行动。不幸的是，“大跃进”、人民公社、三年自然灾害尤其是十年“文革”又给国人带来深重的灾难，中国的经济、文化事业本来在这几十年里可以取得大的发展，却又因西方世界经济和科技的飞速进步而拉大了差距。经济的落后而别人技术的进步更使我们被远远甩在了后面。不过令我们倍感欣慰的是，最近30年中国终于有了巨大的发展，而且这种进步在新的世纪里将会延续下去。同样，中国文化亦将接续传统文化和民族精神而持续地积累。欧洲人曾以基督教作为团结西方世界的精神力量，它曾经在对抗十字军东征等事件中发挥过超强的凝聚力作用，也曾在近代西欧对全球的征服中产生了极大的精神影响，然而自19世纪以后，这种力量似乎已经是强弩之末，特别是自20世纪至今整整100年过去了，宗教在世界的号召力已今非昔比。在当今的社会生活里，人类的确需要某种精神力量来平衡人们现实的欲望和美妙的幻想，只是人类未来的生活将明显存在着一种矛盾：一方面是拼命地追求金钱，另一方面又感受到精神的空虚，那么传统儒家文化及儒家思想中的伦理规范正是平衡矛盾、构建理想的极佳准则。现代文明与儒家精神的接合已经在亚洲发达国家和地区显示出威力，这也是中华文化年轮的内在价值，其作用的发挥并不是凭借军事来征服，也不是依靠财富炫耀和控制，而主要是借助文化的影响力以及精神的凝聚力①。

未来的世界，文化意义必定超过经济的影响。诸多学者的评价或预测均是选择文化作为文明演进的角度。文化的影响在当今世界逐步加强。就亚洲（东亚和西亚）而言，如果说自公元前3000年左右至17世纪的四五千年是占据世界文明主要舞台的话，那么之后的几百年（包括今天）亚洲文明则是逐渐衰落以至于黯淡无光了。不过伴随着20世纪后期亚洲部分地区的进步和觉醒（从日本、亚洲四小龙到印度和中国），可以肯定，如果这些地区的经济达到西方国家的水平——这当然需要若干个世纪或更长的时间，那么它们的文化的影响则要远远超过西方。正如学者所指出的那样，“当亚洲兴盛时，它的文明真正让人感到像太阳升起一样诱人。然后，亚洲文明兴盛之时，也是它开始衰落的时候了”，文明冲突到21世纪，亚洲真正的发展在22世纪②，未来的亚洲仍然将有可能主宰世界，这当然应该是指文化方面的巨大影响。

---

① 高福进：《圣殿的倒塌与重建——泛论“儒家思想与精神将统治世界”》，上海炎黄文化研究会学术委员会编《炎黄文化研究论文集》，学林出版社1998年版，第29页。

② （日本）村山节、浅井隆：《东西方文明沉思录》，中国国际广播出版社2000年版，第168页。

二、中西文化交流的分水岭

如果对中西文化的交融与撞击作一横向比较的话，有几个重要的时期值得一叙。第一是古典时期①。就西方世界而言，古希腊时代还谈不上真正的中西交流，而罗马时期也只是个开端，不过这可以算作是中西交融之始了；就中国而言，秦朝和两汉时期中西真正的交流也还是刚刚起步，以后的隋唐、宋元是东西方交流的主要时期。第二是明末清初，可以说，这是一个全新的交流时代，是西方文化对我们的撞击之始，接下来的一两个世纪相对平和，最终引发了武力的侵略——这就是鸦片战争的来临。第三是鸦片战争之后的半个多世纪。对于中国人而言，1840年是一个难以忘怀的年份，因为从这一年开始，我国数千年的"文明长城"被西洋人的枪炮冲破，旧中国封闭的大门被打开。这一时期是西方文化对我国的极度撞击时期，也基本上是西方文化单向输入的时代。就我国的回应和挑战来看，接下来1919年的"五四"运动不仅是一场新文化运动，它在文明进程上还是一个具有划时代意义的重要纪元(传统上它被视为中国近代史的开端)。第四是20世纪最后的20年。当然，之前的1978年可以说是一个伟大的转折点，这20年给十几亿中国人带来的翻天覆地的变化是今日在世的华人有目共睹的，它将给后世中华文明的进程留下重要印记。与此同时，这一时期的中西文化交流又达到发展与繁荣、自由和平等的双向往来的程度。所以对于我们自己的文明来说，无论是从中西交流史上还是从中华文明延续的意义上讲，具有转折性的时代包括：与罗马时期并行的两汉时期、明末清初、鸦片战争后的时期，以及20世纪最后的20年。

纵观中西文化交流史，西方文化对于中华文明的影响经历了一个"交流→撞击→单向输入→交流"的过程。如果说明末清初以前(及在此之后相当长的历史时期)，中国跟西方还是一种双向的、平等的文化交流的话，那么1840年前后西方文化撞击并单向输入的状况一直持续了百余年，甚至说冷战结束后以美国为首的西方世界还想进行这种"强行输入"行为，只不过是其方式有了改变。以当今即21世纪初期的形势来看，新中国成立以后西方文化对于中国的影响，可以说是一个"再输入与交流并存"的几十年。

一般而言，1840年之前，中西文化交流是双向性的，无论是汉代罗马人率先到达我国，还是更早时期的张骞、班超和甘英先后到达西域及波斯湾地区，只不过是这近2000年的中外交流史上大多是中华文化向外输出而已，当然不同历史时期

① 我们这里的时间起止是：从古希腊与古罗马时期的大约公元前5世纪至公元5世纪的千余年。

存在一定的差异。譬如,两汉时代我国文化对于周边地区的影响越来越大,以至于到了战乱纷起的三国两晋南北朝时期,周边的少数民族逐渐自我汉化。唐宋时期(西方中古时代的大部分时间),汉文化继续对周边地区和海外施加影响,日本与朝鲜受到全方位的影响。元朝持续着这种趋势,但它同时也受到阿拉伯文化的影响,如医学,元代就备受中亚的影响,不过这时有一个明显的情况:蒙古人的西进和征伐促进了东西方的文化交流,他们对欧洲及整个阿拉伯世界的征战杀伐客观上沟通了东西方的联系,《马可·波罗游记》的诞生与此有直接的关系。自明朝以来,文化交流已在世界各地广泛展开。且不说西方人已经开始海外探险,不久即进行殖民与征服,单单就我国而言,明初郑和七次下西洋对于东西方文化交流及世界航海业的发展无疑具有积极的意义。但是很快,西方传教士就尾随他们的商贸船队而来。自16世纪到18世纪后半期大约200年时间里,他们不仅把基督教信仰传播到东亚,同时也将其文化逐步传播到知识界,科学理论、技术发明、文学艺术、建筑式样等内容越来越多地渗透到所谓的"天朝大国"(事实上已是病弱之躯)。尽管如此,此时的文化交流依然是双向的,因为与此同时中华文化也在不断地传到西方,中国的文学艺术、哲学思想、生活习俗甚至科技内容也流向欧洲,我们在路易十四时代部分章节里已经对此有过一定的描述。

但总体来看,1840年是中西交流史的最大分水岭。1840年之后的百余年基本上是西方文化向中国强行输入的时期,尽管也有林则徐、魏源等一批"睁眼看世界"的先驱,但是他们的呼声在当时显得如此微弱。即便是19世纪末的戊戌变法这种伟大而正义的行动也被愚昧的当局和保守派彻底地镇压下去,本来像日本人那样进行维新变法后很快工业化的理想迅速破灭了,中华的改革及强国之梦要再等百年。中国的现代化进程整整落后他的近邻日本百余年,因为"文化大革命"及人口的猛增使得这一进程又延缓了。

再就中西文化交流而言,1840～1949年这段历史时期是西方文化大量输入我国的百余年,我国已经成为弱国,尽管是"大国";成为一个就连葡萄牙这样的小国、就连曾一直臣服于中华的日本也敢于随时入侵的"东亚病夫"。中华文化的影响力越来越微弱,那些西方列强有时几乎是随意地欺侮我们的民族。西方文化对我国的单向输入是显而易见的。1949年新中国成立,但是最初的30年还是较为封闭的时期,主要是跟苏联、东欧、非洲、拉丁美洲等国家进行了有限的文化交流。直至20世纪80年代打开国门、实行改革开放之后,一种全新的中西文化交流局面才逐渐得以实现,西方文化和技术大量输入以及中华文化也同时输向西方的新时代已经来临——相对而言,这才是令人激动振奋的局面,也是文化交流史上里程碑式的完美开端。

三、中西文化交流：历史与未来

纵观2000余年的历史，中西文化的融合，1840年之前是漫长封建历史时期间断性的、在不同历史时期有着不同表现的文化交融。从交流的内容来看，自秦汉以来至今，中西文化的交流，既有物质层面的内容，也有精神层面的相互影响，这在不同的历史时代存在着差异。再从交流的性质和特征上讲，既有双方自愿的、平等的交流，也有非自愿的以及几乎是强迫式的单向输出。

首先，从时间上看，自秦汉以来2 000余年漫长的历史时期，中西文化的交流与融合经历了曲折而艰难的过程。我们可以把中西文化的交流及融合划分为如下几个阶段：

(1) 秦汉至魏晋南北朝时期(大约公元前3世纪～公元6世纪)。如果把这一时期特别是公元3世纪以前的西方世界视为广义的概念的话(亦即古代意义上的西方世界可以包括中亚、西亚、北非，甚至包括广义上的古代西域)，那么中国已经率先同这些地区建立了一定的联系，甚至新石器时代我国仰韶文化就已经向西传播了。西方亚历山大大帝曾经把丰富的希腊文化带到了东方——以后就有了影响到我国的健陀罗艺术(如敦煌艺术中的一些内容)，中国的张骞及其后来的班超都先后到达过西域、波斯湾等地，但那时中国与真正意义上的西方世界——欧洲尤其是西欧，还没有实现面对面的交流，直至罗马人横渡大洋来到了广州，并从这里到达东汉的首都洛阳，这已经是众所周知的史实，之后东西方交流进一步扩展。

(2) 隋唐宋元时期(6～14世纪)。这一历史时期正值欧洲千年的中古时代，中国和西方本来可以有更多的机会进行交流，却因为罗马教廷的威力及欧洲相对的落后而显得如此缓慢。当然，这一时期由于各国使节、商人、学者、传教士、流浪艺人等等先后到达过繁荣的唐朝及属于蒙古帝国的元朝，使得中外文化交流出现了繁荣景况，像李白、郭子仪等这一批最早的中国基督徒足以反映西方宗教文化的传入，而珊瑚、肉桂、更先进的玻璃、玛瑙、民间幻术以及刚才提及的健陀罗艺术均流入我国。军事积弱的赵宋王朝在中西交流方面相对不足，但是到了元朝，文化的交流和融合的步伐大大加快，马可·波罗的名字已是家喻户晓，而在此之前的两个传教士——葡萄牙的约翰·普兰诺·加宾尼(又译普兰迦儿宾)、法国的威廉·鲁不鲁乞(又译鲁不鲁克)都先后到达过蒙古汗国，并且分别写下了《蒙古史》和《东游记》向他们的主子教皇英诺森四世及法国国王路易九世"复命"。

(3) 明朝至清朝中期(1368～1840年)。这一段历史时期的中西方交流，虽然并没有受到大多数皇帝们的重视，但是交流的内容越来越丰富，中西方的认识和了解进入一个崭新的阶段。在这一时期，西方传教士发挥着主要的作用，当然我们决不能忘记伟大的郑和，郑和下西洋的事件不仅震动了印度和阿拉伯商人及其航海界，而且还惊动了西方世界，威尼斯商人及其欧洲的同行很快知道了东方海洋事业的发达。然而，以传教士为主体、商人尾随而来的近代文化贸易往来却因为东西方文化的巨大差异而暂时终止：1795 年，由于中西礼仪（主要是文化上本质的差异）的不可调和，中国的皇帝与罗马的教皇都宣告了传教士在远东地区活动的结束。

（4）晚清至“五四”时期（1840～1919 年）。这一阶段是我们已经比较熟悉的历史时期，这一跨世纪的 80 年却使中国发生了翻天覆地的变化。西方的文化开始全面地影响中国，只是这种文化带有明显强输的性质。特别是到了 20 世纪初期，西方思想和文化的影响越来越大，而苏维埃的胜利更使得这种文化（其中当以马克思主义思想的影响更为突出）深入人心。

其次，中西方文化的交融，既有物质文化内容的交流，同时也有精神文化诸如宗教信仰、价值观念方面的相互影响。且不说四大发明对于西方世界的持续性作用，即便是在中国开始受到西方科学影响的近代初期，我国的科学技术包括科学思想仍然在西方世界得以进一步传播，如明朝宋应星、李时珍的著作不久也传到了欧洲。当然，西方的科学技术尤其是生活用品和消遣性的东西大量流入到中国宫廷和官僚家庭之中，譬如钟表、望远镜、眼镜等等，更不用说机械枪炮、建筑风格了。

中西精神文化的影响也是相互的，当然鸦片战争之后可以另当别论。自 17 世纪以后，中国的艺术、哲学及科学思想对西方的影响和传播越来越明显，而 19 世纪以前除了宗教信仰之外，西方人的哲学思想、价值观念、伦理标准、制度与法律等等对于中国封建王朝的影响是极其微弱的。但是，鸦片战争之后，这种情况发生了天翻地覆的变化，从进化论、民本思想到马克思主义的全面影响，西方思潮对我国知识界继而对广大民众，都产生了广泛而深刻的影响。

另外，从文化交流的性质而言，中西方文化的交融也随着历史的演化而不断地发生着变化，这一点我们在前文已经有了一定的论述。

总之，以发展的眼光来展望 21 世纪以后的中西文化交融，无论是交流性质还是交流内容，都不会再像旧中国那样存在着不平等或排斥性，也不会那样缓慢，将来的交流将会广泛且具体，也是互惠互利的。虽然未来的日子不会像我们想象的那样平坦、舒适，可能会有崎岖和迷茫，但是，伴随着我国教育的普及、文化程度的提高以及整个人类文明程度的逐步提升，绝大多数中国人和西方人都将会从这种持续而深入的文化交融中获得物质上的满足及精神上的愉悦，更为重要的是要学习对方的技能和接受一种全新的价值观念。未来有一天，中西方文化可能达到高度的和谐一致，甚至在某些方面出现一种绝妙的融合，出现某种精神文化的升腾。

后记

本书将欧美文化看成一个系统整体，由此进行全面的论述。就东西方而言，古代文化的交流在东西方有两条完全不同的路线：一是宗教的，二是军事的，东方是以佛教自南亚开始辐射的路线，西方是以亚历山大大帝远征为线索（后又有罗马帝国）。有趣的是，后者曾经到达了印度边缘，并且与佛教文化区域有了一定的接触。而中世纪的阿拉伯人、蒙古人以及中亚的一些民族特别是土耳其人则是另外一种造就文化交流方式的种族。再到以后，一条探险为先，军事征服、宗教传播、欧洲人殖民紧随其后的全球交流是真正意义上的文化撞击和辐射。此外，本著着意强调以下几点：

1. 以文化年轮为线，重点分析欧美各主要民族国家文化积累的状况，特别是侧重对于希腊、罗马以及基督教文化积淀的分析和综述。

2. 从中华文化的角度或视角来阅览欧美文明并且加以宏观比较，这种比较也许零散，但我们认为却十分必要。

3. 既不单视角地堆积狭隘的文化因素（文学、艺术、哲学、科学等），也没有继续传统的写作模式（以政治史或战争史为主），而是宏观地论述西方文明，不脱离当时的社会环境特别是宗教发展与民族迁徙的历史背景。

曾与一位长期讲授工科课程的老师缪正清教授畅谈"教学相长"的感受，印象至深，忆之感慨颇多。如果没有多年中外文化史的教学经历，也就不可能完成其中的一些比较性的内容以及穿插其间的议论与观点。同时自己也备感专业教学对自己的促进，这种促进有时来自于一种无形的压力，同时也得益于师友间真诚的鼓励和交流以及师生间激情火花的碰撞。一些感受和结论是我刚从学校毕业后，由于某种激励而奋笔疾书时记载下来的思想火花，至今看到它们，依然感到安慰（甚至激动），同时也为自己继续徜徉于知识海洋里而备感快活、兴奋。

正如我的老师、复旦大学历史系教授樊树志所言，编写教材实在是一项吃力不讨好的事情，它看似容易，其实要编写出深入浅出、令学生喜爱的教材，岂是易事！而要编写出一部让哪怕是部分学生爱不释手的教材或专著式的教材，那更是难上加难。我们的目标就是如此，不管结果如何，我们将始终为此而努力。遗憾的是，本书对一些作者自以为极为重要的文化事件和惊世人物，像马尔萨斯、居里夫妇等，像我国的玄奘、马寅初等，还有20世纪的中外著名文化精英，由于篇幅所限几乎无法进行描述。

本著最后付梓交印之际，关于书名，又斟酌再三，不时想起老师张广智教授的名著《克丽奥之路——历史长河中的西方史学》，因此曾在一个深夜电话“骚扰”及请教张老师赐名。不料竟然畅论近两小时之久，最终定此书名，在此衷心感谢张老师的悉心赐教。此外，还要对语言学、外语教学造诣颇深的周洁女士表示真诚谢意。

最后特别感谢上海交通大学出版社的汪俪女士，她的悉心关注、细心关怀使得本书如意顺利出版，其间细节，不一而叙。

书中不足及谬误，恳请专家学人不吝斧正。

著者

2008年8月于

上海交通大学闵行校区